LITURGIE IM BISTUM REGENSBURG
VON DEN ANFÄNGEN BIS ZUR GEGENWART

Bischöfliches Zentralarchiv und
Bischöfliche Zentralbibliothek Regensburg
Kataloge und Schriften
herausgegeben von Paul Mai

Band 3:
Liturgie im Bistum Regensburg
von den Anfängen bis zur Gegenwart

Msgr. Dr. Dr. h. c. Klaus Gamber †
zum Gedächtnis

LITURGIE IM BISTUM REGENSBURG
VON DEN ANFÄNGEN BIS ZUR GEGENWART

Ausstellung anläßlich des Bistumsjubiläums
739–1989
in der Bischöflichen Zentralbibliothek Regensburg
St. Petersweg 11–13
30. Juni bis 29. September 1989

VERLAG SCHNELL & STEINER MÜNCHEN · ZÜRICH

Ausstellungsleitung und Konzept:

Msgr. Dr. Paul Mai, Direktor der Bischöflichen Zentralbibliothek
Dr. Werner Johann Chrobak, Bibliotheksoberrat

Katalog und Organisation:

Dr. Werner Johann Chrobak

Mitarbeiter:

Dr. Werner Johann Chrobak
Dipl.-Bibl. Heide Gabler, Bibliotheksoberinspektorin
Msgr. Dr. Dr. h. c. Klaus Gamber, Leiter des Liturgiewissenschaftlichen Instituts (†)
Dr. Johann Gruber, Oberarchivrat
Dr. Rafael Köhler, Bibliotheksreferendar
Dr. Kurt Küppers, Privatdozent an der Universität Regensburg
Msgr. Dr. Paul Mai
Dr. Marianne Popp, Oberarchivrätin
Dr. Dr. h. c. August Scharnagl, Custos der Proske-Musiksammlung

Autoren:

Msgr. Dr. Dr. h. c. Klaus Gamber †
Dr. Kurt Küppers
Dr. Albert Lehner, Lehrbeauftragter, Universität Heidelberg
Dr. Dr. h. c. August Scharnagl
Msgr. Dr. Karl Wölfl, Ordinariatsrat

ISBN 3-7954-0648-X

© 1989, VERLAG SCHNELL & STEINER GMBH MÜNCHEN–ZÜRICH
GESAMTHERSTELLUNG: ERHARDI DRUCK GMBH, REGENSBURG

Inhaltsverzeichnis

Verzeichnis der Leihgeber	6
Abbildungsnachweis	6
Zum Geleit. Manfred Müller, Bischof von Regensburg	9
Vorwort von Paul Mai	11
Liturgiegeschichte von Regensburg bis ins 16. Jahrhundert anhand der erhaltenen Liturgiebücher von Klaus Gamber	13
Kirchenmusik in Regensburg im frühen Mittelalter im Zeugnis Regensburger Domhandschriften von Albert Lehner	39
Liturgiefeiern im Bistum Regensburg vom Konzil von Trient bis nach dem Zweiten Vatikanischen Konzil von Kurt Küppers	59
Die Musica Sacra in der Regensburger Liturgie von der Barockzeit bis heute von August Scharnagl	88
Hilfen zur Liturgiegestaltung heute. Der Beitrag der Liturgischen Kommission der Diözese Regensburg und des Bischöflichen Seelsorgeamtes nach dem II. Vatikanischen Konzil von Karl Wölfl	100
Ein Gang durch die Ausstellung von Klaus Gamber	113
Katalog von Werner Johann Chrobak unter Mitarbeit von Heide Gabler, Klaus Gamber, Rafael Köhler, Kurt Küppers, Marianne Popp	121
Abkürzungsverzeichnis	121
Ausstellungsraum 1 (Kleiner Lesesaal):	
I. Messe	
1. Mittelalter	122
II. Chorgebet	
1. Mittelalter	138
III. Musik in der Kirche	
1. Mittelalter	143
Ausstellungsraum 2 (Foyer):	
I. Messe	
2. Neuzeit	151
II. Chorgebet	
2. Neuzeit	162
III. Musik in der Kirche	
2. Neuzeit	167
IV. Sakramente	176
V. Andachten	182
Bildteil	197

Verzeichnis der Leihgeber:

Marburg, Hessisches Staatsarchiv
München, Bayerische Staatsbibliothek
München, Bayerisches Hauptstaatsarchiv
Prag, Archiv der Prager Burg / Bibliothek des
 Metropolitankapitels
 (Archív Pražského hradu / knihovna Pražské
 metropolnití kapituly)
Regensburg, Bischöfliches Zentralarchiv
Regensburg, Fa. Haber & Brandner
Regensburg, Kirchenstiftung Deutschordenskirche St. Ägid
Regensburg, Museum der Stadt
Regensburg, Obermünster
Regensburg, Staatliche Bibliothek

**Die Bischöfliche Zentralbibliothek Regensburg dankt
den oben genannten sowie nicht genannten privaten Leihgebern
für ihr freundliches Entgegenkommen!**

Abbildungsnachweis:

Marburg, Hessisches Staatsarchiv Abb. 24
München, Bayerische Staatsbibliothek Abb. 2, 3, 5-15, 18-21, 80, 81, 83, 85-87, 90
München, Bayerisches Hauptstaatsarchiv Abb. 1
Prag, Archiv der Prager Burg / Bibliothek des Metropolitankapitels Abb. 79
Regensburg, Bischöfliche Zentralbibliothek (Wolfgang Ruhl) Abb. 4, 17, 22, 23, 25-76, 82, 84, 88, 89,
 92-102, 107-111, 113-117, 119, 120, 122-127, 129-133
Regensburg, Fotostudio Josef Zink Abb. 16, 77, 78, 91, 103-106, 112, 118, 121, 128

Abb. 2 Messe des hl. Erhard. Clm 13601, fol. 4ʳ (Kat.-Nr. 20)

Zum Geleit!

Das Bistum Regensburg feiert in diesem Jahre das Jubiläum seines 1250jährigen Bestehens. Der Kern des kirchlichen Lebens ist die Liturgie. Ich begrüße es daher als einen wesentlichen Beitrag zum Bistumsjubiläum, daß eine Ausstellung „Liturgie im Bistum Regensburg. Von den Anfängen bis zur Gegenwart" aufgebaut wurde.

Die Zusammenschau liturgischer Zeugnisse aus den Tagen des hl. Bonifatius bis heute offenbart eine reiche liturgische Vergangenheit. Dabei zeigt sich, daß das Bistum Regensburg bis zu Beginn des 17. Jahrhunderts eine eigenständige Liturgie besessen hat. Der geschichtliche Rückblick macht auch deutlich, daß Liturgie im Laufe der Jahrhunderte Veränderungen erfahren hat: Im Wesen der Liturgie liegt zum Teil Wandelbares, zum Teil Unwandelbares. Den Blick für das Unaufgebbare zu schärfen, dazu kann vielleicht auch diese Ausstellung beitragen.

Einen Maßstab zur rechten Beurteilung gibt uns die Liturgiekonstitution des Zweiten Vatikanischen Konzils an die Hand: „Mit Recht gilt ... die Liturgie als Vollzug des Priesteramtes Jesu Christi; durch sinnenfällige Zeichen wird in ihr die Heiligung der Menschen bezeichnet und in je eigener Weise bewirkt und vom mystischen Leib Jesu Christi, d. h. dem Haupt und den Gliedern, der gesamte öffentliche Kult vollzogen" (Art. 7). Dort, wo liturgische Feier sich als Fortsetzung des Priesteramtes Jesu Christi beweist, ist sie legitim und auf dem rechten Wege.

Ich danke meinen Mitarbeitern von der Bischöflichen Zentralbibliothek, daß Sie diese Ausstellung konzipiert und in die Tat umgesetzt haben. Auch den Mitarbeitern des wissenschaftlichen Katalogs, der die Ausstellung für die Nachwelt dokumentiert, sage ich ein herzliches Vergelt's Gott.

Am Fest des hl. Bonifatius 1989

Manfred Müller
Bischof von Regensburg

Vorwort

Die Bischöfliche Zentralbibliothek Regensburg, der das Liturgiewissenschaftliche Institut angegliedert ist, dokumentiert zum 1250jährigen kanonischen Bestehen des Bistums Regensburg die Entwicklung der Liturgie von den Anfängen bis heute. Diese Ausstellung soll den Kult, das Kernstück der gläubigen Ausdrucksform der Kirche von Regensburg, durch die verschiedenen Jahrhunderte in seiner Entwicklung aufzeigen. Die Bischöfliche Zentralbibliothek besitzt an die 500 Pergamentfragmente, die in einmaliger Weise erstmalig eine solche Zusammenschau möglich machen. Sie entstammen weitgehend den Beständen des Bischöflichen Zentralarchivs und der Proske'schen Musiksammlung. Die Ausstellung war zugleich gedacht, den langjährigen Mitarbeitern unserer Bibliothek, Herrn Dr. Dr. h. c. August Scharnagl und Msgr. Dr. Dr. h. c. Klaus Gamber, ein herzliches Vergelts' Gott für ihre Tätigkeit zu deren 75. bzw. 70. Geburtstag zu sagen. Leider wird sie für Msgr. Dr. Dr. h. c. Klaus Gamber, Leiter des Liturgiewissenschaftlichen Instituts, eine Gedächtnisausstellung sein. Nach Abschluß seiner Arbeiten für diese Ausstellung, inclusive der Fertigstellung seines Festvortrages, ist er in der Nacht des Herz-Jesu-Freitags, am 2. Juni 1989, plötzlich vom Tod aus seiner Arbeit gerissen worden. Für Klaus Gamber war die Erforschung der Liturgie seines Heimatsbistums von jeher ein wichtiges Gebiet seiner wissenschaftlichen Arbeit.

Weitgehend konnte auf den reichen Schatz der Bischöflichen Zentralbibliothek zurückgegriffen werden: Innerhalb ihres Sammelschwerpunktes Theologie ist das Fach Liturgie, besonders durch den Altbestand der Bibliothek des ehemaligen Schottenklosters St. Jakob, gut abgedeckt. Ergänzend standen die Bibliotheksbestände der Kollegiatstifte Unserer Lieben Frau zur Alten Kapelle und zu den heiligen Johann Baptist und Johann Evangelist zu Regensburg – Dauerleihgaben in der Bischöflichen Zentralbibliothek – zur Verfügung. Jedoch waren auch wichtige Stücke von Leihgebern des In- und Auslandes notwendig. Ich danke daher vor allem dem Bayerischen Hauptstaatsarchiv und der Bayerischen Staatsbibliothek München, dem Archiv der Prager Burg / Bibliothek des Metropolitankapitels Prag, dem Hessischen Staatsarchiv Marburg und den privaten Leihgebern aufrichtig für die Zurverfügungstellung von Leihgaben.

Die Firma Haber in Regensburg hat einige Vasa Sacra aus jüngstem künstlerischen Schaffen zur Auflockerung dieser Ausstellung beigesteuert.

Liturgie ist ohne den Bereich der Kirchenmusik nur unvollständig dargestellt. Daher haben wir aus den Beständen unserer Proske'schen Musiksammlung einige Stücke ausgewählt, die von den mittelalterlichen Neumen (Musiknoten) bis zu den Gesängen moderner Kompositionen für die Meßfeier und die Sakramentenspendung reichen. Viele Exponate werden durch diesen Katalog erstmalig der Öffentlichkeit bekannt gemacht. Großer Dank sei für die Erarbeitung dieser Ausstellung unseren beiden Jubilaren Dr. Dr. h. c. August Scharnagl und Msgr. Dr. Dr. h. c. Klaus Gamber (†) gesagt, sowie den übrigen Autoren des Kataloges und Bibliotheksoberrat Dr. Werner Chrobak. Ich bedanke mich auch bei den Kunstsammlungen des Bistums Regensburg, dem Museum der Stadt Regensburg und der Fürstlichen Thurn- und Taxis'schen Hofbibliothek für die Bereitstellung von Vitrinen und Ausstellungsmaterial. Wie immer haben alle Mitarbeiter der Bischöflichen Zentralbibliothek am Gelingen dieser Ausstellung entscheidend mitgewirkt, wofür ich meinen herzlichen Dank ausspreche. Möge diese Dokumentation die Entwicklung unserer heiligen Liturgie besser erklären und die heutige Liturgie uns verständlich und durchsichtig erscheinen lassen. So wird diese Ausstellung einen wichtigen katechetischen und liturgischen Beitrag für das Bistumsjubiläum bieten.

„Die Zukunft gehört den Glaubenden", die Kraft hierzu schöpfen sie aus der Liturgie.

(Msgr. Dr. Paul Mai)
Bibliotheksdirektor

Abb. 3 Ingolstädter Evangeliar, Canon tertius. Clm 27270 (Kat.-Nr. 8)

Liturgiegeschichte von Regensburg bis ins 16. Jahrhundert anhand der erhaltenen Liturgiebücher

von Klaus Gamber

Aus keiner anderen Bischofsstadt sind vom 8. Jahrhundert an und zwar aus allen Jahrhunderten so zahlreiche liturgische Dokumente auf uns gekommen wie aus Regensburg[1]. Besonders beachtlich ist dabei die reiche handschriftliche Überlieferung aus dem 8. und 9. Jahrhundert[2]. Bis auf Fragmente, die sich im Bischöflichen Zentralarchiv befinden, wird keines dieser älteren Zeugnisse heute mehr in Regensburg selbst aufbewahrt[3]. Um sie zu Gesicht zu bekommen, muß man weite Teile Europas bereisen und zahlreiche Bibliotheken aufsuchen.

Die Bedeutung dieser Liturgiebücher liegt nicht nur, wie man meinen könnte, auf liturgiegeschichtlichem Gebiet; auch der Historiker kann an ihnen nicht vorbeigehen, da es sich um die ältesten handschriftlichen Dokumente der für die Frühzeit an Quellen armen bayerischen Geschichte handelt und durch sie die kulturellen Beziehungen und Abhängigkeiten in besonderem Maße deutlich werden.

Die ältesten Zeugnisse

1. Das irische Sakramentar von St. Emmeram. Ein direktes Zeugnis für die irische Mission im süddeutschen Raum bildet eine Palimpsest-Handschrift, die wahrscheinlich noch im 7. Jahrhundert und zwar, wie die typisch irische Majuskel zeigt, in Irland entstanden ist[4]. Es handelt sich bei ihr um ein Sakramentar (Meßbuch) mit Formularen für die Feste des Jahres, beginnend mit der Vigil von Weihnachten (der Advent fehlt noch).

Die Erstbeschriftung der Pergamentblätter unseres liturgischen Codex wurde in der Mitte des 9. Jahrhunderts abgeschabt und von einem Mönch aus St. Emmeram mit einem „Liber glossarum" neu beschrieben. Bis zur Säkularisation hat das Kloster St. Emmeram diese Handschrift mit den getilgten irischen Sakramentarblättern aufbewahrt. Heute liegt sie in der Bayerischen Staatsbibliothek in München (Clm 14 429).

Eine liturgische Verwendung dieses irischen Sakramentars in Regensburg läßt sich zwar nicht mit Sicherheit erhärten; sie ist jedoch durchaus möglich, zumal sich auch für Würzburg ein solches irisches Meßbuch nachweisen läßt. Von diesem besitzen wir noch zwei ebenfalls palimpsestierte Blätter, die, soweit ersichtlich, den gleichen Text wie der St. Emmeramer Codex zeigen. Sie befinden sich jetzt unter der Signatur M. p. th. f. 61 (foll. 21 und 24) in der Universitätsbibliothek von Würzburg[5].

Unser Liturgiebuch gehört zur älteren Gruppe der gallikanischen Sakramentare, eines vermutlich im 4. Jahrhundert in Gallien ausgebildeten Meßbuchtypus, der sich schon bald bis nach Irland, Spanien und Oberitalien ausgebreitet hat[6]. Der gallikanische Ritus war in der Agilolfinger-Zeit auch in Bayern üblich[7]; er wurde erst bei der Neugründung der bayerischen Diözesen durch Bonifatius i. J. 739 abgeschafft.

2. Das Regensburger Bonifatius-Sakramentar. Ist die liturgische Verwendung des eben besprochenen irischen Meßbuchs in Regensburg nicht restlos gesichert, so bestehen in dieser Hinsicht beim folgenden Dokument keine Zweifel. Es handelt sich um drei Doppelblätter eines Sakramentars aus der 1. Hälfte des 8. Jahrhunderts, das ehedem der Regensburger Dombibliothek gehört hat[8]. Der Codex wurde erst in der Neuzeit ausgeschieden und seine Pergamentblätter zum Einbinden von Archivalien des Domkapitels verwendet.

Hätte man seinerzeit den alten Codex nicht einer so unwürdigen Verwendung zugeführt, besäße heute Regensburg eine kostbare Reliquie. Dieser Codex war nämlich nichts anderes als das Meßbuch, das Bonifatius bei der Neugründung der Diözese hier zurückgelassen oder unmittelbar danach dem von ihm eingesetzten Bischof Gaubald (739–761) übersandt hat[9].

Am längsten bekannt ist das sog. *Walderdorffer Fragment*[10]. Es war zu Ende des vorigen Jahrhunderts von Hugo Graf Walderdorff in Regensburg gefunden und von ihm erstmals in Auszügen bekannt gemacht worden[11].

Eine wissenschaftliche Edition sowie eine eingehende Untersuchung des Fragments erfolgte durch P. Siffrin[12]. Dieser Sakramentarforscher wies auf Beziehungen zum Willibrord-Kalender von Echternach (Paris, B. N. ms. lat. 10837) und zu den ältesten Kalendarien von Monte Cassino hin[13]. Auch das Kalendar eines Missale von Canosa (Apulien) kann zum Vergleich herangezogen werden[14].

Besonders auffällig sind die zahlreichen kampanischen Heiligen, wie Juliana (Cumae bei Neapel), Rufus (Capua), Priscus (Nocera bei Nola) sowie Marcellus und Apuleius (Capua). Sie weisen auf die Heimat des Sakramentar-Typus hin, zu dem das Regensburger Bonifatius-Meßbuch gehört, nämlich Kampanien[15].

Wie kommt jedoch, so muß man sich fragen, durch Bonifatius ausgerechnet ein kampanisches Liturgiebuch nach Regensburg?

Der Grund, warum die angelsächsischen Missionare kampanische Meßbücher benutzt haben, liegt in der Person eines gewissen Hadrian begründet. Dieser war zuerst Abt des Insel-Klosters Nisida bei Neapel, dann Begleiter des von Papst Vitalian i. J. 668 zum Erzbischof von Canterbury ernannten Theodor, eines gebürtigen Griechen. Abt Hadrian hat damals Bücher, die für den Gottesdienst im angelsächsischen Missionsgebiet in Frage kommen konnten, aus seinem kampanischen Kloster nach Canterbury mitgebracht[16].

Es lassen sich zahlreiche Hinweise finden, daß das kampanische Meßbuch des 7. Jahrhunderts, das damals von Abt Hadrian nach England gebracht worden war, im wesentlichen auf das von Gennadius erwähnte Sakramentar des Paulinus von Nola († 431) zurückgeht. Dieses stellt das älteste derartige Liturgiebuch aus Italien dar[17]. Unsere ehemalige Regensburger Handschrift, die leider nur fragmentarisch erhalten ist, bildet den wichtigsten Zeugen dieses als Ganzes verlorenen Meßbuch-Typus.

Was die in Regensburg nachträglich erfolgten Eintragungen ins Kalendar betrifft, so ist festzustellen, daß sich nur solche bis in die Zeit der Absetzung des Herzogs Tassilo III. (788) finden. Die meisten von ihnen sind bereits in der Zeit des von Bonifatius eingesetzten Bischofs Gaubald (739–761) erfolgt[18].

So findet sich am 22. September eine Hinzufügung „in insular beeinflußter vorkarolingischer Minuskel" (B. Bischoff): „et sci emhrammis". Dieser Eintrag in das Kalendar erfolgte vermutlich etwa zur gleichen Zeit, als Gaubald der Leichnam des heiligen Emmeram erhoben und in einem Grab unter dem Hochaltar der neu erbauten St. Emmeramskirche beigesetzt wurde.

Am 14. Oktober ist „in angelsächsischer Schrift" (B. Bischoff) der Todestag des Herzogs Theodbald († um 724) vermerkt. Der jüngste Nachtrag ist am 8. Oktober: „n(a)t(ale) theotoni filio tassiloni duce" und zwar „in frühkarolingischer Minuskel". Dieser Eintrag muß noch vor 788 erfolgt sein.

Eine liturgische Verwendung des Liturgiebuchs ist nach der Absetzung Tassilos wenig wahrscheinlich. Man hätte sonst wohl im Kalendar diese Erinnerung an das abgesetzte Herzogshaus getilgt, ähnlich wie dies in einem Prachtpsalter, der der herzoglichen Familie gehört hat und von dem noch die Rede sein wird, geschah[19].

Ein *weiteres Doppelblatt* kam durch einen Regensburger Buchbinder im Jahr 1920 in die Staatsbibliothek in Berlin (jetzt Ms.lat.Fol. 877). Es trägt in der Mitte oben die Jahreszahl 1653, die aus seiner späteren Verwendung als Aktendeckel herrührt. Das Doppelblatt enthält Stücke aus dem Proprium de Tempore und zwar Teile der Formulare der Weihnachts- und Fastenzeit. Die Formulare lassen sich als Ganzes in keinem anderen Meßbuch nachweisen, wenn auch die meisten Formeln ebenso anderswo vorkommen. Eine direkte Weiterführung unseres Meßbuch-Typus liegt in den beneventanischen Plenarmissalien vor. Auch die mailändischen Sakramentare bauen, wie sich zeigen läßt, auf dem kampanischen Meßbuch des Paulinus von Nola auf[20].

Den jüngsten Fund stellt das *3. Doppelblatt* dar. Es wurde von mir im September 1974 in den Beständen des Bischöflichen Zentralarchivs unter den Bischöflich-Domkapitelschen Archivalien, aus denen auch die beiden oben genannten Doppelblätter stammen, zufällig gefunden (jetzt Cim 1).[21] Das Regensburger Blatt trägt an der gleichen Stelle wie das Berliner sowie in der gleichen Schrift die Jahreszahl 1649. Es hat als Einbanddeckel einer Rechnung der St. Wolfgangsbruderschaft für dieses Jahr gedient.

Wie weitere Archivalien im Bischöflichen Zentralarchiv aus dieser Zeit zeigen, hat man diese in den Jahren nach dem Dreißigjährigen Krieg fast ausschließlich mit Pergamentblättern aus ehemaligen Handschriften der Dombibliothek, vor allem aus Liturgiebüchern, die nicht mehr im Kathedralgottesdienst gebraucht wurden, eingebunden.[22]

Das neue Regensburger Blatt enthält einen großen Teil des Canon missae und zwar in einer altertümlichen Fassung, die vor der Zeit des Papstes Gregor I. liegt.[23] Der Canon dürfte, wie andernorts nahegelegt werden konnte, am Anfang des Sakramentarteils unmittelbar nach dem Kalendar seinen Platz gehabt haben. Der Text beginnt mitten im „Communicantes" bei „petri pauli" und schließt in den letzten Worten der Doxologie des „Libera" nach dem Paternoster. Er gehört der vorgregorianischen Canon-Redaktion an, wie sie im Missale Francorum, dem Stowe-Missale und dem Bobbio-Missale, alle etwa aus der gleichen Zeit wie das Regensburger Sakramentar, überliefert ist.

Über den Canon-Text des Regensburger Fragments wurde andernorts ausführlich gehandelt.[24] Hier genügt es auf die sonst nicht bekannte Rubrik vor dem Paternoster hinzuweisen: „Et sacerdos dicit. Sacramenta confracta dicit". (Und der Priester spricht. Nach der Brotbrechung spricht er.) Das Gebet nach dem ersten „dicit" fehlt in unserer Handschrift, es findet sich jedoch (wenn auch ohne unsere vorausgehende Rubrik) im genannten Stowe-Missale.

Der 2. Teil der Rubrik bezieht sich auf die zuvor erfolgte Brechung der Hostie. Seit Papst Gregor († 604) geschieht das nicht mehr, wie im Bonifatius-Sakramentar und im ambrosianischen Ritus, vor dem Paternoster, sondern erst danach.

Noch einige Worte zur Beschaffenheit und Schrift der Blätter. Es handelt sich um ein feines Kalbpergament. Die Haarseite ist besser zu lesen als die Fleischseite, weil hier die rückwärtige Schrift stark durchscheint. Vom Regensburger Blatt lag die Fleischseite, in der Zeit als das Blatt als Einband des Archivstücks diente, außen und war daher in stärkerem Maße der Abnutzung ausgesetzt. Der untere Teil der rechten Hälfte dieser Fleischseite ist zudem noch durch eine Flüssigkeit, die früher einmal darüber geschüttet worden war, weithin unleserlich. Auch unter der Quarzlampe ist nicht mehr jedes Wort sicher zu erkennen.

Die Schrift ist nach B. Bischoff „eine schöne, zuchtvolle angelsächsische Majuskel northumbrischen Typs in der schlanken und bedrängten Form, die zur Minuskel überleitet... Sie gebraucht d und unziales d; die Minuskelformen von n und r, die Majuskelformen von s überwiegen... die roten Rubriken in der gleichen Schreibart. Initialen im angelsächsischen Stil, rot umpunktet. Die Schrift und die Art des Materials sind echt englisch."[25] Der Schriftspiegel ist 180 : 240 mm. Die Kalendarseiten sind in Langzeilen, die übrigen Seiten sind zweispaltig mit je 23 Zeilen beschrieben.

Im Regensburger Blatt findet sich als zusätzlicher Schmuck vor den einzelnen Gebeten des Canon fast regelmäßig eine rote Zierzeile, die aus sechs Gruppen von jeweils drei oder vier auf der Zeile stehenden Punkten besteht und zwischen denen ein V-artiges Zeichen eingefügt ist; den Schluß der Zeile bilden stets drei Punkte, die zu einem Dreieck angeordnet sind, sowie ein nach oben gezogener Strich.

Im Kalendarblatt ist jeweils die Initiale KL (= Kalendis) zu Anfang jeden Monats reich verziert. Rot geschrieben sind die „litterae lunales", ebenso die Iden. Von den Festen sind die Marien-, Johannes- und Apostelfeste ebenfalls durch Rotschrift ausgezeichnet.

3. Das Tassilo-Sakramentar in Prag. Aus der Zeit Tassilos III., des letzten der Agilolfinger-Herzöge, besitzen wir den im langobardischen Stil reich ausgestatteten Tassilo-Kelch. Diesen hat der Herzog dem von ihm i. J. 777 gestifteten Kloster Kremsmünster geschenkt[26]. Außer dem Tassilo-Kelch erinnert noch ein Sakramentar an die Zeit dieses Herzogs, das sog. Prager Sakramentar, eine jetzt in der Bibliothek des Prager Metropolitankapitels aufbewahrte Handschrift (Cod. O. LXXXIII)[27]. Sie ist in den letzten Regierungsjahren Tassilos in Regensburg unter Bischof Sintbert (768–791) angefertigt worden[28].

Als eine etwas spätere Hand vor dem Jahr 794 die Namen der im Canon offiziell zu nennenden Personen, die sog. Nota historica, eintrug, bekamen den ersten Platz unter den Lebenden König Karl, dann seine Gemahlin Fastrad († 794), seine Kinder Pippin, Ludwig und Rotraud, denen unmittelbar der Name des Regensburger Bischofs Adalwin (792–816) folgt. Bischof Sintbert († 791) steht bereits unter den Toten und zwar an zweiter Stelle nach einem gewissen Perchtuni[29].

Da unter den Lebenden auch die Namen der Bischöfe Atto von Freising, Arn von Salzburg, Alim von Säben und Odalhart von Neuburg (im Staffelsee) verzeichnet erscheinen, ist durchaus anzunehmen, daß dieser Eintrag bei einem feierlichen Anlaß geschehen ist, wobei die genannten Bischöfe in Regensburg anwesend waren, möglicherweise bei der Reichsversammlung im Frühjahr 792, als die Irrlehre des spanischen Bischofs Felix verurteilt wurde. Adalwin war damals gerade Bischof von Regensburg geworden[30].

Herzog Tassilo fehlt in diesem Verzeichnis, wie man sich denken kann. Sein Name wurde im Canon nicht mehr offiziell erwähnt, da seinen Platz nun König Karl eingenommen hatte[31].

Nun einiges zum Inhalt. Im Tassilo-Sakramentar finden wir am 11. November, dem Martinsfest, zwei Meßformulare, ein jüngeres aus dem gregorianischen Meßbuch entnommen und ein altertümliches, das deutlich gallischen Ursprung verrät, da es mit dem Martinsformular im gallikanischen „Missale Gothicum", eines in der Gegend von Tours beheimateten Sakramentar-Typus, übereinstimmt[32]. Es lautet anders als das Martins-Formular im oben behandelten irischen Meßbuch.

Es muß demnach außer diesem durch die irische Mission nach Süddeutschland gebrachten Liturgiebuch noch ein weiteres gallikanisches Sakramentar in Regensburg in Gebrauch gewesen sein, das aus der Gegend von Tours stammt und dem genannten „Missale Gothicum" ähnlich war.

Als ein weiteres Eigenfest begegnet uns das des heiligen Zeno am 8. Dezember. Wie an anderer Stelle nachgewiesen werden konnte, kommt das altertümliche, im gallikanischen Gebetsstil gehaltene und sicher vor dem Jahr 700 stammende Zeno-Formular in dieser Fassung nur noch in zwei jüngeren Regensburger Meßbüchern und in einem relativ späten Missale aus dem Zeno-Kloster in Verona vor (jetzt in Mailand, Bibl. Ambrosiana, Cod. H 255 inf.)[33]. Die Verehrung des Veroneser Heiligen in Regensburg dürfte auf besondere Beziehungen der Stadt zu Verona zurückgehen.

Eine weitere Eigenmesse unseres Sakramentars ist die des heiligen Georg am 24. April. Das Formular, das sonst nirgends zu finden ist, hat formal Ähnlichkeit mit dem des heiligen Zeno, was auf ein hohes Alter hinweist. Bekanntlich war die Emmeramskirche in Regensburg ursprünglich dem heiligen Georg geweiht; doch stand auch an der Nordostecke der Stadtmauer, in der Nähe des Herzogshofs, einst eine Georgskirche.

Beachtenswert ist weiterhin, daß im Tassilo-Sakramentar das Fest des hl. Johannes des Täufers durch eine großangelegte Initiale und eine verzierte Überschrift ausgezeichnet ist, wie wir sie in unserer Handschrift nur noch an Ostern, dem höchsten Fest des Jahres, vorfinden. Dies läßt darauf schließen, daß der Patron der Kirche, für die das Meßbuch bestimmt war, vermutlich die Herzogliche Kapelle an der Stelle des späteren Damenstiftes Niedermünster, ursprünglich der hl. Johannes war. Derselbe Heilige war auch der Patron der Langobarden, seit die bayerische Herzogstocher Theodolinde kurz nach 600 in Monza eine große Kirche zu Ehren des hl. Johannes des Täufers, „patrono suo", wie es heißt, gebaut hat, vielleicht in Erinnerung an die heimatliche Johannes-Kirche in Regensburg[34]. Auch in den vier Medaillons am Fuß des Tassilokelches erscheint die Darstellung des Täufers als eines der Schutzpatrone der Stifter Tassilo und seiner Frau (neben Maria, Theodolinde und Theodor).

Dem Typus nach ist das Tassilo-Sakramentar ein sog. Gelasianum; so genannt, weil es angeblich auf Papst Gelasius (492 bis 496) zurückgeht. Wie andernorts gezeigt werden konnte, wurde dieser Meßbuch-Typus um 550 unter Bischof Maximian in Ravenna ausgebildet[35]. In unserem Sakramentar zeigt sich demnach der Einfluß Oberitaliens[36]. Dieser war während der Regierungszeit Herzogs Tassilo III. besonders stark, vor allem wegen der freundschaftlichen Beziehungen zwischen dem Herzogtum und dem Langobardenreich.

Nach Prag ist unser Codex während des 9. Jahrhunderts im Zug der Missionierung Böhmens durch Regensburger Kleriker gekommen, zusammen mit anderen für den Gottesdienst bestimmten und in Regensburg geschriebenen Handschriften, die heute ebenfalls in Prag liegen, so die Fragmente eines Psalteriums aus dem Ende des 8. Jahrhunderts, ein Homiliar aus dem Anfang des 9. Jahrhunderts sowie ein weiteres Homiliar aus der Mitte dieses Jahrhunderts, das jedoch in Freising geschrieben ist[37].

4. Das Kalendar-Fragment von St. Emmeram. Bereits bei der Behandlung des Regensburger Bonifatius-Sakramentars ist uns ein Kalendar begegnet. Während dieses eindeutig seinen kampanischen Ursprung zu erkennen gibt und nur durch den Zusatz am 22. September seine Verwendung in Regensburg ablesbar wird, ist ein weiteres Kalendar, von dem ein einziges Blatt (23. November bis 25. Dezember) erhalten geblieben ist, direkt in und für Regensburg geschrieben. Es stammt aus dem Ende des 8. Jahrhunderts und wurde bis vor kurzem in der Sakristei von St. Emmeram aufbewahrt. Es befindet sich jetzt in der Bischöfl. Zentralbibliothek Regensburg[38].

Vergleichen wir die Heiligentage des St. Emmeramer Kalendars mit denen des Tassilo-Sakramentars, so stellen wir fest, daß in letzterem sogar noch weniger Heiligenfeste verzeichnet sind als bei uns, jedoch kein Fest, das sich nicht auch im Kalendar findet.

Beachtenswert ist in unserem Fragment die Erwähnung des heiligen Ambrosius von Mailand am 7. Dezember. Die Verehrung dieses Heiligen ist für das ausgehende 8. Jahrhundert für Regensburg sonst nicht bezeugt, und außerhalb von Mailand für diese frühe Zeit kaum zu finden.

Wie das Tassilo-Sakramentar enthält auch unser Blatt das Fest des heiligen Zeno von Verona, und zwar ebenfalls am 8. Dezember, dem Ordinationstag, und nicht, wie sonst allgemein üblich, am 13. April, dem Todestag des Heiligen[39].

Liturgiebücher aus der Zeit Karls des Großen

1. Evangeliare. Aus dem südostdeutschen Raum sind aus der Zeit kurz vor bzw. um 800 mehrere prachtvoll in Unziale geschriebene Handschriften erhalten, deren Entstehung bisher verschiedentlich im Kloster Mondsee (bei Salzburg)[40] oder in einem anderen unbekannten südostdeutschen Skriptorium vermutet wurde. Zu diesen für den Gebrauch im Gottesdienst bestimmten Handschriften gehört das sog. *Ingolstädter Evangeliar,* ein nicht mehr vollständiges Vier-Evangelien-Buch, das jetzt als Clm 27 270 in der Staatsbibliothek aufbewahrt wird. Die 62 erhaltenen Blätter haben zum größten Teil zuletzt als Umschläge für Salzbücher des Amtes Ingolstadt gedient[41]. Ingolstadt war bekanntlich königliche Villa der Karolinger.

Der Buchschmuck dieses Evangeliars, mit dem sich neuerdings K. Holter im Zusammenhang mit dem gleich zu nennenden „Codex Millenarius" befaßt hat, ist außerordentlich vielteilig. Wir besitzen heute noch 44 farbige Initialen und 4 prachtvolle Canones-Seiten mit den Symbolen der Evangelisten jeweils in den Arkaden. In den Initialen ist das Bandgeflecht vorherrschend. Wir finden als Ornament auch Fische, ähnlich wie im St. Emmeramer Codex Clm 14 300, sowie Vogelköpfe mit eigentümlichen langen Schnäbeln, die an die erste Initiale des Psalters von Montpellier erinnern, von dem gleich die Rede sein wird. Die Ikonographie der Evangelisten-Symbole sowie die elegante und lockere Behandlung des Spiralflechtwerks wiederum hat eine Entsprechung im „Codex Millenarius".

Ein weiteres unvollständig erhaltenes Evangeliar stellen die *Nürnberger Fragmente* dar (Germanisches Museum, Ms. 27 932 + Stadtbibliothek, Fragm. 1), von denen Teile auch in New York liegen (Piermont Morgan Library, M. 564)[42]. Die Blätter sind seinerzeit in der Umgebung von Nürnberg aufgetaucht. Wir wissen nicht, wo sie sich im 17. Jahrhundert vor ihrer Verwendung als Einbandpergament befunden haben. Es sind in den Nürnberger Fragmenten nur 15 Initialen enthalten, davon eine, leider unvollständig, zu Beginn des Johannes-Evangeliums. Sie zeigt das gleiche Flechtwerk wie das Christus-Bild im Psalter von Montpellier. Auch die kleinen Initialen sind in beiden Prachthandschriften sehr ähnlich; gleich ist in beiden die Verwendung von Silber und Gold, die im Ingolstädter Evangeliar fehlt.

Das dritte hierher gehörende Evangeliar ist der berühmte *Codex Millenarius* in Kremsmünster, der über 1 000 Jahre lang am selben Ort aufbewahrt und heute noch gelegentlich im Gottesdienst verwendet wird. Er hat durch W. Neumüller und K. Holter eingehende Würdigung erfahren[43]. Während Holter kunsthistorische Beziehungen zu den eben genannten Evangeliaren sowie weiteren Handschriften aufzeigen konnte, befaßte sich Neumüller vor allem mit dem Bibeltext. Er konnte dabei zeigen, daß in diesen Evangeliaren eine eigene, von der späteren Alkuin'schen Redaktion unbeeinflußte Fassung der Vier Evangelien vorliegt, wie sie vor der Wende zum 9. Jahrhundert im bayerischen Raum in Gebrauch war[44]. Die Heimat dieser Redaktion liegt nach Neumüller in Oberitalien, vermutlich in Ravenna, wo nach Holter auch die Vorlagen der Evangelisten-Bilder in unseren Handschriften zu suchen sind[45].

Mit den drei genannten Evangeliaren ist seiner künstlerischen Ausstattung nach ein fragmentarischer Codex mit den Paulus-Briefen eng verwandt. Er besteht aus Blättern, die von Einbänden Mondseer Handschriften abgelöst wurden und sich heute als Cod. ser. nov. 2065 in der Ö. Nationalbibliothek in Wien befinden. Daß die ehemalige Handschrift zuletzt im Kloster Mondsee war, ist sicher, nicht jedoch, daß sie auch dort geschrieben ist, obwohl dies vielfach angenommen wird.

Da der bereits erwähnte *Psalter von Montpellier* (Bibl. Univ., Med. 409), eine relativ kleine Handschrift in Oktavformat, mit diesem Mondseer Codex Gemeinsamkeiten aufweist, wurde auch für ihn das Kloster Mondsee als Provenienz vermutet[46]. Der Psalter ist künstlerisch reich ausgestattet und weist zwei ganzseitige Miniaturen auf (Christus-Bild und König David). Auch hier begegnet uns, wie im Prager Sakramentar, in einem Nachtrag innerhalb der Litanei der Name der Königin Fastrada († 794). Es wird angenommen, daß sich der Psalter später im Nonnenkloster Notre-Dame in Soissons und dann in Auxerre befunden hat. Die reiche Ausstattung und das kleine Buchformat schließen den monastischen Gebrauch aus und lassen die Bestimmung für eine hochgestellte Persönlichkeit annehmen[47].

Daß all diese Codices eng zusammengehören, haben die eingehenden Untersuchungen, vor allem von Bischoff und Holter, gezeigt. Daß zum mindesten einige von ihnen aus dem gleichen Skriptorium stammen, ist ebenfalls angenommen worden, wobei man dieses im Kloster Mondsee gesucht hat. Hat aber – so ist zu fragen – das erst 748 als agilolfingisches Eigenkloster gegründete Mondsee tatsächlich ein künstlerisch so bedeutsames Skriptorium beherbergt, daß es einige Jahrzehnte nach seiner Errichtung so viele Prachthandschriften hervorbringen konnte?

Ein solches Skriptorium kann sich m. E. nur an einem Ort befunden haben, der sowohl auf eine längere Schreibtradition zurückblickt, wie u. a. ein nicht verkennbarer insularer Einschlag in den Prachthandschriften zeigt, als auch ein kulturelles (und politisches) Zentrum gebildet hat. Dies trifft für die Zeit vor 800, was den südostdeutschen Raum betrifft, nur für Regensburg und Salzburg zu. Da aber Salzburg aus Gründen, die von Holter eingehend behandelt werden[48], ausscheidet, kommt für den Fall, daß Mondsee ebenfalls ausscheidet, nur noch Regensburg in Frage[49].

Für Regensburg als Entstehungsort der genannten Handschriften spricht auch ein aus zwei beschnittenen Doppelblättern bestehendes Evangeliar-Fragment, das vor einigen Jahren aus Beständen des Bischöflichen Zentralarchivs abgelöst wurde und das eine dem genannten Psalter sehr ähnliche Schrift aufweist[50]. Bemerkenswert sind hier die Notenzeichen, die über dem Text der Perikope von den klugen und törichten Jungfrauen und über der Matthäus-Passion stehen. Das ehemalige Evangeliar stammt, wie die oben genannten Codices, aus dem Ende des 8. Jahrhunderts und dürfte in Regensburg geschrieben und hier im Dom liturgisch verwendet worden sein[51].

Über die engen Beziehungen zwischen dem Kloster Mondsee und Regensburg wird im folgenden bei der Besprechung des Baturich-Pontifikale eigens zu reden sein. Auf Grund dieser besonderen Beziehungen ist es nur zu verständlich, daß von Regensburg aus Codices nach Mondsee gekommen sind. Kremsmünster wiederum, der Aufbewahrungsort des Millenarius, ist eine Gründung Tassilos. Möglicherweise ist unser Codex, zusammen mit dem Tassilo-Kelch und dem Zepter des Herrschers nach der Absetzung Tassilos von einigen seiner Getreuen von Regensburg nach Kremsmünster in Sicherheit gebracht worden[52].

Die beiden anderen Evangeliare befanden sich zuletzt in Ingolstadt bzw. Nürnberg, also in der weiteren Umgebung von Regensburg. Da wir nicht wissen, wie sie in die genannten Orte gekommen sind, können wir keine ähnlichen Zusammenhänge feststellen wie bei Mondsee und Kremsmünster. Es ist nicht ausgeschlossen, daß wenigstens einer dieser Codices für den Gottesdienst in Regensburg selbst bestimmt war und erst später verschleudert worden ist. Lauter Fragen, die sich wohl nie mit letzter Sicherheit klären lassen. Jedenfalls ist die Bedeutung Regensburgs, zuerst als Sitz des Herzogs und dann wenigstens zeitweiser Sitz der Karolinger, für die Ausbildung und Niederschrift liturgischer Bücher an der Wende des 8. zum 9. Jahrhundert kaum zu unterschätzen.

2. Sakramentare aus dem Patriarchat Aquileja. Aus dem bayerisch-alpenländischen Raum sind Fragmente mehrerer um 800 entstandener Sakramentare erhalten. Sie gehören fast alle dem gleichen Typus an und lassen sich nur innerhalb des Gebiets des Patriarchats von Aquileja nachweisen[53]. Von diesen Handschriften dürften einige in Regensburg selbst geschrieben sein. Am meisten trifft diese Vermutung auf fünf Blätter zu, die jetzt in der Universitätsbibliothek Gießen (Hs NF 43) und im Staatsarchiv Marburg (Hr 1, 4) liegen[54]. Es handelt sich um Teile eines Pontifikal-Sakramentars, in dem nur die Meßformulare für die höheren Feste aufgenommen waren, vermutlich für die Tage, an denen der Bischof den feierlichen Gottesdienst hielt. Das Liturgiebuch war ganz in einer schönen Unziale geschrieben, was ebenfalls auf die Bestimmung für eine Domkirche hinweisen könnte[55]. Zu Beginn des 9. Jahrhunderts ist die Verwendung von Unziale bei Sakramentaren selten; im Tassilo-Sakramentar finden wir sie ausschließlich beim Canon Missae (ff. 85–90).

Als Schreibschule kommt nur ein bedeutendes Zentrum in Frage, was ohne Zweifel Regensburg damals war.

Daß die Gießen-Marburger Fragmente zusammen mit anderen aus Bayern stammenden Sakramentaren, die hier nicht alle aufgeführt werden sollen, zu einem Typus gehören, der im Gebiet des Patriarchats von Aquileja gebräuchlich war, beweist, daß der Einfluß dieser Metropole auf die bayerischen Diözesen im 8. Jahrhundert doch stärker war als gemeinhin angenommen wird. Bekanntlich erfolgte die endgültige Abtrennung der Gebiete nördlich der Drau an die neue Kirchenprovinz Salzburg, der auch Regensburg damals angegliedert wurde, erst in den Jahren 796 und 811.

Auch in den von den bayerischen Diözesen und von Aquileja selbst missionierten Gebieten im Osten muß unser Meßbuchtypus in Gebrauch gewesen sein. Als nämlich die Brüder Cyrill und Method in der 2. Hälfte des 9. Jahrhunderts hier unter den Slaven (Mähren) intensive Missionsarbeit leisteten, haben sie, wie die Kiewer Blätter zeigen, ein derartiges Exemplar für ihre Übersetzung des Meßbuches ins Slavische benutzt[56].

3. Regensburger Gregoriana-Handschriften. Als Vorsatzblatt des Clm 13 109, eines Codex der ehemaligen Regensburger Stadtbibliothek, diente ein Pergamentblatt, das jetzt unter der Signatur Clm 29 300/16 (früher 29 163i) in der B. Staatsbibliothek aufbewahrt wird. Nach B. Bischoff gehört die Schrift in den Anfang des 9. Jahrhunderts; er bezeichnet sie ohne nähere Ortsbestimmung als „deutsch"[57]. Es spricht jedoch manches dafür, daß Regensburg nicht nur der (letzte) Verwendungsort, sondern auch der Entstehungsort des ehemaligen Meßbuchs ist, so eine gewisse Ähnlichkeit in der Schrift mit dem oben kurz genannten Psalterfragment in Prag[58]. Weitere Fragmente liegen in Metten und München (Clm 27 016, fol. 1 und 285).

Es handelt sich bei unserm Fragment um Blätter aus einem Sacramentarium Gregorianum, einem Meßbuch, wie es von Papst Gregor d. Gr. (590–604) redigiert worden ist[59]. Obwohl von ihm nur für die päpstliche Stationsliturgie zusammengestellt, hat dieses Liturgiebuch schon bald eine weite Verbreitung gefunden. Die Annahme, die bisher vorherrschend war, daß erst gegen Ende des 8. Jahrhunderts ein Exemplar dieses Sakramentar-Typus ins Frankenreich gekommen sei[60], ist heute wohl eindeutig widerlegt[61]. Unter anderen Zeugnissen ist auch unser Fragmentblatt in diesem Zusammenhang von Bedeutung.

Ediert ist das Formular für das Fest Peter und Paul (29. 6.). Dieses stimmt nicht mit der Textfassung des sog. Sacramentarium Hadrianum überein. Bei diesem handelt es sich um eine jüngere Rezension des Gregorianum, näherhin um das Exemplar, das, wie wir wissen, Papst Hadrian I. (772–795) auf Wunsch Karls d. Gr. nach Aachen gesandt hat (wahrscheinlich 794)[62].

Der Sakramentarforscher bedauert es, daß diese wichtige Regensburger Gregorianum-Handschrift nicht vollständig auf uns gekommen und nur dieses eine Blatt erhalten geblieben ist. Die ganze Handschrift hätte Aufschluß geben können über die Urgestalt dieses für die abendländische Liturgiegeschichte so wichtigen Meßbuches.

Dazu kommen nun weitere Bruchstücke gregorianischer Sakramentare, die zuletzt in Oberaltaich Verwendung gefunden hatten[63]. Die ehemalige Klosterbibliothek von Oberaltaich (gegründet um 1100) besaß eine Reihe alter Handschriften aus dem 9. und 10. Jahrhundert, von denen einige nach B. Bischoff „sicher oder sehr wahrscheinlich in dem Regensburger bischöflichen Skriptorium... geschrieben worden" sind[64]. Zu diesen sind auch die Fragmente zweier Sakramentare zu rechnen, die aus Oberaltaicher Bucheinbänden abgelöst wurden. Es könnte sich dabei um Bruchstücke von Meßbüchern handeln, wie sie spätestens bei der Gründung des Klosters durch den Domvogt Friedrich von Regensburg nach Oberaltaich gekommen waren. Sie zeigen ebenfalls eine vorhadrianische Fassung des Gregorianums.

4. Deutschsprachige Texte und altslavische Übersetzungen. Der Klerus der Kirche von Regensburg hat, wie aus den erhaltenen Zeugnissen hervorgeht, die Bemühungen Karls d. Gr. um eine stärkere Betonung des deutschsprachigen Elements im Gottesdienst unterstützt[65]. So sind allem Anschein nach die sog. Mondseer „Fragmenta theodisca" aus der Zeit um 800 in Regensburg entstanden. Es handelt sich bei diesen um eine Übersetzung des Matthäus-Evangeliums in einer bilinguen Handschrift, von der jedoch nur Teile erhalten geblieben sind (jetzt in Wien)[66]. Wie weit diese Texte im Gottesdienst verwendet wurden, wissen wir nicht, sicher jedoch die aus dem gleichen Raum stammenden beiden althochdeutschen Beichtformeln[67]. Sie wurden später, wohl im Kloster St. Emmeram, im Zusammenhang mit der Missionierung der Slaven, ins Altslavische übersetzt[68].

Im gleichen Kloster könnte auch das mit einem Text der „Freisinger Denkmäler" nahe verwandte althochdeutsche sogenannte St. Emmeramer Gebet[69] übersetzt worden sein. Es taucht im glagolitischen Euchologium Sinaiticum[70] mitten unter Rituale-Formeln des byzantinischen und lateinischen Ritus auf[71]. Die slavische Fassung dieser Formel dürfte der Redaktor des Euchologiums, allem Anschein nach Method selbst, der kaum Bairisch gesprochen hat und sie daher auch nicht übersetzen konnte, als ein Zeugnis der frühen bairischen Mission vorgefunden und sie später in das genannte Liturgiebuch aufgenommen haben.

Zagiba weist in diesem Zusammenhang auf den St. Emmeramer Mönch Boso hin, der mit der Leitung der Slavenmission bei den Lausitzer Sorben beauftragt war und 970 in Baiern starb. Über seine Tätigkeit besitzen wir einen Bericht des Bischofs Thietmar von Merseburg, in dem es u. a. heißt: „Um die ihm anvertrauten Seelen umso leichter unterrichten zu können, hatte er eine Anweisung in slavischer Sprache geschrieben."[72] Es dürften demnach im genannten Kloster in Regensburg einige Mönche die slavische Sprache beherrscht und die für die Seelsorge unter den Slaven notwendigen Texte übersetzt haben.

Baturich-Pontifikale und Codex Aureus

1. Das Baturich-Pontifikale. „Habent sua fata libelli". Dieser Satz gilt für die meisten der bisher genannten Liturgiebücher, in Sonderheit aber für ein Liturgiebuch, das zu einem großen Teil aus Bucheinbänden der Wiener Nationalbibliothek wiedergewonnen werden konnte: das Baturich-Pontifikale (Cod. Vindob. ser. nov. 2762). Anfänglich waren nur 16 Doppelblätter bekannt, die aus Bucheinbänden des ehemaligen Klosters Mondsee abgelöst worden waren[73].

Als der Direktor der Handschriftenabteilung, Franz Unterkircher, sämtliche in der Nationalbibliothek aufbewahrten Mondseer Handschriften durchmusterte, traten unerwartet so viele weitere Blätter des ehemaligen Liturgiebuchs zutage, daß ein Großteil der alten Handschrift mit ihren 16 Lagen (zu je 4 Doppelblättern) wieder zusammengestellt werden konnte. Sogar die mit einer schönen farbigen Initiale geschmückte Titelseite ist wieder gefunden worden. Nicht wenige Blätter mußten freilich mühsam aus kleinen Einzelstreifen, die ehedem als Falze zur Verstärkung von Einbänden gedient haben, wieder zusammengesetzt werden[74].

B. Bischoff setzt die Niederschrift des Liturgiebuchs in die Zeit des Bischofs Baturich von Regensburg (817–848). Die Orationen zu Ehren des heiligen Emmeram und die Nennung seines Namens im Libera des Canon Missae weisen näherhin auf das Kloster St. Emmeram als Ort der Verwendung der Handschrift. Zuletzt befand sich der Codex in Mondsee.

Mondsee war seit Baturich Eigenkloster des Bischofs von Regensburg. Dieser hatte es von der Königin Hemma, der Gemahlin Ludwigs des Deutschen, im Tausch mit dem Kloster Obermünster i. J. 833 erhalten[75]. Ob damals schon das Liturgiebuch nach Mondsee gekommen war oder erst später, wissen wir nicht. Vermutlich war es schon im 15. Jahrhundert nicht mehr vollständig, als man es zu Buchbindezwecken zweckentfremdet hat.

Das Baturich-Pontifikale ist eine in ihrer Art einmalige liturgische Handschrift. In ihr ist nämlich ein Kollektar, ein Buch für das Chorgebet, mit einem Pontifikale zum Gebrauch des Bischofs verbunden[76]. Das Pontifikale beinhaltet Gebete bei den verschiedenen Weihen, von der Tonsur angefangen bis zur Weihe des Bischofs, ferner den Ritus der Konsekration einer Kirche. Es ist das älteste derartige Pontifikale, das überhaupt erhalten geblieben ist.

Die sonst fast nicht mehr vorkommende Verbindung von Chorbuch (für den Abt) und Pontifikale (für den Bischof) erklärt sich dadurch, daß seit der Neuordnung der Diözese Regensburg durch Bonifatius der jeweilige Bischof zugleich Abt des Klosters St. Emmeram war. Dabei sollte dieser im Wechsel einmal aus den Reihen der Mönche und einmal aus den Reihen der Domherren genommen werden. So blieb es bis zur Zeit des heiligen Wolfgang (972–994).

Bischof Baturich, der dieses Liturgiebuch zusammenstellen ließ, spielte im Karolingerreich als Hofkaplan des Königs Ludwig des Deutschen, der vorwiegend in Regensburg residierte, eine wichtige Rolle. Baturich war im Kloster Fulda zusammen mit Hrabanus Maurus wissenschaftlich ausgebildet worden und war ein guter Kenner des Kirchenrechts[77]. Seine Bemühungen gingen dahin, daß in seiner Diözese im Gottesdienst genau der Ritus der Kirche von Rom beobachtet wurde. Diese Tendenz ist in seinem Pontifikale zu erkennen, worin die neuesten römischen Liturgiebücher benützt erscheinen.

Besonders hingewiesen sei weiterhin auf die Benediktionen, wie sie vor den einzelnen Lesungen vom Abt bzw. Bischof zu sprechen waren. Sie finden sich in unsrem Liturgiebuch im Anschluß an das Kollektar. Es sind für die Festtage jeweils eigene Texte vorhanden. Diese lassen sich sonst nicht nachweisen, obwohl es viele derartige Benediktionen in Brevier-Handschriften gibt[78]. Sie könnten daher die Schöpfung eines Regensburger Klerikers oder Mönches sein[79].

Die Gebete und Rubriken für die Ordinationen stimmen weitgehend mit den entsprechenden römischen Ordines (Nr. XXXV und XXXVB nach Andrieu)[80] überein. Eine Ausnahme bildet der Ritus der Kirchweihe, der dem römischen Ordo XLI lediglich angepaßt erscheint, dabei aber manches (Regensburger?) Eigengut enthält[81].

Kurz erwähnt sei hier eine weitere Handschrift, wenn es sich auch bei ihr nicht um ein Liturgiebuch im strengen Sinn handelt. Sie befindet sich als ehemaliger St. Emmeramer Codex unter der Signatur Clm 14 510 in der B. Staatsbibliothek. Sie ist ebenfalls unter Bischof Baturich geschrieben und enthält Texte aus einem Pontifikale.

Aus der Baturich-Zeit stammt auch die später nach Oberaltaich gebrachte Ambrosius-Handschrift Clm 9543. In ihr hat ein gewisser Engyldeo den Tropus „Psalle modulamina laudis canora..."[82] eingetragen und den ganzen Text mit Neumen versehen. Diese gehören zu den ältesten Singnoten, die auf uns gekommen sind. Sie sind um 820–840 anzusetzen[83] und zeugen von der besonderen Pflege der Kirchenmusik damals in Regensburg.

2. Der Codex Aureus von St. Emmeram. Der ganze Glanz einer zu Ende gehenden Epoche scheint in dem berühmten *Codex Aureus* von St. Emmeram, einem Evangeliar, vereinigt zu sein[84]. Diese Prunkhandschrift wurde i. J. 870 im Auftrag König Karls des Kahlen (843–877) in der königlichen Hofschule (vermutlich in St. Denis) angefertigt, kam aber schon bald danach (um 893) durch Kaiser Arnulf nach Regensburg und wurde von ihm später dem Kloster St. Emmeram überlassen. Hier hat sie hundert Jahre später die dort entstehende Buchmalerei zu intensivem Studium angeregt.

Das Evangeliar war für den feierlichen Gottesdienst vor dem Kaiser bestimmt. Aus diesem Grund hat man den Codex so kostbar ausgestattet. Der Text der Evangelien ist zweispaltig in goldenen Unzialbuchstaben geschrieben und mit einem Ornamentrahmen eingefaßt. Dazu kommen noch eine Reihe ganzseitiger Miniaturen, darunter f. 6v Christus, umgeben von den vier Evangelisten und den vier großen Propheten, sowie Bilder der einzelnen Evangelisten. Auch der (spätere) Einband aus getriebenem Goldblech ist äußerst prachtvoll ausgestattet und mit vielen Edelsteinen und Perlen geschmückt.

Am Schluß der Handschrift findet sich ein „Capitulare Evangeliorum", eine Liste der während des Jahres zu verlesenden Evangelien, wobei nur Anfang und Schluß der einzelnen Perikopen angegeben werden[85]. Der volle Text war im Evangeliar selbst nachzuschlagen[86].

Wie der Codex Aureus, geschrieben in der kaiserlichen Hofschule, nach St. Emmeram gelangt ist, so kam eine in der 1. Hälfte des 9. Jahrhunderts im Kloster St. Gallen (oder Reichenau) kostbar ausgestattete *Psalter-Handschrift* an den königlichen Hof bzw. an die Kathedrale in Regensburg. Von diesem Codex sind nur mehr zwei Doppelblätter sowie mehrere kleine Bruchstücke erhalten; das eine mit der Allerheiligenlitanei und nachfolgenden Orationen (ähnlich wie im Folchardpsalter von St. Gallen) befand sich lange Zeit in der Amberger Bibliothek und liegt jetzt in München (Clm 29 315/3)[87], das andere wird in der Bischöflichen Zentralbibliothek Regensburg aufbewahrt[88]. Der Psaltertext nimmt die Mitte der Seite ein, während links und rechts in kleinerer Schrift umfangreiche Glossen (Zitate aus Psalmenerklärungen verschiedener Kirchenväter) angebracht sind, ähnlich denen im Psalter von Montpellier, von dem oben schon die Rede war.

Wenn auch nicht alle Liturgiebücher der damaligen Zeit in so verschwenderischer Pracht wie der Codex Aureus oder das genannte Psalterium gehalten waren, so hat doch jede Kirche, die es sich einigermaßen leisten konnte, Wert darauf gelegt, ein möglichst kostbares Evangeliar für den Gottesdienst zu besitzen. Ein solches diente nicht nur für die feierliche Lesung des Evangeliums bei der Messe, es wurde auch bei Prozessionen mitgetragen. Es galt als Symbol für Christus, dessen Worte es enthält[89].

Außer den Evangeliaren, die die vier Evangelien und meist ein Capitulare Evangeliorum zum Inhalt haben, wurden auch sog. Evangelistare im Gottesdienst benutzt. In diesen sind die einzelnen Leseabschnitte voll ausgeschrieben und nach dem Kirchenjahr geordnet[90]. Aus Regensburg besitzen wir ein solches *Evangelistar*, das unter Bischof Tuto (894–930) geschrieben ist (wohl um 900) und das jetzt in der Universitätsbibliothek Graz (Cod. 771 aus St. Lamprecht) aufbewahrt wird. Schrift und Ausstattung sind einfach gehalten. Das Fest des Regensburger Patrons, des heiligen Emmeram, (f. 184v) ist durch eine Überschrift in Capitalis rustica ausgezeichnet, während die meisten anderen Lektionen Überschriften in schlichter Minuskel aufweisen[91].

Mit diesem Evangelistar stehen wir am Ende der Karolingerzeit, wenigstens was den deutschen Raum betrifft. Im Jahr 911 starb Ludwig das Kind und wurde in St. Emmeram begraben. Für die Stadt Regensburg ging damit eine glanzvolle Periode zu Ende.

Aus der Zeit bis zum Ende des 10. Jahrhunderts sind überhaupt keine liturgischen Handschriften aus der Donaustadt bekannt. Doch beginnt unter Bischof Wolfgang eine neue Blüte der Regensburger Buchkunst, die freilich einen ganz anderen Charakter hat als die agilolfingische oder karolingische. Zeugnisse dafür sind u. a. das sog. Wolfgang-Sakramentar in Verona, eine z. T. auf Purpurpergament geschriebene Prachthandschrift, von der gleich die Rede sein wird, ein weiteres ähnlich prachtvolles Meßbuch in der Vaticana (Cod. Vat. lat. 3806), das Evangelistar in Pommersfelden, Schönborn'sche Bibliothek (Cod. 2821), und das Uta-Evangelistar von Niedermünster (Clm 13 601)[92]. Diese und andere Regensburger Prachthandschriften der damaligen Zeit sind von G. Swarzenski in Wort und Bild eingehend beschrieben[93].

Wolfgang-Sakramentar und weitere Liturgiebücher

1. Zur Handschrift. Das Wolfgang-Sakramentar befindet sich unter der Katalog-Nr. LXXXVII (82) in der Biblioteca Capitolare zu Verona[94].

Es handelt sich um eine ausgesprochene Prachthandschrift[95]. Entstehungsort und -zeit ergeben sich aus der Einfügung von erster Hand ins Exultet auf fol. 329v/33or: „una cum... gloriosissimo rege OTTONE, necnon et venerabili antistite nostro UUOLFKANGO". Gemeint ist Bischof Wolfgang von Regensburg (972–994) sowie Otto III., der 983 nach dem Tode seines Vaters, des Kaisers Otto II., an die Regierung kam, aber erst 996 zum Kaiser gekrönt wurde. Da er in unserem Meßbuch noch „rex" genannt wird, muß die Handschrift vor 996 bzw. 994, dem Todesjahr Wolfgangs, geschrieben sein.

Die Entstehungszeit läßt sich dadurch noch präzisieren, daß unter den Heiligen des Kalenders am Anfang des Codex der heilige Ulrich von Augsburg von erster Hand eingetragen ist. Dieser starb 973 und wurde 993 heilig gesprochen. Das Meßbuch dürfte demnach in den Jahren 993 und 994 entstanden sein[96].

Als Schreibschule kommt in erster Linie das Kloster St. Emmeram in Regensburg in Frage, wo durch die Reform, die Bischof Wolfgang eingeleitet hatte, ein reges literarisches und künstlerisches Leben erwacht war[97]. Eine Entstehung in einer anderen Schreibschule der Stadt (Dom, Nieder- bzw. Obermünster) darf jedoch nicht ausgeschlossen werden[98].

Das Liturgiebuch ist schon bald nach seiner Entstehung nach Verona gebracht worden, vielleicht noch als Geschenk Wolfgangs an den mit ihm in Freundschaft verbundenen Bischof Otbert (992–1008). Hier wurde die Handschrift durch Nachträge auf fol. 10–12 für den Gebrauch in der Domkirche zu Verona geringfügig umgearbeitet. So hat Otbert das prächtig in Goldschrift auf Purpurgrund geschriebene Meßformular für das Fest des heiligen Zeno am 8. Dezember einfügen lassen, ohne das bereits in der Handschrift für den gleichen Tag verzeichnete, alte gallikanische Formular[99] zu tilgen. Pietätvoll ließ dieser auch den Namen Wolfgangs im Exultet stehen, hat jedoch seinen eigenen Weihetag am 24. November samt der Jahreszahl 992 mit Goldschrift ins Martyrologium eingefügt.

Da unser Codex für den Gebrauch im bischöflichen Gottesdienst in der Domkirche zu Regensburg bestimmt war, wurde er als Prachthandschrift, z. T. auf Purpurpergament, mit Gold- und Silberschrift hergestellt. Heute ist das Silber meist schwarz und in diesem Fall die Schrift deshalb schwer lesbar geworden.

In unserem Liturgiebuch finden wir keine bildhaften Darstellungen, doch verdient die Ornamentik besonderes Interesse. Sie kann als Vorstufe für die Initialgestaltung der Folgezeit angesehen werden und stellt somit ein wichtiges Zwischenglied in der Entwicklungsgeschichte der süddeutschen Buchmalerei dar.

Das Initium des Sakramentars auf fol. 12v ist prachtvoll in Gold- und Silberschrift auf Purpurgrund gemalt. Die Umrahmung der Seite bildet ein von goldenen Bändchen gesäumter Purpurstreifen, abwechselnd mit goldenen Rosetten und aus blauen, roten und weißen Tupfen gebildeten Blumen belegt. Die folgende Seite 13r mit der Einleitung der Praefatio communis, die mit großen Lettern auf 8 Zeilen geschrieben ist, weist als Umrahmung einen farbigen Mäander auf. Noch reicher ist der Schmuck auf fol. 13v mit dem Text der Präfation selbst. Der Text derselben nimmt die untere Hälfte der Seite ein, während die obere durch ein prächtiges Präfationszeichen U+D (= Vere dignum) geschmückt ist. Auch der Anfang des Canon missae (fol. 14v) ist durch ein verziertes TE, das die Größe einer halben Seite einnimmt, ausgezeichnet; er wird von goldenem Laubwerk umrahmt[100]. Zu erwähnen ist noch die künstlerische Ausgestaltung der Rubriken, besonders in der Karwoche, die abwechselnd in Gold und Silber auf blauem und grünem Grund geschrieben sind.

Die Schrift unseres Liturgiebuches ist eine typische karolingische Minuskel. Die Formular-Überschriften sowie die erste Zeile eines Formulars sind jeweils in Unziale geschrieben. Die schmuckvollen Initialen zeigen silbernes und goldenes Rankenwerk auf farbigem oder silbernem Grund. Die Anfangsbuchstaben der einzelnen Orationen sind farbig ausgefüllt und nur wenig größer als die sonst verwendeten Großbuchstaben. Die ganze Handschrift wurde vermutlich von einem einzigen Schreiber sowie einem Miniator geschrieben.

2. *Zum Inhalt des Liturgiebuches:* Der Veroneser Codex stellt ein Sakramentar dar, das für den Gebrauch eines Bischofs zusätzlich mit Texten aus einem Pontifikale angereichert ist. Die meisten Pontifikal-Texte finden sich im 2. Teil der Handschrift, doch begegnen uns auch im 1. Teil Texte, die für eine bischöfliche Bestimmung des Buches sprechen, so die ausführlichen Rubriken an den Kartagen und die Benedictiones episcopales, die sich regelmäßig in allen Festtags-Formularen finden[101]. Sie enthalten den feierlichen Pontifikalsegen, wie er nach altgallikanischem Brauch von einem Bischof – und nur von einem solchen – nach dem Libera des Paternoster über das gebeugt dastehende Volk gesprochen bzw. gesungen wurde[102].

Der Codex weist zu Beginn 3 Vorsatzblätter mit späterer Beschriftung auf. Zum ursprünglichen Bestand des Meßbuches gehört das Kalendar auf fol. 4r–9r. Die Überschrift „In dei nomine incipit martyrologium" sowie die beigefügten Ortsangaben zu den einzelnen Heiligen weisen darauf hin, daß es sich um ein Martyrologium abbreviatum handelt. Die hier getroffene Auswahl an Heiligen spiegelt den Regensburger Kirchenkalender in der Zeit des heiligen Wolfgang wider[103].

Auf fol. 12v beginnt das eigentliche Sakramentar mit einer schmuckvollen Incipit-Seite. Die Meßformulare fangen nach der Praefatio communis und dem Canon missae mit der Vigil von Weihnachten an (fol. 17r). Diesem Sakramentar schließen sich weitere Stücke an, so die einzelnen Ordines bis zur Bischofsweihe sowie der Ritus der Einweihung einer Kirche[104].

3. *Zum Typus unseres Meßbuches:* Das Sakramentar-Pontifikale des heiligen Wolfgang gehört zu den Handschriften, die ähnlich wie das Sakramentar von Gellone[105] oder das von Fulda[106], am reichsten mit Formularen und Formeln ausgestattet sind. Der Redaktor hat mehrere Vorlagen benutzt und dabei versucht, sie in eine gewisse Ordnung zu bringen. Als seine Hauptquelle hat er ein Sacramentarium Gregorianum mixtum zugrundegelegt, wie es im Eligius-Sakramentar, das durch seine Edition in Migne (PL 78) weiteren Kreisen bekannt geworden ist[107], gegeben war.

Das Eligius-Sakramentar geht, wie ich meine, auf ein stadtrömisches Meßbuch zurück, das in Rom noch vor Gregor II. (715–731) ausgebildet wurde und in einer Handschrift aus Mazagata aus der Zeit um 1000 (jetzt in Verona, Bibl. cap. Cod. XCVII)[108] vielleicht am reinsten erhalten blieb.

Charakteristisch für diesen bis jetzt noch wenig beachteten Sakramentar-Typus ist das Vorhandensein einer eigenen Präfation in den meisten Meßformularen, ferner die relativ ausführlichen Rubriken in der Karwoche, die stadtrömische Verhältnisse voraussetzen und ebenso in unserer Handschrift, wenn auch den Regensburger Verhältnissen angepaßt, zu finden sind. Ein weiteres Charakteristikum sind die Donnerstagsmessen der Quadragesima sowie das Formular für den Samstag vor dem Palmsonntag, die uns alle nur in unserem Typus begegnen.

Bei diesem handelt es sich demnach um ein Sakramentar der römischen Titelkirchen, wie es von A. Chavasse irrtümlicherweise im sog. Gelasianum gesehen wurde[109]. Ich habe über diese Frage an anderer Stelle gehandelt, weshalb hier die kurzen Hinweise genügen sollen[110].

Zum gleichen Typus gehört u. a. das erwähnte Sakramentar von Fulda aus dem 9. Jahrhundert und, ebenfalls aus Regensburg stammend, vor allem das sog. Rocca-Sakramentar (Cod. Vat. lat. 3806)[111]. Dieses war, ähnlich wie unser Codex als Prachthandschrift in einer Regensburger Schreibschule angefertigt worden; es stimmt in der Hauptsache mit unserem Sakramentar-Pontifikale überein[112], wenn es auch, da nicht für den pontifikalen Gebrauch im Regensburger Dom bestimmt, die bischöflichen Funktionen sowie zahlreiche weitere Formulare vermissen läßt. Es fehlen auch die Benedictiones episcopales. Andererseits begegnen uns in beiden Handschriften Formeln, die ich in anderen Codices nicht finden konnte[113].

„Um die Wende des ersten Jahrtausends hatte Regensburg unter Wolfgang und Ramwold die unbestrittene künstlerische Führung innerhalb Bayerns, die im weiteren Verlauf des Jahrhunderts von einer das ganze Land überziehenden Schule übernommen wurde, um schließlich im 12. Jahrhundert auf Salzburg überzugehen" (E. F. Bange)[114]. Es seien im folgenden nur einige Beispiele genannt.

4. Weitere liturgische Handschriften. Noch aus der Zeit des Bischofs Wolfgang stammt ein prachtvoll geschriebenes Evangelistar (mit den Evangelien-Perikopen des Jahres). In Regensburg geschrieben, befand es sich später in Bamberg und wird heute in der Schönbornschen Bibliothek zu Pommersfelden (Cod. 2821) aufbewahrt[115].

Weitere kunstvolle Perikopenbücher, die in Regensburg entstanden sind, befinden sich in München (Clm 15 713) und Salzburg (St. Peter, Cod. VI 55); sie sind von Swarzenski beschrieben. Liturgiegeschichtlich sind sie weniger interessant.

Etwas jünger sind Fragmente eines Evangelistars, die aus Regensburger Bucheinbänden abgelöst wurden und nun in der B. Zentralbibliothek liegen. Jede Perikope beginnt mit einer kunstvollen Initiale.

Einen ähnlich malerischen Schmuck wie das Wolfgang-Sakramentar zeigt ein Meßbuch, das sich jetzt in der Universitätsbibliothek in Bologna (Cod. 1084) befindet und das allem Anschein nach aus dem adeligen Damenstift Obermünster stammt. Die anfangs des 11. Jahrhunderts geschriebene, noch wenig beachtete Handschrift enthält neben der Propriumsmesse des hl. Emmeram ein Blasius-Formular (vgl. die ehem. Blasius-Kapelle bei Obermünster!). Für eine Bestimmung für das Damenstift spricht weiterhin die Wendung „pro congregatione sanctae Mariae" in einer Oration[116].

Etwa der gleichen Zeit gehört das aus der Kunstgeschichte bekannte Heinrichs-Sakramentar (Clm 4456) an, eine im Auftrag Kaiser Heinrichs II. (1002–1024) in Regensburg für seine Gründung Bamberg geschriebene Prachthandschrift. Ob ein Regensburger Meßbuch als Vorlage gedient hat, wäre noch zu untersuchen[117].

Weniger bekannt ist ein Regensburger Pontifikale aus der 2. Hälfte des 11. Jahrhunderts. Es ist unter Bischof Otto von Riedenburg (1061–1089) entstanden (sein Name wird neben dem des Kaisers Heinrich IV. am Schluß des Exultet erwähnt). In diesem Liturgiebuch sind Ordines (so zu Beginn ein „Ordo qualiter concilium agatur generale") und Ritualtexte für bischöfliche Funktionen miteinander verbunden. Die Handschrift befindet sich jetzt in der Nationalbibliothek zu Paris (ms. lat. 1231)[118].

Aus der gleichen Zeit etwa stammt ein in gepflegter Minuskel geschriebenes Rituale, von dem zahlreiche Blätter aus Domarchiv-Beständen abgelöst werden konnten. Eine eingehende Untersuchung steht noch aus.

Für die Liturgie des Regensburger Doms bestimmt war ein reichhaltiges Benediktionale, das Ende des 12. Jahrhunderts geschrieben wurde und das jetzt in der Kapitelsbibliothek Krakau (Cod. 23) aufbewahrt wird. Es enthält für jedes Fest, sogar für jeden Ferialtag wenigstens ein, meist aber mehrere Formulare für den feierlichen Segen des Bischofs am Ende der Meßfeier, so auch schon für ein Fest des hl. Joseph am 19. März. Der Codex wird durch folgenden feierlichen Titel eingeleitet: „In nomine Domini incipit liber benedictionalis, quo honoratur officium pontificalis ordinis. Benedictiones ab episcopo super populum per anni circulum."[119]

Aus dem 1109 von Bischof Otto von Bamberg gegründeten St. Georgs-Kloster in Prüfening ist ein Meßbuch aus dem 12. Jahrhundert erhalten. Es wurde zuletzt in der St. Oswaldkirche in Regensburg benützt, wie ein Eintrag auf der ersten Seite deutlich macht (jetzt Clm 23 270).

Die noch nicht näher untersuchte interessante Handschrift enthält nach einem Kalendar ein Meßantiphonar mit linienlosen Neumen, danach ein reichhaltiges Sequentiar (ohne Neumen), dem sich ein im 12. Jahrhundert für Benediktinerklöster übliches gregorianisches Sakramentar anschließt[120]. Schlichten Bildschmuck nach Art der bekannten Prüfeninger Handschriften zeigen nur das Präfationszeichen und das Kreuzigungsbild zu Beginn des Canon Missae, sowie eine kleine Miniatur zur Georgsmesse. Den Schluß bildet ein Kurz-Lektionar.

Die Zusammenfassung der einst getrennten Liturgiebücher (Sakramentar für den Zelebranten, Lektionar für den Lektor bzw. Diakon und Graduale für die Sänger) in einem einzigem Codex war in Klöstern mit ihren zahlreichen Meßfeiern an den Nebenaltären notwendig geworden[121], wobei der zelebrierende Priester in der Regel auch die Gesangspartien übernehmen mußte.

Aus dem Kloster St. Emmeram sind aus der Zeit vor 1200, abgesehen von den beiden gleich zu nennenden Musikhandschriften, keine liturgischen Codices erhalten geblieben; dagegen sind solche aus dem 14.–16. Jahrhundert sehr zahlreich[122]. Sie sind aber, wie die meisten späten Liturgica der Staatsbibliothek in München, noch nicht näher untersucht.

5. Choralhandschriften aus der Zeit nach Bischof Wolfgang. Noch wenig erforscht ist die frühe Musikgeschichte der Stadt und Diözese Regensburg. Zwar weiß man von frühen Neumen in einer St. Emmeramer Handschrift aus der 1. Hälfte des 9. Jahrhunderts (Clm 9543), von der bereits die Rede war, auch darf man vermuten, daß das älteste bekannte deutsche Kirchenlied, das in einem Freisinger Codex (jetzt Clm 6260) überlieferte, mit Neumen versehene Petrus-Lied in Regensburg entstanden ist, wo die Kathedrale ein Petrus-Patrozinium aufweist[123]; doch wird die besondere Pflege des gregorianischen Chorals hier erst durch Handschriften seit der Jahrtausendwende deutlich.

Das älteste Dokument ist ein Antiphonale (Graduale) aus dem Kloster St. Emmeram (jetzt in der Staatsbibliothek Bamberg, Cod. Lit. 6) aus der Zeit um 1000[124]. Die Offertorien weisen hier zusätzliche Verse auf, die Communio-Gesänge besitzen einen Vermerk auf den zu singenden Psalm. Angebunden ein Sequentiar und Tropar.

Ebenfalls aus St. Emmeram stammt ein Cantatorium mit den nach der Epistel zu singenden Gesängen (jetzt Clm 14 322), das zwischen 1024 und 1028 geschrieben ist. Der mit deutschen Neumen und zusätzlichen Gesangszeichen versehene Codex enthält neben dem eigentlichen Cantatorium zahlreiche Sequenzen und Tropen. Etwa 50 Jahre jünger ist Clm 14 083, eine ähnliche Handschrift[125].

Vielleicht aus dem einstigen Kloster Mittelmünster in Regensburg ist in der Landesbibliothek Kassel (Cod. Theol. Q 15) ein Graduale erhalten geblieben, das ebenfalls zusätzlich Sequenzen, Tropen und ein Kyriale beinhaltet, jedoch im Gegensatz zum vorausgenannten Liturgiebuch St. Galler Neumenschrift aufweist. Der Codex ist im Jahr 1020 geschrieben[126].

Aus der gleichen und etwas späteren Zeit befinden sich in der Bischöflichen Zentralbibliothek Regensburg zahlreiche Fragmente neumierter Handschriften, deren Provenienz nicht in allen Fällen gesichert ist[127], die jedoch einen interessanten Einblick in die Entwicklung des gregorianischen Chorals vermitteln[128]. Bedeutungsvoll ist auch ein Chorbuch aus dem Kloster Prüfening (12. Jahrhundert), jetzt Clm 23 037.

Kurz hinzuweisen ist schließlich auf einige Choral-Handschriften aus dem Spätmittelalter, die z.T. in der Proske-Bibliothek, z.T. in der B. Zentralbibliothek liegen; so ein Cantatorium aus der Alten Kapelle (13./14. Jahrhundert) und ein solches aus dem Dominikanerinnen-Kloster Hl. Kreuz (15. Jahrhundert). Aus dem gleichen Kloster stammen noch folgende Choral-Codices: zwei Prozessionale aus dem 15. Jahrhundert, sowie eines (mit einem Rituale verbunden) aus dem 14. Jahrhundert. Aus dem Dominikanerkloster von Regensburg kommen zwei Prozessionale des 15. Jahrhunderts. Erst vor einigen Jahren konnte ein fünfbändiges Chorbuch in Folio-Format des Dominikanerinnen-Klosters Heiligkreuz zurückgekauft werden.

Von der Musikpflege im 13. Jahrhundert zeugt der Musik-Traktat eines Regensburger Klerikers, den dieser dem Bischof Heinrich II. von Rotteneck (1277–1296) gewidmet hat (jetzt Clm 5539; Musica Diess 39)[129].

Missale Ratisponense

Bis zur Meßbuchreform unter Pius V. (1566–1572), die dieser im Anschluß an die Beschlüsse des Konzils von Trient durchgeführt hat[130], waren bekanntlich in mehreren Diözesen, vor allem im deutschen Sprachraum, eigene Missalien in Gebrauch. In den übrigen Gebieten des Abendlands war gegen Ende des Mittelalters in der Regel das Kurien-Missale („Ordo missalis secundum consuetudinem Romanae curiae") eingeführt[131]. Dies gilt auch für einige Klosterkirchen in Regensburg, soweit sie nicht, wie etwa die der Dominikaner, einen eigenen Ritus beobachtet haben.

Der „Ordo missalis" der römischen Kurie, ein vor allem von den Franziskanern propagierter Meßbuchtypus[132], stellt den Vorgänger des von Pius V. im Jahr 1570 herausgegebenen „Missale Romanum" dar. Obwohl der Papst nicht daran dachte, die Sonderriten der einzelnen Kirchen, wie sie in eigenständigen Missalien vorlagen, zu beseitigen – vorausgesetzt, daß sie mindestens 200 Jahre alt waren –[133], hat dennoch das neue Missale relativ rasch fast überall im Abendland Eingang gefunden, wie wir später sehen werden, schließlich auch in Regensburg[134].

Die spätmittelalterliche Meßliturgie der Donaustadt liegt in den ältesten gedruckten Missalien vor, deren einzelne Auflagen es nun kurz zu untersuchen gilt[135]. Alle Auflagen stimmen im Wortlaut fast vollständig miteinander überein. Sie gehen auf den Erstdruck unter dem rührigen Bischof Heinrich IV. (1465–1492) zurück. Die Chronisten rühmen seine „Frömmigkeit, Sorgfalt, Güte und Liebe gegen den Klerus" und nennen ihn einen „Reformator, wie er notwendig war"[136].

Bischof Heinrich ist jedoch sicher nicht der eigentliche Schöpfer dieses ersten gedruckten Regensburger Meßbuchs; er hat es lediglich für den Druck bearbeiten lassen. Die erhaltenen Handschriften aus dem 14./15. Jahrhundert stimmen nämlich weitgehend unter sich und mit dem Erstdruck überein[137].

Wir wissen nicht, auf wen die ursprüngliche Redaktion des Missale Ratisponense zurückgeht. Feststeht auf jeden Fall, daß dieses keineswegs eine vollständige Eigenproduktion darstellt, da es mit den Missalien der übrigen Diözesen des Salzburger Metropolitanverbands weitgehend übereinstimmt. Am meisten unterscheidet es sich vom Missale Pataviense[138], dagegen ist die Übereinstimmung mit dem Missale Frisingense groß[139].

Auch zum Meßbuch von Aquileja bestehen deutliche Beziehungen[140]. Die enge Verbindung dieses Patriarchats zu den bayrischen Diözesen im 12./13. Jahrhundert mag die Ursache sein[141]. So saß Bischof Wolfker von Passau (1191–1204) von 1204–1218 auf dem Patriarchenstuhl von Aquileja; sein Nachfolger in Passau wurde Bischof Poppo (1204–1205), vorher Dompropst in Aquileja[142].

Wer hat das Missale Ratisponense redigiert? Aus Gründen, die hier im einzelnen nicht dargelegt werden können, kann diese Redaktion nicht viel älter als 100 Jahre (von Bischof Heinrich an gerechnet) zurückliegen. Es kommt deshalb, da in diesem Zeitraum keine andere Persönlichkeit zu erkennen ist, als Bearbeiter vor allem der als Pastoraltheologe wie als Naturwissenschaftler bekannte Regensburger Domherr Konrad von Megenberg († 1374) in Frage. Von ihm stammen auch die „Statuta chori Ratisponensis".[143]

Wenn tatsächlich Honorius Augustodunensis, wie E. A. Endres meint[144], als Inkluse in (bzw. bei) Regensburg gelebt hat, dann sind seine umfangreichen liturgischen Schriften[145] als eine Quelle für die Liturgie in der Donaustadt während des 12. Jahrhunderts zu betrachten. Als Redaktor des Meßbuches dürfte er jedoch kaum in Frage kommen. Es ist zweifelhaft, ob überhaupt eine kontinuierliche Entwicklung von den Regensburger Sakramentaren des 10./11. Jahrhunderts bis zum Vollmissale des 14. Jahrhunderts bzw. des Erstdrucks vorliegt. Es fehlen nämlich Dom-Handschriften aus dem 12./13. Jahrhundert, die uns über die Entwicklung in der Zwischenzeit hätten Aufschluß geben können; die Meßbuchfragmente aus der gleichen Zeit in der Bischöflichen Zentralbibliothek[146] sind zu wenig umfangreich, als daß sie als Zeugnisse für eine kontinuierliche Entwicklung dienen könnten. Doch scheint, wie ein größeres Fragment noch aus dem 13. Jahrhundert nahelegt, die Grundlage für das spätere Regensburger Missale schon damals vorhanden gewesen zu sein.

1. Der Erstdruck von 1485. Über die Entstehung des ersten Regensburger Missale-Drucks[147] gibt das bischöfliche Mandat vom 5. März 1485 nähere Auskunft[148]. Danach hat Bischof Heinrich (1465–1492) von auswärts („aliunde") – wie wir wissen aus Bamberg – mit großen Kosten eine Druckwerkstatt nach Regensburg kommen lassen. Die Arbeiten führten die „opifices" Johannes Sensenschmidt von Eger[149] und der Kleriker Johannes Beckenhaub, genannt der „Mainzer"[150], aus. Als Korrektoren wirkten Angestellte des Regensburger Chores („chori... ministeriales"); sie hatten den Text des Meßbuches Wort für Wort mit den handschriftlichen Vorlagen zu vergleichen[151]. Das (ungebundene) Buch kostete fünf Gulden[152].

Die unmittelbare Vorlage für den Druck ist nicht erhalten, obgleich wir noch einige Regensburger Missale-Handschriften des 15. Jahrhunderts, die den Ritus der Domkirche wiedergeben, teils vollständig, teils als Fragmente (in der Bischöflichen Zentralbibliothek) besitzen. Es genügt hier der Hinweis auf den Clm 13 022 aus der ehemaligen Regensburger Stadtbibliothek, der zu Beginn den Titel trägt „Liber missalis secundum rubricam et breviarium[153] ecclesiae Ratisponensis" (14./15. Jahrhundert), und auf den Codex 1990 in der Stiftsbibliothek der Alten Kapelle zu Regensburg aus dem 15. Jahrhundert, mit dem Titel: „Liber missalis secundum chorum Ratisponensem"[154]. Letzterer stammt aus der ehem. Kilianskapelle im Domherrenhaus am Frauenbergl[155]. Unter den zahlreichen Missale-Fragmenten in der B. Zentralbibliothek befindet sich auch ein Doppelblatt aus dem 15. Jahrhundert, auf dem der Titel erhalten ist; er lautet hier: „Liber missalis secundum breviarium ecclesiae Ratisponensis".

Eine eigene Titelseite, wie sie in den späteren Meßbüchern zu finden ist, fehlt noch im Druck von 1485. Wir finden den Buchtitel, wie in den Handschriften, erst nach dem Kalendar unmittelbar vor dem Formular für den 1. Adventsonntag. Die Inkunabel ist in gut lesbaren Lettern gesetzt. Die für die Gesangstexte (Introitus, Graduale usw.) benützten kleineren Typen dürften dieselben sein, die Gutenberg für seine 42-zeilige Bibel verwendet hat[156]. Möglicherweise hat sie Beckenhaub, „der Mainzer", mitgebracht.

2. Die Nachdrucke von 1492, 1495 und 1497. Die 1. Auflage des 1485 erstmals in Druck erschienenen Regensburger Meßbuches war, wie es scheint, rasch vergriffen. So wurde noch unter Bischof Heinrich († 1492) kurz vor seinem Tod eine neue Auflage hergestellt. Sie stimmt mit der ersten genau überein. Ihr ist ebenfalls ein bischöfliches Mandat (datiert vom 20. Januar 1492), das im wesentlichen gleichlautend mit dem von 1485 ist, beigefügt. Am Schluß dieses Mandats werden als Drucker nicht mehr Sensenschmidt und Beckenhaub, sondern Heinrich Petzensteiner und Johannes Pfeyl genannt. Sensenschmidt war kurz zuvor (1491) gestorben, sein Sohn Laurentius führte in Bamberg zusammen mit den oben genannten die Presse weiter[157]. Die Typen und Initialen der 1. Auflage wurden bei den Nachdrucken abermals verwendet.

3. Der Nachdruck von 1500. Dieser wurde, wie aus dem Druckvermerk am Schluß hervorgeht, in Bamberg durch Johannes Pfeyl allein hergestellt. Pfeyl war seit 10. Oktober 1495 der alleinige Inhaber der Presse, die noch bis ins 16. Jahrhundert hinein in Tätigkeit war[158]. Diese Ausgabe unterscheidet sich von den bisherigen durch die Verwendung anderer Typen und neuer Groß-Initialen. Auch ist der Satzspiegel kleiner (170:265 mm). Das Meßbuch enthält 332 gezählte Blätter.

In dieser 3. Auflage wurde der Buchtitel geringfügig geändert; er lautet jetzt: „Incipit Liber missalis secundum ordinem sive breviarium chori ecclesie Ratisponensis". Sonst finden wir kaum Änderungen gegenüber den beiden vorausgegangenen Auflagen. Es fehlt das Mandat des inzwischen verstorbenen Bischofs Heinrich. An dessen Stelle finden wir eingangs den Ritus der sonntäglichen Wasserweihe („Exorcismus salis et aque dominicis diebus"). Vermutlich bildete diese in der Druckvorlage ein handschriftlicher Nachtrag, der beim Neudruck übernommen wurde.

4. Der Nachdruck von 1510. Dieser unterscheidet sich, abgesehen von den größeren Intialen, die hier verwendet worden sind, nicht von der Auflage von 1500. Der Druckvermerk findet sich hier auf fol. 332 (unmittelbar vor den „Informationes") und nennt wieder Johannes Pfeyll (diesmal mit doppeltem „l" geschrieben) als Drucker.

5. Die Nachdrucke von 1515 und 1518. Während die bisher genannten Auflagen alle Folio-Format aufweisen, zeigen die Ausgaben von 1515 und 1518 das handliche Quartformat (Schriftspiegel 127:185 mm). In diesem finden wir erstmals ein regelrechtes Titelblatt; es lautet: „Missale secundum ritum et consuetudinem Ratisponensis ecclesie". Das Buch wurde, wie aus dem Vermerk am Schluß zu entnehmen ist, durch Jorgi Rathold, in dessen Presse in Augsburg zahlreiche liturgische Drucke hergestellt wurden[159], angefertigt und zwar im Auftrag des Bischofs Johannes (1507–1538), „comitis palatini Rheni ac ducis Bavariae etc. et eiusdem Ratispon. ecclesie administratoris".

Was den Text des Missale betrifft, so sind kaum Abweichungen gegenüber der 1. Auflage von 1485 zu erkennen, abgesehen vom „Ordinarium missae", das hier an die Stelle des „Canon minor" getreten ist und mit dem Staffelgebet beginnt[160]. Dieses Ordinarium findet sich nicht in allen Exemplaren und scheint vom Drucker dem Meßbuch einer anderen Diözese entnommen worden zu sein.

6. Die Ausgaben von 1611 und 1624. Ähnlich wie die übrigen Diözesen des Salzburger Metropolitanverbandes hat auch Regensburg nach 1518 fast hundert Jahre keine neue Ausgabe seines Meßbuches mehr herausgebracht[161]. Schuld daran waren die Wirren der Reformationszeit, die keine Neudrucke liturgischer Bücher zuließen. Weite Teile der Diözese waren protestantisch geworden. Dazu kam noch die im Zusammenhang mit den Reformbestrebungen erhobene Forderung nach einer generellen Neuordnung des Gottesdienstes[162]. In der Zwischenzeit wurde auf dem Konzil von Trient eine Liturgiereform beschlossen, die auf ein Einheitsmeßbuch hinstrebte. Ein solches hat, wie oben erwähnt, Pius V. im Jahr 1570 vorgelegt.

Obwohl der Regensburger Ritus im „Liber missalis", weil er mehr als 200 Jahre alt war, an sich nicht unter die Bestimmungen des päpstlichen Mandats fiel, hat doch der „Romanismus", wie man den Gebrauch der römischen Liturgie damals nannte[163], in der ganzen Erzdiözese Salzburg obsiegt. In Regensburg war es Wolfgang II. (1600–1613), ein eifriger Bischof der Gegenreformation, der, unterstützt vom Dompropst Quirinus Leoninus, diese neue Ausgabe vorbereitet hat.[164]

Der Gedanke an ein eigenständiges Regensburger Meßbuch war anscheinend noch so stark, daß Wolfgang sich nicht entschließen konnte, wie es andernorts geschah, einfach das neue römische Missale zu übernehmen und dieses lediglich mit einem Proprium Ratisbonense zu versehen[165]. Wenn auch in bescheidenem Maße, so wurden damals doch an der offziellen Ausgabe durch Einfügung Regensburger Eigenmessen Änderungen vorgenommen. Auch das Kalendar wurde entsprechend umgearbeitet. Als Vorlage diente nicht die Erstfassung des „Missale Romanum" von Pius V., sondern die überarbeitete und durch zahlreiche Rubriken vermehrte Ausgabe des Papstes Clemens VIII. (1592–1605), die dieser im Jahr 1604 herausgebracht hat.

Der Druck dieses neuen „Missale Ratisbonense Romano conformatum" erfolgte in der „Officina Ederiana" durch Andreas Angermeier im Jahre 1611. Da die Tafel der beweglichen Feste mit dem Jahre 1604 einsetzt, könnten die Vorarbeiten zum Druck bereits zu diesem Zeitpunkt erfolgt sein, also zu Beginn der Regierungszeit des Bischofs Wolfgang. Die Ausgabe zeichnet sich durch schöne ganzseitige Stiche und Vignetten aus.

Als Ergänzung zum alten Missale Ratisponense wurde Ende des 15. oder Anfang des 16. Jahrhunderts ein „Ordo misse secundum morem Ecclesie Ratisponensis" gedruckt[166]. Das Büchlein besteht aus 16 Blättern; Ort und Zeit des Druckes fehlen. In ihm finden sich ausführliche Vorbereitungsgebete für den zelebrierenden Priester (in der Sakristei und auf dem Weg zum Altar). Das eigentliche Stufengebet hat so gut wie keine Ähnlichkeit mit dem in den späteren römischen Meßbüchern[167]. Die Zubereitung des Kelches erfolgt vor dem Evangelium. Der „Canon missae" entspricht fast genau dem in den Regensburger Missalien. Die privaten Gebete zum Kommunionempfang und unmittelbar danach sind ebenfalls reichhaltig[168].

Kurz erwähnt seien noch die ältesten Regensburger Brevierdrucke von 1479(?), 1486, 1488, 1495, 1496 und 1515. Eine Untersuchung darüber steht noch aus.[169]

Das Missale Ratisponense war, wie eingangs bereits gesagt, nicht überall in der Diözese Regensburg in Gebrauch. So besitzen wir aus dem Schottenkloster einige liturgische Handschriften, die einen durchaus eigenen Ritus aufweisen, so neben einem Brevier und einem Liber Ordinarius (mit rubrikalen Anweisungen für das Chorgebet) aus dem 15. Jahrhundert ein Votiv-Meßbuch aus der Zeit um 1500. Aus anderen Klöstern der Stadt und der Diözese sind, abgesehen von St. Emmeram (s. o.) und eines Karmelitenbreviers des 15. Jahrhunderts (Clm. 13 132) sowie kleinen Fragmenten, keine handschriftlichen Zeugnisse erhalten geblieben.

Die Abschaffung des alten Regensburger Ritus durch Bischof Wolfgang II. zu Beginn des 17. Jahrhunderts und die Einführung des neuen Missale Romanum in der Diözese stellte einen gewaltigen Bruch mit der Tradition dar, in etwa vergleichbar mit der Einführung der neuen Liturgie in den letzten Jahren im Anschluß an das Vatikanische Konzil.[170]

Obsequiale Ratisponense

Der Erstdruck des „Obsequiale sive Benedictionale secundum consuetudinem ecclesie et dyocesis Ratisponensis", eines Rituale für die Diözese Regensburg, stammt aus dem Jahr 1491 und wurde unter Bischof Heinrich IV. von Absberg (1465–1492) von Georg Stuchs in Nürnberg hergestellt.[171]

Auf dieses Obsequiale wird in einer weiteren Quelle für die Regensburger Liturgie hingewiesen, nämlich im handschriftlichen „Ritus Chori maioris ecclesiae Ratisponensis" aus dem Jahr 1571 (Proske-Bibliothek, Cod. 3*, früher Liturg. III, 67), worin genaue Auskünfte über die spätmittelalterliche Domliturgie gegeben werden.

Den 1. Teil des Obsequiale bilden die bei der Spendung der Sakramente verwendeten Formulare, einschließlich des Beerdigungsritus. Im 2. Teil folgen die Gebete und Gesänge zur Kerzenweihe und Prozession an Mariä Lichtmeß, ferner zur Aschenweihe und -Auflegung am Aschermittwoch, zu den Riten der Karwoche und in der Osternacht, sowie einige weitere Formulare, so u. a. für die Fronleichnams-Prozession.

Das Regensburger Obsequiale wurde 1570 von Alexander Weißenhorn in Ingolstadt nachgedruckt. Die Neuauflage war am 12. 2. 1571 fertiggestellt. Sie enthält zu Beginn ein Vorwort des Bischofs David Kölderer von Burgstall (1567–1579) und unterscheidet sich inhaltlich fast nicht vom Erstdruck, abgesehen von einer Beigabe von 19 (nicht durchgezählten) Blättern am Schluß, die ein kleines Gesangbuch mit Noten von 15 meist deutschen Kirchenliedern darstellt.[172]

Diese Kirchenliedsammlung trägt den Titel: „Cantiones germanicae quibus singulis suo tempore in Ecclesia Catholica Ratisponensi tuto uti possumus", was zu übersetzen ist: „Deutsche Gesänge, die wir jeweils zu ihrer Zeit in der katholischen Kirche von Regensburg bedenkenlos (wörtlich: sicher, d. h. ohne Gefahr für den Glauben) verwenden können." Hier ist eigens von der „ecclesia catholica" von Regensburg die Rede, im Gegensatz zu den neuen evangelischen Pfarreien der Stadt.

Im 17. Jahrhundert erfolgten weitere Nachdrucke dieses Obsequiale und zwar 1624 in Ingolstadt durch Wilhelm Eder, dann ebenda 1626 und 1629 durch Gregor Hänlin, jetzt unter dem etwas längeren Titel: „Obsequiale, vel Liber Agendorum, circa Sacramenta, Benedictiones, et ceremonias, secundum antiquum usum et ritum Ecclesiae Ratisbonensis".[173] Die Kirchenlieder stehen in den genannten 3 völlig übereinstimmenden Auflagen jeweils Seite 263–290.

Es handelt sich beim Obsequiale von 1570, wie oben schon angedeutet, um die erste kirchenamtliche Ausgabe katholischer deutscher Kirchenlieder, die für die Verwendung im Gottesdienst bestimmt waren. Vorausgingen die privaten Liedsammlungen von Vehe (1537), Witzel (1550), Kethner (1555) und Leisentritt (1567).[174]

Die Aufnahme von Kirchenliedern in das Rituale steht im Zusammenhang mit der nach Abschluß des Konzils von Trient (1563) erfolgten katholischen Restauration, näherhin mit der Salzburger Provinzial-Synode von 1569, auf der fast alle Suffraganbistümer durch ihre Ordinarien vertreten waren. Man hatte damals ausführlich über die Zulassung deutscher Kirchenlieder im Gottesdienst beraten, nachdem das Konzil in der Sessio 22, Canon 9 die Meinung verworfen hat, „die Messe dürfe *nur* in der Landessprache gefeiert werden".

In der 54. Konstitution wurde in Salzburg folgender Beschluß verabschiedet:
„Damit die sehr alten und lobenswerten frommen Gewohnheiten unserer Kirchenprovinz fortdauern, billigen wir den alten Brauch, wonach in den Kirchen entsprechend der jeweiligen Zeit (im Kirchenjahr) Gesänge (cantilenae) vor oder nach der Predigt vom frommen Volk gesungen werden, wobei der Prediger den Gesang anstimmen soll. Wir verlangen jedoch, daß keine (sonstigen) Lieder verwendet werden, die nicht in der Agende der jeweiligen Diözese stehen oder vom Ordinarius (eigens) approbiert sind..."[175]

Die Redaktion des Regensburger Obsequiale von 1570 erfolgte, wie gesagt, unter Bischof David, der nach Bauerreiß „ein reformbereiter, wenn auch stark gehemmter" Oberhirte war.[176] Bereits unmittelbar nach seiner Ernennung berief er 1567 eine Diözesan-Synode ein, deren Ziel die Verwirklichung der Beschlüsse des Konzils von Trient und die Neuauflage des Rituale war.[177]

Die Zustände in seiner Diözese waren, wenn man dem Bericht des päpstlichen Legaten Ninguarda von 1574 voll Glauben schenken darf, damals alles andere als erfreulich. Kein Wunder, daß die Reformation in der Stadt Regensburg und darüber hinaus in der Oberpfalz so rasche Erfolge erringen konnte! Die im Obsequiale zusammengestellte Sammlung von Kirchenliedern stellt ein erfreuliches Zeichen der inneren Erneuerung der Diözese dar; sie sollte zugleich ein Gegengewicht zu den protestantischen Kirchenliedern bilden, wie sie allenthalben in den evangelischen Gottesdiensten gesungen wurden.

Anmerkungen

1 Es sind nach Prof. B. Bischoff höchstens 2 Promille des gesamten Bestandes an abendländischen Liturgiebüchern des 1. Jahrtausends auf uns gekommen. Die erhaltenen Handschriften und Fragmente sind erfaßt in dem Werk von K. Gamber, Codices liturgici latini antiquiores, 2 Bde (= Spicilegii Friburgensis Subsidia 1, 2. Aufl. Freiburg/Schweiz 1968), im folgenden „CLLA" abgekürzt. Dazu jetzt ein Supplementband (Freiburg/Schweiz 1988) = CLLA/S.

2 Grundlegend sind folgende Werke: B. Bischoff, Die südostdeutschen Schreibschulen und Bibliotheken in der Karolingerzeit, Teil 1: Die bayerischen Diözesen (2. Aufl. Wiesbaden 1960), im folgenden „Bischoff, Schreibschulen" abgekürzt, und E. A. Lowe, Codices latini antiquiores. A palaeographical guide to Latin manuscripts prior to the Ninth Century, 12 Bde (Oxford 1934–71), im folgenden „Lowe, CLA" abgekürzt.

3 Noch Ende des 10. Jh. befanden sich allein in der Klosterbibliothek von St. Emmeram „missales 19, lectionarii 3, epistolares 4, graduales 8, antiphonarii 8", vgl. F. Janner, Geschichte der Bischöfe von Regensburg I (Regensburg 1883) 417.

4 Vgl. Lowe, CLA IX Nr. 1298; CLLA Nr. 211. – Ein indirektes Zeugnis für die wenigstens zeitweise Verwendung der irischen Liturgie im süddeutschen Raum scheint eine Oration aus dem (irischen) Stowe-Missale zu sein, die sich in einem Salzburger Formelbuch des 9. Jh. findet; vgl. B. Bischoff, Salzburger Formelbücher und Briefe aus Tassilonischer und Karolingischer Zeit (= Bayer. Akademie d. W., phil.-hist. Klasse, Sitzungsberichte, München 1973, Heft 4) 52. Vielleicht gehört hierher auch das Fragment CLLA Nr. 107, S.136.

5 Vgl. CLLA Nr. 216, S. 166. Es handelt sich um ein Martinus-Formular.

6 A. Dold – L. Eizenhöfer, Das irische Palimpsestsakramentar im Clm 14429 der Staatsbibliothek München (= Texte und Arbeiten, Heft 53/54, Beuron 1964).

7 Vgl. K. Gamber, Die Meßfeier nach altgallikanischem Ritus anhand der erhaltenen Dokumente dargestellt (= Studia patristica et liturgica 14, Regensburg 1984) 5. – Aus der Zeit des gallikanischen Ritus in Bayern stammt eine Epistel-Perikopenliste; herausgegeben von K. Gamber, Eine liturgische Leseordnung aus der Frühkirche in zwei bayrischen Handschriften, in: Gamber, Sarmannina (= Studia patristica et liturgica 11, Regensburg 1982) 83–96. Auch der Gebrauch des „Rationale" bzw. „Superhumerale" der Regensburger Bischöfe geht auf den gallikanischen Ritus zurück; vgl. K. Gamber, Das Superhumerale, in: Ecclesia Reginensis (= Studia patristica et liturgica 8, Regensburg 1979) 184–198.

8 Vgl. CLLA Nr. 412, S. 233. Die Fragmente sind herausgegeben von P. Siffrin, Das Walderdorffer Kalenderfragment saec. VIII und die Berliner Blätter eines Sakramentars aus Regensburg, in: Ephem. liturgicae 47 (1933) 201–224; idem, Zwei Blätter eines Sakramentars in irischer Schrift des 8. Jh. aus Regensburg, in: Jahrbuch für Liturgiewissenschaft 10 (1930) 1–39; idem, in: L. C. Mohlberg, Missale Francorum (Roma 1957) 71–85 (mit Facs. auf Tafel VI); vgl. Lowe, CLA VIII Nr. 1052. Zum neu aufgefundenen 3. Doppelblatt vgl. K. Gamber, Das Regensburger Fragment eines Bonifatius-Sakramentars. Ein neuer Zeuge des vorgregorianischen Meßkanons, in: Rev. bénéd. 85 (1975) 266–302.

9 Vgl. H. Frank, Die Briefe des hl. Bonifatius und das von ihm benutzte Sakramentar, in: Sankt Bonifatius. Gedenkgabe zum zwölfhundertjährigen Todestag (Fulda 1954) 58–88.

10 Im Besitz des Grafen Walderdorff auf Schloß Hauzenstein (bei Regensburg); vgl. CLLA Nr. 412 (mit weiterer Literatur). Es wäre zu wünschen, daß das kostbare Fragment einer öffentlichen Bibliothek zugeführt würde.

11 H. von Walderdorff, Regensburg in seiner Vergangenheit und Gegenwart (⁴Regensburg 1896) 20.

12 P. Siffrin, Das Walderdorffer Kalenderfragment saec. VIII und die Berliner Blätter eines Sakramentars aus Regensburg, in Ephem. lit. 47 (1933) 201–224, idem, in: L. C. Mohlberg – L. Eizenhöfer – P. Siffrin, Missale Francorum (= RED Fontes II, Roma 1957) 79–83.

13 Vgl. E. A. Loew (= Lowe), Die ältesten Kalendarien aus Monte Cassino (= Quellen und Untersuchungen zur lateinischen Philologie des Mittelalters III, 3 München 1908).

14 Vgl. S. Rehle, Missale Beneventanum von Canosa (= Textus patristici et liturgici 9, Regensburg 1972) 31–48. Eine eingehende Untersuchung, die hier jedoch nicht durchgeführt werden kann, ergibt, daß der Grundstock dieses Kalendars weitgehend mit dem Walderdorffer Fragment übereinstimmt; so lautet z. B. der Eintrag am 3. und 4. Juli, wo zwei Translationen erwähnt werden, fast völlig gleich.

15 Vgl. K. Gamber, Das kampanische Meßbuch als Vorläufer des Gelasianum, in: Sacris erudiri XII (1961) 43–51; A. Chavasse, Le sacramentaire Gélasien (Paris 1958) 271–402, bes. 283–288; Untersuchungen, die freilich von Chavasse unter einem ganz anderen Gesichtspunkt gemacht wurden.

16 Vgl. Beda, Historia eccle. gentis Anglorum 4,1 (pl 96, 171); K. Gamber, Das altkampanische Sakramentar, in: Rev. bénéd. 79 (1969) 329–342; P. Siffrin, in: JLW X (1930) 22f. Mit dem gleichen Problem hat sich bereits

beschäftigt J. Chapman, The Capuan Mass-Books of Northumbria, in: Notes on the early History of the Vulgate Gospels (Oxford 1908) 144–161.

17 Vgl. Gamber, Das kampanische Meßbuch als Vorläufer des Gelasianum. Ist der hl. Paulinus von Nola der Verfasser? (Anm. 15) 5–111.

18 Vgl. die Angaben von B. Bischoff bei P. Siffrin, Das Walderdorffer Kalenderfragment, in: L. C. Mohlberg, Missale Francorum (Roma 1957) 80–85.

19 Vgl. Fr. Unterkircher, Die Glossen des Psalters von Mondsee (= Spicilegium Friburgense 20, Freiburg/Schweiz 1974) 46.

20 Vgl. Gamber, Das kampanische Meßbuch (Anm. 15) 74ff.

21 Alle drei Doppelblätter jetzt in einer eigenen Edition von K. Gamber, Das Bonifatius-Sakramentar und weitere frühe Liturgiebücher aus Regenburg (= Textus patristici et liturgici 12, Regensburg 1975) mit Faksimile aller Blätter.

22 Dies geschah in einer Zeit, als man anderswo Sakramentare, die auf ein ähnlich hohes Alter zurückblicken wie die ehemalige Regensburger Handschrift, in ihrer Bedeutung erkannt hat und daran ging sie zu edieren, so etwa das Missale Gothicum und das Sacramentarium Gelasianum in der Vaticana (1680), sowie das Bobbio-Missale in Paris (1687). Das aus dem 10. Jh. stammende Sacramentarium Gregorianum (mixtum), ebenfalls in der Vaticana (Cod. lat. 3806), wurde sogar schon i. J. 1593 von A. Rocca herausgegeben. Diese in Regensburg geschriebene Prachthandschrift hat wahrscheinlich deshalb Beachtung gefunden, weil in ihr Papst Gregor als Verfasser im Titel genannt wird, während unser Bonifatius-Meßbuch keine derartige „Etikette" aufweisen konnte.

23 Zu den einzelnen Redaktionen des Canon vgl. F. Cabrol, Canon romain, in: DACL II, 1847–1905 (mit der älteren Literatur); C. Callewaert, Histoire positive du Canon romain, in: Sacris erudiri II (1949) 95–110; B. Botte – Chr. Mohrmann, L'ordinaire de la messe. Texte critique, traduction et études (= Etudes liturgiques 2, Paris-Louvain 1953); L. Eizenhöfer, Canon missae romanae (= RED Subsidia 1 und 7, Roma 1954/66); Gamber, Das Regensburger Fragment (Anm. 8) 270–277.

24 Vgl. Gamber, Das Regensburger Fragment (Anm. 8) 291–300.

25 B. Bischoff, Die südostdeutschen Schreibschulen und Bibliotheken in der Karolingerzeit I (Wiesbaden 1940 bzw. Nachdruck 1960) 183f. Bischoff schreibt versehentlich: Minuskel.

26 Vgl. G. Haseloff, Der Tassilo-Kelch (= Münchner Beiträge zur Vor- und Frühgeschichte 1, München 1951); P. Stollenmayer, Der Tassilokelch (Wels 1949); ders., Tassilo-Leuchter, Tassilo-Zepter (Wels 1959).

27 Herausgegeben von A. Dold – L. Eizenhöfer, Das Prager Sakramentar Bd. I Lichtbildausgabe (Beuron 1944); Bd. II Prolegomena und Textausgabe (= Texte und Arbeiten 38/42, Beuron 1949).

28 Vgl. Lowe, CLA X Nr. 1563/64; K. Gamber, Das Tassilo-Sakramentar, in: Münchener Theol. Zeitschrift 12 (1961) 205–209; ders., Der Taufritus nach dem Tassilo-Sakramentar, in: Ecclesia Reginensis (= Studia patristica et liturgica 8, Regensburg 1979) 114–127.

29 Vgl. R. Bauerreiß, in: Dold – Eizenhöfer, Das Prager Sakramentar II, 22–23.

30 Zur damaligen Reichsversammlung vgl. P. Schmid, Die Regensburger Reichsversammlungen im Mittelalter, in: Verhandlungen des Hist. Vereins für Oberpfalz und Regensburg 112 (1972) 31–130, hier 38–42; F. Janner, Geschichte der Bischöfe von Regensburg I (Regensburg 1883) 130ff.

31 Vgl. Dold – Eizenhöfer a. a. O. 18–19. Ein ähnliches Namensverzeichnis am Schluß des Clm 14655; vgl. Bischoff, Schreibschulen 175, Anm. 2.

32 Zum „Missale Gothicum" vgl. CLLA Nr. 210, S. 161. Es steht hier an hervorragender Stelle zu Beginn des Sonntagsmessen-Libellus; vgl. die Ausgabe von L. C. Mohlberg, Missale Gothicum (Roma 1961) 112–113; Dold – Eizenhöfer, Formular Nr. 206.

33 Vgl. K. Gamber, Der Zenokult in Regensburg, in: Ecclesia Reginensis. Studien zur Geschichte und Liturgie der Regensburger Kirche im Mittelalter (= Studia patristica et liturgica 8, Regensburg 1979) 92ff.

34 Vgl. K. Gamber, Das frühmittelalterliche Bayern im Lichte der ältesten bayerischen Liturgiebücher, in: Deutsche Gaue 54 (1962) 49–62. Vielleicht steht dieses Patrozinium in direktem Zusammenhang mit den in der Severins-Vita erwähnten Johannes-Reliquien, besonders wenn man bedenkt, daß im Frühmittelalter der Besitz von Reliquien das Patrozinium einer Kirche bestimmt hat; vgl. K. Gamber, Die Severins-Vita als Quelle für das gottesdienstliche Leben in Norikum während des 5. Jh., in: Römische Quartalschrift 65 (1970) 145–157, hier S. 147–148. Die vermutlich herzogliche Kapelle ist in ihre Fundamenten bei den Ausgrabungen in Niedermünster zutagegetreten; vgl. K. Schwarz, Die Ausgrabungen im Niedermünster zu Regensburg (Kallmünz 1971) 22ff. Neuerdings K. Gamber, Das Tassilo-Sakramentar und die Kirchen der herzoglichen Pfalz, in: Ecclesia Reginensis (Anm. 33) 67–91.

35 Vgl. K. Gamber, Missa Romensis. Beiträge zur frühen römischen Liturgie und zu den Anfängen des Missale Romanum (= Studia patristica et liturgica, Fasc. 3, Regensburg 1970) 107–115: Das sog. Sacramentarium Gelasianum. Die „missales" des Bischof Maximianus von Ravenna.

36 Unser Sakramentar hat nichts zu tun mit der fränkischen Überlieferung des Gelasianum, wie sie im Cod. Vat.

Regin. lat. 316 aus der Zeit um 750 für uns greifbar ist; vgl. CLLA Nr. 610. Es stellt eine eigene oberitalienische Weiterbildung des ravennatischen Urexemplars dar. Weitere bayerische Zeugen dieses Meßbuchtypus sind in CLLA Nr. 631–635 aufgeführt.

37 Vgl. K. Gamber, Die Regensburger Mission in Böhmen im Licht der Liturgiebücher, in: Verhandlungen des Histor. Vereins für Oberpfalz und Regensburg 114 (1974) 255–259. Vielleicht geschah die Übertragung des Prager Sakramentars nach Böhmen durch Michael, den späteren Bischof von Regensburg (942–972); vgl. Janner, Geschichte der Bischöfe von Regensburg I, 325.

38 Herausgegeben von K. Gamber, Ein Regensburger Kalendarfragment aus der Zeit Herzogs Tassilo III., in: Studien und Mitteilungen OSB 80 (1969) 222–224.

39 Der gleiche Eintrag wie bei uns: „Veronae ordinatio sci zenonis conf." im Clm 6421; vgl. E. A. Loew, Die ältesten Kalendarien aus Monte Cassino (= Quellen und Untersuchungen zur lateinischen Philologie des Mittelalters III, 3 München 1908) 82.

40 Vgl. B. Bischoff, Die Mondseer Schreibschule des VIII. und IX. Jahrhunderts, in: Bischoff, Die südostdeutschen Schreibschulen II (Wiesbaden 1980) 9–24.

41 Vgl. W. Neumüller – K. Holter, Der Codex Millenarius (= Forschungen zur Geschichte Oberösterreichs, Bd. 6, Graz–Köln 1959) 172–180 (mit der ältesten Literatur); Lowe, CLA IX Nr. 1325; Bischoff, Schreibschulen 57.

42 Vgl. Neumüller – Holter, Der Codex Millenarius 139–142; Lowe, CLA IX Nr. 1347.

43 Siehe oben Fußnote 41; ferner W. Neumüller, Der Codex Millenarius und sein historischer Umkreis (Wels 1960).

44 W. Neumüller, Der Text des Codex Millenarius (= 100. Jahresbericht Schuljahr 1957 Öffentl. Gymnasium der Benediktiner zu Kremsmünster, Kremsmünster 1957) 11–54; ferner Neumüller – Holter, Der Codex Millenarius 38–47: „Unsere Gruppe von Handschriften... stellen einen eigenen Typus dar... Dieser... hat einen Text, der sich durchaus von spanischen, insularen und französischen Familien unterscheidet. Er läßt sich in keine dieser Gruppen einordnen... Der Hauptstrom der Textüberlieferung geht vom Süden her: von Italien, näherhin von Oberitalien" (S. 46).

45 Vgl. Neumüller – Holter, Der Codex Millenarius (Anm. 41) 116.

46 Ebd. 132–139, mit Abb. auf S. 134f.; Lowe, CLA VI Nr. 795. Wir finden hier folgende Angaben: „Early caroline minuscule saec. VIII ex." „Written in a South-east German centre and probably in monastery of Mondsee." Der Psalter wurde herausgegeben von Fr. Unterkircher, Die Glossen des Psalters von Mondsee (= Spicilegium Friburgense 20, Freiburg 1974).

47 Vgl. Lowe a. a. O.: „It is one of the finest products of that region and may have been written for a royal personage." Hinsichtlich der Litanei vgl. A. Allgeier, Die Litaniae Carolinae und der Psalter von Montpellier, in: Festschrift E. Eichmann (Paderborn 1940) 245–262; M. Coens, in: Analecta Bollandiana 62 (1944) 129–146. Da die Litanei von einer anderen Hand geschrieben ist als das eigentliche Psalterium und zwar zwischen 788 und 794, dem Todesjahr der Königin Fastrada, und einen Nachtrag darstellt, muß die Handschrift noch unter Tassilo III. entstanden sein. Vermutlich war sie für den Herzog oder dessen Frau bestimmt. Auffällig ist, daß einige Initialen des Prager Sakramentars denen des Psalteriums ähnlich sind, z. B. das „Q" in der Abbildung bei Lowe und das „D" in der Faksimile-Ausgabe von Dold – Eizenhöfer (f. 43 b). Die Tatsache, daß die erste Hand des Psalteriums, wie B. Bischoff festgestellt hat, mit der Schrift der Fragmente der Paulusbriefe aus Mondsee identisch ist, beweist nicht die Niederschrift des Psalteriums in Mondsee, da der Codex mit den Paulusbriefen aus Regensburg importiert sein kann.

48 Vgl. Neumüller – Holter, Der Codex Millenarius (Anm. 41) 157ff.; K. Holter, Drei Evangelien-Handschriften der Salzburger Schreibschule des 9. Jh., in Österr. Zeitschrift für Kunst- und Denkmalpflege 12 (1958) 85–91.

49 Es hängt alles davon ab, ob die als Beweis angeführte fragmentarische Handschrift der Paulusbriefe (jetzt in Wien, ser. nov. 2065), deren Blätter aus Mondseer Bucheinbänden abgelöst wurden, auch dort entstanden ist; vgl. K. Gamber, Fragmentblätter eines Regensburger Evangeliars aus dem Ende des 8. Jh., in: Scriptorium 34 (1980) 72–77.

50 Vgl. Gamber (Anm. 49).

51 Ähnliche Notenzeichen erscheinen, von einer nur wenig späteren Hand nachgetragen, auch in den Passiones eines im Rhein-Maas-Gebiet bald nach 800 geschriebenen Evangelistars (Aachen, Sammlung Ludwig, Ms. 2); vgl. CLLA Nr. 1121, S. 454 und die Abbildung einer diesbezüglichen Seite in: P. Ludwig, Aachener Kunstblätter – Große Kunst aus tausend Jahren. Kirchenschätze aus dem Bistum Aachen (Düsseldorf 1968) Abb.XI, S. 191.

52 Vgl. K. Gamber, Stammt der Codex Millenarius in Kremsmünster aus der Pfalzkapelle des Herzogs Tassilo III.?, in: Gamber, Das Patriarchat Aquileja und die bairische Kirche (= Studia patristica et liturgica 17, Regensburg 1987) 86f. – Hingewiesen sei auf die Faksimile-Ausgabe von W. Neumüller – K. Holter, Codex Millenarius (Graz 1974), wo S. 32f. auch meine These besprochen wird und es heißt: „Nun ist nicht zu leugnen, daß

der Vorschlag Gambers zu interessanten Aspekten führen kann, wenn man ihn insofern modifiziert, daß man auf die Annahme eines Fortbestehens dieses Skriptoriums nach dem Sturz der Agilolfinger verzichtet und vielmehr eine Zerstreuung der Schreibkräfte annimmt. Eine Exilierung einzelner Schreiber könnte u. a. nach Mondsee... geführt haben, wo Kelch und vielleicht auch „Leuchter" ihre Zuflucht fanden" (S. 33).

53 Vgl. A. Dold – K. Gamber, Das Sakramentar von Salzburg, seinem Typus nach auf Grund der erhaltenen Fragmente rekonstruiert (= Texte und Untersuchungen, 4. Beiheft, Beuron 1960) 4–10; K. Gamber, Das Meßbuch Aquilejas im Raum der bayerischen Diözesen um 800, in: Annales Instituti Slavici, Band 8: Millennium Dioeceseos Pragensis 973–1973 (Wien – Köln – Graz 1974) 111–118.

54 Herausgegeben von A. Dold – K. Gamber, Das Sakramentar von Salzburg 80*–85*; vgl. CLLA Nr. 882 S. 399.

55 B. Bischoff in einem Brief an den Verfasser: „Die Verwendung der Unziale ist merkwürdig und läßt an eine Bestimmung für eine bedeutende Kirche denken." In der Dombibliothek in Trier (Cod. 400) befindet sich ein Fragment einer wenig älteren Handschrift des gleichen Typus, die nach B. Bischoff aus Oberitalien stammt (vgl. Lowe, CLA IX Nr. 1365; CLLA Nr. 881). Sie ist ebenfalls in Unziale geschrieben.

56 Vgl. K. Gamber, Die Kiewer Blätter in sakramentargeschichtlicher Sicht, in: Cyrillo-Methodiana (Köln-Graz 1964) 362–371; CLLA Nr. 895, S. 405 (mit weiterer Literatur).

57 In einem Brief an den Verfasser. Das Fragment wurde mit anderen erst vor einigen Jahren in der Staatsbibliothek wieder entdeckt.

58 Das Fragment wurde herausgegeben von K. Gamber, Sacramentaria praehadriana, in: Scriptorium 27 (1973) 6–7 (mit Faksimile).

59 Vgl. K. Gamber, Wege zum Urgregorianum. Erörterung der Grundfragen und Rekonstruktionsversuch des Sakramentars Gregors d. Gr. vom Jahre 592 (= Texte und Arbeiten, Heft 46, Beuron 1956); ders., Sacramentarium Gregorianum I. Das Stationsmeßbuch des Papstes Gregor. Versuch einer Rekonstruktion nach hauptsächlich bayerischen Handschriften (= Textus patristici et liturgici, fasc. 4, Regensburg 1966).

60 Vgl. E. Bourque, Etude sur les sacramentaires romains II, 2 (Roma 1958) 75ff.

61 Vgl. oben Anm. 58.

62 Vgl. H. Lietzmann, Das Sacramentarium Gregorianum nach dem Aachener Urexemplar (= Liturgiewissenschaftl. Quellen und Forschungen, Heft 3, Münster 1921); J. Deshusses, Le sacramentaire grégorien (= Spicilegium Friburgense 16, Fribourg/Suisse 1971).

63 Herausgegeben von K. Gamber, Aus der Bibliothek von Oberaltaich. Fragmente dreier Sakramentare des 9. und 10. Jhs., in: Studien und Mitteilungen OSB 81 (1970) 471–479.

64 Bischoff, Schreibschulen 263. Zu diesen gehört ein Poenitentiale mit verschiedenen Gebeten, darunter das „Altbayerische Gebet"; vgl. Bischoff, Schreibschulen 266.

65 Bereits 400 Jahre vor Karl d. Gr. gab es bei verschiedenen germanischen Stämmen, vor allem bei den Goten, einen Gottesdienst in der Volkssprache; vgl. K. Gamber, Die Liturgie der Goten und der Armenier (= 21. Beiheft zu den Studia patristica et liturgica, Regensburg 1988).

66 Vgl. G. Ehrismann, Geschichte der deutschen Literatur bis zum Ausgang des Mittelalters (München 1918) 270–273 (mit Angabe der Edition). Der lateinische Text steht links, der althochdeutsche rechts. Der althochdeutsche Text mit Übersetzung teilweise bei H. D. Schlosser, Althochdeutsche Literatur, ausgewählte Texte mit Übertragungen (= Fischer Bücherei, Bücher des Wissens Nr. 6036) 132ff.

67 Vgl. Ehrismann (Anm. 27) 310f. In eine St. Emmeramer Handschrift wurde auch das „Muspilli", ein Gedicht über das Sterben und das Jüngste Gericht, eingetragen; vgl. ebd. 141–150. Der Verfasser war ein bayerischer Kleriker. Noch ungeklärt ist, ob auch das sog. Wessobrunner Gebet in Regensburg entstanden ist; ebd. 131–141.

68 Vgl. Ehrismann 327; Fr. Zagiba, Zur Geschichte Kyrills und Methods und der bairischen Ostmission, in: Jahrbücher für Geschichte Osteuropas NF 9 (1961) 247–276.

69 Vgl. Ehrismann (Anm. 66) 325–329.

70 Vgl. Nahtigal, Euchologium Sinaiticum (Ljubljana 1941)

71 Vgl. Fr. Repp, Zur Kritik der kirchenslavischen Übersetzung des St. Emmeramer Gebetes im Euchologium Sinaiticum, in: Zeitschrift für slavische Philologie 22, 315–33.

72 Vgl. Fr. Zagiba, Regensburg und die Slaven im frühen Mittelalter, in: Verhandlungen des Historischen Vereins für Oberpfalz und Regensburg 104 (1964) 230f.

73 Vgl. Bischoff, Schreibschulen 218; CLLA Nr. 1550, S. 561.

74 Die so wiedergewonnene Handschrift wurde herausgegeben von Fr. Unterkircher (– K. Gamber), Das Kollektar-Pontifikale des Bischofs Baturich von Regensburg (= Spicilegium Friburgense, Vol. 8, Freiburg/Schweiz 1962).

75 Vgl. Janner, Geschichte der Bischöfe von Regensburg Bd. I (Regensburg 1883) 182f.

76 Die ältesten Kollektar-Handschriften werden in CLLA Nr. 1501–1545 aufgezählt, hier auch die Pontifikale-Handschriften (Nr. 1550–1575).

77 Vgl. Janner (Anm. 75) 163ff.
78 Die Literatur zu den Brevier-Benediktionen ist in CLLA S. 601 zusammengestellt.
79 Vgl. B. Bischoff, Literarisches und künstlerisches Leben in St. Emmeram, in: Studien und Mitteilungen OSB 51 (1933) 141–142.
80 M. Andrieu, Les Ordines Romani du haut moyen âge IV (= Spicilegium Sacrum Lovaniense, Fasc. 28, Louvain 1956) 3ff.
81 Andrieu, Les Ordines Romani IV, 315ff.
82 Vgl. U. Chevalier, Repertorium Hymnologicum (Louvain 1897) II, Nr. 15 745.
83 Vgl. Bischoff, Schreibschulen 204; Abbildung auf Tafel VI d.
84 Heute in der B. Staatsbibliothek (Clm 14 000). Faksimile-Ausgabe von G. Leidinger (1921–1925) 5 Bände und 1 Textband. Kurze Beschreibung von F. Dressler, Cimelia Monacensia. Wertvolle Handschriften und frühe Drucke der B. Staatsbibliothek München (Wiesbaden 1970) Nr. 13, S. 18 (weitere Literatur). In Niedermünster befand sich ehedem eine jetzt in München (Clm 12741) aufbewahrte Evangelien-Handschrift mit bedeutsamem Buchschmuck. Sie war um 830 in Tours geschrieben; vgl. Bischoff, Schreibschulen 261.
85 Herausgegeben von C. Sanftl, Dissertatio in aureum ac pervetustum SS. Evangeliorum codicem ms. Monasterii S. Emmerami Ratisbonae (Regensburg 1786) 155–252.
86 Die Textvarianten gegenüber der Vulgata werden von Sanftl, a. a. O. 72–150 notiert.
87 Herausgegeben von A. Beck, Kirchliche Studien und Quellen (Amberg 1903) 383–388.
88 Vgl. B. Bischoff, Die mittelalterlichen Bibliotheken Regensburgs, in: Verhandlungen des Hist. Vereins für Oberpfalz und Regensburg 113 (1973) 49–58, hier 51; Bischoff, Schreibschulen II, 252. – Ebenfalls aus der Reichenau könnte zur gleichen Zeit eine vom Meister Reginbert (gest. 846) geschriebene, eigenartige Brevier-Handschrift nach Regensburg gekommen sein, von der 2 Einzelblätter erhalten geblieben sind, die heute im Germanischen Museum in Nürnberg (Kapsel 536, SD 2815) aufbewahrt werden; vgl. K. Gamber, Ein Brevier-Fragment aus der 1. Hälfte des 9. Jahrhunderts, in: Rev. bénéd. 95 (1985) 232–239.
89 Vgl. St. Beißel, Geschichte der Evangelienbücher in der ersten Hälfte des Mittelalters (= Ergänzungshefte zu den „Stimmen aus Maria Laach" 92/93, Freiburg i. Br. 1906).
90 Die frühen Evangelistare werden in CLLA Nr. 1115–1187 aufgeführt.
91 Vgl. Bischoff, Schreibschulen 224; CLLA Nr. 1148, S. 460.
92 Vgl. CLLA Nr. 940, 941, 1157; Hinsichtlich der Regensburger Provenienz des Cod. Vat. lat. 3806 vgl. O. Heiming, in: Jahrbuch für Liturgiewissenschaft IV (1924) 185–187.
93 G. Swarzenski, Die Regensburger Buchmalerei des 10. und 11. Jh. (Leipzig 1904).
94 Vgl. A. Ebner, Quellen und Forschungen zur Geschichte und Kunstgeschichte des Missale Romanum im Mittelalter. Iter Italicum (Freiburg 1896) 290f.
95 Literatur zur Handschrift in: CLLA Nr. 940, S. 418. Edition von K. Gamber – S. Rehle, Das Sakramentar-Pontifikale des Bischofs Wolfgang von Regensburg (= Textus patristici et liturgici 15, Regensburg 1985).
96 Ausführlich dazu A. Ebner, Das Sakramentar des hl. Wolfgang in Verona, in: J. B. Mehler (Hg.), Der heilige Wolfgang, Bischof von Regensburg (Regensburg 1894) 163–181.
97 Zum literarischen Leben im Kloster St. Emmeram vgl. B. Bischoff, Mittelalterliche Studien II (Stuttgart 1967) 77–115.
98 Zu den Regensburger Malschulen im 10./11. Jh. vgl. G. Swarzenski, Die Regensburger Buchmalerei des 10. und 11. Jh. (Nachdruck Stuttgart 1969).
99 Zu diesem Formular vgl. K. Gamber, Ecclesia Reginensis. Studien zur Geschichte und Liturgie der Regensburger Kirche im Mittelalter (= Studia patristica et liturgica 8, Regensburg 1979) 92–113.
100 Beide Abbildungen bei Ebner (Anm. 94). 168 bzw. 170.
101 Eine umfangreiche Sammlung aller derartigen Formeln von E. Moeller, Corpus benedictionum pontificalium (= Corpus Christianorum CLXII).
102 Vgl. K. Gamber, Die Meßfeier nach altgallikanischem Ritus (= Studia patristica et liturgica 14, Regensburg 1984) 48.
103 In der Handschrift sind einige Feste, wie Epiphanie, Cathedra S. Petri, S. Gregorii, S. Benedicti, durch Goldschrift, andere, wie Ss. Fabiani et Sebastiani, S. Valentini, S. Mathiae, durch Silberschrift hervorgehoben.
104 Die Übereinstimmung der einzelnen Riten mit dem Pontificale Romano-Germanicum (entstanden um 950 vermutlich in Mainz) ist dabei groß. Dieses ist herausgegeben von C. Vogel – R. Elze (= Studi et Testi 226, 227, 269); vgl. auch CLLA S. 566.
105 Vgl. CLLA Nr. 855; herausgegeben von A. Dumas (= Corpus Christianorum CLIX).
106 Vgl. CLLA Nr. 970; herausgegeben von G. Richter – A. Schönfelder (Fulda 1912).
107 Vgl. CLLA Nr. 901; Erstausgabe von H. Ménard (1642).
108 Vgl. CLLA Nr. 930.
109 A. Chavasse, Le sacramentaire gélasien (Paris 1958).

110 Vgl. K. Gamber, Sakramentartypen (= TuA 49/50, Beuron 1958) 145–153; CLLA S. 408–421. Redaktor war vielleicht der Abt Catalanus von St. Peter in Rom; vgl. K. Gamber, Missa Romensis (= Studia patristica et liturgica 3, Regensburg 1970) 165–169.
111 Vgl. CLLA Nr. 941; Erstausgabe von A. Rocca (1593). Das sich am Schluß der Handschrift findende *Regensburger Proprium* ist ediert von K. Gamber, Das Bonifatius-Sakramentar (1975) appendix II.
112 Vgl. O. Heiming, Zur Heimat des Sakramentars Vat. lat. 3806, in: JLW IV (1924) 185–187.
113 Formeln, die m. W. in den bekannten Sakramentaren nicht und nur in unsern beiden Regensburger Handschriften zu finden sind, sind u. a. folgende: 851, 864, 926, 1151–53, 1274, 1929 (ein gallikanisches Postsanctus-Gebet!), 2004–2008 (auch in der Handschrift Z).
114 E. F. Bange. Eine bayerische Malerschule des XI. und XII. Jahrhunderts (München 1923) 3.
115 Vgl. G. Swarzenski, Die Regensburger Buchmalerei des 10. und 11. Jahrhunderts (Leipzig 1904) 41–45; CLLA Nr. 1157, S. 463. G. Bott (Hg.), Die Grafen von Schönborn. Kirchenfürsten, Sammler, Mäzene (Nürnberg 1989) 446–448 (weitere Lit.):
116 Vgl. Ebner, Quellen und Forschungen (Anm. 94) 6–12 und die hier sich findenden Abbildungen 1 und 2. Die Messe „in consecratione monachi" bedeutet keine Schwierigkeit bezüglich einer Bestimmung für Obermünster, da es sich um einen Nachtrag des 12./13. Jahrhunderts handelt (vgl. Ebner 8 Anm. 1 und S. 9 oben).
117 Vgl. H. Jantzen, Ottonische Kunst (München 1947) 99, 103, 113 (mit Abbildungen); CLLA S. 419.
118 Inhaltsangabe der Handschrift bei M. Andrieu, Les Ordines Romani du haut moyen âge I. Les manuscrits (= Spicilegium Sacrum Lovaniense 11, Louvain 1931) 256–265.
119 Vgl. Gamber, CLLA (1. Aufl. 1963) 48.
120 Vgl. CLLA Nr. 795 und 796, S. 366f. Zum Kloster-Rituale von (Prüfening oder) Biburg vgl. W. von Arx (= Spicilegium Friburgense 14, Freiburg/Schweiz 1970).
121 Vgl. O. Nußbaum, Kloster, Priestermönch, Privatmesse. Ihr Verhältnis im Westen von den Anfängen bis zum hohen Mittelalter (= Theophaneia 14, Bonn 1961); A. Häussling, Mönchskonvent und Eucharistiefeier. Eine Studie über die Messe in der abendl. Klosterliturgie (= LQF 58, Münster 1973).
122 Die einzelnen Handschriften sind aufgeführt im Catalogus Codicum latinorum Bibliothecae Regiae Monacensis II, 2 (München 1876, Nachdruck 1968) 155ff.
123 Vgl. K. Gamber, Das altbairische Petrus-Lied und das kulturelle Leben in Regensburg im 9. Jahrhundert, in: Gamber, Ecclesia Reginensis (= Studia patristica et liturgica 8, Regensburg 1979) 141–153 (mit weit. Lit.).
124 Faksimile-Ausgabe in der Reihe der Monumenta Palaeographica Gregoriana (Band 2, Münsterschwarzach 1985).
125 Vgl. B. Stäblein, Die zwei St. Emmeramer Kantatorien aus dem 11. Jahrhundert, in: 13. Jahresbericht des Vereins zur Erforschung der Regensburger Diözesangeschichte (Regensburg 1939) 231–242; CLLA Nr. 1318, S. 502.
126 Vgl. CLLA Nr. 1359, S. 515; H. Hoffmann, Buchkunst und Königtum im ottonischen und frühsalischen Reich (= Schriften der MGH 30, 1 Stuttgart 1986) 290f.
127 Sie wurden vor über 100 Jahren von Dominikus Mettenleiter abgelöst und gesammelt; vgl. dessen Musikgeschichte der Stadt Regensburg (Regensburg 1865) Anm. auf S. 92.
128 Vgl. B. Stäblein, Die Choralhandschriften der Regensburger Bibliotheken, in: Musica sacra 62 (1932) 198–208.
129 Vgl. Mettenleiter, Musikgeschichte (Anm. 127) 70–81.
130 Vgl. J. Schmid, Studien über die Reform des römischen Breviers und Missale unter Pius V., in: Theol. Quartalschrift 66 (1884) 451–483, 621–664, H. Jedin, Das Konzil von Trient und die Reform der liturgischen Bücher, in: Ephem. liturg. 59 (1945) 5–38; J. A. Jungmann, Missarum Sollemnia (^{2}Wien 1949) I, 169–178.
131 Mehrere Druckausgaben. Vor mir liegt die Ausgabe Venedig 1533.
132 Vgl. S. J. P. van Dijk – J. Hazelden Walker, The Origins of the modern roman liturgy (London 1960); ders., Ursprung und Inhalt der franziskanischen Liturgie des 13. Jahrhunderts, in: Franziskanische Studien 51 (1969) 86–116, 192–217.
133 „Non obstantibus praemissis ac constitutionibus et ordinationibus Apostolicis ac in Provincialibus et Synodalibus Conciliis editis generalibus vel specialibus constitutionibus et ordinationibus, nec non Ecclesiarum praedictarum usu, longissima et immemorabili praescriptione, *non tamen supra ducentos annos* roborato, statutis es consuetudinibus contrariis quibuscumque."
134 Vgl. Weale – H. Bohatta, Catalogus Missalium ritus latini ab anno 1474 impressorum (London 1928), Nr. 815–816.
135 Vgl. Weale – Bohatta 69f.
136 Vgl. F. Janner, Geschichte der Bischöfe von Regensburg III (Regensburg 1886) 600.
137 Über die erhaltenen Handschriften wird unten gesprochen.
138 Erstdruck von 1505 (Inkunabel 110 in der Bischöfl. Zentralbibl.): „Liber missalis secundum chorum pataviensem."

139 Die Proske-Bibliothek besitzt einen Druck von 1520 (Ch 32): „Missale secundum ritum et ordinem ecclesie et diocesis Frisingensis".
140 Das „Missale Aquileyensis Ecclesiae" (Venetiis 1519) liegt in einem schönen Nachdruck vor (Bruxelles 1963).
141 Es dürfen jedoch auch die Unterschiede im einzelnen nicht übersehen werden. So stimmt z. B. das Freisinger Missale im Formular des 4. Adventssonntags und der darauffolgenden Ferialtage mehr mit dem von Aquileja als mit dem von Regensburg überein. Die Frage bedarf noch einer eingehenden Untersuchung.
142 Mit der frühmittelalterlichen Abhängigkeit des Gebiets der römischen Provinz Raetia vom Patriarchat Aquileja, die sich besonders in liturgischer Hinsicht zeigt, haben diese Beziehungen nichts zu tun.
143 Vgl. A. Mayer, Thesaurus novus, Tom. II (Ratisbonae 1791) 65–69. Hier auch die „Statuta Capituli Ecclesie Ratisponensis" (1–37).
144 J. A. Endres, Honorius Augustodunensis. Beitrag zur Geschichte des geistigen Lebens im 12. Jahrhundert (Kempten 1906).
145 Migne PL 172, 541–806; dazu Endres a. a. O. 38–40; ders., Ein Augsburger Rituale des 13. Jahrhunderts, in: Theol.-prakt. Monatsschrift 13 (1903) 636–641.
146 Die Archivalien des 17. Jahrhunderts im Bischöflichen Zentralarchiv, vor allem soweit sie das Regensburger Domkapitel betreffen, sind fast durchweg mit Pergamentblättern aus damals nicht mehr gebrauchten liturgischen Handschriften des Regensburger Domes eingebunden.
147 Vgl. L. Hain, Repertorium bibliographicum II 1 (Neudruck 1949) Nr. 11356; W. H. I. Weale, Catalogus Missalium ritus latini (London 1886) 126–128; Weale-Bohatta (oben Anm. 134) Nr. 806.
148 Text bei A. Beck, Kirchliche Studien und Quellen (Amberg 1903) 223–25, wo auch eine eingehende Beschreibung des Missale zu finden ist (S. 210–256); ferner bei J. Lipf, Oberhirtliche Verordnungen und allgemeine Erlasse für das Bistum Regensburg vom Jahre 1250 bis 1852 (Regensburg 1853) Nr. 15 S. 23.
149 Vgl. E. Voulliéme, Die deutschen Drucker des 15. Jahrhunderts (²Berlin 1922) 135; H. Barge, Geschichte der Buchdruckerkunst (Leipzig 1940) 79.
150 Vgl. F. Falk, Geistliche Drucker und geistliche Druckstätten bis 1620, in: Der Katholik 37/I (1893) 91.
151 Zur Korrektur von Missalien auf oberhirtlichen Befehl im 15. Jahrhundert vgl. J. Franz, Die Messe im deutschen Mittelalter (Freiburg 1902) 307–309; E. Tomek, Kirchengeschichte Österreichs II (Innsbruck 1949) 120.
152 Vergleichsweise sei erwähnt, daß das Kloster Andechs um 1460 für ein handgeschriebenes Meßbuch 12 Gulden und im Jahr 1462 für ein solches nur 4 Gulden bezahlt hat; vgl. B. Kraft, Andechser Studien I (1937) 253 Anm. 2.
153 „Breviarium" hier soviel wie „Liber Ordinarius", „Directorium" (Hinweis von Dr. P. Leo Eizenhöfer OSB).
154 Vgl. J. Schmid, Die Handschriften und Inkunabeln der Bibliothek des Kollegiatstiftes U. L. Frau zur Alten Kapelle in Regensburg (Regensburg 1907) 30.
155 Vgl. den Eintrag auf fol. 1 r oben: „hoc liber attinet Capelle sci Kiliani Ratisponensis". Auf der gleichen Seite unten: „Hoc misale (!) Simonem Strobelium (!) possidet Anno 1574".
156 Vgl. G. Zedler, Die sog. Gutenbergbibel sowie die mit den 42-zeiligen Bibeltypen ausgeführten kleineren Drucke (= Veröffentlichungen der Gutenberggesellschaft 20, Mainz 1929).
157 Vgl. Voulliéme, Die deutschen Drucker des 15. Jahrhunderts (Anm. 149) 16.
158 Vgl. Voulliéme, Die deutschen Drucker 16.
159 Vgl. Voulliéme, Die deutschen Drucker 13; K. Schottenloher, Die liturgischen Druckwerke aus Augsburg 1485–1522. Typen-Bildproben mit Einleitung und Erklärungen (1922).
160 Das alte Regensburger Missale kennt noch keine Vorbereitungsgebete. Das gleiche gilt für das Freisinger Missale von 1520 und das von Augsburg von 1510; vgl. A. Franz, Die Messe im deutschen Mittelalter (Anm. 151) 751.
161 Ähnlich liegen die Dinge in Köln; vgl. F. J. Peters, Beiträge zur Geschichte der kölnischen Meßliturgie (Köln 1951) 22.
162 Vgl. J. A. Jungmann, Das Konzil von Trient und die Erneuerung der Liturgie, in: G. Schreiber, Das Weltkonzil von Trient I (1951) 325f.
163 Vgl. J. Oswald, Die tridentinische Reform in Altbaiern, ebd. II (1951) 34.
164 In Köln hat man dagegen vom päpstlichen Privileg weiterhin Gebrauch gemacht und noch 1625 und 1626 das „Missale Coloniense" neu herausgegeben; vgl. Peters (Anm. 161) 29–33. Hinsichtlich Augsburg vgl. F. A. Hoeynck, Geschichte der kirchlichen Liturgie des Bistums Augsburg (Augsburg 1889) 435.
165 Wie dies etwa in Passau im Jahr 1608 geschehen ist; vgl. Oswald (Anm. 163) 11.
166 Vgl. Franz, Die Messe im deutschen Mittelalter (Anm. 151) 753, Anm. 4.
167 Die „Confessio" beginnt, ähnlich wie in einem Missale in Admont (vgl. J. Köck, Handschriftl. Missalien in Steiermark, Graz 1916, S. 111) mit den Worten: „Ego reus et conscius omnium peccatorum meorum confiteor deo omnipotenti..." und nennt auch die Diözesanheiligen Wolfgang und Erhard.

168 Beck, Kirchliche Studien und Quellen (Anm. 148) 257–273. Angebunden ist in der Inkunabel eine „Verkundung am sontag in den pfarrkirchen" (ebd. 274–281). – Nicht unerwähnt bleiben soll auch die Inkunabel „Modus legendi et accentuandi epistolas et evangelia secundum ritum ecclesie Ratisbonensis" (in der Bischöfl. Zentralbibliothek, Proske Ch 85).
169 Vgl. H. Bohatta, Liturgische Bibliographie des 15. Jahrhunderts (Hildesheim 1911) 39f. Ein Exemplar in der Staatl. Bibliothek Regensburg (Rat. ep. Nr. 459) – hier als Vor- und Nachsatzblätter Fragmente eines Sakramentars aus dem 12. Jahrhundert (mit schöner Initiale). Ein weiteres Exemplar (Pars estivalis) in der Stiftsbibliothek der Alten Kapelle (Nr. 1971), jetzt Dauerdepositum in der B. Zentralbibliothek; vgl. J. Schmid, Die Handschriften und Inkunabeln der Bibliothek des Kollegiatsstiftes (Regensburg 1907) 64, sowie ein weiteres Exemplar im Regensburger Stadtmuseum. – Aus der Mitte des 9. Jahrhunderts stammt ein Fragmentblatt mit einem Teil des Officium defunctorum, das sich zuletzt in St. Emmeram befand (jetzt Clm 29325/1, aus: Clm 14816); vgl. CLLA Nr. 1680, S. 607; CLLA/S Nr. 1680 S. 164.
170 Ausführlicher zu den einzelnen Ausgaben und Fundorten des Missale Ratisponense bei K. Gamber, in: Ecclesia Reginensis (= Studia patristica et liturgica 8, Regensburg 1979) 212–224; hier auch über den Ritus der Karwoche in Regensburg 225–275.
171 Vgl. L. Hain, Repertorium bibliographicum II, 1 (Neudruck 1949) Nr. 11931. Davon 2 Exemplare in der Bischöflichen Zentralbibliothek Regensburg (Proske Ch 44 und 44 a), 2 Exemplare in der Staatlichen Bibliothek (Rat. episc. et eccl. 478 und 478a) und 1 Exemplar in der Stiftsbibliothek der Alten Kapelle (Nr. 1857, aus Alburg), jetzt als Dauerleihgabe in der B. Zentralbibliothek. Von einem weiteren Exemplar auf Pergament gedruckt, befinden sich zahlreiche Doppelblätter im Bischöfl. Zentralarchiv.
172 Vgl. Ph. Wackernagel, Bibliographie zur Geschichte des deutschen Kirchenliedes im 16. Jh. (Frankfurt 1855) 915; J. Kehrein, Die ältesten katholischen Gesangbücher I (Würzburg 1859, Nachdruck Hildesheim 1965) 38; W. Bäumker, Das kathol. deutsche Kirchenlied I (Freiburg 1883) 67; M. Härting, Kirchenlieder in den ersten nachtridentinischen Diözesan-Ritualien Süddeutschlands, in: Musica sacra 88 (1968) 263–273. Faksimile-Ausgabe von K. Gamber, Cantiones Germanicae im Regensburger Obsequiale von 1570. Erstes offizielles katholisches Gesangbuch Deutschlands (= Textus patristici et liturgici 14, Regensburg 1983)
173 Vgl. Bäumker I, Nr. 255 S. 85 und Härting (Anm. 172) 265. Von den beiden letzten Auflagen befinden sich Exemplare in der Bischöfl. Zentralbibliothek Regensburg. Das Obsequiale wurde 1661 abgelöst durch die in Salzburg gedruckte „Agenda seu Rituale Ratisbonense ad usum Romanum accomodatum", wo eine weitgehende Anpassung an den tridentinischen Ritus erfolgt ist, vgl. H. J. Spittal, Der Taufritus in den deutschen Ritualien (= Liturgiew. Quellen und Forschungen 47, 1968) 268.
174 Von letzterem gibt es eine Faksimile-Ausgabe mit einem Nachwort von W. Lipphardt (Kassel 1966).
175 Lateinischer Text bei Härting (Anm. 172) 264.
176 Vgl. R. Bauerreiss, Kirchengeschichte Bayerns VI (Augsburg 1965) 254.
177 Vgl. J. Staber, Kirchengeschichte des Bistums Regensburg (Regensburg 1966) 124.

Quis reuoluit nob lapide ab hostio monumti
Et respicientes uident reuolutu lapide. erat qp
pe magn' ualde. Et introeuntes in monumtum
uident iuuene sedente in dextris coopertu stola
candida & obstupuer. Qui dic illis. Nolite ex
pauescere. Ihm queritis nazarenu. crucifixu.
surrexit. non est hic. Ecce locus ubi posuer' eu.
Sed ite dicite discipulis ei' & petro. quia pcedet
uos in galilea. Ibi eu uidebitis sic dixit uob.
Terra tremuit & quieuit dum resurgeret in iudicio deus. alla. alla.

Suscipe qs dne preces populi tui cu oblati
onib; hostiaru ut supra.

Equu & sal. Te quide omi tep. ut sup. Comu
nicantes & dic sacr. Hanc igit oblacione ut sup.
Pascha nostrum immolatus est xpistus. alla. itaq; epulemur
in azimis sinceritatis & ueritatis. alla. alla. alla.

Spm nob dne tue caritatis infunde. ut sup.
Concede qs omp ds. ut qui resurrectionis domi
nice solemnia colim' innouacione tui spus a
morte anime resurgm'. P.   Dominice solle
nitas qs omps ds ut qui resurrectionis do
nica colim' erepcionis nre suscipere leticiam
mereamur. P. Introduxit uos dominus in terram
fluentem lac & mel. alla. ut lex domini semper sit in ore uestro
alla. alla. Confitemini dno qm bon.

Ds qui solemnitate paschali mundo remedia

Kirchenmusik in Regensburg im frühen Mittelalter im Zeugnis Regensburger Domhandschriften

von Albert Lehner

Vorbemerkung: Die um- und zusammenfassende, alle Formen und Phänomene kirchenmusikalischen Schaffens berücksichtigende Geschichte ist für Regensburg noch nicht geschrieben. Musikhistorische Probleme des frühen und späteren Mittelalters, der neuen und neuesten Zeit sind zwar in Einzelstudien thematisiert worden, aber noch keine hat in systematischer Strenge das Gesamt gesicherten Wissensguts dargestellt, wenngleich an dieser Stelle die Monographie von Dominicus Mettenleiter *Musikgeschichte der Stadt Regensburg* – sie erschien 1866 im Regensburger Verlag von J. Georg Bössenecker – als im ganzen nicht überholt erwähnt sein muß.

Wie sehr dieser Studie auch die heutige Forschung immer noch verpflichtet ist, zeigt ein Blick in die Bibliographien; zwei ausführlichere seien hier genannt: Raimund W. Sterl *Kirchenmusikstadt Regensburg – Bibliographie* (in *Musica sacra*, Cäcilien-Verbands-Organ 88, 1968, S. 146–153) und der bibliographische Anhang zum Aufsatz von August Scharnagl *Beiträge zur Musikgeschichte der Regensburger Domkirche* (in *Beiträge zur Geschichte des Bistums Regensburg*, Bd. 10, 1976, S. 456–458). Zu erklären ist damit unschwer das Programm des vorliegenden Beitrags, dessen ursprünglich geplanter Titel *Kirchenmusik in Regensburg im Mittelalter und in der frühen Neuzeit* einen nicht zu haltenden Anspruch vorgeben und dessen Ausführung andere Teile des Katalogs ungleich gewichtet hätte.

Die Zweckmäßigkeit der gewählten und aus den vorstehenden Überlegungen heraus notwendig gewordenen Begrenzung des Themas wird demnach umso mehr einleuchten, als im folgenden keine der beliebten Zusammenstellungen aus zweiter Hand, sondern wenig oder überhaupt nicht bekannte Zeugnisse der frühen musikalischen Kunst aus dem mittelalterlichen Regensburg vorgestellt werden. Diese zeigen die große Bedeutung, welche die Stadt diesbezüglich von den frühesten Zeiten an hatte.

*

Isidor von Sevilla († 636), der große Lehrmeister für das ganze Mittelalter, ist in Regensburger Handschriften seiner Bedeutung nach entsprechend dicht vertreten. Zu seinen früheren Schriften gehört ein liturgiegeschichtlich wichtiges Werk, die zwei Bücher *De ecclesiasticis officiis* oder, wie man im Mittelalter zu sagen pflegte, *Officiorum libri*. Der Geistlichkeit gibt Isidor darin Erklärungen der kirchlichen Ämter und Verrichtungen an die Hand, erläutert allgemeine Begriffe, Teile der Liturgie, besonders der Meßliturgie und des Stundengebets. Es kommt Isidor nicht darauf an, eine Entwicklung der behandelten Formen und Einrichtungen darzustellen, sondern er versucht den Sinn dieser Formen zu erklären. Eine lesenswerte Passage im *Libellus de origine officiorum* – so nennt Isidor das Buch im Widmungsbrief[1] – behandelt die Anforderungen an Stimme und Sangeskunst, wie sie im kirchlichen Dienst gestellt werden, etwa an den Psalmensänger:

Lib. II, cap. 12,2; Migne, Patrologia Latina 83, 792:

„Psalmistam autem et voce et arte praeclarum illustremque esse oportet, ita ut oblectamento dulcedinis animos incidet auditorum. Vox enim eius non aspera, vel rauca, vel dissonans, sed canora erit suavis, liquida atque acuta, habens sonum et melodiam sanctae religioni congruentem, non quae tragica exclamat arte, sed quae Christianam simplicitatem et in ipsa modulatione demonstret, nec quae musico gestu vel theatrali arte redoleat, sed compunctionem magis audientibus faciat."

„Der Psalmensänger soll sowohl seiner Stimme als auch seiner Sangeskunst nach hervorragend und kunstfertig sein, so daß er in die Herzen der Zuhörer mit schmeichelnder Süße eindringt. Denn seine Stimme soll nicht rauh oder heiser oder mißtönend sein, sondern wohlklingend, schmeichelnd, rein und klar, und sie soll einen melodischen Klang haben, der angemessen der heiligen Religion ist, und nicht eine Stimme, die sich im Stil der Bühne exaltiert, sondern die schon in ihrem musikalischen Ausdruck die Einfachheit des Christentums sinnfällig macht, und nicht eine, die die Haltung weltlichen Musiktheaters an sich hat, sondern die statt dessen die Zuhörer in eine reumütige Stimmung versetzt."

Dem der Kirchenmusik verpflichteten Kreis – in der früheren Zeit ist zunächst die *schola cantorum* gemeint –, galten diese Empfehlungen Isidors und natürlich auch die musiktheoretischen Traktate des Augustinus, des Boethius oder Gregors des Großen als verbindliche Studieninhalte, die aber nicht erkennen lassen, ob seinerzeit aktuelle Schwierigkeiten bestanden haben hinsichtlich der heute vermuteten Mangelhaftigkeit der Notation, in der die gesungenen Texte, etwa der Choral, schriftlich fixiert wurden. So mannigfach die Musik im Frühmittelalter Definitionen erfahren hat, Begriffsbestimmungen und ausladende Interpretationen zu den tradierten Anschauungen das Bedürfnis nach größerer Kenntnis hervorgebracht hat, so wenig konkret oder gar bildhaft unterrichtet das Schrifttum über die Ausführung der kirchlichen Gesänge, der Melodien des liturgischen Cantus und die musikalische Schriftlichkeit.

Oder gab es – und diese Frage nach der frühmittelalterlichen Notation soll gestellt werden – für den *musicus practicus*, den *cantor* keine so geartete Problematik? Und standen ihm Hilfsmittel in Form von älteren und vielleicht anderen Zeichen für seine *ars* zur Verfügung als die heute bekannten? Antworten darauf stehen bis heute aus, denn das Alter der lateinischen Neumen (lat. *neuma* aus griech. νευμα: der Wink) ist immer noch umstritten; und nur weil keine neumierten Texte aus der Zeit vor 800 überliefert sind, ihr Vorhandensein verneinen zu wollen, hieße, allgemeine Entwicklungsgesetzmäßigkeiten zu ignorieren. Die erhaltenen frühesten exakt faßbaren Neumierungen aus der ersten Hälfte des IX. Jahrhunderts setzen naturgemäß ältere Aufzeichnungen mindestens aus dem VIII. Jahrhundert voraus. Der Beginn der Notationsbildung müßte, knapp gerechnet, also ein bis zwei Jahrhunderte vor den ältesten Denkmälern liegen[2]. Etwas genauer käme man an den Zeitpunkt des Aufkommens der Neumenschrift, wenn Isidors etymologische Erklärung:

„*Nisi enim ab homine memoria teneantur soni, pereunt, quia scribi non possunt...*" (Etymologiae, lib. III, 15)

„Weil sie nicht aufgeschrieben werden können, verklingen die Töne, sofern sie der Mensch nicht in seiner Erinnerung bewahrt..."

recht zu verstehen wäre. Denn was meint Isidor? E. Jammers hat den Zwiespalt, daß zwischen den ersten erhaltenen und den vermutlich Isidor doch bekannten neumierten Aufzeichnungen Kontinuität bestehen müßte, folgendermaßen zu überbrücken versucht: „Die Neumen geben keine Töne wieder, sondern Tonbewegungen, und nicht Bewegung einer textlosen Musik, einer selbständigen Musik, sondern die Bewegung der sprechenden, d. h. singenden Stimme. Sie sind keine Symbole für Töne, sondern für die Aussprache des Textes"[3]. Hinreichend scheinen damit Wesen und Zweck der Neumen bestimmt, aber nicht die Frage nach ihrem Ursprung explizit beantwortet, – sie wird unbeantwortet bleiben. Um dennoch weiterzukommen, kann einstweilen nur eins getan werden, nämlich in einer verbindlichen Zusammenstellung[4] alle erreichbaren, frühen Zeugnisse vorzulegen – das vermutlich älteste stammt, wie wir sehen werden, aus Regensburg – und auch nicht die Schwierigkeiten zu scheuen, die sich in der Auseinandersetzung mit der Forschungsliteratur unweigerlich ergeben, denn nichts engt den Blick mehr ein als das Beharren auf einmal gefaßten Meinungen, die durch neue Funde und Ergebnisse revidiert werden müßten.

*

Wenn in der Vorbemerkung die Beschäftigung mit wenig oder nicht bekannten frühen Zeugnissen angesagt wurde, dann ist freilich das hier an den Anfang gestellte Dokument ausgenommen, denn sein Bekanntheitsgrad in der Musik-, näherhin der Neumenforschung ist unüberboten: Die neumierte Prosula *Psalle modulamina*. Zur Datierung ihrer musikalischen Schriftlichkeit und ihrer Lokalisierung hat Solange Corbin die zentrale Frage prägnant formuliert: „Sollten diese Neumeneintragungen von erster Hand stammen, so ist das Bistum Regensburg der Verbreitungsort der ältesten Neumen, doch handelt es sich dabei noch um eine Hypothese"[5].

Nicht ein weiteres Mal muß hier die außerordentliche Bedeutung Regensburgs im Mittelalter und seine Vorrangstellung gegenüber den anderen drei bayrischen Bistümern hervorgehoben werden. Getan haben dies neben vielen Karl Bosl, *Die Sozialstruktur der mittelalterlichen Residenz- und Fernhandelsstadt Regensburg*[6], Andreas Kraus, *Civitas regia*[7] und Peter Schmid, *Regensburg. Stadt der Könige und Herzöge im Mittelalter*[8]. Die von B. Bischoff vorgenommene, vielleicht doch zu stark betonte Gewichtung Freisings gegenüber Regensburg hat Alois Schmid bereits nebenbei angemerkt[9].

1. Psalle modulamina (Clm 9543)

Mit der allgemein gehaltenen Würdigung in seinen *Schreibschulen:*[10] „Für die Neumenkunde ist dieses sicher um 820–840 zu datierende Stück von großem dokumtentarischen Wert; die Zeichen haben hier schon eine selbstverständliche, schwebende Leichtigkeit" hatte B. Bischoff 1940 eines der Reizthemen der europäischen Musikforschung aufgebrochen.

Das „Stück" meint die neumierte Osterprosula *Psalle modulamina laudis canora* im Codex latinus Monacensis (Clm) 9543, Fol. 199 verso, jenen Tropus, der lange Zeit unter der Bezeichnung „Sequenz" durch die Literatur geisterte.[11]

Der Kodex stammt aus der Regensburger Dombibliothek[12], wurde aber nicht wie das Gros der aus Regensburg bekanntgewordenen Handschriften durch das Kloster St. Emmeram überliefert, sondern war zu einem unbekannten Zeitpunkt ins Benediktinerkloster Oberaltaich gelangt; geschrieben hat den Kodex der unter Bischof Baturich (817–847) gut bezeugte Notar, der *clericus Engyldeo;* daß er auch die Prosula eingetragen hat, fällt auf den ersten Blick zu glauben nicht leicht, ist aber zu akzeptieren mit der Begründung von B. Bischoff: „Ohne inneren Zusammenhang mit dem vorhergehenden Text hat Engyldeo die leere halbe letzte Seite benutzt, um hier die Prosula 'Psalle modulamina laudis' mit ihrer Melodie einzutragen (...). Er hat sich dazu eines etwas kleineren Schriftgrades bedient, der sich nur durch die Vermeidung des *cc-*a und die Verlängerung der Ober- und Unterlängen und einiger a-Schäfte von seiner normalen Schrift unterscheidet; sie ist der späteren Glossenschrift vergleichbar und dürfte eine Art Briefschrift sein"[13]. S. Corbin hatte 1977 Zweifel daran geäußert, daß Engyldeo 'Psalle modulamina' selbst eingetragen haben soll: „Schrift und Tinte (sind) von der eigentlichen Handschrift gänzlich verschieden. Wiewohl B. Bischoff tatsächlich Texte gefunden hat, in denen sich der gleiche Schreiber zweier verschiedener Schriften bediente (...), sind die Formen der Buchstaben bei den von ihm vorgelegten Schriften sehr verwandt. In der Münchner Handschrift scheinen die Alphabete sehr weit voneinander abzuweichen. Wir möchten der Ansicht eines so anerkannten Gelehrten hier nicht widersprechen und lassen diese Handschrift im Augenblick beiseite".[14] Daß mit dieser ausweichenden Bemerkung nichts anzufangen ist, liegt auf der Hand, und wenn es auch nicht die große bestimmende Komponente war und sein wird, wer letztlich die Neumen eingetragen hat, soll ein paläographisch wissenswertes Detail angeführt sein.

Hinsichtlich der verlängerten *a-*Schäfte konnten in zwei anderen Handschriften aus Regensburg bis jetzt noch nicht festgestellte Parallelen ausfindig gemacht werden: im Clm 14 314 und im Clm 9545. Der Schreiber des Clm 14 314 (siehe auch unter Nr. 4 *O pietatis Deus*) arbeitete offensichtlich zur gleichen Zeit mit Engyldeo, der gegen Ende der Handschrift sechs Seiten geschrieben hat (fol. 157v–158r und 163r–164v; Bischoff, *Schreibschulen* 208); nachgebesserte, d. h., verlängerte *a-*Schäfte, wie sie Engyldeo, so Bischoff (*loc. cit.*) in *Psalle modulamina* verwendet, finden sich im Clm 14 314, fol. 111r, lin. 2| 112r, lin. 3| 149r, lin. 19| 156r, lin. 8| 161r, lin. 8.

Die Geschichte der anderen Handschrift, des Clm 9545, ist im ganzen noch nicht erforscht; wie der Clm 9543 ist sie aus Oberaltaich überliefert, muß aber nach allem, was über die aus dem 1080 gegründeten Kloster Oberaltaich tradierten Handschriften bekannt ist[15], für die Regensburger Domschreibschule reklamiert werden; denn neben Clm 9543 sind noch der von einem weiteren, unter Baturich tätigen bischöflichen Notar Ellenhart angefertigte Clm 9534 (fol. 169: *Ellenhart scripsit domino suo Baturico episcope iubente*) und eine Sammelhandschrift mit Bestandteilen aus dem 9.–12. Jahrhundert (Clm 9515) aus der Dombibliothek, wahrscheinlich im Zuge einer Dotierung als „Grundstock" für die Bibliothek nach Oberaltaich gekommen. Was nun die Verlängerung der *a-*Schäfte im Clm 9543 betrifft, stimmen sie mit denen auf fol. 6r, 51v, 52v im Clm 9545 m. E. überein.

Psalle modulamina ist ein Alleluja-Tropus zum 4. Sonntag nach Ostern; Tropus bedeutet, daß der liturgische Text *Christus resurgens ex mortuis, iam non moritur: mors illi ultra non dominabitur* um die Prosula erweitert wurde. Festzuhalten ist abschließend, daß Engyldeo den Tropus[16] von einer nicht mehr greifbaren Vorlage abgeschrieben hat. In dieser muß der Text bereits neumiert gewesen sein, anders wären weder die „schon selbstverständlich, schwebende Leichtigkeit" (Bischoff, *loc. cit.*) noch die von Olof Marcusson[17] durch Handschriftenvergleich nachgewiesenen 'Schreibfehler' erklärbar. Vor 800 ist demnach der Grund für die frühmittelalterliche musikalische Schriftlichkeit, die Neumennotation gelegt worden. O. Marcusson *Prosules* (Anm. 17) hat den Text für *Psalle modulamina* mit zwei Handschriften konstituiert: Clm 9543 und einer Oxforder Handschrift aus dem 11. Jahrhundert (ox 27), und sich dabei für folgende Lesungen entschieden:

1 est gloria et altitonanti] ob gloriam altitonantis
2 corda] corde
3 dominabit] dominabitur
4 adiuti] adiutis

Für 3] und 4] folgt die Übertragung diesen Lesungen. Daß *corda* ohne weiteres stehen kann und nicht als Korruptel anzusehen ist, und *corda* und *chorda* nach den bekannten mittelalterlichen Schreibgepflogenheiten zu lesen ist, wußte mein Freund Gereon Becht (Heidelberg), dem für vieles an dieser Stelle herzlich gedankt sei.

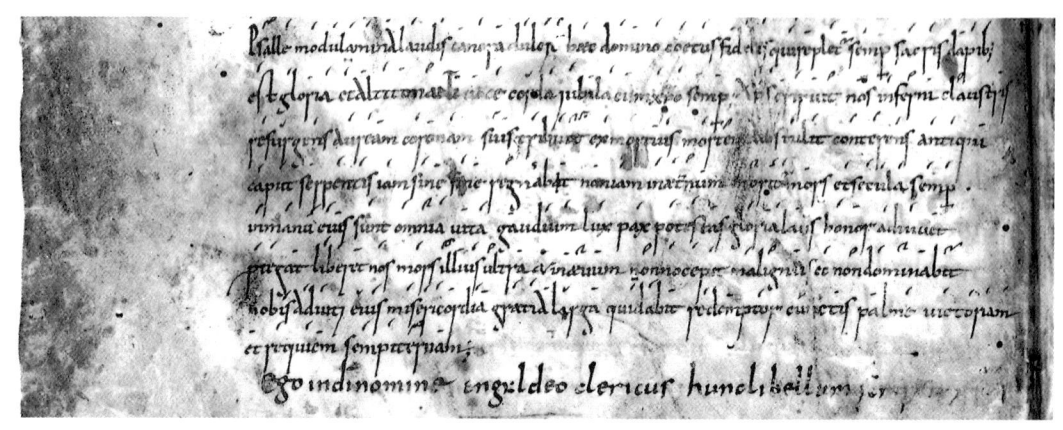

Abb. 5 „Psalle modulamina". Clm 9543, fol. 199ᵛ (Kat.-Nr. 49)

„Psalle modulamina laudis canora dulciter haec Domino,
coetus fidelis, qui repletur semper sacris dapibus;
est gloria et altitonanti,
uoce corda iubila cum Christo semper.
Christus eripuit nos inferni claustris,
resurgens auream coronam suis tribuit,
ex mortuis mortem abstulit, conterens antiqui caput serpentis.
Iam sine fine regnabit, **non** iam in aeternum **moritur**,
mors et saecula semper in manu eius sunt omnia:
uita, gaudium, lux, pax, potestas, gloria, laus, honor.
Adiuuet, protegat, liberet nos **mors illius**;
ultra et in aeuum non nocebit malignus
et **non dominabitur** nobis adiutis eius misericordia,
gratia larga.
Qui dabit redemptor cunctis palmae uictoriam
et requiem sempiternam."

Cod.
palmae] palme   nocebit] nocepit

„Sing lieblich dem Herrn diese wohlklingenden Melodien zu seinem Lob, gläubige Gemeinde, die du immer wieder erfüllt wirst durch das heilige Mahl;
und dem Höchsten gilt der Ruhm;

jauchze mit Stimme und Saitenspiel, der du immerfort mit Christus bist.
Christus hat uns aus dem Gefängnis der Hölle befreit,
durch seine Auferstehung hat er den Seinen die goldene Krone verliehen und hat den Tod von den Toten genommen, indem er das Haupt der alten Schlange zertrat.
Gar ohne Ende wird er herrschen und nie mehr sterben in Ewigkeit, denn der Tod und das Zeitliche – für immer ist alles in seiner Hand: Leben, Freude, Licht, Frieden, Macht, Ruhm, Zier und Ehre.
Sein Tod soll uns helfen, schützen und befreien;
ferner und bis in Ewigkeit wird uns der Böse nicht schaden und nicht über uns herrschen, weil seine Barmherzigkeit und seine unermeßliche Gnade uns beistehen.
Er wird als Erlöser allen die Siegespalme und die ewige Ruhe schenken."

2. *Apparuit dominus Thomae* (Clm 14 418)

Der Clm 14 418 gehört zu jener Gruppe von Handschriften, die in der mittelalterlichen Domschreibschule am Dom hergestellt wurde, zu einem nicht genau datierbaren Zeitpunkt als Schenkung nach St. Emmeram abgegeben worden ist – in diesem Fall von Sandrat (nach der Handschrift eigentlich: Sandarat)

„Istum librum dedit sandarat presbiter ad s. Emmerammum"
„Dieses Buch hat der Priester Sandrat dem Kloster St. Emmeram geschenkt"

und von dorther auch überliefert ist. Die Problematik der mittelalterlichen Dombibliothek und deren Verhältnis zur Emmeramer Klosterbibliothek ist vom Autor 1988 in den *Verhandlungen des Historischen Vereins* aufgegriffen worden[18].

Ihrem Inhalt nach gehört die lateinische Handschrift 14 418 dem Genre des Passionars an, jener im Mittelalter beim Chorgebet gebrauchten Sammlung von Legenden der Heiligen und Märyrer; etwa fol. 16 *passio s. Floriani*, fol. 41 *de passione sancti ypoliti*, fol. 57v *passio s. Rodperthi episcopi*, fol. 67 *passio s. Amandi*.

Um 700 wohl wurde (in Ravenna?) das Fest des Apostels Thomas am 21. Dezember eingeführt und allmählich im ganzen Abendland übernommen. Die fünf folgenden Antiphonen für dieses neue Fest stehen auf der Rückseite des Blatts 102.

Abb. 6 „Apparuit dominus Thomae". Clm 14 418, fol. 102ᵛ.

R.-J. Hesbert hat im *Corpus Antiphonalium officii* diese Antiphonen zum Todestag des hl. Thomas am 21. Dezember verzeichnet; nach tradierter christlicher Auffassung zum Todestag, dem Tag des Hinschieds deshalb, „denn ein Heiliger wird – himmlischer Fürbitter, der er ist – für die Christenheit erst lebendig, wenn er stirbt und bei Gott ist".[20] Das Besondere an dem Text und seiner Stellung in der Überlieferung ist, daß er neumiert zwar in drei anderen Handschriften des 11. Jahrhunderts, nicht neumiert nur in einem Pariser Kodex (Bibl. Nationale, Fonds lat. cod. 17 436) aus dem ehemaligen Cornelikloster in Compiègne vorkommt. Klaus Gamber hat in seinen *Codices Liturgici Latini Antiquiores* (Nr. 1308b und Nr. 1330) zu den Handschriften alle wichtigen, liturgiegeschichtlich relevanten Momente ausführlich dargestellt.[21]

Der Text der Antiphonen, der aus der Vita des Heiligen entnommen ist, lautet wie folgt:

„Antiphonae in natali sancti Thomae Apostoli XII kal. ianuarii
1. Apparuit Dominus Thomae in uisu noctis dicens:
Ne timeas descendere in Indiam, quia ego non te derelinquo.
2. Rex autem rogabat apostolum: Peto tibi, uir Dei, ut eas, atque benedicas puerum cum filia mea.
3. Vos autem estote fortes et custodite quae a me accepistis, quia non uidebitis ultra faciem meam.
4. Thomas orabat ad Dominum: Deprecor te, Domine, ut benedicas hos innocentes, et inspira in eis quae agi oporteat.
5. Circumdet hodie famulum tuum gloria tua,
Domine Iesu Christe."

„1. Es erschien der Herr dem Thomas in einem Nachtgesicht und sprach: Fürchte dich nicht nach Indien zu gehen, denn ich werde dich nicht verlassen.
2. Der König aber bat den Apostel: Ich flehe dich an, du Mann Gottes, daß zu hingehst und den Knaben samt meiner Tochter segnest.
3. Ihr aber seid stark und bewahrt, was ihr von mir empfangen habt, denn ihr werdet mich nun nicht mehr sehen.
4. Thomas bat den Herrn: Ich bitte dich, o Herr, segne diese unschuldigen (Kleinen) und flöße in sie ein, was getan werden muß.
5. Es möge heute deinen Diener deine Glorie umgeben, Herr Jesus Christus."

3. Statuit ei Dominus (Clm 14 704)

Redemptor mundi conseruet

Eine weitere Antiphon und ein Tropus *ad introitum* stehen im Clm 14 704, ebenfalls einer Handschrift aus dem 9. Jahrhundert, und wiederum einer nachmaligen Gabe an St. Emmeram:

fol. 119v „*Istum librum tradidit Louganpertus presbyter ad sanctum Emmerammum pro Tutone episcopo et pro remedio animae suae*"

„Dieses Buch hat der Priester Louganpert für Bischof Tuto und sein eigenes Seelenheil dem hl. Emmeram übergeben."

Tuto war von 894 bis 930 Bischof von Regensburg und Louganpert sein Notar.

Ferdinand Haberl hat die Bedeutung und das Wesen liturgischer Phänomene umsichtig aufbereitet und leicht verständlich beschrieben. „Introitus ist die abgekürzte Bezeichnung für die Antiphon zum Psalm, der zum Einzug des Celebrans gesungen wird, – als ein Refrain zum Vortrag eines Psalms. Die älteste Bezeichnung lautet *Antiphona ad Introitum*[22].

Statuit ei Dominus ist eine solche Introitus-Antiphon. Das neue Missale gibt für den Introitus einen vierfachen Zweck an: Eröffnung der Feier, Bestärkung der Verbundenheit aller Anwesenden, Ausrichtung auf die liturgische Festzeit und Begleitgesang der Prozession des Zelebranten und des Altardieners[23]. Der Gesang des Introitus konnte durch Psalmverse solange ausgedehnt werden, als der feierliche Einzug dauerte.

Der sich der Introitus-Antiphon hier anschließende Tropus ist eine Erweiterung des offiziellen Textes. Wie Hymne und Sequenz stellt der Tropus im Gegensatz zu dem traditionellen römischen Repertoire in der Regel eine Neudichtung dar. Der Wortlaut ist nicht aus der Bibel genommen. Die musikalische Form des Tropus erfährt im 9. Jahrhundert ihre besondere Ausprägung und mit dem Aufkommen der Notenlinien im beginnenden 11. Jahrhundert eine gewisse Vervollkommnung.

Statuit ei dominus testamentum pacis
principem fecit eum, ut sit illis
sacerdocii dignitas in eternum
Redemptor mundi conservet æternam qui
cum ezechie regi quindecim annos addidit
ille augeat tempora regis nostri regi ocl...
cui bona tribuit eius alle   luia

Abb. 7 „Statuit ei Dominus". Clm 14704, fol. 74ᵛ.

Wir bringen den Text der Introitus-Antiphon mit den überlieferten Choralnoten mitsamt den frühmittelalterlichen Neumen nach dem von den Mönchen von Solesmes herausgegebenen *Graduale Triplex*:

Sir. 45, 30; Ps. 131

STátuit ei Dóminus testaméntum pacis, et princípem fecit eum: ut sit illi sacerdótii dígnitas in aetérnum. T. P. Al-

Und nun der Text im Clm 14 704, fol. 74v (kopfständig) mit dem beigefügten Tropus:

„Statuit ei Dominus testamentum pacis
et principem fecit eum,
ut sit illi sacerdotii dignitas in aeternum.

Redemptor mundi conseruet uitam tuam; qui enim
Ezechie terquinos annos auxit ad uitam; ille adaugeat
tempora tua, ut uideant oculi tui bona in diebus
tuis. Alleluia."

„Gott hat ihm einen Friedensbund errichtet
und zum Fürsten machte er ihn,
auf daß er die Priesterwürde hätte in Ewigkeit.

Der Erlöser der Welt bewahre dein Leben; denn der,
der dem Ezechias fünfzehn Jahre zu seinem Leben hinzugab,
der verlängere auch deine Zeit, auf daß deine Augen
Glück sehen mögen, solange du lebst. Alleluia."

4. O pietatis Deus (Clm 14 314)

Auf der letzten Seite (fol. 164v) der lateinischen Handschrift 14 314 – sie stammt wie unter Nr. 1 bereits bemerkt aus dem Kreis um Bischof Baturich († 847): gemeint ist der an der bischöflichen Schreibschule tätige Kreis von Schreibern und Notaren – ist die neumierte Antiphon *O pietatis Deus* eingetragen. Unmittelbar nach dem Explizit, das den vorausgehenden Text, den Psalmenkommentar des Hieronymus abschließt, beginnt der Gesangstext, der, wenn nicht viel täuscht, im ausgehenden 10. Jahrhundert nachgetragen wurde.

Hartmut Möller, dem die vorliegenden Ergänzungen viel verdanken, ist in seinem Vortrag „Die Prosula *Psalle modulamina* (Beobachtungen und Fragen zur Neumenschrift)" ausführlich auf *O pietatis Deus* eingegangen und hat diese Antiphon – genauer: diese Prozessionsantiphon – mit anderen Neumendokumenten verglichen[24].

O pietatis Deus hatte Rudolph Stephan 1953 entdeckt und in seinen unveröffentlichten *Antiphonarstudien* (Habilitationsschrift, Göttingen 1961) kurz besprochen; die Neumenfrage hat er weniger berücksichtigt; dafür hat H. Möller sich eingehend mit der Überlieferung befaßt: „Die Antiphon gehört zu einer Antiphonengruppe, die vollständig nur in Benevent und Mittelitalien belegt ist".[25]

Einmal abgesehen von diesem wichtigen Moment, in dem man einmal mehr Regensburgs alte Beziehungen zum Langobardenreich sich widerspiegeln sehen möchte, ergibt sich bei der Interpretation des Textes folgendes Bild. Die Antiphon muß ihrer kirchensprachlichen Formulierung nach für ein Hochfest geschrieben worden sein, und zwar zum Vortrag in einer Kirche mit dem Doppelpatrozinium Salvator und Maria.

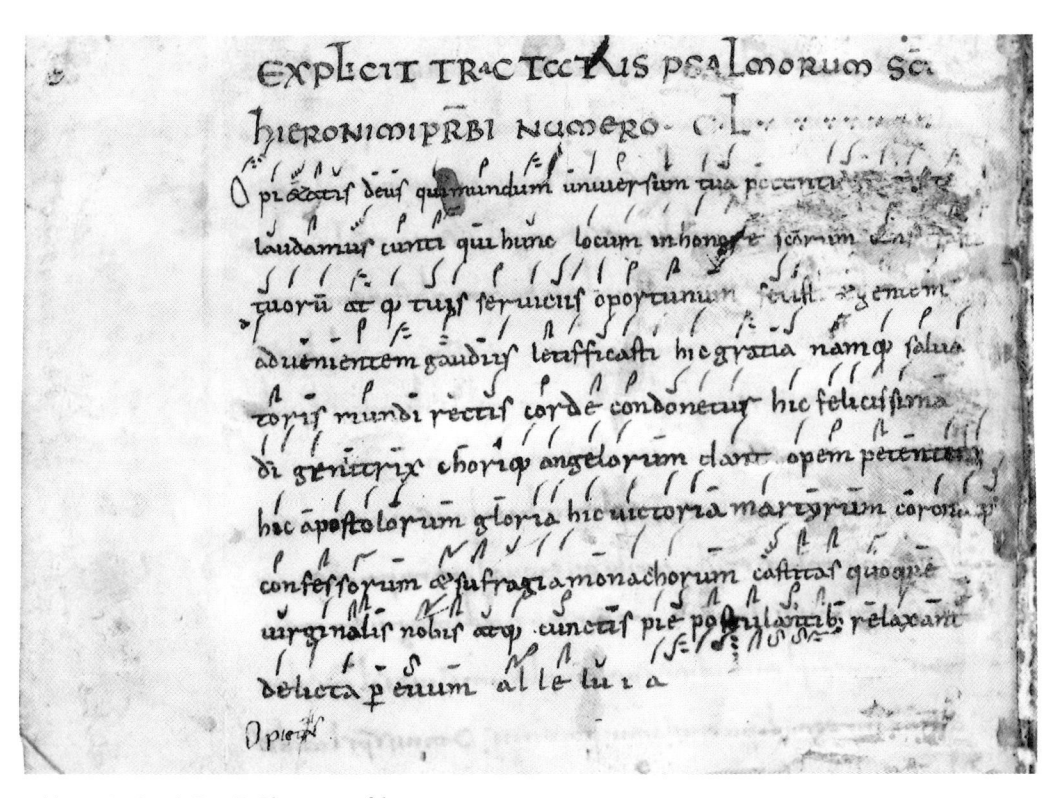

Abb. 8 „O pietatis Deus". Clm 14314, fol. 164 v.

Einen vergleichbaren Text bietet das *Sacramentarium Fuldense* aus dem 10. Jahrhundert (hrsg. von G. Richter u. A. Schönfelder, Fulda 1912, S. 161):

„Praefatio. Dedicatio basilicae sancti Salvatoris in monasterio Fuldensi.
. . . Hic tibi sacerdotes tui sacrificium laudis offerant,
hic fidelis populus uota persoluat.
Hic peccatorum onera deponantur,
hic fides sancta stabilitatur . . ."

Welche der Regensburger Kirchen mit *O pietatis Deus* am Kirchweihfest oder am Jahrestag gefeiert worden war, läßt sich im einzelnen schwer sagen, denn in Frage kommen mehrere Kirchen; die Alte Kapelle kann als älteste gelten; aber auch der Alte Dom, wie die St. Stephanskapelle im Domkreuzgang (einst wohl Marienkirche) genannt wird, müßte ebenso berücksichtigt werden wie Nieder- und Obermünster.

O pietatis Deus
„O pietatis Deus qui mundum uniuersum tua potentia [regis]
laudamus cuncti, qui hunc locum in honore sanctorum [...]
tuorum atque tuis seruiciis oportunum fecisti et gentem
aduenientem gaudiis letificasti. Hic gratia namque
saluatoris mundi rectis corde condenetur, hic felicissima
Dei genitrix chorique angelorum dant opem petenti, hic
apostolorum gloria, hic uictoria martyrum coronaque
confessorum et suffragia monachorum, castitas quoque uirgini-
tatis nobis atque cunctis pie postulantibus relaxant
delicta per aeuum. Alleluia."

Ms.
regis] om.
cuncti] cunti
letificasti] letifficasti
suffragia] sufragia

„O Gott der Liebe, der Du die ganze Welt mit Deiner Macht regierst, wir loben Dich alle, der Du diesen Ort für den Ruhm Deiner Heiligen und den Dienst an Dir passend eingerichtet hast und das ankommende Volk mit Freuden und Glück erfüllst. Hier wird die Gnade des Heilands der Welt denen geschenkt, die rechten Herzens sind; hier gewähren die seligste Mutter Gottes und die Chöre der Engel dem Flehenden Hilfe; hier erlassen der Ruhm der Apostel, hier der Sieg der Märtyrer und die Krone der Bekenner und die Fürbitten der Mönche und die jungfräuliche Keuschheit uns und allen, die fromm darum bitten, die Sünden in Ewigkeit. Alleluia."

5. Flebile perstringo carmen (Clm 14 469)

Qui confidunt in Domino

Circumederunt me

Auf Fol. 143v der vom Äußeren her etwas ungepflegt wirkenden Handschrift stehen die nach Art eines Cento geformten Antiphonen (Der Cento ist aus verschiedenen Stücken zusammengesetzt, in diesem Fall aus Psalmstellen). Auf der Rectoseite des gleichen Blattes erinnert ein Vermerk daran, daß zu Baturichs Lebzeiten der Kodex hergestellt worden ist:

„*Hunc librum posteriorem beatus baturicus gratia Dei*
episcopus scribere iussit ad seruitium Dei et sancti
Emmerami ad salutem corporis et animae eius ac collocare
in unum priorem et posteriorem"

„Diesen nachfolgenden Teil des Buches hat der heiligmäßige Baturich, Bischof durch Gottes Gnade, zum Dienst an Gott und dem heiligen Emmeram und für sein körperliches Wohlergehen und sein Seelenheil schreiben lassen und angeordnet, den ersten und zweiten Band zu einem zusammenzufassen."

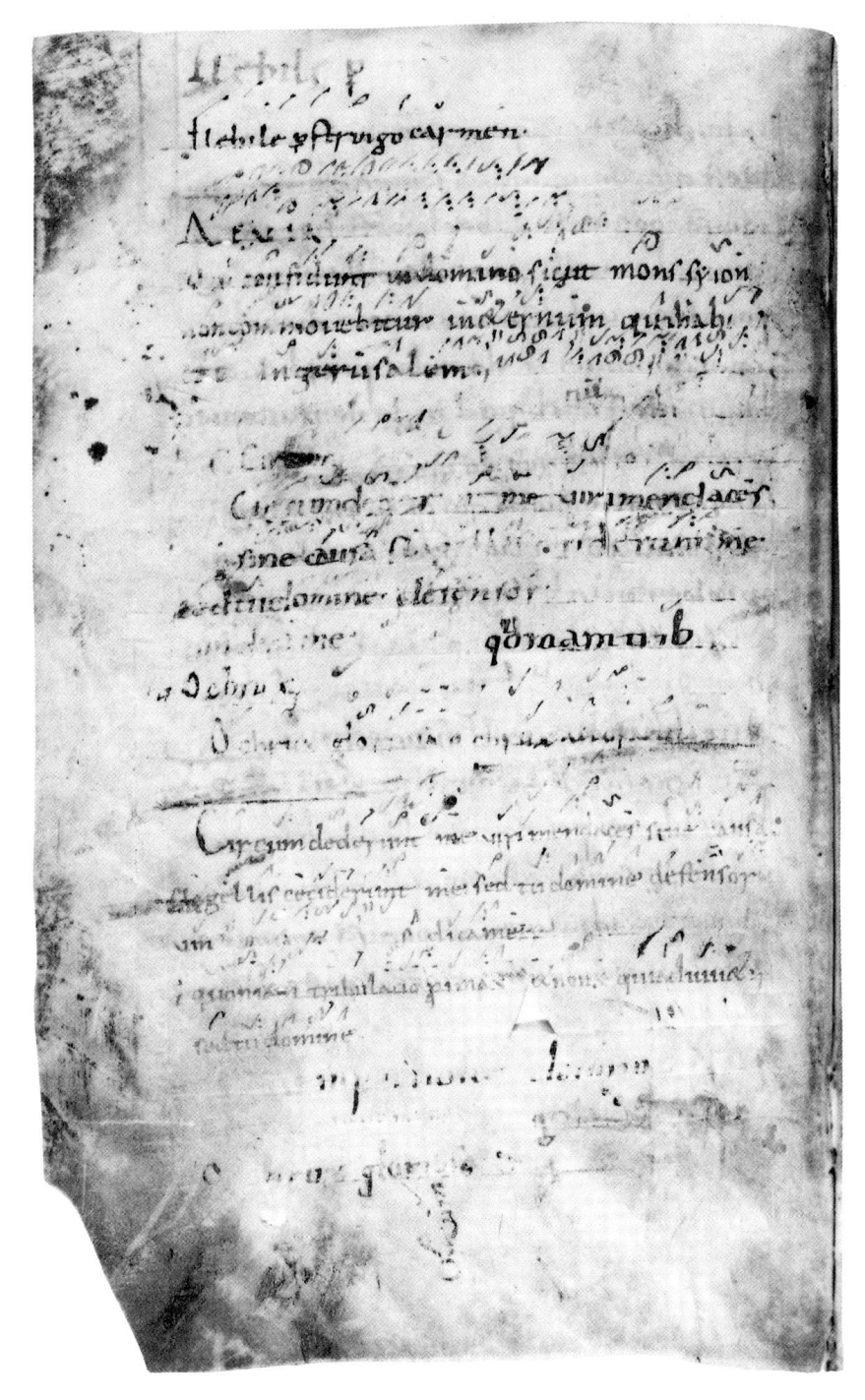

Abb. 9 „Flebile perstringo carmen". Clm 14469, fol. 143ᵛ.

Wie auf der Abbildung zu sehen ist, hat der Schreiber viel mehr Neumenzeichen eingetragen, als sich mit den einzelnen Silben eines nachzutragenden Textes vereinbaren ließen. Mit einer von drei möglichen „Techniken" des Tropierens ist dies zu erklären; unter ein Melisma eines vorhandenen Gesanges wird ein neugeschaffener Text unterlegt und zwar so, daß auf eine Textsilbe mehrere Melodietöne gesungen werden. Im Gegensatz dazu gibt es die syllabische Neumierung, bei der jeder Silbe nur ein Neumenzeichen gegenübersteht. Syllabische und melismatische Form werden als Notationsarten, zumal nach der Jahrtausendwende gleichzeitig nebeneinander verwendet, natürlich der jeweiligen liturgischen Aufgabe angemessen.

„Flebile perstringo carmen…

Qui confidunt in Domino sicut mons Sion,
non commouebitur in aeternum,
qui habitat in Ierusalem.

Circumdederunt me uiri mendaces,
sine causa flagellis ceciderunt me.
Sed tu, Domine, defensor uindica me.
Quoniam tribulatio proxima et non est,
qui adiuuet, sed tu, Domine…

O chrux gloriosa, o chrux gloriosa adorata…"

„Ich singe ein Klagelied…

Wer auf den Herrn vertraut, ist wie der Berg Sion,
und in Ewigkeit wird nicht wanken, wer in Jerusalem wohnt.

Lügner haben mich umringt und ohne Grund haben
sie mich mit Geißeln gepeitscht.
Aber du, Herr, schütze mich als mein Helfer!
Da die Bedrängnis sehr nahe ist, und keiner da ist,
der mir hilft…, aber du, mein Herr…

O ruhmvolles Kreuz, o ruhmvolles, angebetetes Kreuz…"

6. Beatus Gregorius (Clm 52)

Der Clm 52, ein stattlicher Band (30 x 23 cm; 144 Bll.) aus der Regensburger Dombibliothek, wurde im ersten Drittel des 9. Jahrhunderts von Engyldeo geschrieben (s. nr. 1); auf der letzten freigebliebenen Seite hat ein nicht bekannter Schreiber im 11. Jahrhundert das Offizium zum Fest des hl. Gregor nachgetragen: vier Matutinresponsorien und Antiphonen zu Laudes und Vesper:

Clm 52, fol. 144r

R „Mutato enim seculari habitu beatus Gregorius monasterium petiit, et ex huius mundi naufragio nudus euasit.
V Qui ante serico et gemmis micantibus ornatus processit, pos uili tectus tegmine pauper ipse pauperibus ministrabat.
R Hic in annis adolescentiae Deo coepit deuotus existere et ad supernae uitae patriam totis desideriis anhelare.
V Qui mortem quoque, quae pene cunctis poena est, quasi supernae ingressum uitae amabat.
R Hoc beato Gregorio gratia diuina concessit, ut merito ab Anglorum populis debeat apostolus appelare quia ipsius gratiae adscriptur, quod illorum ecclesia noua semper sobole fecundatur.
V Quousque enim mundus iste uoluitur eius meritum laudabile semper accipit incrementum.
R Beatissimus pontifex Gregorius postquam sedem Romanam et apostolicae sedis ecclesiam gloriosissime rexit de hac luce subtracus atque ad aeternam est regni sedem translatus.
V Qui omni fere iuuentutis suae tempore crebris uiscerum doloribus cruciabatur."

pos pro post; ipse] iste; pauperibus, ministrabat] del.; coepit] cepit; quae] om; pene] poene; uitae] uite; diuina] om.; merito] meritum; appellare pro appellari; gratiae] graciae; posquam pro postquam; crebris] creuis; curciabatur] cruciapatur;

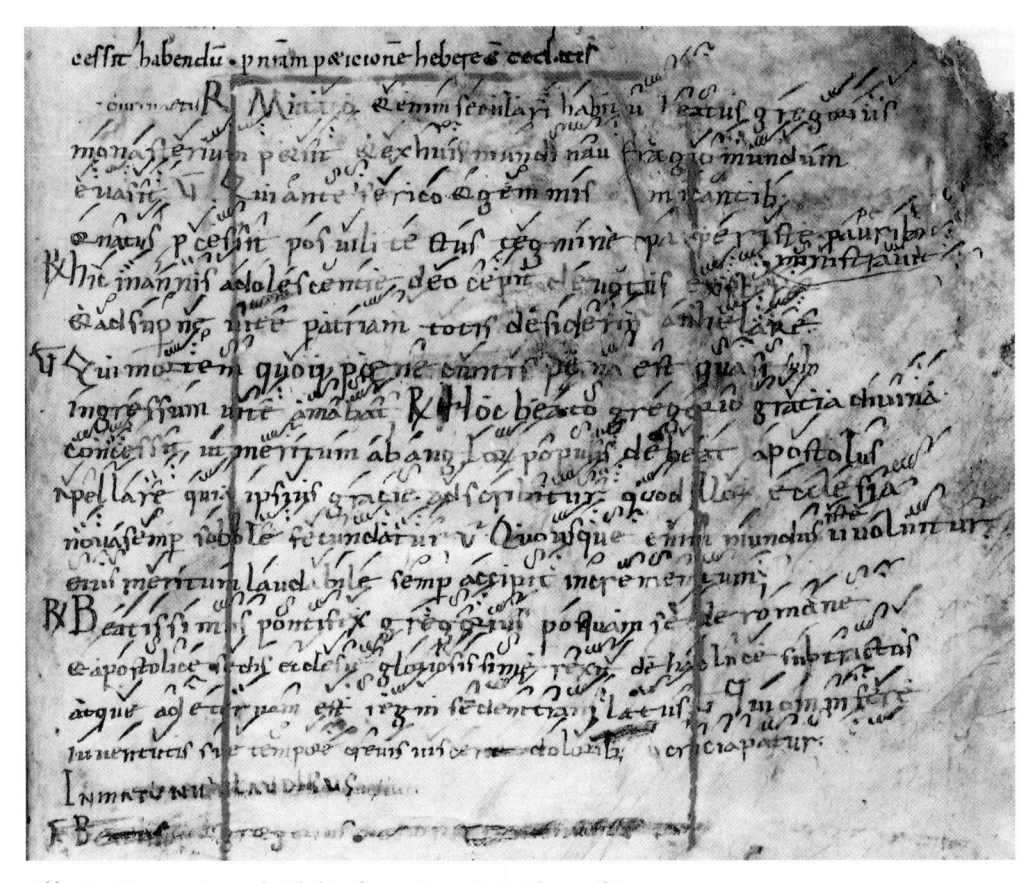

Abb. 10 „Mutato enim seculari habitu beatus Gregorius". Clm 52, fol. 144ʳ.

R „Nachdem er sein weltliches Gewand abgelegt hatte, strebte der heilige Gregor ins Kloster und entkam nackt so dem Schiffbruch dieser Welt.
V Er, der vorher im Glanz von Seide und Edelsteinen schmuck einherstolzierte, der diente nun in dürftigen Lumpen, selbst ein Armer, den Armen.
R In den Jahren seiner Jugend begann er fromm ein Leben für Gott zu führen und von ganzem Herzen nach dem Vaterland des ewigen Lebens zu streben.
V Er liebte den Tod, den beinahe alle als Leid betrachten, gleichsam als Eingangspforte zum himmlischen Leben.
R Dies hat die göttliche Gnade dem heiligen Gregor erwiesen, da er mit Recht von den Völkern der Angeln als Apostel bezeichnet wird, weil man es seiner Huld zuschreibt, daß ihre Kirche mit immer neuen Nachkommenschaften befruchtet wird.
V Denn solange diese Welt besteht, wird sein Ruhm immerdar Zuwachs erhalten.
R Der allerseligste Papst Gregor wurde, nachdem er den römischen Stuhl und seine apostolische Kirche ruhmvoll regiert hatte, aus dem Licht dieser Welt entrückt und in die ewige Wohnung des Himmelreichs hinübergeleitet.
V Er wurde fast während seiner ganzen Jugendzeit durch häufige Leibschmerzen gequält."

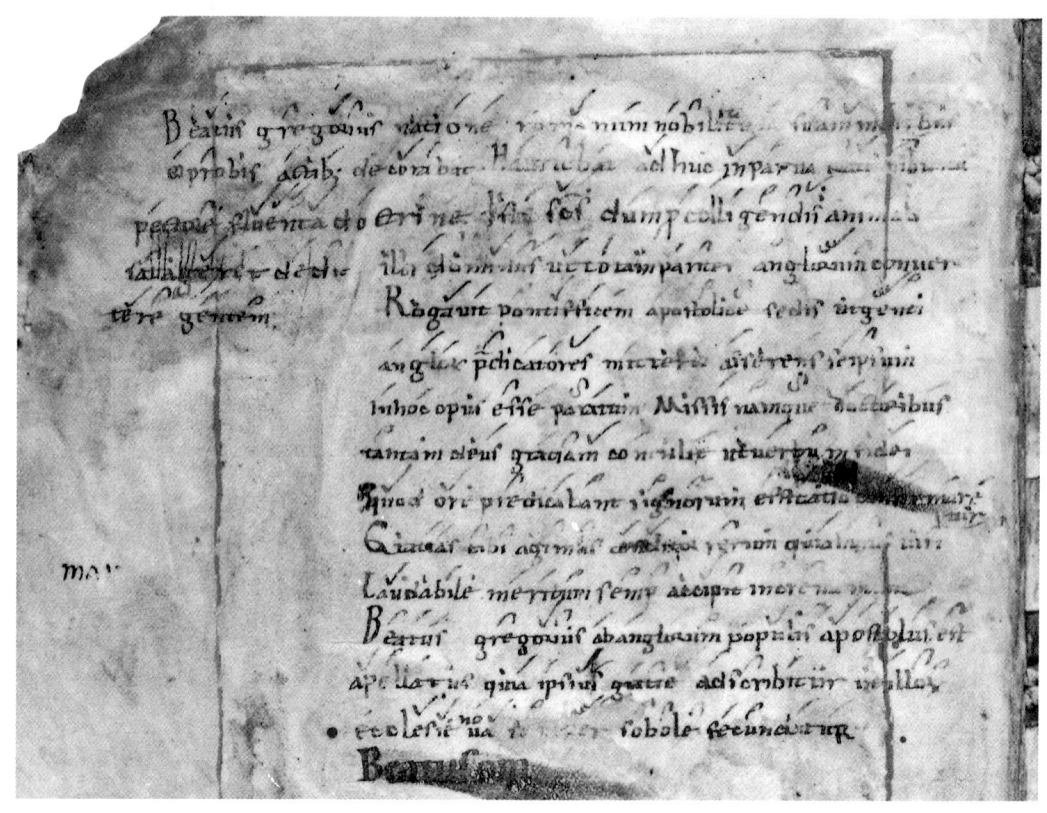

Abb. 11 „Beatus Gregorius". Clm 52, fol. 144ᵛ.

Clm 52, fol. 144v

IN MATVTINIS LAVDIBVS

<1> „Beatus Gregorius, natione Romanus, nobilitatem suam
moribus et probis actibus decorabat.
<2> Hauriebat adhuc in parua aetate sitibundo pectore fluenta doctrinae.
<3> Iste sanctus, dum pro colligendis animabus satageret,
dedit illi Dominus ut totam pariter Anglorum cunuerteret gentem.
<4> Rogauit pontificem apostolice sedis, ut genti Anglorum
praedicatores mitteret, asserens seipsum in hoc opus esse paratum.
<5> Missis namque doctoribus tantam Deus gratiam contulit, ut uerbum
fidei quod ore predicabant, signorum efficacia confirmarent.
<6> Gratias tibi agimus, conditor rerum, quia huius uiri laudabile
meritum semper accepit incrementum.
<7> Beatus Gregorius ab Anglorum populis apostolus appellatus,
quia ipsius gratiae adscribitur, ut illorum ecclesia noua semper
sobole fecundatur."

Romanus] romanum; conuerteret] conuertere; pontificem] pontifficem; uerbum] uerpum; ecclesia] ecclesie;

<1> „Der heilige Gregor, von Geburt ein Römer, schmückte seine adlige Abkunft durch rechtes Streben und
Handeln.
<2> Er schöpfte schon im jungen Alter mit dürstendem Herzen das Wasser der Weisheit.

52

<3> Als dieser Heilige sich um die Sammlung der Seelen mühte, da gab ihm der Herr, daß er das ganze Volk der Angeln bekehrte.
<4> Er bat den Papst, daß er dem Volk der Angeln Prediger sende, und fügte hinzu, daß er selbst zu dieser Aufgabe bereit sei.
<5> Den ausgeschickten Lehrern erwies Gott solche Gnade, daß sie das von ihnen gepredigte Wort des Glaubens durch Wirken von Wundern beglaubigten.
<6> Wir danken Dir, Schöpfer der Welt, daß das lobenswerte Verdienst dieses Mannes immerdar Zuwachs erhält.
<7> Der heilige Gregor wird von den Völkern der Angeln als ihr Apostel bezeichnet, weil man es seiner Huld zuschreibt, daß ihre Kirche mit immer neuer Nachkommenschaft befruchtet wird."

7. *Federproben – Spielerei mit dem Neuen?*

Auf Fol. 1r des Clm 14 391 ist ein unvollendet gebliebener rhythmischer Vers eingetragen:

„Bustum cum uideris, frater, qui praegredieris . . ."
„Wenn du dieses Grab siehst, Bruder, der du vorübergehst . . ."

Abb. 12 Neumen – Federproben. Clm 14391, fol. 1ʳ.

Spräche der paläographische Befund gegen eine Niederschrift im 9. Jahrhundert, wäre man gerne geneigt, die Stelle mit dem Epitaph für den Regensburger Bischof Michael – er starb 972 – in Verbindung zu bringen, denn dieses Gedenken steht auf fol. 2r der Handschrift. Aber, wie gesagt, spricht nichts gegen eine Abfassungszeit des Verses im 9. Jahrhundert.

Der Text ist syllabisch neumiert; darüber hinaus sind noch eine Quilisma und eine weitere Tonfigur mit steigender Tendenz (Virga + Oriscus) angefügt, und zwar so, daß der Eindruck entsteht, als sei zuerst die Melodie und dann der Text geschrieben worden. Wenn wir es bei den vorangegangenen Beispielen mit liturgischen Texten zu tun hatten, und der Vorgang der Textierung für die liturgische Aufgabe von dieser selbst bestimmt war, so liegt mit *Bustum cum uideris* ein weltlicher Text vor, bei dem allerdings derselbe Quellenbefund zu beobachten ist, daß nämlich einer vorhandenen Melodie ein beliebiger Text unterlegt wird.

Im Clm 14 540 – einer Schenkung Louganperts an St. Emmeram (s. nr. 3) – steht ein weiteres Spezimen, der Beginn eines biblischen Verses aus dem Buch der Weisheit (Sap. 4,1), fol. 235v: *quam pulchra.* Vollständig lautet der am Fest einer Jungfrau oder Märtyrin im Graduale Romanum (501) verzeichnete Communevers: *O quam pulchra est casta generatione cum claritate.*

Abb. 13 Neumen – Federproben. Clm 14 540, fol. 235ᵛ.

Offensichtlich scheint auch hier, daß die vorhandene Melodie, die übrigens bis heute erhalten und im Graduale im Gebrauch ist, nachträglich textiert worden war.

Wir sind wenig gut unterrichtet darüber, wann und aufgrund welcher Umstände mit der Textierung einer Melodie zu rechnen ist. E. Jammers hat davon gesprochen, daß Sequenz und Tropus „karolingische Leistungen" sind, ist aber für das Hauptproblem der Textierung schließlich auf den stilistischen Unterschied ausgewichen, daß „ein Melisma etwas ganz anderes ist als eine textierte Melodie mit den gleichen Tönen"[26]. Dem ist durchaus zuzustimmen, läßt aber die Frage offen.

Ein abschließender Gedanke wird vielleicht das Richtige treffen: Am Anfang der Ausformung und Erweiterung der musikalischen Schriftlichkeit wird es nicht so sehr darauf angekommen sein, für jeden möglichen Text die passenden Melodien zu finden; vielmehr wollte man sicher werden im sich ständig erweiternden Repertoire der Melodien und sie mit der nämlichen Selbstverständlichkeit handhaben, mit der man aus dem reichen Schatz des literarischen Kanons zu schöpfen gewohnt war. Und um das zu erreichen, gab es mehrere Möglichkeiten; eine lag bestimmt im spielerischen Probieren, im Aufzeichnen von Federproben.

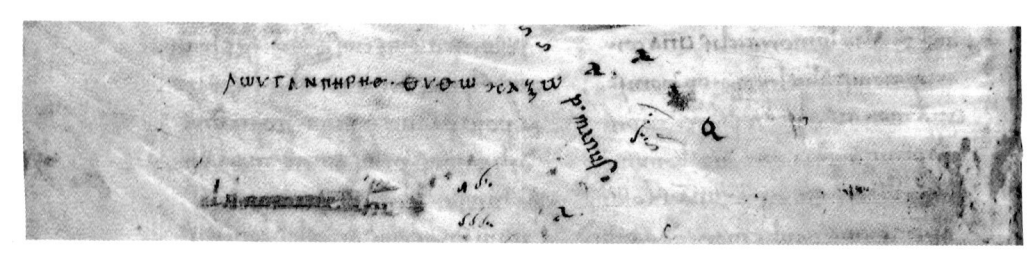

Abb. 14 Neumen – Federproben, Clm 14 080, fol. 112ᵛ.

Zum Beschluß seien zwei sehr bekannte und daher auch oft der engeren und weiteren Forschung, der Musikwissenschaft und der Kunstgeschichte, zum Gegenstand gewordene Handschriften aus St. Emmeram angeführt; sie stammen beide aus der ersten Hälfte des 11. Jahrhunderts: Clm 14 083 und Clm 14 322.

Als liturgische Handschriften gehören sie nach Inhalt und Format (Clm 14 083: 32 x 14,5 cm; 129 Bll.; Clm 14 322: 29 x 12 cm; 150Bll.) zur Gattung der Kantatorien, in denen die von einem oder mehreren Sängern ausgeführten Meßgesänge aufgezeichnet sind. Beide Handschriften sind durchwegs mit linienlosen Neumen versehen; wenn sie an einigen Stellen fehlen, wurde doch in der Anlage darauf Rücksicht genommen und entsprechend Platz über dem Text freigelassen. Gradualresponsorien sowie Verse zu Alleluia und Offertorium bilden den Hauptinhalt; Sequenzen und Tropen ergänzen die Sammlungen.

Geschrieben wurden die Kantatorien in St. Emmeram: „... universe congregationi sancti Emmerammi salus et vita"; das Sanctorale weist zudem auf die Emmeramer Kirchweihe hin, und im Clm 14 322 hat Emmeram im Alleluia-Teil ein besonders ausladend tropiertes Alleluia.

Seit der Mitte des 18. Jahrhunderts und vor allem im Zuge der einsetzenden musiktheoretischen Forschungen spielen die Kantatorien ein maßgebliche Rolle in der hymnologischen Literatur und der Musikgeschichtsschreibung.[27]

*

Aus der Untersuchung ergibt sich folgender Schluß: Den besprochenen Eintragungen in Regensburger (Dom-)Handschriften des 9. und 10. Jahrhunderts müssen neumierte Codices zugrunde gelegen haben, die noch im (späten) 8. Jahrhundert (vielleicht in Regensburg) geschrieben waren. Sie legen Zeugnis für eine intensive Pflege des gregorianischen Chorals im karolingischen Regensburg ab, die bis ins 11. Jahrhundert, wie die beiden letztgenannten Handschriften zeigen, fortgesetzt wurde.

1 F. Brunhölzl, *Geschichte der lateinischen Literatur des Mittelalters* I, München 1975, S. 85–86.
2 C. Floros, *Einführung in die Neumenkunde* (= Taschenbücher zur Musikwissenschaft 60), Wilhelmshaven 1980, S. 115–117.
3 E. Jammers, *Musik in Byzanz, im päpstlichen Rom und im Frankenreich* (= Abhandlung der Heidelberger Akademie der Wissenschaften, phil.-hist.Kl.) Heidelberg 1962. S. 17.
4 S. Corbin, *Die Neumen* (= *Palaeographie der Musik*, hg. im Musikwissenschaftlichen Institut der Universität Basel, Bd. I, Fasc. 3), Köln 1977, 3.21.
5 Derselbe, *ebenda*, S. 3.46.
6 K. Bosl, *Die Sozialstruktur der mittelalterlichen Residenz- und Fernhandelsstadt Regensburg. Die Entwicklung ihres Bürgertums vom 9. bis zum 14. Jahrhundert* (= Sitzungsberichte der Bay. Akademie der Wissenschaften 63) München 1963.
7 A. Kraus, *Civitas regia. Das Bild Regensburgs in der deutschen Geschichtsschreibung des Mittelalters* (= Regensburger Historische Forschungen 3) Kallmünz 1972.
8 P. Schmid, *Regensburg. Stadt der Könige und Herzöge im Mittelalter* (= Regensburger Historische Forschungen 6) Kallmünz 1977.
9 A. Schmid, *Zur Interpretation einer Urkunde König Ludwigs des Deutschen für Abtbischof Ambricho von Regensburg* (MGH DD LD 152) in Zs. für Bay. Landesgeschichte 44, 1981, S. 571–581.
10 B. Bischoff, *Die südostdeutschen Schreibschulen und Bibliotheken in der Karolingerzeit. Teil I: Die bayrischen Diözesen*, Wiesbaden ³1974, S. 204.
11 Vgl. H. Möller, Vortrag im Rahmen einer Veranstaltung des Centre Nationale De Recherche Scientifique, 1983 (im Druck).
12 Und nicht, wie B. Bischoff meint, aus der Emmeramer Bibliothek.
13 B. Bischoff, *Kalligraphie in Bayern: 8.–12. Jahrhundert* (= Ausstellungskatalog der Bay. Staatsbibliothek 25), Wiesbaden 1981.
14 S. Corbin, wie *Anm.* 4, S. 3.29
15 C. Mohr, *Die Traditionen des Klosters Oberalteich* (= Quellen und Erörterungen zur Bayerischen Geschichte, N. F. 30,1) München 1979.
16 E. Jammers, wie *Anm.* 3, S. 249 und 255. Es handelt sich um einen Einleitungstropus, verbunden mit einem Binnentropus.
17 O. Marcusson, *Prosules de la messe. Tropes de l'alleluia. Corpus Troporum* II (= Acta Universitatis Stockholmiensis. Studia Latina Stockholmiensia), Stockholm 1976, S. 28–29.
18 A. Lehner, *Die Regensburger Dombibliothek im Mittelalter*. Vorbemerkungen zum Plan einer neuen Bestandsaufnahme, in Verhandlungen des Historischen Vereins für Oberpfalz und Regensburg 128, 1988, S. 243–248.
19 R.-J. Hesbert, *Corpus Antiphonalium officii* (= Documenta rerum ecclesiasticarum 7) Rom 1963, Nr. 121.
20 H. Fuhrmann, *Einladung ins Mittelalter*, München 1987, S. 246.
21 K. Gamber, *Codices Liturgici Latini Antiquiores* (= CLLA), Freiburg/Schweiz ³1984.
22 F. Haberl, *Das Graduale Romanum*. Liturgische und musikalische Aspekte Bd. 1 (= Schriftenreihe des Allgemeinen Cäcilien-Verbandes für die Länder der deutschen Sprache Bd. 111), Bonn 1976, S. 46.
23 F. Haberl, wie *Anm.* 22, S. 47.
24 Vgl. Anm. 11.
25 Vgl. Anm. 11.
26 Vgl. Anm. 3, S. 214.
27 Zu beiden Handschriften: B. Stäblein, Die zwei St. Emmeramer Kantatorien (S. XI), im 13. Jahresbericht des Vereins zur Erforschung der Regensburger Diözesangeschichte 1939, S. 231–242.

Daß der Verfasser des Beitrags dem Herrn Privatdozenten Dr. med. habil. Axel Bauer (Heidelberg) unendlich viel zu danken hat, soll hier erwähnt sein.

ysdoxan theu paros a min:

R[EGALE CARM.]
[X]PC UINCIT.
XPC REGNAT.

XPC IMPERAT. TRIBVS VICIBVS.

Exaudi xpiste. TRIBVS VICIBVS.

Summo pontifici

et universali papa uita.

SALVATOR MVNDI. Tu illum adiuua.
Sce Petre. Tu illum adiuua.
Sce Paule. Tu illum adiuua.
Sce Andrea. Tu illum adiuua.
Sce Clemens. Tu illum adiuua.
Sce Syxte. Tu illum adiuua.
Sce Urbane. Tu illum adiuua.

EXAVDI XPI. TRIBVS VICIBVS

RECONCILIATOR MVNDI. Tu illos tuere.

Sce Alexander. Tu illos tuere.
Sce Policarpe. Tu illos tuere.
Sce Ambrosi. Tu illos tuere.
Sce Augustine. Tu illos tuere.
Sce Valentine. Tu illos tuere.

EXAVDI XPI. TRIBVS VICIBVS.

Gloriosissimo regi

uita & uictoria

REDEMPTOR MVNDI. Tu illum adiuua.
Sce Michahel. Tu illum adiuua.
Sce Gabrihel. Tu illum adiuua.
Sce Raphahel. Tu illum adiuua.
Sce Iohannes. Tu illum adiuua.
Sce Sigismunde. Tu illum adiuua.
Sce Osualde. Tu illum adiuua.

EXAVDI XPI. TRIBVS VICIB;.

Regine salus & uita:

AMATOR ECCLAE Tu illam adiuua.
Sca MARIA Tu illam adiuua.

Abb. 15 Cantatorium von St. Emmeram (mit Neumen), 1024–1028. Clm 14322, fol. 1ᵛ.

MISSALE
RATISBONENSE
ROMANO CONFORMATVM,
CVM APPROBATIONE S. CONGREGATIONIS RITVVM.
REV.mi ET ILL.mi PRINCIPIS,
DN. ALBERTI,
EPISCOPI RATISBONENSIS
JVSSV EDITVM.
JNGOLSTADII,
Typis WILHELMI EDERI,
M.DC.XXIV.

S. PETRVS.   S. PAVLVS.
S. WOLFFGANGVS.   S. EMERAMVS.
S. RVPERTVS.   S. DIONISIVS.

Abb. 16 Titelblatt des Missale Ratisbonense Romano conformatum, Ingolstadt 1624 (Kat.-Nr. 91)

Liturgiefeiern im Bistum Regensburg vom Konzil von Trient bis zum Zweiten Vatikanischen Konzil

von Kurt Küppers

Einleitung

„Die Liturgie (ist) der Gipfel, dem das Tun der Kirche zustrebt, und zugleich die Quelle, aus der all ihre Kraft strömt" (SC 10) – mit dieser Feststellung haben die Väter des Zweiten Vatikanischen Konzils in der Liturgiekonstitution „Sacrosanctum Concilium" (SC) vom 4. Dezember 1963 die herausgehobene Stellung der Liturgie im Leben der Kirche bekräftigt. Die Liturgie ist keineswegs nur eine Zusammenstellung bestimmter Regeln und Zeremonien, sondern sie gilt als „Vollzug des Priesteramtes Christi", der „seiner Kirche immerdar gegenwärtig ist" (SC 7). Diese Gegenwart Christi ist wirksam in den liturgischen Handlungen, im Opfer der Messe, in der Person des Priesters, unter den eucharistischen Gestalten, in den Sakramenten, in seinem Wort und immer dann, wenn die Kirche betet und singt (vgl. SC 7).

Inwieweit entspricht die Wirklichkeit des tatsächlich gefeierten Gottesdienstes diesem hohen Anspruch der Liturgie? Am Beispiel von Liturgiefeiern im Bistum Regensburg soll versucht werden, auf diese Frage eine Antwort zu geben. Es gilt die Konstanten von Wandel und Bestand, Zeitgebundenes und Überzeitliches im Gottesdienst zu erkennen und zu bewerten. Zugleich sollen Perspektiven für die künftige Feier der Liturgie aufgezeigt werden.

Regensburg hat jüngst eine kompetente und umfassende Darstellung seiner Bistumsgeschichte erhalten[1]. Eine vergleichbare und irgendwie „vollständige Geschichte der Liturgie im Bistum Regensburg" kann beim derzeitigen Stand der Forschung nicht vorgelegt werden.[2]

Unsere Untersuchung erstreckt sich auf die Epoche vom Konzil von Trient (1545–1563) bis nach dem Zweiten Vatikanischen Konzil (1962–1965). Als wichtigste Quellen dienen die liturgischen Bücher für den Gottesdienst: Bücher für die Meßfeier, Bücher für die Sakramentenspendung und für Segnungen sowie Bücher für das Tagzeitengebet. Auch die in Regensburg eingeführten Diözesan-Gesang- und Gebetbücher wurden berücksichtigt. Daneben wurden vor allem offizielle Publikationen, nämlich das Oberhirtliche (Kirchliche) Amtsblatt der Diözese sowie Beschlüsse der Diözesansynoden ausgewertet. Für die Zeitspanne bis zur Mitte des 19. Jahrhunderts konnte u. a. die „Sammlung der Oberhirtlichen Verordnungen und allgemeinen Erlasse für das Bistum Regensburg" von Joseph Lipf herangezogen werden[3]. Nicht berücksichtigt werden konnten indes neben Ordinariatsakten vor allem Unterlagen, die die Feier der Liturgie in den einzelnen Pfarreien, Kirchen und Klöstern dokumentieren.

Das Interesse gilt zunächst den Büchern zur Feier der Liturgie (I). Dann wenden wir uns der Feier der Eucharistie (II) und der Feier der übrigen Sakramente und Sakramentalien (III) zu. Es folgen besondere gottesdienstliche Feiern im Kirchenjahr (IV); den Abschluß bilden Andachten und sonstige Frömmigkeitsformen (V).

I.
Bücher zur Feier der Liturgie

1. Liturgische Bücher bis zum Zweiten Vatikanischen Konzil

a) Der liturgische Kalender

Die Jahrhunderte zwischen dem Konzil von Trient und dem Zweiten Vatikanischen Konzil werden nach einem Wort von Theodor Klauser († 1984) als „die Periode der ehernen Einheitsliturgie und der Rubrizistik" bezeichnet[4]. Das Wort von der ehernen Einheitsliturgie trifft zumindestens im Blick auf den liturgischen Kalender im strengen Sinne nicht zu. In diesem Bereich hat es immer wieder Änderungen gegeben; diese betrafen sowohl den *Römischen (Universal-)Kalender* als auch – wie überall – den jeweiligen *Partikular-* oder *Diözesankalender*[5].

Wesentliche Kalenderreformen erfolgten in den Jahren 1910 unter Pius X., 1955 unter Pius XII. und – als letzte vorkonziliare Maßnahme durch den *Codex Rubricarum* – 1960 unter Johannes XXIII. Als bedeutende Herrenfeste wurden beispielsweise im 19. bzw. 20. Jahrhundert das Fest des Allerheiligsten Herzen Jesu (1856) und das Christkönigsfest (1925) neu in den Kalender aufgenommen. Noch anschaulicher lassen sich Kalenderänderungen am Beispiel der Marienfeste aufzeigen: In der relativ kurzen Zeitspanne zwischen 1683 und 1727 wurden allein fünf Marienfeste für die Weltkirche vorgeschrieben[6]: Mariä Namen (1683), Maria vom Loskauf der Gefangenen (1696), Rosenkranzfest (1716), Maria vom Berge Karmel (Skapulierfest) (1726), Gedächtnis der Sieben Schmerzen Mariens (Schmerzensfreitag) (1727). Im 19. und 20. Jahrhundert nahm die Zahl der Marienfeste weiter zu: Sieben Schmerzen Mariens (1814), Erscheinung der Unbefleckten Jungfrau Maria in Lourdes (1907), Mutterschaft Mariens (1931), Fest des Unbefleckten Herzens Mariä (1942), Maria Königin (1954). Den bayerischen Diözesen war während des Ersten Weltkriegs im Jahr 1916 außerdem das Fest der Patrona Bavariae – Maria Schutzfrau von Bayern – von Benedikt XV. gewährt worden[7].

b) Bücher für die Meßfeier

Das im Auftrag des Konzils von Trient erstellte *Missale Romanum* war 1570 erschienen. Allmählich setzte sich dieses römische Buch auch in der Diözese Regensburg durch; und zwar dergestalt, daß die diözesanen Meßbücher fortan als *Missale ratisbonense romano conformatum* bezeichnet wurden. Erstmals bezeugt ist ein derartiger Missale-Druck für das Jahr 1611[8]. Notwendige Ergänzungen hinsichtlich neuer Feste und neuer Meßformulare wurden als *Proprium festorum dioecesis* publiziert; 1624 erschien beispielsweise ein entsprechendes Proprium[9]. Weitere Drucke und Ergänzungen in Form eines *Appendix* sind u. a. für 1679, 1839 und 1855 nachweisbar[10]. Dieser Appendix wurde nicht je neu umgearbeitet, sondern zunächst 1865, dann 1883 durch ein sog. *Supplement zum Proprium* ergänzt[11]. 1894 faßte eine neue Auflage des *Proprium Ratisbonense* diese unterschiedlichen Faszikel zusammen[12].

c) Bücher für die Sakramentenspendung und Segnungen

– Pontificale

Das nachtridentinische Buch der Bischofsriten, das *Pontificale Romanum*, erschien erstmals im Jahre 1596 und wurde in dieser Fassung nach Bedarf neu gedruckt. Die letzten Editio typica erschien 1888 unter Leo XIII. Inhaltlich wurde am Buch während dieser Zeit nichts Wesentliches verändert.

Für den praktischen Gebrauch wurden einzelne, häufig benötigte Teile separat gedruckt[13]. Im Jahre 1961 wurde der zweite Teil dieses Buches, der vor allem die Kirch- und Altarweihe enthält, in einer neuen Fassung vorgelegt. Bis heute sind nicht alle Teile dieses für die Hand des Bischofs bestimmten Buches durch nachkonziliare Liturgiebücher abgelöst worden.

– Rituale

Das Buch für den priesterlichen Dienst, das *Rituale Romanum*, lag seit 1614 vor. In Regensburg wurden Bücher vom Typ „Rituale" in der Folgezeit als „ad usum Romanum accomodatum" bezeichnet; eine der frühesten Ausgaben des *Rituale Ratisbonense* wurde 1673 in Salzburg gedruckt[14]. Ein neuer Druck wurde 1699 angekündigt und lag wohl 1703 vor[15]. Zwischen 1809 und 1833 erschien in 2. bis 4. Auflage das *Compendium Ritualis Ratisbonensis* des hiesigen Domvikars Thomas Ried[16]. 1831 wurde das sog. *Große Rituale* von 1703 erneut aufgelegt; ein *Rituale Ratisbonensis minus* kam 1853 heraus[17]. 1895 wurden beide Ausgaben – ganz im Sinne der damaligen an Rom orientierten Richtung – abgelöst durch das Rituale Romanum, dem ein eigenes Proprium für Regensburg beigefügt worden war: *Proprium Ratisbonense ad Rituale Romanum a Sancta Sede approbatum* bzw. *Manuale Rituum... approbatum*[18].

Im Jahre 1930 wurden diese Rituale-Ausgaben durch die neu eingeführte *Collectio Rituum in usum cleri Dioecesis Ratisbonensis ad instar Appendicis Ritualis Romani* abgelöst. Bemerkenswert ist, daß dieses Rituale, das in großem Umfange den Gebrauch der Muttersprache ermöglichte, als ein „Einheitsrituale" der altbayerischen Diözesen München und Freising, Augsburg, Passau, Eichstätt und Regensburg erstellt wurde. Jede Diözese fügte dem gemeinsamen Hauptteil einen Diözesanappendix mit eigener Seitenzählung an[19]. Als 1950 für die deutschen und österreichischen Diözesen die *Collectio Rituum ad instar appendicis Ritualis Romani pro omnibus Germaniae Dioecesibus* als Einheitsrituale herauskam, lehnte es Bischof Michael Buchberger (1927–1961) ab, hinsichtlich des Rituales „schon wieder eine Änderung zu treffen"[20]. Erst die Diözesansynode von 1958 erreichte, daß das (immerhin beim Verlag Pustet in Regensburg gedruckte!) Buch in Regensburg – als einer der letzten Diözesen – zum folgenden 1. Adventssonntag eingeführt werden konnte[21].

Auf Initiative von Bischof Ignatius von Senestrey (1858–1906) kam 1869 das *Euchologium Ratisbonense* heraus[22]. Dieses Buch enthält insbesondere die Formulare für die Fronleichnamsprozession (sowohl nach dem Rituale Romanum als auch nach diözesanem Ritus), andere theophorische (eucharistische) Prozessionen, den Ritus der Aussetzung des Allerheiligsten mit Hymnen, Litaneien und Gebeten, den Wettersegen, das Vierzigstündige Gebet sowie die Verehrung der Eucharistie an den Kartagen. Weitere Ausgaben – jetzt mit der Approbation der Ritenkongregation – erschienen 1894, 1902 und 1928. Inhaltlich gab es nur geringe Erweiterungen; die neue Litanei vom Herzen Jesu (ab 1902) und die Litanei vom Hl. Josef (ab 1928) wurden aufgenommen[23].

Zu nennen ist in diesem Zusammenhang auch die Herausgabe einer Sammlung aller Segnungen, die teils im Rituale, teils im Missale und im Pontificale Romanum enthalten waren. Dieses *Benedictionale Romanum* erschien 1873. Für die Aufnahme in Bruderschaften sowie für damit in Zusammenhang stehende Segnungen lag ein 1862 angepaßter *Ordo Sacri Ministerii* vor[24].

d) Bücher für das Tagzeitengebet

Das *Breviarium Romanum ex decreto Ss. Concilii Tridentini restitutum, Pii V Pont. Max. iussu editum* erschien erstmals 1568. Das universalkirchlich geltende Buch wurde mehrfach überarbeitet; u. a. durch Urban VIII. (1614) und Pius X. (1914). Das 1945 im Auftrag Pius' XII. edierte *Psalterium Pianum* wurde erstmals 1949 in die neuerscheinenden Brevierausgaben übernommen.

Bei den in Regensburg gebrauchten Brevierausgaben wurden notwendige Ergänzungen und Änderungen – ähnlich wie beim Missale – durch entsprechende Propria eingebracht. Ausgaben von *Proprien zum Breviarium Romanum* sind z. B. in den Jahren 1679, 1855, 1865, 1883 und 1914 erschienen[25].

2. Diözesan-Gesang- und Gebetbücher

Das Bistum Regensburg erhielt sein erstes offizielles Diözesangesangbuch erst im Jahre 1908. Selbstverständlich wurden auch schon vor diesem Zeitpunkt muttersprachliche Kirchenlieder gesungen. Bischof Valentin von Riedel (1842–1857) hatte 1857 in einem Erlaß eingeschärft, daß kirchliche Gesänge in der Landessprache nur „bei geringen Feierlichkeiten, bei Volksandachten, bei Prozessionen, Bittgängen, Abendandachten" sowie bei der stillen Messe erlaubt seien, „nicht aber bei dem Hochamte und der feierlichen Vesper"[26].

Einen ersten Ansatz zu einem geordneten Gesang im Gottesdienst machte Bischof Ignatius von Senestrey, indem er 1877 für die Schulmessen das *Cantate. Katholisches Gesang- und Gebet-Büchlein* von Joseph Mohr (1834–1892) nachdrücklich gestattete[27].

Das erste offizielle Gesang- und Gebetbuch verdankt die Diözese ihrem Bischof Antonius von Henle (1906–1927). Dieser hatte bereits als Bischof von Passau 1906 dort ein solches Gesangbuch vorgelegt. Schon bald nach seiner Transferierung von Passau auf den bischöflichen Stuhl von Regensburg faßte der Bischof den Plan zur Herausgabe eines Gesangbuches für seine neue Diözese. Dem Bischof kam es auf ein schnelles Erscheinen eines offiziellen Gesangbuches an; daher wurde mit Genehmigung des Passauer Ordinariates der Hauptteil des Textes dem Passauer „Diözesan-Gebetbuch für Erwachsene" entlehnt. Den Gesangsteil erstellten Domkapellmeister F.-X. Engelhart und der damalige Deggendorfer Chorregent Vinzenz Goller (1873–1953), dessen Verdienste der Bischof besonders hervorhob. Mit Erlaß vom 12. März 1908 stellte er das *Lob Gottes. Diözesan-Gebet- und Gesangbuch* vor[28].

In einem eigenen Vorwort zur Gesangbuchausgabe legte Bischof Antonius seinen Diözesanen besonders die Pflege des kirchlichen Volksgesanges ans Herz. Gegenüber dem Passauer Vorbild unterschied das Regensburger „Lob Gottes" nicht zwischen einer Ausgabe für Schulkinder und einer für Erwachsene. Als erstes sollten die Gesänge zur Firmung geübt werden. Damit das Buch möglichst schnell überall eingeführt werde, ordnete der Bischof an, es solle „jeweils vormittags von der Kanzel aus stets die Andacht und das Lied bekannt gegeben werden, welche für den Nachmittags- oder Abendgottesdienst aus dem Diözesangebetbuch gewählt werden"; wenigstens das Lied sollte dabei dem Kirchenjahr entsprechen. Nachdem das Gesangbuch bis zum November 1908 in nahezu 70 000 Exemplaren verbreitet war, mußte das „Lob Gottes" offiziell für die Schulmesse gebraucht werden. Detailliert schrieb der Bischof vor, welche Lieder in der Schule einzuüben waren[29]. Das „Lob Gottes" wurde bis 1930 in zahlreichen Auflagen verbreitet.

Unter Bischof Michael Buchberger kam 1932 eine gründlich überarbeitete Fassung des „Lob Gottes. Diözesan-Gebet- und Gesangbuch für das Bistum Regensburg" heraus[30]. Der Bischof ging damit auf begründete Wünsche aus dem Klerus ein. Das neue Gesangbuch betonte Gebet, Gottesdienst, Empfang der Sakramente und das Kirchenjahr als Mittel zur Heiligung des Lebens; entsprechend war das Buch gegliedert. Dem Choral war ein eigener Abschnitt eingeräumt. Das „Lob Gottes" von 1932 war das erste Diözesan-Gesang- und Gebetbuch im deutschen Sprachgebiet, das die Akklamationen bei der Messe der Gemeinde zuwies und sich konsequent zur *Gemeinschaftsmesse* bekannte. Dieses zu seiner Zeit vorbildliche Gesangbuch blieb bis zur letzten Auflage 1962 im Kern unverändert. Nach dem Zweiten Weltkrieg entfiel die dem Choralteil beigefügte Marienvesper; stattdessen wurde ein Lieder-Anhang mit 57 Liedern, darunter einigen bisher nicht aufgenommenen Einheitsliedern, angefügt[31].

Auf der Diözesansynode von 1958 war mehrfach beantragt worden, das bisherige Gesangbuch zu erneuern. Der Bischof setzte eine entsprechende Kommission ein, die Vorschläge für eine Anpassung des Gesangbuches an die Verhältnisse der Gegenwart vorlegen sollte[32]. Darüber ist Erzbischof Buchberger gestorben.

Sein Nachfolger, Bischof Rudolf Graber (1962 – em. 1982), wurde schon bald mit Bitten um ein neues Diözesan-Gebet- und Gesangbuch angegangen. Im Amtsblatt ließ er 1962 das Erscheinen eines neuen Buches für 1964 ankündigen. In seinem Vorwort zum *Magnifikat*, das am 2. Februar 1964 eingeführt wurde, wies Graber darauf hin, daß einerseits von der deutschen Bischofskonferenz ein „gesamtdeutsches Gebet- und Gesangbuch in Auftrage gegeben" sei, dessen Fertigstellung indessen viele Jahre erfordern werde, andererseits hätte auch die Schaffung eines eigenen Regensburger Buches ebenfalls Jahre beansprucht. Aus diesem Grund entschloß sich der Oberhirte zu einem ungewöhnlichen Schritt: er führte für seine Diözese das im Jahre 1960 in Freiburg erschienene „Magnifikat" als „Lizenzausgabe" weitgehend unverändert ein. Lediglich der auch im Freiburger Buch aus früheren Gesangbüchern zusammengestellte Liedanhang (ohne Melodien – Nr. 570–630) wurde gegen entsprechende Texte aus Regensburger Tradition ausgetauscht.

Bei aller Hochachtung vor der Qualität des „Magnifikat" bleibt die Übernahme dieses Gesangbuches für Regensburg jedoch insofern problematisch als auf die in langen Jahren gewachsene Kirchenliedtradition der eigenen Diözese keine Rücksicht genommen wurde. Die während der letzten Jahrzehnte erreichte Identifikation mit dem eigenen Diözesangesangbuch wurde zerstört, wenn auch eine Reihe von Liedern und Gebeten inzwischen „Gemeingut" der deutschen Diözesangesangbücher geworden waren und sowohl in Freiburg als in Regensburg gesungen wurden[33].

Das Einheitsgesangbuch *Gotteslob. Katholisches Gebet- und Gesangbuch* für das deutsche Sprachgebiet (mit Ausnahme der Schweiz) löste 1975 das „Magnifikat" offiziell ab[34].

Im Regensburger Diözesanteil zum „Gotteslob" (Nr. 801–920) stammen immerhin 36 von 113 Liedern direkt aus dem „Magnifikat". Der 1986 erschienene „Diözesanteil II" bietet weitere Lieder und Gebete (Nr. 921–981).

3. Die nachkonziliar geltenden liturgischen Bücher im Überblick

In der Diözese Regensburg sind – wie im übrigen deutschen Sprachgebiet – derzeit folgende definitive Ausgaben liturgischer Bücher eingeführt:

Die Feier der Eucharistie:
– Die Feier der heiligen Messe. Meßbuch. 1975. ²1988.
– Fünf Hochgebete: Hochgebet zum Thema „Versöhnung", Drei Hochgebete für Meßfeiern mit Kindern (Studienausgabe). Mit einem Anhang: Hochgebet für Meßfeiern mit Gehörlosen. Approb. und konfirm. Text. 1980.

- Die Feier der heiligen Messe. Meßlektionar. (1. Aufl.: 6 Bde. 1970–74). (2. Aufl.: 8 Bde. 1983–86).
- Die Feier der heiligen Messe. Evangeliar. Die Evangelien der Sonntage und Festtage in den Lesejahren A, B und C. 1985.
- Lektionar für Gottesdienste mit Kindern (Studienausgabe). 2 Bde. 1981/85.

- Gotteslob. Katholisches Gebet- und Gesangbuch. 1975.

- Kommunionspendung und Eucharistieverehrung außerhalb der Messe (Studienausgabe). 1976.

Die Feier der Eingliederung in die Kirche:
- Die Feier der Eingliederung Erwachsener in die Kirche (Studienausgabe). 1975.
- Die Eingliederung von Kindern im Schulalter in die Kirche (Studienausgabe). 1986.
- Die Feier der Kindertaufe. 1971.
- Die Feier der Aufnahme gültig Getaufter in die volle Gemeinschaft der katholischen Kirche. 1974.
- Die Feier der Firmung. 1973.

Weitere sakramentliche Feiern:
- Die Feier der Buße (Studienausgabe). 1974.
- Die Feier der Trauung. 1975.
- Gemeinsame kirchliche Trauung. Ordnung der kirchlichen Trauung für konfessionsverschiedene Paare unter Beteiligung der Pfarrer beider Kirchen. 1971.
- Die Feier der Krankensakramente. 1975.
- Die kirchliche Begräbnisfeier in den katholischen Bistümern des deutschen Sprachgebietes. 1973.
- Kleines Rituale für besondere pastorale Situationen. 1980.
- Gottesdienst mit Gehörlosen (Studienausgabe). 1980.

Ordinationen und Beauftragungen:
- Liber de Ordinatione Diaconi, Presbyteri et Episcopi... editio linguae germanicae typicae... 1968.
- Die Beauftragung von Lektoren, Akolythen und Kommunionhelfern. Die Aufnahme unter die Kandidaten für Diakonat und Presbyterat. Das Zölibatsversprechen in den katholischen Bistümern des deutschen Sprachgebietes. 1974.

Feiern geistlicher Gemeinschaften:
- Die Feier der Abts-, Äbtissinnen- und Jungfrauenweihe. 1975.
- Die Feier der Ordensprofeß. 1974.

Benediktionen:
- Die Feier der Kirchweihe und Altarweihe. Die Feier der Ölweihen (Studienausgabe). 1981.
- Benediktionale (Studienausgabe). 1978.

Stundengebet:
- Die Feier des Stundengebetes. Stundenbuch. 3 Bde. 1978.
- Die Feier des Stundengebetes. Lektionar zum Stundengebet. 2 x 8 Faszikel. 1978–1980.
- Antiphonale zum Stundenbuch. 1979.
- Christuslob. Das Stundengebet in der Gemeinschaft. 1980.
- (– Kleines Stundenbuch. Morgen- und Abendgebet der Kirche aus der Feier des Stundengebetes. 4. Bde. 1980–1984).

Eigenfeiern der Diözese Regensburg:
- Ergänzungen zum Lektionar. Die Gedenktage der Heiligen. Eigenfeiern des Bistums Regensburg. 1976.

– Ergänzungen zum Meßbuch. Die Gedenktage der Heiligen. Eigenfeiern des Bistums Regensburg. 1976.
– Die Feier des Stundengebetes. Eigenfeiern des Bistums Regensburg. 1985.

Caeremoniale Episcoporum. Vatikan 1984 – nur lat. Ausgabe

II.
Die Feier der Eucharistie

Die Feier der Eucharistie stellt den Höhepunkt gottesdienstlichen Handelns der Kirche dar. In der Liturgiekonstitution heißt es: „Unser Erlöser hat beim Letzten Abendmahl... das eucharistische Opfer seines Leibes und Blutes eingesetzt, um dadurch das Opfer des Kreuzes durch die Zeiten hindurch bis zu seiner Wiederkunft fortdauern zu lassen und so der Kirche... eine Gedächtnisfeier seines Todes und seiner Auferstehung anzuvertrauen..." (SC 47).

1. Die Feier der Eucharistie bis zum Zweiten Vatikanischen Konzil

a) Die allgemeine Praxis der Meßfeier

Die Teilnahme der Gläubigen an der Eucharistiefeier an Sonn- und Feiertagen oder an Werktagen beschränkte sich bis weit ins 20. Jahrhundert in der Regel auf bloße Anwesenheit. Gemäß herkömmlichem Verständnis der Liturgie „las" der Priester „seine" Privatmesse oder er „sang" das Amt. Ob eine Gemeinde versammelt war, blieb für den Ablauf der Messe selbst unerheblich. Die Sprache der Liturgie war das Lateinische; und im Zentrum der Feier, im Kanon, wurde die Stimme des Zelebranten völlig unhörbar. Im Grunde traf für die Zeit nach dem Konzil von Trient immer noch die Anweisung einer spätmittelalterlichen Meßerklärung zu, die bestimmte: „Wenn du hinter einer Messe bist, dann tue dies, dann bete das...". Der Gläubige konnte dieser Messe nur beiwohnen; er war passiver Zuschauer eines heiligen Geschehens.

Auf Drängen der Oberhirten wurde wenigstens dafür gesorgt, daß an Sonn- und Feiertagen das Evangelium dem Volke in der Muttersprache vorgelesen und einige Gebete gemeinsam gesprochen wurden[35]. Im Jahre 1837 war z. B. von allen bayerischen Ordinariaten das Buch *Die hl. Evangelien und Episteln oder Lectionen auf alle Sonn- und Feiertage des Jahres* (München 1837) approbiert worden. Im Jahre 1929 wurde für die ganze Diözese das Epistel- und Evangelienbuch des Regensburger Hochschulprofessors Johann Ev. Niederhuber vorgeschrieben[36]. Es enthielt die Lesungen für das Proprium de tempore bzw. de sanctis und das Commune sanctorum. Ein Anhang brachte Gebete, die in der Messe vorgebetet bzw. gemeinsam gesprochen wurden: das Allgemeine Gebet, die Offene Schuld, die Göttlichen Tugenden; später wurden Sühne- und Weihegebete zum Herzen Jesu nachgetragen. 1938 bestimmte die Diözesansynode, unbeschadet der Predigtpflicht sei wenigstens das Sonntagsevangelium zu verlesen, darauf bete das Volk gemeinsam Glaube, Hoffnung und Liebe oder das Apostolische Glaubensbekenntnis[37]. Am Schluß der Stillmesse waren seit 1884 die Gebete Leos XIII. laut zu beten[38]. Beim Verlassen des Altars stimmte der Priester das „Allgemeine Gebet" an, das vom ganzen Volk gesprochen wurde[39]. In seinem Pastoralerlaß von 1869 forderte Bischof Senestrey, „die pfarrliche Predigt oder der priesterliche Vortrag bei dem Hauptgottesdienst an Sonn- und gebotenen Feiertagen" dürfe unter keinem Vorwand unterlassen werden[40]. Die Synode von 1927/28 bestimmte hinsichtlich der Predigt, daß beim Frühgottesdienst an Sonn- und Feiertagen in der Regel ein kurzer Vortrag zu halten sei; wo dies bislang nicht Brauch sei, solle dies eingeführt werden. Ebenso solle bei Spätmessen und Schulgottesdiensten an größeren Orten das Wort Gottes ausgelegt werden[41]. Angesichts der damaligen politischen Situation betonte die Synode von 1938, die Predigt sei „in unserer Zeit fast das einzige Mittel des Seelsorgers, um das Volk im Glauben zu erhalten und zu schulen"; daher war an Sonn- und Feiertagen vormittags bei jedem Gottesdienst zu predigen[42].

Bis in die Zeit der beginnenden nachkonziliaren Reform waren Messen vor ausgesetztem Allerheiligsten nicht selten. In seinem Pastoral-Erlaß von 1869 hatte Bischof Senestrey ausdrücklich an die kirchliche Vorschrift erinnert, wonach – mit Ausnahme der Fronleichnamsoktav und der Repositionsmesse am Schlusse einer längeren Aussetzung – „kein Amt und keine Messe auf dem Altare celebriert werden darf, auf welchem das Allerheiligste ausgesetzt ist". Nur an höchsten Festen durfte – gemäß einer alten Gewohnheit – das Hochamt in dieser Form gefeiert werden[43].

Erst 1965 wurde endlich hinsichtlich dieser Praxis offiziell festgestellt, sie „entspreche nicht der liturgischen Neuordnung"[44].

b) Erfolge und Grenzen der Liturgischen Bewegung

Im Unterschied zu früheren Jahrhunderten sind die Gläubigen heute nicht länger „hinter der Messe". Dem Willen des Konzils entsprechend „richtet die Kirche ihre ganze Sorge darauf, daß die Christen diesem Geheimnis des Glaubens nicht wie Außenstehende und stumme Zuschauer beiwohnen; sie sollen vielmehr durch die Riten und Gebete dieses Mysterium wohl verstehen lernen und so die heilige Handlung bewußt, fromm und tätig mitfeiern..." (SC 48, vgl. SC 14). Das Zweite Vatikanische Konzil rief damit nochmals das in Erinnerung, was einzelne Päpste früher bereits nachdrücklich gefordert hatten[45]. In der Liturgischen Bewegung – vor allem in der ersten Hälfte unseres Jahrhunderts – ist das Ziel der tätigen Teilnahme allmählich erreicht worden.

– Gemeinschaftsmesse und Betsingmesse

Mögliche Formen der tätigen Teilnahme an der Eucharistiefeier waren z. B. die sog. „Gemeinschaftsmesse" und die diese Form durch Lieder bereichernde „Betsingmesse". Die Betsingmesse gewann vor allem nach ihrer Bewährung auf dem Wiener Katholikentag von 1933 rasch an Ansehen[46].

Für die Gemeinschaftsmesse sprach sich schon die Regensburger Diözesansynode von 1927/28 aus, da durch diese Form „die Anteilnahme am Opfer gefördert" werde[47]. Zehn Jahre später erinnerte die Synode nachdrücklich daran, daß die Gläubigen „zur Gemeinschaftsmesse, Singmesse und Betsingmesse und wo es möglich ist zum Choralamt zu erziehen" seien, damit sie sich aktiv – betend und singend – am Gottesdienst beteiligen könnten[48]. Dafür waren gerade im Bistum Regensburg insofern die Voraussetzungen gegeben, als – erstmals im deutschen Sprachgebiet – im Gebet- und Gesangbuch *Lob Gottes* von 1932 die Gemeinschaftsmesse voll berücksichtigt worden war. Die Meßgebete trugen die deutliche Bezeichnung „Nach dem Meßbuch der Kirche"[49]. Neben dem offiziellen Gebet- und Gesangbuch waren vor allem in Kreisen der Jugend auch das von Ludwig Wolker (1887–1955) erstellte *Kirchengebet* (1928) und das *Kirchenlied* (1938) verbreitet[50]. In diesem Zusammenhang ist auch an die Bedeutung der Komplet in der Jugendseelsorge der damaligen Zeit zu erinnern[51].

Nachdem bereits 1936 in den „Bischöflichen Richtlinien zur katholischen Seelsorge" die Gemeinschaftsmesse für den Gottesdienst der Jugend kirchenamtlich geboten war, wurden 1942 von den in Fulda versammelten Bischöfen „Richtlinien zur Gestaltung des pfarrlichen Gottesdienstes" approbiert[52]. Als Pius XII. eine Eingabe der deutschen Bischöfe betreffs der Liturgischen Bewegung positiv beantwortet hatte[53], genehmigte der Regensburger Oberhirte die (in der Diözese allerdings längst praktizierte) Betsingmesse sowie die Gemeinschaftsmesse. Hinsichtlich der Gemeinschaftsmesse heißt es: „Der Gebrauch muß dem klugen Ermessen des Pfarrvorstandes überlassen bleiben, der beurteilen möge, was zur Erbauung aller dient"[54].

– Verbot des „Deutschen Hochamtes"

Nicht erlaubt war in der Diözese Regensburg das sog. „Deutsche Hochamt", das ebenfalls 1943 und auch nach 1958 den deutschen Diözesen per Indult gestattet worden war. Regensburg berief sich darauf, daß hier – wie in den anderen altbayerischen Diözesen – das Deutsche Hochamt nie bekannt gewesen sei[55] und somit das Indult nicht treffen könne[56]. Schon die Synode von 1927/28 hatte eingeschärft: „Das Hochamt deutsch zu singen oder in dasselbe deutsche Gesänge einzuschieben, ist verboten"[57]. Buchberger erklärte 1944 dazu: „Der Diözese Regensburg war es immer eine Pflicht und Ehre, die kirchlichen Bestimmungen über die Kirchenmusik... durchzuführen... Ein weitgehender Gebrauch würde einen Bruch mit der ‚Regensburger Tradition' bedeuten"[58]. Allerdings geht aus der vom Bischof in diesem Zusammenhang durchgeführten Umfrage über die Situation von „Liturgie, Kirchenmusik und Kirchenlied" hervor, daß es wegen der Kriegszeit hier und da notwendig war, das sonst vorgeschriebene „Liturgische Hochamt (Missa cantata)" einmal im Monat durch ein Deutsches Hochamt zu ersetzen. Dazu bedurfte es jedoch der oberhirtlichen Erlaubnis[59]. Das allgemeine Verbot des Deutschen Hochamts wurde mehrmals in Erinnerung gerufen[60]. „Es soll bei der bewährten Tradition bleiben" – dafür setzte sich auch der Cäcilienverein ein. Auf der Diözesantagung des Cäcilienvereins am 22. 11. 1956 im Regensburger Kolpinghaus hatte der damalige Generalpräses Johannes Overath „mit starker Betonung" erklärt: „Ich bitte Sie, halten Sie die Regensburger Tradition hoch, nicht nur in Ihrem Interesse, sondern auch im Interesse unserer Kirchenmusik in Norddeutschland"[61].

In diesem Sinne entschied auch die Synode von 1958 – wenn auch unterschwellig die Auffassung deutlich wurde: „Wir können uns wohl nicht auf die Dauer nur ablehnend verhalten"[62].

c) Die Erlaubnis zur Feier der Messe am Abend

Gemäß kirchlicher Rechtsnorm (CIC 1917 can. 821 §1), durften Messen in der Regel nur am Vormittag gefeiert werden. Die besondere Situation während des Zweiten Weltkriegs machte es erforderlich, daß nach nächtlichem Fliegeralarm aufgrund päpstlicher Privilegien zunächst Messen am Nachmittag und dann auch am Abend gefeiert werden durften[63]. Nach der ersten Phase der Normalisierung in der Nachkriegszeit wurde dies 1951 den deutschen Diözesen für genau begrenzte Fälle an Sonn- und Feiertagen (z. B. in der Diaspora) sowie an Werktagen (wenn eine große Zahl von Gläubigen sonst keine Gelegenheit zum Besuch einer Messe hat) erlaubt[64]. Die Apost. Konstitution „Christus Dominus" von 1953 gestattete den Ortsordinarien allgemein, für ihr Gebiet die Zelebration von Messen am Abend zu erlauben, wenn eine Notwendigkeit vorliegt. Für die Diözese Regensburg erteilte Bischof Buchberger die allgemeine Erlaubnis zu Abendmessen an Sonntagen, an gebotenen bzw. „abgewürdigten" Feiertagen sowie am Herz-Jesu-Freitag. Bezüglich der Abendmesse an einem Wochentag blieben die Vorschriften von 1951 in Kraft[65]. Mit dem Motu Proprio *Sacram communionem* Pius' XII. wurden 1957 die Beschränkungen auf bestimmte Gelegenheiten aufgehoben und die Abendmesse an jedem Tag gestattet[66]. In jedem Fall blieb aber eine eigene Genehmigung des Bischofs dazu erforderlich, die von den Seelsorgern durch ein begründetes Gesuch einzuholen war[67].

d) Der Empfang der Kommunion

Mit Nachdruck hatte das Zweite Vatikanische Konzil in der Liturgiekonstitution „jene vollkommenere Teilnahme an der Messe empfohlen, bei der die Gläubigen… aus derselben Opferfeier den Herrenleib entgegennehmen" (SC 55). Bis dahin (und leider oft noch heute!) war es Brauch, zur Kommunion bereits früher konsekrierte Hostien zu spenden. Die Gläubigen empfingen die Kommunion vor oder nach der Messe oder auch – völlig unberührt von der tatsächlichen Feier der Eucharistie – während derselben. Die Diözesansynode von 1927/28 regelte, daß die Kommunion künftig sonntags vor und nach der Messe, an Werktagen auch während der Messe ausgeteilt werden sollte[68]. 1938 beschloß die Synode, die Kommunion während jeder Messe auszuteilen. Mit ein Grund dafür war die Überlegung: „Je leichter es dem Gläubigen gemacht wird, je weniger lang sie auf die Kommunionsaustelung warten müssen, desto öfter und freudiger werden sie kommunizieren"[69]. Die Synode von 1958 ging noch einen Schritt weiter, indem sie festlegte, daß die Kommunion „bereitwillig auch außerhalb der hl. Messe" ausgeteilt werden solle. Allerdings heißt es an anderer Stelle, daß die Kommunion als Opfermahl in der Regel innerhalb der Messe gereicht werden solle[70]. Hinsichtlich der Praxis der Kommunionspendung im sonntäglichen Hauptgottesdienst gab der Bischof zu Protokoll, das (Hoch-) Amt solle bleiben wie bisher, die Kommunion sei vorher und hernach auszuteilen[71].

Seit langem war es ein pastorales Anliegen, die einzelnen Stände der Pfarrei abwechselnd an den Sonntagen zur monatlichen Standeskommunion zu führen[72]. In der Regel empfingen jeweils nur die betreffenden Gläubigen die Kommunion. Bischof Buchberger drängte nachdrücklich darauf, dieses „Monatsapostolat" überall einzuführen[73].

Erleichterungen hinsichtlich des Kommunionempfangs brachte die Neuregelung des kirchlichen *Nüchternheitsgebotes* durch die Pius XII. im Jahre 1953. Für die Gläubigen wurde dieses ab Mitternacht verpflichtende Gebot u. a. bei schwerer Berufsarbeit, bei später Stunde des Kommunionempfangs oder bei weitem Kirchweg dahingehend reduziert, daß sie „irgendwelche Getränke" zu sich nehmen durften, unter Einhaltung einer einstündigen völligen Nüchternheit vor dem Empfang der Kommunion[74]. 1964 wurde dieses Gebot auch hinsichtlich fester Speisen auf eine Stunde beschränkt[75].

Bestärkt wurde der Wunsch nach der häufigen Kommunion und vor allem nach der rechtzeitigen Erstkommunion der Kinder durch die richtungsweisenden Dekrete Papst Pius' X. von 1905 und 1910[76]. Im Beschluß der Synode von 1927/28 heißt es dazu: „Die öftere heilige Kommunion im Sinne der Tradition der Urkirche, gemäß dem Reformdekret Pius X. und nach can. 863 (CIC 1917) soll wieder eine unversiegbare Kraftquelle des christlichen Lebens werden"[77]. Das Kommunionalter der Kinder legte der Bischof 1911 – der bisherigen Praxis in der Diözese Regensburg gemäß – auf das 5. Schuljahr fest[78]. Entsprechend der ursprünglichen Reihenfolge der Initiationssakramente[79] wurde die Firmung in der Diözese damals vor der Erstkommunion, d. h. bereits im 4. Schuljahr erteilt. Diese richtige Praxis wurde aufgegeben, als gemäß einem Beschluß der Freisinger Bischofskonferenz die gemeinsame Erstkommunion der Kinder 1931 ins 4. Schuljahr vorverlegt wurde[80]. Vorbereitet wurde dies nicht zuletzt durch die Diskussion um das rechte Firmalter, die auf den Zweiten Katechetischen Kongreß 1928 in München geführt worden war[81]. Ganz in diesem Sinne wurde schon 1929 im Regensburger Amtsblatt angeordnet: „Die hl. Firmung ist für das Jugendalter ein Abschluß-Sakrament... Daher soll die hl. Firmung nicht an Kinder gespendet werden, die noch nicht die erste hl. Kommunion empfangen haben"[82].

Als Termin für die Erstkommunion sollte nach der Weisung von 1911 der Weiße Sonntag beibehalten werden. Im Jahre 1931 wurde stattdessen der Dreifaltigkeitssonntag empfohlen; denn „am Fronleichnamsfest könnten dann die Erstkommunikanten bei der Fronleichnamsprozession das Ehrengeleite des Allerheiligsten bilden". Damit der Weiße Sonntag nicht ganz untergehe, sollte im folgenden Jahr jeweils an diesem Tag das Erstkommunion-Jahr feierlich abgeschlossen werden[83].

2. Die Durchführung der Liturgiereform des Zweiten Vatikanischen Konzils am Beispiel der Eucharistiefeier

Am 4. Dezember 1963 war als erstes Dokument des Zweiten Vatikanischen Konzils die Liturgiekonstitution *Sacrosanctum Concilium* veröffentlicht worden. Damit war der Weg frei für eine Erneuerung der Liturgie „nach der altehrwürdigen Norm der Väter" (SC 50).

a) Einzelne Reformschritte bis zum Missale Romanum 1970

Die Umsetzung der Reformbeschlüsse in die tatsächlich gefeierte Liturgie ist bis heute noch nicht in allem erreicht. Wesentliche Etappen sind durch das Erscheinen der nachkonziliaren Liturgiebücher markiert. Diese lateinischen universalkirchlichen Bücher werden, in der Regel über die Phase einer *Studienausgabe*, in die Muttersprache übertragen, von den zuständigen Autoritäten approbiert und von Rom konfirmiert.

Am Beispiel der Meßfeier lassen sich wesentliche Schritte zur Durchführung der Liturgiereform in der Diözese Regensburg aufzeigen:

Noch während der Konzilsverhandlungen über die künftige Feier der Liturgie hatte die Ritenkongregation einige Änderungen im Ritus der Meßfeier verfügt[84].

Nach Vorliegen der Liturgiekonstitution wurden mit dem Motu proprio *Sacram Liturgiam* vom 25. 1. 1964 einige Vorschriften dieser Konstitution zum 1. Fastensonntag, dem 16. 2. 1964 in Kraft gesetzt[85]. Auf der Basis dieser Dokumente hatten die deutschen Bischöfe auf ihrer Vollsammlung vom 17.–19. Februar 1964 als „auctoritas territorialis" (SC 22,2) einstimmig beschlossen, daß fortan in allen Messen, die mit dem Volk gefeiert werden, die Schriftlesung unmittelbar in der Muttersprache zu verkünden sei und die Fürbitten abwechselnd mit dem Volk gesprochen werden. Als deutsche Übersetzungen wurden vorläufig für das Missale die Ausgaben von Schott und Bomm anerkannt[86].

Pfingsten 1964 wurde die neue Spendeformel für die Austeilung der Kommunion „Corpus Christi – Amen" vorgeschrieben[87], wobei zu behutsamem Vorgehen geraten wurde. Am 21. 11. 1964 erließ Papst Paul VI. erleichternde Vorschriften hinsichtlich der eucharistischen Nüchternheit[88]. Ein neuer *Ordo Missae, Ritus servandus...* erschien am 27. 1. 1965.

Zu erwähnen ist in diesem Zusammenhang auch die am 25. 9. 1965 von Rom erteilte Erlaubnis zur Feier der Messe am Vorabend des Sonntags oder eines gebotenen Feiertages[89]. Bezüglich ihrer Einführung in den deutschen Diözesen faßte die Deutsche Bischofskonferenz im Frühjahr 1968 einen entsprechenden Beschluß. In der Diözese Regensburg wird die Erlaubnis zur Einführung der Vorabendmesse entweder „ad personam" (für ältere Priester) oder entsprechend der pastoralen Situation einer Pfarrgemeinde auf Antrag hin erteilt[90].

Aufgrund einschlägiger Bestimmungen der Instruktion *Inter oecumenici* vom 26. 9. 1964, die zum 1. Fastensonntag, dem 7. März 1965 in Kraft trat, durfte die Muttersprache bei der Eucharistiefeier – in weiterem Umfang als im Februar 1964 möglich – gebraucht werden[91]. Die in der Liturgie zu verwendenden Missalien sollten außer der muttersprachlichen Übersetzung jeweils auch den lateinischen Text enthalten. Dies führte zum *Lateinisch-Deutschen Altarmeßbuch*, das 1965/66 in drei Bänden erschien. Ausgeschlossen von der Übersetzung blieb zunächst das Hochgebet, nämlich die Präfationen und der Canon Romanus. Doch am 27. 4. 1965 wurde der muttersprachliche Vortrag der Präfationen gestattet[92]. Die zuständigen Bischöfe hatten die Übersetzung der Präfationen auf ihrer Vollversammlung am 31. 8. 1965 in Fulda approbiert, am 13. 10. wurde diese Übersetzung in Rom konfirmiert[93]. Die deutschen Präfationen wurden in Band I und II des Lateinisch-Deutschen Altarmeßbuchs aufgenommen; für den zu diesem Zeitpunkt bereits in Druck befindlichen Band III wurden die deutschen Fassungen in einem Nachtrag nachgeliefert.

Die 2. Instruktion *Tres abhinc annos* vom 4. 5. 1967 brachte schließlich auch die Erlaubnis, den Canon Romanus in der Muttersprache zu beten[94]. Die Bischöfe des deutschen Sprachgebietes approbierten die offizielle Übersetzung am 4. Oktober 1967. Bereits 1965 war im Zusammenhang mit der Veröffentlichung der *Riten der Konzelebration und der Kommunion unter beiden Gestalten* der laute Vortrag der (noch lateinischen) Konsekrationsworte gestattet worden[95]. Am 1. Adventssonntag (3. 12.) des Jahres 1967 durfte – nach weit mehr als einem Jahrtausend – nun erstmals wieder das ganze Hochgebet laut und vernehmlich in der Muttersprache gebetet werden[96]. Im Vorgriff auf das künftige Missale Romanum erschienen am 25. 3. 1968 drei weitere Eucharistische Hochgebete und acht Präfationen, die in die Muttersprache übertragen wurden[97].

In diesem Zusammenhang ist anzumerken, daß die Ritenkongregation dem Regensburger Oberhirten Rudolf Graber im Jahre 1962 gestattet hatte, die geringe Zahl der Präfationen des Missale Romanum von 1570 durch vier „Praefationes particulares" zu erweitern. Dabei handelte es sich um (lateinische) Präfationen für den Advent, für Fronleichnam (Eucharistie), für Allerheiligen und für die Kirchweihe[98].

Die *Instruktion über die Musik in der Liturgie* vom 5. 3. 1967 hatte die Bischofskonferenzen bevollmächtigt, unter bestimmten Voraussetzungen volkssprachliche Gesänge als vollgültigen Bestandteil der Liturgie anzuerkennen, auch wenn die Texte dieser Gesänge nicht mit den wörtlichen Übertragungen der lateinischen Texte der Römischen Liturgiebücher übereinstimmten. Die deutschen Bischöfe haben am 20. 9. 1967 davon Gebrauch gemacht; in Regensburg wurden in diesem Sinne die Gesänge und Lieder aus dem „Magnifikat" approbiert.

Im Frühjahr 1969 erschienen die definitiven Ausgaben des Römischen Kalenders und des Ordo Missae sowie die Apostolische Konstitution „Missale Romanum" zur Veröffentlichung des gemäß den Beschlüssen des Zweiten Vatikanischen Konzils erneuerten Römischen Meßbuchs. Das Missale Romanum selbst lag 1970 vor.

Eine provisorische Übersetzung des Ordo Missae erschien im November 1969 als Supplement zum Lateinisch-Deutschen Altarmeßbuch unter dem Titel *Die Feier der Gemeindemesse*[99]. Der Ordo Missae konnte vom 1. Adventssonntag 1969 an benutzt werden, er war jedoch zu diesem Zeitpunkt noch nicht verbindlich vorgeschrieben. Die Bischofskonferenz hatte es für eine Übergangszeit Priestern und Gemeinden freigestellt, für die Eucharistiefeier die alte oder neue Ordnung zu verwenden[100]. Verbindlich eingeführt wurde zu diesem Zeitpunkt jedoch die neue Perikopenordnung aufgrund des Ordo Lectionum Missae von 1969. Hierzu erschien (als Studienausgabe) für die Sonn- und Feiertage ein Deutsches Lektionar; allerdings durfte für die Lesungen auch jede andere approbierte Bibelübersetzung benutzt werden[101].

Zu erwähnen ist an dieser Stelle auch die Erlaubnis zur Einführung einer zweiten Form der Kommunionspendung, bei der den Gläubigen das eucharistische Brot auf die offene Hand gelegt wird. Entsprechende Anträge verschiedener Bischofskonferenzen, darunter auch der Deutschen Bischofskonferenz, waren von Paul VI. mit der Instruktion *Memoriale Domini* vom 25. 5. 1969 genehmigt worden[102]. Aufgrund eines gemeinsamen Beschlusses der deutschen Bischöfe vom 28./29. August 1969 wurde von Bischof Graber die Erlaubnis zu dieser Form der Kommunionspendung für das Bistum Regensburg erteilt. Der Einführung der *Handkommunion* sollte eine Katechese vorausgehen, „damit die Gläubigen den Sinn der neuen Weise genau verstehen und sie ausführen mit der dem Sakrament geschuldeten Ehrfurcht"[103].

b) Vom Missale Romanum 1970 zu den geltenden deutschsprachigen Liturgiebüchern für die Eucharistiefeier

Um die Übersetzung des Missale Romanum 1970 in die Muttersprache zu erleichtern, erschienen 1971/72 in 8 Bänden *Ausgewählte Studientexte für das künftige deutsche Meßbuch*.

Die definitive *Ausgabe des deutschen Meßbuchs* approbierten die Bischöfe des deutschen Sprachgebietes am 23. September 1974; konfirmiert wurde diese Ausgabe in Rom am 10. Dezember 1974. Von seinem Erscheinen an durfte das Meßbuch benutzt werden; am 1. Fastensonntag 1976 wurde seine Verwendung im deutschen Sprachgebiet verpflichtend. Damit löste es „die Editio typica des Missale Romanum von 1962 (Ergänzungen 1965 und 1967) des im Auftrag des Trienter Konzils vom heiligen Papst Pius V. besorgten, von seinen Nachfolgern wiederholt revidierten Missale Romanum, wie auch aller provisorischen deutschen Übersetzungen des von Papst Paul VI. im Auftrag des Zweiten Vatikanischen Konzils überarbeiteten und neu herausgegebenen Missale Romanum von 1970 rechtsgültig ab"[104].

Im Jahre 1988 erschien das deutsche Meßbuch in zweiter Auflage. Diese Fassung hat sämtliche Änderungen gemäß der Editio typica altera des Missale Romanum 1975, des Codex Iuris Canonici 1983, des Universalkalenders und des ebenso ergänzten Regionalkalenders berücksichtigt[105].

Seit 1974 (zuletzt 1980) sind im Bereich der Deutschen Bischofskonferenz als Studienausgabe weitere eucharistische Hochgebete zugelassen: das Hochgebet zum Thema „Versöhnung" sowie Drei Hochgebete für die Meßfeier mit Kindern; zudem liegt in definitiver Ausgabe ein Hochgebet für Meßfeiern mit Gehörlosen vor.

Für den Dienst am „Tisch des Wortes" (SC 51) sind die entsprechenden Bücher für die Schriftlesungen erschienen. Eine erste Auflage des *Meßlektionars* kam zwischen 1970 und 1974 in 6 Bänden heraus. Die inzwischen vorliegende zweite Auflage erschien in 8 Bänden zwischen 1983 und 1986; sie hat vor allem den Wortlaut der Einheitsübersetzung nach der Neo-Vulgata berücksichtigt. Dem Rang des Evangeliums gemäß steht seit 1985 ein eigenes Evangeliar für die Verkündigung des Evangeliums an den Sonn- und Festtagen der drei Lesejahre zur Verfügung.

Für Kindergottesdienste liegen als Studienausgabe zwei eigene Lektionarsbände vor.

Die Eigenfeiern der Diözese Regensburg sind unter dem Titel *Die Gedenktage der Heiligen* als Ergänzungen zum Lektionar und zum Meßbuch im Jahre 1976 (Ergänzungen zum Stundenbuch 1985) erschienen.

Die Gemeinde hat seit 1975 ihr *Gotteslob* als Rollenbuch in Händen.

III.

Die Feier der übrigen Sakramente und Sakramentalien

1. Überblick

Hinsichtlich des Empfangs und der Spendung der weiteren Sakramente und Sakramentalien unterscheidet sich die Praxis in der Diözese Regensburg in den Jahrhunderten vom Tridentinum bis heute kaum von der Praxis in anderen Bistümern. Die diözesanen und überdiözesanen Liturgiebücher, vor allem Pontificale und Rituale regelten alles Notwendige. Mit anderen Worten: Die Gläubigen nahmen an der Eucharistiefeier an Sonn- und Feiertagen – oder sogar unter der Woche teil. Daneben wurde getauft und gefirmt, es wurde gebeichtet. Brautleute wurden getraut, die Krankensalbung („Letzte Ölung") wurde gespendet, die niederen und höheren Weihen wurden erteilt. Verstorbene erhielten ein christliches Begräbnis. Es gab eine Vielzahl von Segnungen und Weihen. Äbte, Äbtissinnen und Jungfrauen erhielten ihre Weihe, Ordensleute legten ihre Profeß ab. Kirchen und Altäre wurden geweiht – wie Dinge des alltäglichen Gebrauchs gesegnet wurden. Prozessionen, Bittgänge und Wallfahrten prägten den Ablauf des Jahres.

Hinsichtlich der je einzelnen Feier bringen die neu erscheinenden liturgischen Bücher Änderungen und Erleichterungen im Ritus, Änderungen vor allem im allmählich großzügiger werdenden Gebrauch der Muttersprache. Ein Vergleich einzelner Riten beispielsweise der Collectio Rituum Ratisbonensis (1930), der Collectio Rituum (1950/1958) und der nachkonziliaren Bücher macht dies offenkundig.

Am Beispiel der Firmung soll die sich wandelnde und weiterentwickelnde Feierpraxis anschaulich gemacht werden. Dabei steht die Firmung – als ausgesprochener Fall von bischöflicher Liturgie – stellvertretend für andere überpfarrliche Praxis in der Diözese Regensburg.

2. Ein Beispiel: Die Feier der Firmung in der Diözese Regensburg

Das Sakrament der Firmung wird heute in der Diözese Regensburg in der Regel an Kinder und Jugendliche vom 5. Schuljahr an aufwärts gespendet. Bis gegen Ende des 18. Jahrhunderts blieb die Weisung des *Catechismus Romanus* maßgebend, nach der Kinder nicht vor dem siebten Lebensjahr zu firmen seien, dann jedoch beim nächstfolgenden Besuch des Bischofs[106]. Noch bis ins 19. Jahrhundert hinein mußten die Seelsorger mehrfach ermahnt werden, keine jüngeren Kinder zu präsentieren[107].

Die Spendung des Firmsakramentes erfolgte in Regensburg seit der Mitte des 19. Jahrhunderts wegen der Größe des Bistums und der weiten Entfernungen in einem Turnus von drei Jahren. Als Termin kamen aus klimatischen Gründen lange Zeit nur die Frühjahrs- und Sommermonate infrage. Bischof Senestrey hatte 1859, noch im ersten Jahr seines Amtes, den größten Teil der Diözese besucht und dabei über 31 000 Kinder gefirmt. Fortan wollte er binnen drei Jahren im ganzen Bistum die Firmung spenden, zudem jährlich zur Pfingstzeit in Regensburg[108]. 1930 – im dritten Jahr seines Wirkens in Regensburg – stellte Bischof Buchberger fest, er habe „in dem herkömmlichen 3jährigen Turnus... mehr als 41 000 Kinder gefirmt"[109].

Der Empfang des Bischofs und die Ordnung der Firmung wurde detailliert vorgegeben; es wurde streng auf die Einhaltung der Anordnungen geachtet. „Eine Handlung, bei der der Heilige Geist so unmittelbar beteiligt ist", verlangt Andacht und Erbauung[110]. Einerseits wurden im amtlichen Verordnungsblatt wiederholt Hinweise gegeben, andererseits wurde für die betreffenden Seelsorger ein „Firmungs-Ritus" gedruckt, der alle Einzelheiten hinsichtlich der Spendung des Sakramentes enthielt[111].

Damals fand die Firmung grundsätzlich außerhalb der Messe statt. Unsere Quellen nennen als Reihenfolge die Pontifikalmesse, eine Ansprache des Bischofs oder eines anderen Geistlichen[112] und dann die Firmung[113]. Wegen der strengen Nüchternheitsbestimmungen war der Empfang der Kommunion in der Pontifikalmesse nicht vorgesehen; so wurde beispielsweise 1957 die Firmung auf 9 Uhr festgelegt, damit „die Firmkinder vorher in ihrer Pfarrkirche noch die hl. Kommunion empfangen können"[114].

Der Zusammenhang von Eucharistiefeier und Firmung konnte zudem aufgrund des Vollzugs des Ritus' kaum erkannt werden: Nach der Firmordnung von 1858 hatten sich die Pfarrer mit ihren Firmlingen an der jeweiligen Firmstation einzufinden. Dort feierte der Bischof zunächst die Messe; im Anschluß daran mußten alle die Kirche wieder verlassen, sodaß diese vollständig geräumt war. Eine halbe Stunde später wurden die einzelnen Pfarreien in alphabetischer Reihenfolge aufgerufen; die Pfarrer zogen mit ihren Firmlingen und den Paten erneut in die Kirche ein. Die Beteiligung anderer Gläubiger an der Feier blieb ausgeschlossen. Waren alle auf ihren Plätzen, bzw. war die Kirche gefüllt, betrat der Bischof das Gotteshaus und begann mit der Spendung der Firmung. Die Kirche blieb geschlossen, bis die Firmung mit dem Schlußsegen beendet war. Bei einer großen Zahl von Firmlingen war es keine Seltenheit, daß dieser Vorgang unter Umständen in mehreren „Abteilungen" wiederholt werden mußte[115]. Daß eine derartige Spendung der Firmung kaum als Feier empfunden werden konnte und vor allem für den Zelebranten eine außergewöhnliche Belastung darstellte, belegen nicht zuletzt Zahlen, nach denen beispielsweise vor 100 Jahren (1889) in Unterviechtach jeweils 1170 und in Cham jeweils 1383 Firmlinge an einem Tag gefirmt wurden.

Bischof Henle legte großen Wert darauf, daß die Firmlinge während der Pontifikalmesse eine deutsche Messe sängen[116]. Nach Erscheinen des „Lob Gottes" von 1908 wurden die dort enthaltenen Gesänge und Gebete für die Messe und die Firmung gefordert[117]. Für den Nachmittag ordnete der Bischof eine eigene Andacht nach dem Diözesan-Gebet- und Gesangbuch an[118].

Seit den Richtlinien von 1965 sollte die Firmmesse als „Gemeinschaftsmesse" gefeiert werden; die Spendung der Firmung „erfolgt nach dem Text im Magnifikat"[119]. Zudem wurde erstmals die Möglichkeit eingeräumt, von Fall zu Fall zu vereinbaren, ob die Firmung „intra oder post Missam" erfolgen solle[120].

Seit 1973 ist der nachkonziliare Firmordo *Die Feier der Firmung* verbindlich; jetzt wird die Firmung grundsätzlich innerhalb der Messe gespendet[121]. Bei der Initiation Erwachsener, bei der Taufe von Kindern im Schulalter oder bei der Aufnahme bereits Getaufter in die volle Gemeinschaft der Kirche erteilt der Priester zugleich auch die Firmung[122].

IV.
Besondere gottesdienstliche Feiern im Kirchenjahr

Die Väter des Zweiten Vatikanischen Konzils haben in der Liturgiekonstitution hinsichtlich des Kirchenjahres folgendes festgestellt: „Als liebende Mutter hält die Kirche es für ihre Aufgabe, das Heilswerk ihres göttlichen Bräutigams an bestimmten Tagen das Jahr hindurch in heiligem Gedenken zu feiern. In jeder Woche begeht sie an dem Tag, den sie Herrentag genannt hat, das Gedächtnis der Auferstehung des Herrn, und einmal im Jahr feiert sie diese Auferstehung zugleich mit dem seligen Leiden des Herrn an Ostern, ihrem höchsten Fest. Im Kreislauf des Jahres entfaltet sie so das ganze Mysterium Christi von der Menschwerdung und Geburt bis zur Himmelfahrt, zum Pfingsttag und zur Erwartung der seligen Hoffnung und der Ankunft des Herrn..." (SC 102).

Aus der Vielzahl möglicher Feiern im Ablauf des Kirchenjahres werden hier einige zentrale oder doch für Regensburg bemerkenswerte Gottesdienste und Brauchtumsformen genannt.

1. Advents- und Weihnachtszeit

a) Rorate-Messen

Zu den beliebten Gottesdiensten im Advent zählen die Rorate-Messen (nach dem Beginn des Introitus der Votivmesse zu Ehren Mariens im Advent: Rorate coeli – Jes 45,8). Gemäß herkömmlichem Brauch wurden diese Messen täglich gefeiert. Aufgrund einer römischen Entscheidung von 1857 wurde diese Praxis auch in der Diözese Regensburg erheblich eingeschränkt. Seitens des hiesigen Ordinariates wurde dazu bemerkt, daß „wir keine irgendwie nötigenden Gründe sehen, in der Adventszeit stets die Missa votiva de B.M.V. als Frühamt zu celebrieren, indem die seligste Jungfrau durch gehorsame Einhaltung der allgemeinen liturgischen Gesetze gewiß am besten geehrt wird"[123]. Diese restriktive Haltung wurde im Pastoral-Erlaß von 1869 erneut bekräftigt[124]. Der Brauch des Rorate indes blieb lebendig; 1961 wurde den deutschen Diözesen per Indult gestattet, auch in der Zeit vom 17. Dezember bis Weihnachten täglich bei einem Amt die Roratemesse zu nehmen[125]. Die nachkonziliare Kalenderregelung ermöglicht den Brauch der Roratemessen – soweit Votivmessen gestattet sind – bis zum 16. Dezember einschließlich[126].

b) Christmette

Gegen das Weihnachtsfest, das von jeher mit einer mitternächtlichen Christmette gefeiert wurde, richtete sich in der Phase der Aufklärung auch in Bayern eine behördliche Maßnahme: auf kurfürstliche Anordnung hin mußte 1801 die Christmette auf die 5. Morgenstunde verlegt werden[127]. König Ludwig I. ordnete 1825 – im Jahre seines Regierungsantritts – an, daß die Christmette „nach altkirchlichem Gebrauche wieder um Mitternacht gehalten werde"[128]. Während des Zweiten Weltkriegs mußte die Mette erneut verlegt werden. Aufgrund einer Sondererlaubnis von Rom ordnete Bischof Buchberger 1940 an, die Christmette bereits am Heiligen Abend zwischen 16 und 19 Uhr zu feiern[129]. Aus seelsorglichen Gründen durfte die Christmette aufgrund eines römischen Indultes seit 1968 schon nach Einbruch der Dunkelheit gefeiert werden[130]. Dadurch gerät die Christmette(!) heutzutage ohne Not in die Nähe einer Vorabendmesse.

c) Brauchtum an Epiphanie

Am Epiphanie- oder Dreikönigstag fand vielerorts das „Ausräuchern" der Häuser mit Weihrauch statt. Auch dieser alte Brauch wurde während der Aufklärung untersagt, konnte sich aber bald wieder durchsetzen[131]. Ebenso wurde nach altem diözesanen Ritus das Dreikönigswasser gesegnet und an die Gläubigen ausgeteilt[132].

Seit 1983 findet vor dem 6. Januar auch für die Sternsinger dieser Diözese eine zentrale Aussendungsfeier durch den Bischof statt. Damit soll die missionarische Tätigkeit der jungen Menschen aufgewertet werden[133].

2. Das österliche Triduum

a) Die Reform der Ostervigil und der Hl. Woche (1951/1955)

Ein bedeutender Schritt zur Erneuerung der Liturgie stellt die unter Pius XII. erfolgte Wiederherstellung der Ostervigil dar. Durch manche Fehlentwicklungen bedingt, hatte seit Jahrhunderten die Feier der Ostervigil am Morgen des Karsamstags stattgefunden – mit der Folge, daß die Gemeinde an dem von seiner Herkunft her bedeutendsten Gottesdienst des ganzen Jahres so gut wie unbeteiligt blieb[134].

Die mit dem Dekret *Dominicae resurrectionis vigiliam* vom 9. 2. 1951 wiederhergestellte Feier der Ostervigil wurde ad experimendum zunächst für ein Jahr, dann für drei weitere Jahre zugelassen. 1956 wurde sie im Zuge der Erneuerung der Hl. Woche in den *Ordo Hebdomadae Sanctae instauratus* aufgenommen. Der Regensburger Oberhirte Buchberger stellte es 1952 dem Ermessen der Kirchvorstände anheim, von der Möglichkeit der Feier der neuen Ostervigil Gebrauch zu machen. Zugleich gestattete er, die Feier bereits auf 20 Uhr vorzuverlegen[135]. Für Buchberger war die Ostervigil eher eine Vorfeier; denn er stellte ausdrücklich fest: „Wie das Osterfest das Hauptfest des Kirchenjahres ist, so soll auch der Vormittagsgottesdienst an diesem Fest... alle anderen Gottesdienste überragen. Die Sonntagspflicht für den Ostertag wird durch den Besuch des Vigilamtes vor Mitternacht nicht erfüllt"[136]. Noch 1953 erklärte der Bischof, „daß es für heuer nicht notwendig ist, die Karsamstag-Liturgie nach dem neuen Ritus zu feiern"[137]. Wie die Erfahrungen der Seelsorger in den vergangenen Jahren gezeigt hatten, erwies sich vor allem die Länge des Ritus' für die Gemeinden als problematisch[138].

Bis in unsere Zeit hat sich der Brauch gehalten, an den Kartagen das Heilige Grab aufzusuchen. Dort wurde die Eucharistie am Karfreitag in feierlicher Form deponiert und von hier wurde sie am Abend des Karsamstags zur Auferstehungsfeier wieder erhoben. Der Ritus wurde durch das *Euchologium Ratisbonense* festgelegt[139]. „In Scharen wanderte das gläubige Volk zu den Heiligen Gräbern, die mit großer Liebe und Opferfreude mit Blumen, Pflanzen und Lichtern geschmückt wurden und über denen das Allerheiligste in verschleierter Monstranz ausgesetzt war" – mit diesen Worten beschrieb Bischof Buchberger die Regensburger Praxis um 1956[140]. Die Instructio der Ritenkongregation zur Erneuerung der Hl. Woche vom 16. 11. 1955 hatte den Ortsordinarien empfohlen, die mit der Karwoche in Verbindung stehenden Volksbräuche klug mit der erneuerten Liturgie zu verbinden („prudenter componantur"). Ausdrücklich stellte der Regensburger Bischof fest: „Es besteht kein Hindernis, auch in Zukunft ein Heiliges Grab aufzubauen". Doch anstelle des Allerheiligsten sollte „ein schönes, zur Betrachtung und zur Sühne stimmendes Kreuz am Karfreitag und Karsamstag über dem Heiligen Grabe thronen"[141]. Auf Anfragen aus der Diözese modifizierte der Bischof seine Haltung und gestattete weiterhin auch die Aussetzung des Allerheiligsten, da die Eucharistie „das memoriale mortis Domini" sei[142].

Wo die neue Ostervigil noch nicht praktiziert wurde, fand für die Gläubigen am Abend des Karsamstags die seit langem übliche „Auferstehungsfeier" statt, die zu den beliebtesten Gottesdiensten zählte. 1803 wurde der Termin dieser Feier für die Kirchen Regensburgs auf die „7. Abendstunde" gelegt[143]. In feierlicher Prozession wurde das Allerheiligste aus dem Hl. Grab erhoben und prozessionaliter zum Altar getragen. Die Gläubigen sangen das Auferstehungslied „Christ ist erstanden", dann wurde der eucharistische Segen erteilt[144].

Die Einführung der erneuerten Karwochenliturgie in der Diözese wurde 1956 durch eine „Oberhirtliche Anordnung" genauestens geregelt[145]. Für den Gründonnerstag wurde für alle Kirchen eine einzige Abendmahlmesse auf einen Termin zwischen 17 und 20 Uhr festgelegt; in dieser Messe sollte die „Pfarrfamilien-Kommunion" erfolgen. Am Karfreitag fand der Gottesdienst um 15 Uhr statt; neu war die Möglichkeit des Kommunionempfangs für die Gläubigen in dieser Feier. Für die Kreuzverehrung gestattete der Bischof, daß bei großer Beteiligung das Kreuz vom Hochaltar aus feierlich zur Anbetung erhoben werden konnte[146].

1959 war den deutschen Diözesen von der Ritenkongregation gewährt worden, die Passion am Palmsonntag und Karfreitag sowie die Prophetien in der Ostervigil unmittelbar in deutscher Sprache vorzutragen. Da dies jedoch nur versuchsweise gestattet war, wurde diese Praxis für 1960 bereits wieder verboten[147]. Erst 1965 konnte in breitem Umfang die Liturgie der Heiligen Woche in der Muttersprache gefeiert werden, wenn auch noch wesentliche Elemente lateinisch bleiben mußten[148]. 1970 wurde eine von den Liturgischen Instituten besorgte Handreichung *Die Liturgie der Karwoche und Osternacht* empfohlen[149]. Nach Einführung der nachkonziliaren Liturgiebücher wird die Osternacht überall in der Muttersprache gefeiert und findet breite Zustimmung. Allerdings drohen heute Gefahren durch einen falschen Zeitansatz und durch Reduzieren der vorgesehenen Elemente (z. B. Lesungen) auf das Allernötigste, so daß die Feier der Osternacht manchmal als eine Art Vorabendmesse verstanden werden muß, nicht aber als der Hauptgottesdienst des ganzen Jahres, als die „Mutter aller Vigilien" (Augustinus).

b) Fußwaschung am Gründonnerstag

Zu den Riten des Gründonnerstags zählt seit altersher die Fußwaschung – „Mandatum" genannt nach den zugehörigen Antiphonen aus Joh 13. Bis zur Reform der Hl. Woche 1956 blieb dieser Ritus den Bischofs- und Abteikirchen vorbehalten. In Regensburg ist es bis heute üblich, daß der Bischof an diesem Tag zwölf alten, für die Feier besonders gekleideten Männern die Füße wäscht. Die teils hochbetagten Männer, die oft „Apostel"[150] genannt werden, werden dazu von den Pfarreien benannt.

Diese traditionelle Fußwaschung in der Kathedrale, die zudem in der regionalen Presse stets Aufmerksamkeit findet[151], hat erheblich dazu beigetragen, daß sich der seit 1956 auch den Pfarrgemeinden gestattete Ritus erst in den letzten Jahren hier und da durchsetzen konnte. Die Fußwaschung am Gründonnerstag ist heute kein Element der Domliturgie mehr, sondern ein wesentlicher Teil der Feier des Gründonnerstags, der der Gemeinde nicht vorenthalten werden sollte.

c) Chrisam-Messe

In der Missa chrismatis werden vom Bischof die Hl. Öle, nämlich Kranken- und Katechumenenöl sowie der Chrisam geweiht. Als Bischof Schwäbl 1834 krankheitshalber dazu nicht in der Lage war, wurden die Hl. Öle aus Eichstätt herbeigeschafft[152].

Mit der Erneuerung der Hl. Woche 1956 konnte die Missa chrismatis, die bislang mit der morgendlichen Abendmahlfeier am Gründonnerstag verquickt war, als eigener Gottesdienst gefeiert werden. Die Priester der Diözese wurden regelmäßig zu der gemeinsamen Feier mit dem Bischof eingeladen. Seit 1965 war die Konzelebration bei dieser Feier gefordert[153]. Höchst erfreulich ist, daß erstmals 1983 auch die Gläubigen zur Teilnahme an dieser Messe eingeladen wurden[154]. Zu fördern ist der in jüngster Zeit einsetzende Brauch, daß vor allem die Firmlinge des jeweiligen Jahres, die mit diesem Chrisam gesalbt werden, an der Feier teilnehmen. Die Teilnahme an der Chrisam-Messe wäre für Gläubige und Klerus allerdings leichter möglich, wenn der Termin vorverlegt würde; denn nach dem geltenden Ordo muß die Ölweihe nicht mehr unbedingt am Gründonnerstag selbst, sondern „prope Pascha" – in der Nähe von Ostern – stattfinden[155].

3. Fronleichnam

Die Feier des Fronleichnamsfestes mit seiner Prozession war seit dem Mittelalter in Regensburg üblich. Oft zogen prächtige Prozessionen an mehreren Tagen, nämlich am Fronleichnamsfest, am folgenden Sonntag und am Oktavtag durch den Ort[156]. Von staatlicher Seite wurde 1810 in der Stadt Regensburg lediglich die große Prozession am Fronleichnamstag selbst gestattet[157]. Bis in die jüngste Zeit beteiligten sich an der großen Bischofsprozession die übrigen Stadtpfarreien, die dann am folgenden Sonntag „ihre" Fronleichnamsprozessionen im Pfarrsprengel hielten. Während der NS-Zeit und des Zweiten

Weltkrieges mußte von Staats wegen die Prozession auf den folgenden Sonntag verlegt werden. Sie bekam damals besonderes Gewicht als „offenes und mutiges Glaubensbekenntnis in unserer Zeit"[158].

Die in der Woche nach Fronleichnam üblichen täglichen Sakramentsandachten wurden auch nach der Reform des Kalenders von 1955 beibehalten[159].

Die Ordnung der Prozession – gemäß diözesaner Tradition mit vier Altären – war im *Euchologium Ratisbonense* genau geregelt[160]. Der 1960 erschienene *Ordo processionis in festo sanctissimi Corporis Christi*, der weitgehend die Muttersprache berücksichtigte, wurde in Regensburg zunächst nicht übernommen. Eine Umfrage unter dem Klerus hatte ergeben, daß die überwiegende Mehrheit sich für die „Beibehaltung des bisherigen altehrwürdigen Ordo" aussprach[161]. Erst 1963 – unter Bischof Rudolf Graber – wurde der neue Ordo offiziell eingeführt. 1965 wurde auch der Segen in der Muttersprache gestattet (Forma C)[162].

Ende der 50er-, vor allem aber in den 60er-Jahren geriet die Fronleichnamsprozession in eine Krise, bedingt nicht zuletzt durch die (richtige!) Hinordnung der eucharistischen Frömmigkeit auf die Messe als ihr eigentliches Zentrum und die „Wiederentdeckung" der Eucharistie als Speise. Seinerzeit entwickelte Bischof Graber Gedanken zu einer Neugestaltung, wobei er an die Konzilsaussage über die Kirche als das „pilgernde Gottesvolk" (Lumen gentium 48 und 49) anknüpfte[163].

1970 wurden neben der herkömmlichen Prozession mit vier Altären noch weitere Formen erlaubt. Die Zahl der Altäre konnte verringert werden. Eine andere Form sah vor, daß verschiedene Gemeinden in einer Sternprozession zur gemeinsamen Eucharistiefeier zogen[164].

Bis heute steht ein nachkonziliarer Ordo u. a. für die Prozession noch aus.

V.

Andachten und sonstige Frömmigkeitsformen

Zu diesem Bereich der Frömmigkeit zählen vor allem Andachten, öffentliche Betstunden sowie die vielfältigen teils gemeinsam, teils privat zu verrichtenden Gebete in den verschiedensten Anliegen.

Die im „Lob Gottes" und den folgenden Diözesan-Gesang- und Gebetbüchern enthaltenen Andachten leiten sich einerseits aus dem Stundengebet, andererseits aus Meditation und Katechese her[165]. Die Gemeinde trägt im Wechsel mit einem Vorbeter nach vorgegebenen Texten Lob, Dank, Bitten und Vorsätze vor Gott. Dabei ist häufig das Allerheiligste zur Anbetung exponiert; wenn es die liturgische Zeit erlaubt, wird abschließend der eucharistische Segen erteilt. Diese (Volks-)Andachten standen bis zum Zweiten Vatikanischen Konzil einer klerikalen „Hoch-Liturgie" gegenüber und zählten selbst nicht zur Liturgie. Ihr nicht-offizieller Charakter gewährte einen großen Freiraum im Vollzug, da hier die einengenden Vorschriften der tridentinischen Liturgie nicht trafen. Nachkonziliar werden die Andachten des Diözesan-Gesang- und Gebetbuchs endlich als offizielle „Bistumsliturgie" anerkannt (SC 13).

1. Einzelne Andachtsformen

Im Laufe der Zeit, vor allem zwischen dem 17. und 19. Jahrhundert, hatte sich eine Fülle unterschiedlicher Andachten herausgebildet: theozentrische, christozentrische und marianische Andachten, dann solche zur Verehrung anderer Heiliger, Dank- und Bittandachten sowie meditative Andachten[166]. Dem entspricht auch der Bestand im „Lob Gottes", im „Magnifikat" und im heutigen „Gotteslob". Daneben waren weitere Andachten vor allem in Bruderschaften verbreitet. 1851 bemühte sich Bischof Valentin von Riedel, sowohl die in der Diözese seit altersher üblichen als auch jene in neuer Zeit eingeführten Volks- und Bruderschaftsandachten zu vereinheitlichen[167]. In der Folgezeit wurden neue Andachten und Gebete stets vom Bischof approbiert[168].

In seinem Pastoral-Erlaß von 1869 erinnerte Bischof Senestrey daran, daß der eigentliche kirchliche Nachmittagsgottesdienst die Vesper sei. Wo diese Vesper jedoch nicht stattfinden könne, solle sie – z. B. in Pfarrexposituren – durch andere öffentliche Andachtsübungen ersetzt werden. „Die Abhaltung eines Nachmittags- oder Abend-Gottesdienstes gehört zum integrierenden Teile der in der Diözese zu Recht bestehenden kirchlichen Feier des Sonn- oder Festtags". In größeren Städten sollten zusätzlich zum Nachmittagsgottesdienst regelmäßig oder doch häufig Abendandachten stattfinden[169]. Auf Wunsch der Diözesansynode von 1927/28 sollte in den Andachten besonders das „Lob Gottes" entsprechend dem Kirchenjahr verwandt werden und „nicht immer bloß Rosenkranz"[170]. Bischof Buchberger mußte 1929 feststellen: „Die Nachmittagsandachten leiden oft an Monotonie und Schablonenhaftigkeit, was die Art, die Zeit und den Inhalt derselben anlangt". Er drängte auf mehr Abwechslung und vor allem auf Anpassung an die liturgische Zeit[171]. Die Synode von 1938 regte an, neben den Andachten für die ganze Pfarrei und solchen für einzelne Stände öfter auch „zu sogenannten Feierstunden" einzuladen, die dem Kirchenjahr angepaßt sind[172]. 1958 sprach sich die Synode weiterhin für Abwechslung bei den Andachten aus; zugleich mahnte sie, darauf zu achten, „daß das Rosenkranzgebet nicht zu kurz kommt"[173].

Im folgenden werden einige in der Diözese Regensburg weit verbreiteten Andachtsformen vorgestellt. Dabei kann es sich selbstverständlich nur um eine Auswahl handeln; denn die Zahl möglicher Andachten sowie die Vorliebe für bestimmte Frömmigkeitsformen wechselt von Pfarrei zu Pfarrei.

a) Christusfrömmigkeit und Eucharistieverehrung

Zu den altehrwürdigen Übungen der Christusfrömmigkeit zählen u. a. die Verehrung des Herzens Jesu und der Kreuzweg; als eucharistische Andachtsform sind das Ewige und Vierzigstündige Gebet oft bezeugt.

Die *Herz-Jesu-Frömmigkeit* erlebte im 17. Jahrhundert eine weite Verbreitung, und an diesen Strom der Frömmigkeit knüpfte das 19. Jahrhundert an. Dies entsprach der charakteristischen Hinwendung dieser Zeit zu barocken, jedenfalls zu vor-aufklärerischen Frömmigkeitsformen. Als Pius IX. im Jahre 1856 das Herz-Jesu-Fest auf die ganze Kirche ausdehnte, bermerkte Bischof von Riedel dazu, das Fest sei in Regensburg schon seit geraumer Zeit gefeiert worden. Jetzt aber sollte jährlich am darauffolgenden Sonntag eine eigene Feier mit Aussetzung des Allerheiligsten, Predigt und Gebeten stattfinden[174]. 1872 empfahlen die in Fulda versammelten Bischöfe dreitägige Gebete zum Herzen Jesu[175]. 1899 wurde die Herz-Jesu-Litanei mit ihren 33 Anrufungen – in Erinnerung an die 33 Lebensjahre des Herrn – für die ganze Kirche approbiert. Zur Jahrhundertwende nahm Leo XIII. die Weihe der Welt an das Herz Jesu vor[176]. Eine Reihe von Weihe- und Sühnegebeten wurde nicht zuletzt in den Diözesan-Gesang- und Gebetbüchern verbreitet. Parallel zu anderen Frömmigkeitsformen, die einen ganzen Monat einnahmen, entwickelte sich im Monat Juni, in den das Herz-Jesu-Fest in der Regel fällt, eine ähnliche Andacht. Im Jahre 1873 waren diese Andachten mit Ablässen versehen worden; fortan wurden die Gläubigen regelmäßig zum Besuch angehalten[177].

Weit verbreitet ist bis heute der erste Freitag im Monat als *Herz-Jesu-Freitag*; Leo XIII. gewährte entsprechende Ablässe[178]. Mit diesem Freitag verbanden sich im Laufe der Zeit noch zwei weitere Frömmigkeitsformen. Das war zum einen die eucharistisch ausgerichtete *Heilige Stunde* am Abend des vorausgehenden Donnerstags, deren Einführung in allen Pfarreien 1937 gewünscht wurde; zum anderen sollte ab 1940 am folgenden Samstag in allen Pfarreien der *Priestersamstag* begangen werden[179].

Zu den weitverbreiteten Andachten zählte der *Kreuzweg*, der vor allem in der österlichen Bußzeit gebetet wurde. Hier hatten auch die *Ölbergandacht* an den Donnerstagen der Fastenzeit und die *Andacht zu den fünf Wunden* ihren angestammten Platz. Der sog. *Jugendkreuzweg* am Schmerzensfreitag kam erst in den fünfziger Jahren dieses Jahrhunderts auf; er verband die Jugendlichen in beiden Teilen Deutschlands im Gebet miteinander. Seine wechselnde Thematik wurde jeweils vom Bund der Deutschen Katholischen Jugend vorbereitet[180].

Während des Zweiten Weltkriegs wurde eine besondere Andacht zur *Verehrung des hl. Kreuzes* am Fest Kreuzerhöhung (15. 9.) angeordnet. Die Gläubigen sollten dazu ermuntert werden, „dem Kreuzbild in der Wohnung den Ehrenplatz zu geben" – ein Appell, der eindeutig gegen die damals propagierten Bilder und Symbole gerichtet war[181].

Wie in anderen Diözesen, so wurde auch in Regensburg das *Ewige Gebet* in der Barockzeit eingeführt. Am Beginn stand 1675 die Errichtung der Bruderschaft von der Immerwährenden Anbetung. 1709 wurden die Dekane der Oberpfalz erneut an die Förderung dieser Bruderschaft erinnert. Eine Stundeneinteilung, die das Ewige Gebet in den Pfarreien und Klöstern näher ordnete, kam 1747 heraus. Sie war künftig genau zu befolgen. Seitens der Bistumsleitung erkundigte man sich 1752, ob das Ewige Gebet schon in allen Pfarreien eingeführt sei oder ob es irgendwelche Hindernisse gebe. 1781 ging eine Anfrage dahin, inwieweit die ursprüngliche Stundenordnung noch beibehalten werde[182].

Die Ungunst der Zeit, vor allem die Aufhebung der Klöster, brachte es mit sich, daß diese Gebetsform erlosch. Die Diözesan-Constitutionen von 1835 hatten die Wiederbelebung „auf bessere Zeiten" vertagt[184]. Unter Bischof von Riedel wurde 1856 ein Versuch zur Wiedereinführung an der Seminarkirche Obermünster unternommen[183]. Jedoch konnte erst ein halbes Jahrhundert später unter Bischof von Senestrey das Ewige Gebet wieder in seiner vollen Form in der Diözese installiert werden. Das 900jährige Wolfgangsjubiläum im Jahre 1894 sollte der willkommene Anlaß dazu sein. In einem Hirtenbrief setzte der Bischof den Beginn der ewigen Anbetung auf den 31. Oktober, das kommende Wolfgangsfest an; zugleich schrieb er detailliert den Ablauf des Bettages vor[185].

Im Jahre 1944 erinnerte Bischof Buchberger die Gläubigen an das 50jährige Bestehen der Ewigen Anbetung in der Diözese[186]. Im Laufe der Zeit änderten sich die Gegebenheiten in den einzelnen Gemeinden, aber auch in der Diözese derart, daß eine Neuordnung der Betstunden nicht mehr zu umgehen war. Mit einem Geleitwort setzte Bischof Graber am 1. Januar 1964 die neue Ordnung in Kraft. Eine erneute Anpassung und zugleich Verkürzung der Anbetungsstunden erfolgte zum 1. Januar 1977[187]. Diese Ordnung ist bis heute gültig.

Neben dem Ewigen Gebet war in der Diözese auch eine andere Form der Eucharistieverehrung, das *Vierzigstündige Gebet* üblich. Diese besonders von den Jesuiten geförderte Anbetung fand vor allem an den Faschingstagen als große Sühneandacht „wegen mehrerer Sünden" statt. Förmliche Gebetsanordnungen sind aus den Jahren 1742 und 1765 bezeugt. In seinem Pastoralerlaß von 1869 schärfte Bischof Senestrey den Pfarrern ein, die Aussetzung des Allerheiligsten so einzurichen, daß sie tatsächlich 40 Stunden dauere[188].

b) Marienverehrung

Die Verehrung der Gottesmutter Maria hat bis heute ihren festen Platz im Leben der Gläubigen. Eine ausgeprägt marianische Frömmigkeitsform ist der Rosenkranz; unter den marianischen Andachten gilt die Maiandacht bis heute als besonders bedeutsam.

Der *Rosenkranz* war immer schon eine beliebte Gebetsform. Trotz aller Einwände seitens der Aufklärung hatte sich dieses Gebet behaupten können. Bis in die jüngste Zeit gab es wohl kaum einen Samstag, an dem man nicht den Abendrosenkranz und die Lauretanische Litanei betete. Die nachdrücklichste Förderung erfuhr der Rosenkranz unter dem Pontifikat Leos XIII. In 16 marianischen Schreiben und Enzykliken setzte sich der Papst zwischen 1883 und 1901 für das Rosenkranzgebet ein und bestimmte den Oktober als Rosenkranzmonat. Seit 1883 wurden die Gläubigen regelmäßig an diese Gebetsform erinnert und zur täglichen öffentlichen Rosenkranzandacht aufgefordert[189].

Eine weitere marianische Andacht, die ebenfalls auf einen bestimmten Monat festgelegt ist, ist die *Maiandacht*. Diese Frömmigkeitsform, in der die biedermeierliche Sicht Mariens als der Holden, der Schönen gepflegt wurde, ist gerade zum Ausdruck der Frömmigkeit des 19. Jahrhunderts geworden[190]. Die erste öffentliche Maiandacht in Regensburg wurde 1844 in der Klosterkirche St. Klara gefeiert. Regelmäßig wurde diese Andacht seit 1852 für die ganze Stadt in der Obermünsterkirche, der ehemaligen Seminarkirche gehalten. Vor 1880 wurde eine weitere, öffentliche Maiandacht in der Schottenkirche eingerichtet. In einem Hirtenbrief rief Bischof Senestrey 1877 dazu auf, an allen Orten, wo eine Maiandacht gehalten wird, diese nach Meinung des hl. Vaters mitzufeiern und Maria um Schutz für die Kirche und ihr bedrängtes Oberhaupt anzuflehen[191]. Während des Zweiten Weltkriegs wurden 1942 die Kinder zu einem „Gebetskreuzzug" aufgerufen; eine eigene feierliche Maiandacht sollte für sie entweder am Pfingsttag oder in den letzten Tagen des Maimonats stattfinden[192]. Das „Lob Gottes" von 1932 enthielt zwei Formulare für die Feier der Maiandacht. Die Maiandacht erfreut sich auch heute noch großer Beliebtheit; als problematisch erweist sich jedoch, daß sie als „Monatsandacht" stets teilweise in die 50tägige Osterzeit fällt und diesem Thema kaum gerecht werden kann[193].

In Anlehnung an derartige Monatsandachten verbreitete sich seit 1888 die Übung, während des Septembers täglich eine Andacht zu den *Sieben Schmerzen Mariens* zu halten[194]. Dieses Motiv war zudem seit 1874 Thema von Betstunden am sog. „Schmerzensfreitag" nach dem Passionssonntag; 1937 ordnete Bischof Buchberger für diesen Tag Betstunden um den Frieden an[195].

Am 25. Jahrestag der Erscheinungen von Fatima hatte Papst Pius XII. am 31. Oktober 1942 die Welt an das *Unbefleckte Herz Mariens* geweiht. Anlaß des Weiheaktes war der Wunsch, die Gottesmutter als eine Patronin um Schutz in dieser Notzeit anzuflehen. In Regensburg wurde die Weihe am Fest der Unbefleckten Empfängnis am 8. Dezember 1943 vollzogen und in den folgenden Jahren regelmäßig wiederholt. Seit 1954 wurde die Weihe auf päpstliche Anordnung hin jeweils am Fest Maria Königin, am 31. Mai erneuert[196].

c) Heiligen- und Engelsverehrung

Für die Verehrung der Heiligen und Engel an ihren Fest- und Gedenktagen boten die offiziellen Gesang- und Gebetbücher entsprechende Andachten, Gebete und Lieder an. Darüber hinaus waren die Gläubigen immer wieder zu außerordentlichen Gebeten und Gottesdiensten aufgerufen. 1891 war beispielsweise die Jubelfeier zum 300. Todestag des hl. *Aloisius von Gonzaga* († 1591) durch eine drei- oder neuntägige Andacht vor allem seitens der Jugend zu begehen[197]. Besonders nachdrücklich empfahl Bischof Senestrey 1897 Feiern zum Jubiläum des sel. *Petrus Canisius* († 1597), der als „zweiter Apostel Deutschlands" – wie ihn Pius IX. und Leo XIII. bezeichneten – in Regensburg und Straubing segensreich gewirkt habe[198]. 1923 war es der 300. Todestag des hl. *Franz von Sales*, der auf Anordnung des Papstes mit drei- oder neuntägigen Andachten gefeiert werden sollte[199].

Als Reaktion auf die vielfältigen Bedrohungen und Gefährdungen der Familie während des 19. Jahrhunderts blühte der im 17. Jahrhundert einsetzende Kult der *Hl. Familie* immer mehr auf. 1861 entstand der „Verein von der Hl. Familie", dessen Mitglieder sich zum täglichen Gebet vor einem entsprechenden Bild verpflichteten. Mit Ablässen versehene Gebete wurden 1890 von Leo XIII. bestätigt[200].

Neben der Verehrung der Gottesmutter stand die Verehrung des *hl. Josef* im Mittelpunkt der Frömmigkeit dieser Zeit. Die Hoch-Zeit des Josefskultes ist weitgehend identisch mit dem „marianischen Jahrhundert" zwischen 1850 und 1950. 1870 wurde der hl. Josef zum Schutzpatron der katholischen Kirche erklärt. Schon während der Barockzeit nahm die Verehrung des hl. Josef mehr und mehr zu. So sollte z. B. sein Fest in der Regensburger Diözese seit 1654 „in choro et foro" gefeiert werden[201]. Von besonderer Bedeutung für die Frömmigkeit wurde die Bestimmung des Monats März – am 19. März ist Josefitag – als Josefsmonat. Seit 1855, erneuert 1865 und 1877 war diese Gebetsform mit Ablässen ausgestattet worden[202]. 1889 rief Leo XIII. dazu auf, den Schutz des hl. Josefs „bei schwierigen Zeitläuften" zu erflehen und empfahl nachdrücklich die Andacht im März. Während des Oktoberrosenkranzes, aber auch während des Josefsmonats sollte ein besonderes Gebet zum hl. Josef gesprochen werden. Außerdem wurde ein Triduum vor dem Josefstag angeordnet[203].

Eine andere Form der Josefsverehrung bildeten die sog. 9 Mittwoche vor dem Hauptfest oder die 7 Sonntage zu Ehren des hl. Josefs, die nach Ausweis des Regensburger Oberhirten Senestrey um 1890 in der Diözese unter außerordentlicher Beteiligung der Gläubigen u. a. bei den Karmeliten in Regensburg begangen wurden[204].

Weitere Steigerungen der Josefsverehrung lassen sich dokumentieren durch die Gewährung einer eigenen Präfation im Jahre 1919; seit 1956 wurde am 1. Mai das Fest „Josef der Arbeiter" (S. Ioseph opificis) gefeiert. Mit der Aufnahme des hl. Josef in den altehrwürdigen Canon Romanus durch Johannes XXIII. im Jahre 1962 erreichte die Verehrung des Bräutigams der Gottesmutter einen abschließenden Höhepunkt.

d) Sonstige Andachtsformen

Im Zeichen der Ökumene, der Bitte um Wiedervereinigung im Glauben, steht die 1895 empfohlene und seit 1897 allgemein vorgeschriebene *Pfingstnovene* zwischen Christi Himmelfahrt und Pfingsten (nach Apg 1,13f)[205]. Die Gebetswoche für die Einheit der Christen *(Weltgebetsoktav)* zwischen dem Fest „Kathedra Petri" und dem Fest der Bekehrung des Apostels Paulus (18.–25. Januar) wurde durch Benedikt XV. im Jahre 1917 für die ganze Kirche vorgeschrieben und in der Diözese immer wieder in Erinnerung gerufen[206].

Der *Wechsel vom 19. zum 20. Jahrhundert* sollte auf Wunsch des Papstes in der Silvesternacht 1899/1900 mit besonderen Gebetsstunden begleitet werden. Die Gläubigen sollten „unter Gebet, bis

Mitternacht wachend, für sich und ihre Familien den Übergang zum neuen Jahre und Jahrhundert... in Andacht feiern". Die Betstunde hatte vor ausgesetztem Allerheiligsten zu erfolgen; nach Mitternacht durfte die Eucharistie gefeiert und den Gläubigen die Kommunion gereicht werden[207].

Bischof Antonius von Henle führte kurz nach seiner Transferierung von Passau nach Regensburg hier die kirchliche *Feier des Jahresschlusses* mit einem Schreiben an den Klerus seiner Diözese ein. Er bemerkte dazu, daß die Liturgie das Kirchenjahr mit dem ersten Adventssonntag beginnen lasse und keine besonderen Gebete zum (bürgerlichen) Jahresschluß kenne, daß aber diese Feier ganz im Geist der Kirche liege[208]. In das „Lob Gottes" wurde hierzu eine eigene Andacht aufgenommen.

Niederschlag im Kirchlichen Amtsblatt hat auch folgende Anordnung gefunden: Für die „*Armen Seelen*" bestimmte Leo XIII. 1888 anläßlich seines 50jährigen Priesterjubiläums ein außerordentliches Gedächtnis am letzten Sonntag im September, damit nach zahlreichen von ihm vorgenommenen Heilig- und Seligsprechungen zugunsten der triumphierenden Kirche „nun auch die leidende Kirche einen Anteil an dem Priester-Jubiläum" erhalte, „indem zu Gunsten und zum Troste aller armen Seelen... sowohl Ablässe gewährt und fürbittweise zugewendet, als insbesondere hl. Meßopfer... für sie dargebracht werden"[209].

Auf Zustimmung stieß der erstmals 1977 von Bischof Graber angeordnete *Hausgottesdienst*. Die Familie solle sich am Montagabend nach dem ersten Adventssonntag zu einem Wortgottesdienst um den Familientisch versammeln, um in Gebet, Gesang und Gespräch sich selbst als „Hauskirche" zu erleben. Die erforderlichen Gebetstexte wurden den Gläubigen vorher ausgehändigt. Seit 1979 findet dieser Hausgottesdienst sowohl im Advent als auch zu Beginn der Fastenzeit statt[210].

2. Gebete in öffentlichen und kirchlichen Anliegen

Das Gebet in allgemeinen oder besonderen öffentlichen bzw. kirchlichen Anliegen ist für den Christen selbstverständlich. Immer wieder wurden die Gläubigen zu *Dank- oder Bittgebeten* aufgerufen, sei es in Form von Andachten, Betstunden oder Triduen, sei es innerhalb oder im Anschluß an die Messe. Vor allem Vaterunser, Ave Maria, das Glaubensbekenntnis und das Allgemeine Gebet, aber auch Litaneien und sonstige für den jeweiligen Anlaß vorgeschriebene Gebete wurden verrichtet. Zur Intensivierung des Gebetes erfolgte es in der Regel vor ausgesetztem Allerheiligsten. Dankämter waren häufig mit einem feierlichen Te Deum verbunden. Zum Säkulartag 1883 sollte beispielsweise zur Erinnerung an den Sieg über die Türken bei Wien (12. September 1583) eine Dankfeier vor ausgesetztem Allerheiligsten mit Te Deum und sakramentalem Segen abgehalten werden[211].

In die Messe wurden bis zur Vereinfachung der Rubriken 1955 regelmäßig weitere Orationen, vor allem die vom Bischof vorgeschriebene „oratio imperata" aufgenommen, darunter *Gebete um Frieden, für den Papst, für den König u. ä.*[212]. Aus der Vielfalt der in den Regensburger Quellen bezeugten Gebetsanlässe seien einige wenige namentlich genannt, die durch ihre Häufigkeit auffallen[213]. Im Bereich des Politischen sind dies zunächst Gebete in Kriegs- und Notzeiten und die Bitte um Frieden. Was die Geschichte für unser Gebiet an kriegerischen und gefährlichen Ereignissen kennt, das hat seinen Niederschlag auch in den kirchlichen Quellen gefunden: Die Bedrohung durch die Türken, gegen die die Gläubigen zwischen 1591 und 1683 wiederholt zum Gebet aufgerufen werden; Kriegsgefahren – vom Dreißigjährigen Krieg bis zum Zweiten Weltkrieg –, Gebete um Frieden und Dank für Friedensschlüsse. Die Revolution von 1848 ist ebenso Anlaß zu Gebeten wie die Situation der Kirche im Kulturkampf. In Seuchenzeiten, die Mensch und Tier bedrohen, wenden sich die Gläubigen im Gebet an Gott. Vor allem *Gebete um gute Witterung und gute Ernte* sind immer wieder bezeugt; durch Eis und Überschwemmung oder Trockenheit drohen Teuerungen. Nicht zuletzt sind Ereignisse des regierenden Hauses Anlaß zu Gebeten: beim Tod des Kurfürsten bzw. Königs oder eines Mitglieds dieser Familie wird ebenso zu Gebeten aufgerufen wie bei Thronbesteigungen, Regierungsjubiläen, Reisen, Namens- und Geburtstagen. Bis in die Mitte des 19. Jahrhunderts wird immer wieder zu öffentlichem Gebet um glückliche Niederkunft der Kurfürstin bzw. Königin aufgefordert. Nach dem Ersten Weltkrieg entfielen die sonst an Sonn- und Feiertagen vorgeschriebenen Gebete „Pro rege"[214]. Das Reichskonkordat von 1933 bestimmte, daß fortan an solchen Tagen ein „Gebet für das Wohlergehen des Deutschen Reiches und Volkes" zu verrichten sei[215].

Im kirchlichen Bereich werden die Gläubigen selbstverständlich zu Gebeten für ihren *Oberhirten* aufgerufen, sei es aus Anlaß einer Erkrankung, seines Todes, zur Ernennung eines neuen Bischofs, dessen Weihe bzw. Inthronisation oder eines Jubiläums. Gebete begleiten auch die erste Bischofsversammlung 1849 in Würzburg, das Erste (1869/70) und Zweite Vatikanische Konzil (1962/65) oder die erste Bischofssynode in Rom 1971.

Die zunehmende Bedrohung des Kirchenstaates seit der Mitte des 19. Jahrhunderts rief eine bis dahin nicht gekannte Solidarisierungswelle mit dem Papst hervor; die Papsttreue entwickelte sich zu einer regelrechten „Papstverehrung". Im Herzen des katholischen Volkes wurde der Papst nun zum innig geliebten „Heiligen Vater". Immer wieder wurde zu Gebeten für ihn aufgefordert.

Vor allem die in Rom ausgerufenen Jubiläen wurden wegen der damit gewährten reichen Ablässe eifrig gefeiert. Auch die in der Regel alle 25 Jahre ausgerufenen *Heiligen Jahre* (zuletzt 1975) sowie die hinzukommenden außerordentlichen Jubiläen (1933, zuletzt 1983) wurden sowohl in der Diözese selbst als auch bei Pilgerreisen in Rom begangen[216].

Erstmals 1924 wurde in der Diözese Regensburg der Jahrestag der Papstkrönung Anlaß zu eigenen Andachten und Gebeten[217]. Dem Heiligen Vater sollte gedankt werden für die materielle Hilfe, die er u. a. auch Regensburg in den Jahren nach dem Ersten Weltkrieg zukommen ließ. Bis 1960, dem 2. Jahrestag der Krönung Johannes XXIII., wurden die Gläubigen immer wieder an diese Gebete am „Papstsonntag" erinnert[218].

In den Jahren nach dem Ersten Weltkrieg kam der Brauch des jährlichen *Jugendsonntags* auf. Vor allem während der NS-Zeit, aber auch in den Jahren nach dem Zweiten Weltkrieg wurde dieser Tag am Dreifaltigkeitsfest als „Gott-Bekenntnistag" der Jugend gefeiert[219].

Als Gebetswoche in den Anliegen des Bistums wurde erstmals 1964 die *St.-Wolfgangswoche* begangen; fortan werden im Turnus von drei Jahren die einzelnen Dekanate zu Wallfahrten nach St. Emmeram zum Schrein des hl. Wolfgang eingeladen[220].

Bedingt nicht zuletzt durch eine bislang kaum gekannte Zunahme von Eucharistiefeiern sind heute zahlreiche Andachten und andere Frömmigkeitsformen weitgehend aufgegeben worden. Wünschenswert wäre ihre Wiederbelebung unter bewußter Ausrichtung an der liturgischen Zeit, am Kirchenjahr. Dabei könnte sich die Orientierung an den Wurzeln dieser Frömmigkeit, am Stundengebet der Kirche als fruchtbar erweisen[221].

Anmerkungen

1 K. Hausberger, Geschichte des Bistums Regensburg, 2 Bde., Regensburg 1989. – Diese Darstellung löst die verdienstvolle „Kirchengeschichte des Bistums Regensburg" von J. Staber, Regensburg 1966, ab.

2 Das Fehlen einer breit angelegten, kompetenten Liturgiegeschichte ist nicht nur auf Diözesanebene zu beklagen; ebenso fehlt bis heute eine umfassende Darstellung beispielsweise der Geschichte der römischen Liturgie. Vgl. immer noch Th. Klauser, Kleine Abendländische Liturgiegeschichte, Bonn 1965. – Wertvoll sind nach wie vor die Untersuchungen von A. L. Mayer, Die Liturgie in der europäischen Geistesgeschichte. Ges. Aufsätze, hg. v. E. v. Severus, Darmstadt 1971; und J. A. Jungmann, Christliches Beten in Wandel und Bestand, München 1969.

3 J. Lipf, Oberhirtliche Verordnungen und allgemeine Erlasse für das Bisthum Regensburg vom Jahre 1250–1852, Regensburg 1853 (im folgenden abgekürzt als: Lipf).

4 Klauser 117.

5 Vgl. hierzu: Die Neuordnung der Eigenkalender für das deutsche Sprachgebiet (Nachkonz. Dokumentation 29), Trier 1975, darin: Erläuterungen und Kommentare von Ph. Harnoncourt, 183–271.

6 Vgl. B. Kleinheyer, Maria in der Liturgie, in: Handbuch der Marienkunde, hg. v. W. Beinert u. H. Petri, Regensburg 1984, 404–439, bes. 429ff.

7 Das Fest Patrona Bavariae wurde erstmals am 14. Mai 1917 mit eigener Oktav gefeiert. 1935 revidierte Pius XI. Offizium und Messe und verlegte das Fest – fortan ohne Oktav – auf den 1. Samstag im Mai. Mit Beschluß vom März 1970 hat die Bayerische Bischofskonferenz das Hochfest auf den 1. Mai festgelegt; seit dem 1. Mai 1971 wird es an diesem Tag gefeiert.

8 Vgl. Lipf 44. – Zu den Regensburger Missalen vgl. K. Gamber, Das Missale Ratisponense, in: Ders., Ecclesia Reginensis. Studien zur Geschichte und Liturgie der Regensburger Kirche im Mittelalter (SPLi 8), Regensburg

1979, 212–224, bes. 222ff. – Die Bücher für den liturgischen *Gesang* im Gottesdienst bleiben – vom geforderten Konzept dieses Beitrags her – unberücksichtigt.

9 Vgl. Lipf 46.

10 Vgl. Lipf 74, 342; Amtsblatt (Oberhirtliches Verordnungsblatt) für die Diözese Regensburg 1855, Nr. 14 S. 6 (im folgenden abgekürzt als: KA).

11 Vgl. KA 1865, 145f; 1883, 120.

12 Vgl. KA 1894, 188f.

13 Ein Exemplar des 1938 im Regensburger Verlag Pustet erschienenen „Ritus solemnis pro clerico faciendo . . ." für die Erteilung der Ordinationen wurde im Auftrag Bischof Buchbergers kostbar gebunden.

14 Vgl. die Bibliographie der einschlägigen Drucke im Anhang zu M. Probst, Der Ritus der Kindertaufe (TThS 39) Trier 1981, 255–297.274f.

15 Vgl. Lipf 82 (1699); Probst 274.

16 Vgl. Probst 274f. – Das Erscheinungsdatum der 1. Aufl. ist nicht bekannt; die 4. Auflage erschien noch nach der Neuauflage des „Großen Rituales" von 1831.

17 Vgl. Probst 275.

18 Vgl. Probst ebda., nähere Hinweise hinsichtlich des Inhalts macht KA 1895, 24–27. – Daß dieser Übergang vom diözesanen Rituale zum Rituale Romanum mit von Rom approbiertem Anhang nicht auf Regensburg beschränkt war, belegt Balth. Fischer, Das Trierer Rituale im 19. Jahrhundert. Ein Beitrag zur Geschichte der deutschen Diözesanritualien, in: Ekklesia (FS Bischof M. Wehr), (TThS 15), Trier 1962, 235–257.

19 Vgl. KA 1930, 69, 84f. Eine Einführung in das neue Diözesanrituale wurde ebda. 107–111 und 134 veröffentlicht. Probst, aaO. 275, nennt außerdem für 1930 ein „Manuale e Collectione Rituum". 1932 erschien – entsprechend zum liturgischen Buch – ein „Rituale für den Chor- und Mesnerdienst". – Eine gründliche Untersuchung der Entstehungsgeschichte dieses „Einheitsrituales" steht noch aus.

20 KA 1950, 85.

21 Nova et Vetera. Bericht über die Diözesansynode der Diözese Regensburg am 22. und 23. April 1958, Regensburg (ca. 1958) (im folgenden abgekürzt als: Synode 1958) 29; KA 1958, 75.

22 Euchologium Ratisbonense sive Ordo Sacri Ministerii servandus in Processionibus cum Ss. Eucharistiae Sacramento et in sacris officiis publicisque precibus coram eodam exposito peragendis. Auctoritate et iussu rev. et ill. domini Ordinarii, Regensburg 1869.

23 Berücksichtigt wurden ferner die universalkirchlich eingeführten Zusätze zur Lauretanischen Litanei und zur Allerheiligenlitanei.

24 KA 1873, 165f.

25 Vgl. die entsprechenden Nachweise beim Missale (oben Anm. 10 und 11).

26 KA 1857, 11–21.20. – Für den Gesang bei diesen Anlässen waren eine Fülle privater Gesangbücher sowie spezielle Andachtsbücher (z. B. zur Maiandacht mit den Marienliedern von Guido Görres) verbreitet.

27 KA 1877, 124; das Buch erschien erstmals 1872 bei Pustet in Regensburg, vgl. K. Küppers, Diözesan-Gesang- und Gebetbücher des deutschen Sprachgebietes im 19. und 20. Jahrhundert. Geschichte – Bibliographie (LQF 69) Münster 1987, Nr. 1488; zum Ganzen ebda. S. 33f. – Vgl. auch KA 1881, 50.

28 KA 1908, 53–59; vgl. Hausberger, Geschichte (oben Anm. 1) II 214f.

29 Vgl. KA 1908, 58.161–172.

30 KA 1932, 79–81.

31 Mit Ausbruch des Ersten Weltkriegs wurde das Fehlen eines einheitlichen deutschen Kirchengesangs als drängendes Problem empfunden; die daraufhin 1916 von der Fuldaer Bischofskonferenz beschlossenen 23 Einheitslieder wurden in zahlreiche Gesangbücher übernommen. Nach dem Zweiten Weltkrieg wurden 74 Lieder als Einheitslieder der deutschen Bistümer (E-Lieder) bestimmt; vgl. hierzu Ph. Harnoncourt, Gesamtkirchliche und teilkirchliche Liturgie (Unters. z. Prakt. Theol. 3), Freiburg u. a. 1974, 379–396; Küppers, Diözesan-Gesang- und Gebetbücher 54.

32 Synode 1958, 29.

33 Vgl. hierzu L. Landendinger, Gemeinsamkeiten und Unterschiede in den bayerischen Diözesananhängen des Gotteslob, Regensburg 1985 (masch. Staatsexamensarbeit; Expl. am Lehrstuhl f. Liturgiewissenschaft der Universität Regensburg).

34 In seinem Geleitwort zum „Gotteslob" (1975) bemerkte Bischof Graber: „Der Abschied von ihm (vom „Magnifikat") wird wohl nicht von heute auf morgen erfolgen". Wenn dies auch der Realität entsprochen haben mag, so wirkt ein solches Wort anläßlich der Einführung eines neuen Buches doch kontraproduktiv! – Zur Einfüh-

rung des „Gotteslob" in Regensburg vgl. A. Sauer, Pastorale Bemühungen im Bistum Regensburg um den Gemeindegesang in der Meßfeier im 20. Jahrhundert, in: BGBR 20.1986, 543–581, bes. 568–575.
35 Vgl. die oberhirtl. Anordnung aus dem Jahre 1761 bei Lipf 129f.
36 KA 1929, 27. – „Die hl. Evangelien und Episteln des Kirchenjahres für den gottesdienstlichen Gebrauch. Im engen Anschluß an die Schrifttexte der Schulbibel von Dr. Buchberger und des Einheitskatechismus übersetzt, München 1927". – Daneben wurde in der Diözese auch das „Lectionarium" von J. Ecker, Trier 1888, und das „Perikopenbuch" von K. Rösch, München 1927, gebraucht.
37 Zeitgemäße Seelsorge. Bericht über die Diözesansynode der Diözese Regensburg am 3. und 4. Oktober 1938, Regensburg (ca. 1939) (im folgenden abgekürzt als: Synode 1938) 63.
38 KA 1884, 4, 145; 1904, 116f; Synode 1938, 63. – Zu diesen Gebeten vgl. J. A. Jungmann, Missarum Solemnia. Eine genetische Erklärung der Römischen Messe, Wien u. a. ^{5}1962, II 565–570. Seit 1960 konnten sie bei der Gemeinschaftsmesse mit Erlaubnis der Ritenkongregation weggelassen werden bei Brautmessen, Erstkommunion, Firmung, Ordinations- und Profeßfeiern, KA 1960, 60.
39 Synode 1938, 63. – Das „Allgemeine Gebet" wurde ins „Gotteslob" übernommen (GL 790, 2).
40 Allgemeiner Pastoral-Erlaß an den hochw. Klerus des Bisthums Regensburg, Regensburg 1869 (im folgenden: Pastoral-Erlaß 1869) 14.
41 Diözesan-Synode für die Diözese Regensburg, abgehalten 1927 am 11. Oktober (I. Teil) und 1928 am 2. und 3. Juli (II. Teil), Regensburg (ca. 1928) (im folgenden abgekürzt als: Synode 1927/28) 27.
42 Synode 1938, 24.
43 Pastoral-Erlaß 1869, 36f.
44 KA 1965, 50. – Vgl. hierzu E. J. Lengeling, Aussetzung des Allerheiligsten, in: A. Kirchgässner (Hg.), Unser Gottesdienst, Freiburg u. a. 1960, 178–190.
45 Vgl. z. B. das Motu proprio Pius X. über die Erneuerung der Kirchenmusik „Tra le sollecitudini" 1903, ASS 36 (1903/4) 329–339; deutsch in: Dokumente zur Kirchenmusik unter besonderer Berücksichtigung des deutschen Sprachgebietes, hg. v. H.-B. Meyer und R. Pacik, Regensburg 1981, 23–34, bes. 25; vgl. ferner die Apost. Konstitution „Divini cultus sanctitatem" Pius XI. 1928, AAS 21 (1929) 33–41; deutsch ebd. 35–44, bes. 37; Enzyklika „Mediator Dei" Pius XII. 1947, AAS 39 (1947) 521–595, lat.-dt. Ausgabe, Freiburg 1948, z. B. Nr. 103/104; Meyer/Pacik 50f.
46 Vgl. Jungmann, Missarum Solemnia (oben Anm. 38) I 216; J. Hacker, Die Messe in den deutschen Diözesan-Gesang- und Gebetbüchern von der Aufklärungszeit bis zur Gegenwart (MThS. I, 1), München 1950, 70f.
47 Synode 1927/28, 35.
48 Vgl. Synode 1938, 23, 58, 63.
49 Vgl. Hacker, Messe (oben Anm. 46) 25, 142, 146.
50 Kirchengebet für den Gemeinschaftsgottesdienst katholischer Jugend, Düsseldorf 1928; Kirchenlied. Eine Auslese geistlicher Lieder, Berlin u. Freiburg i. Br. 1938. – Vgl. hierzu P. Jäckel, 25 Jahre „Kirchenlied" in: MuA 15.1963, 145–147; Th. Maas-Ewerd, Die Krise der Liturgischen Bewegung in Deutschland und Österreich (Stud. z. Pastoralliturgie 3), Regensburg 1981, passim.
51 Vgl. Th. Maas-Ewerd, Zur Bedeutung der Komplet in der Jugendseelsorge der dreißiger Jahre, in: KlBl 68.1988, 317–321.
52 KatBl 72.1947, 118–122. – Die Richtlinien wurden aufgrund verschiedener römischer Dokumente 1961 und dann im Zuge der beginnenden nachkonziliaren Reform 1965 überarbeitet, vgl. „Richtlinien der deutschen Bischöfe für die Feier der heiligen Messe in Gemeinschaft" (1961) (Reihe Lebendiger Gottesdienst 1), Münster ^{2}1962; „Richtlinien und Ritus für die Feier der heiligen Messe in Gemeinschaft" (1965) (Reihe Lebendiger Gottesdienst 9), Münster 1965.
53 Der Wortlaut ist dokumentiert bei Maas-Ewerd, Krise (oben Anm. 50) 471–481; 634–646; zur Rolle Buchbergers in der kritischen Phase der Liturgischen Bewegung vgl. ebd. 627–633.
54 KA 1944, 77f. – Vgl. in diesem Zusammenhang auch Sauer (oben Anm. 34) 552–564.
55 Vgl. Balth. Fischer, Das „Deutsche Hochamt", in: LJ 3.1953, 41–53.42.
56 KA 1944, 78.
57 Synode 1927/28 56.
58 KA 1944, 78.
59 Vgl. KA 1945, 1f.
60 KA 1957, 14; 1958, 33; 1961, 77.
61 KA 1957, 14. – Der Name wird hier fälschlich mit „Oberath" angegeben.
62 Synode 1958, 30.106 – Der Vortrag von Overath wird in den Beschlüssen zitiert, aaO. 106.
63 KA 1941, 24, 77; 1942, 43.
64 KA 1951, 38. – Reskript des Hl. Offiziums v. 12. 1. 1951. – Die Seelsorger waren gehalten, über die näheren Umstände und über die Zahl der Gottesdienstbesucher an das Ordinariat zu berichten, KA 1951, 75.

65 KA 1953, 14–17. – Ausdrücklich wurden 1954 kirchliche Trauungen in Verbindung mit einer Abendmesse untersagt, KA 1954, 56.
66 KA 1957, 31.
67 Ebda., näher ausgeführt in den Synodenbeschlüssen 1958, 26f.
68 Vgl. Synode 1927/28, 36.
69 Synode 1938, 31.
70 Vgl. Synode 1958, 28.71.
71 Vgl. ebda. 77.
72 Vgl. Synode 1927/28, 34.
73 Vgl. KA 1930, 101.
74 Apost. Konstitution „Christus Dominus" vom 6. 1. 1953, vgl. KA 1953, 14–17.
75 Vgl. Enchiridion documentorum instaurationis liturgicae. I: 1963–1973. Hg. v. R. Kaczynski, Turin 1976, Nr. 375; deutsch: Dokumente zur Erneuerung der Liturgie. I: Dokumente des Apostolischen Stuhls 1963–1973. Hg. v. H. Rennings und M. Klöckener, Kevelaer 1983, Nr. 375. – Im folgenden werden beide Werke zitiert als K/R mit der entsprechenden Nr.
76 „Sacra Tridentina Synodus" 1905 (DS 3375–3383); „Quam singulari" 1910 (DS 3530–3536), vgl. KA 1906, 99; 1910, 127f; 1911, 9–17.
77 Synode 1927/28, 34.
78 Vgl. KA 1911, 15–17.
79 Vgl. B. Kleinheyer, Sakramentliche Feiern I. Die Feier der Eingliederung in die Kirche (Gottesdienst der Kirche. Handbuch der Liturgiewissenschaft, hg. v. H. B. Meyer u. a., Teil 7, 1), Regensburg 1989, 216–236, bes. 220.
80 Vgl. KA 1931, 74f.
81 Vgl. dazu A. Jilek, Die Diskussion um das rechte Firmalter, in: LJ 24.1974, 31–51.34.
82 Vgl. KA 1929, 54.
83 Vgl. KA 1911, 18; 1931, 74f.
84 Vgl. KA 1962, 55f; 104f.
85 K/R 178–190.
86 Vgl. KA 1964, 39–41; 57f. – Vom Bischöflichen Generalvikariat wurden dazu nähere Anweisungen erlassen. – Zu den Volksmeßbüchern von Anselm Schott OSB (1843–1896) und Urbanus Bomm OSB (1901–1982) vgl. A. A Häußling, Das Missale deutsch. Materialien zur Rezeptionsgeschichte der lateinischen Meßliturgie im deutschen Sprachgebiet bis zum Zweiten Vatikanischen Konzil. Teil I: Bibliographie der Übersetzungen in Handschriften und Drucken (LQF 66), Münster 1984, Nr. 595–1104; 1211–1280.
87 Vgl. K/R 197; KA 1964, 76.
88 K/R 375.
89 K/R 456.
90 Vgl. Beschluß der Deutschen Bischofskonferenz v. 4.–7. 3. 1968, in: AfkKR 137.1968, 215–217. – Für Regensburg gilt der Beschluß des Priesterrates vom 3. 6. 1972; freundliche Auskunft von HH. Generalvikar Fritz Morgenschweis v. 11. 4. 1989.
91 K/R 199–297; bzgl. der Muttersprache in der Messe vgl. besonders n. 57 dieses Dokumentes (K/R 255). – Das Decretum typicum über die Verwendung der Muttersprache (Notitiae 1.1969, 9) fügt die in „Inter oecumenici" nicht eigens genannte Verwendung der Muttersprache „beim Tages-, Gaben- und Schlußgebet und beim Gebet über das Volk" hinzu, vgl. K/R 255c, Anm. u.
92 K/R 395.
93 Vgl. KA 1965, 142.
94 K/R 808–837, bes. 837 = Nr. 28 der Instruktion. – Annibale Bugnini, damals Sekretär der Kommission zur Durchführung der Konstitution über die heilige Liturgie, bemerkt dazu: „Wenn die ganze Messe in der Volkssprache gefeiert würde und der Kanon lateinisch, wäre es, wie wenn einem Gast alle Türen des Hauses weit geöffnet würden, das Herz aber verschlossen bliebe", A. Bugnini, Die Liturgiereform 1958–1975. Zeugnis und Testament, Freiburg 1988, 132 (zuerst ital. „La riforma liturgica", Roma 1983).
95 K/R 392n.
96 Vgl. KA 1967, 141.
97 K/R 1032. – Die drei neuen Eucharistischen Hochgebete. Deutscher Text approbiert von den Bischofskonferenzen des deutschen Sprachgebiets. Einsiedeln u. a. 1968. – Vgl. KA 1968, 96.129.
98 Vgl. KA 1962, 116. – Zum damaligen Zeitpunkt hatten eine Reihe deutscher Diözesen derartige Präfationen beantragt. Die Zahl der Präfationen im Missale Romanum 1570 war auf 11 Texte beschränkt worden; in der ersten Hälfte unseres Jahrhunderts kamen fünf weitere Präfationen hinzu: Totenpräfation, Präfation vom hl. Josef (beide 1919), Präfation für das Christkönigsfest (1925), die Präfation am Fest und in den Votivmessen des allerheiligsten Herzens Jesu (1928) und zuletzt die Präfation für die Chrisam-Messe (1955). – Vgl. hierzu

K. Küppers, Wie neu sind die „neuen" Präfationen im Missale Romanum 1970 und im Deutschen Meßbuch 1975?, in: LJ 36.1986, 75–91, bes. 76–79.
99 Vgl. KA 1967, 141f; 1968, 15f. Bemerkenswert ist, daß der lateinische Ordo Missae mit der Institutio generalis Missalis Romani und anderen Dokumenten als Beilage zum Amtsblatt für die Diözese Regensburg bereits im Juli 1969 als Sonderdruck veröffentlicht wurde.
100 Vgl. KA 1969, 106–108.
101 Für die Meßfeier an Wochentagen war – zum Experiment – bereits 1966 ein dreibändiges Perikopenbuch erschienen, vgl. dazu KA 1966, 2.
102 K/R 1892–1907.
103 KA 1969, 87f.
104 Approbationsbeschluß zum Meßbuch, S.16*. Vgl. auch die Erklärung der deutschen Bischöfe zur Einführung des neuen deutschen Meßbuches, KA 1975, 107–109.
105 Dieser Druck wird im Zusammenhang mit dem neuen Approbationsbeschluß als 2. Aufl. bezeichnet. – Die erste Meßbuchauflage kann durch ein entsprechendes Ergänzungsheft (Einsiedeln u. a. 1988) der neuen Auflage angepaßt werden.
106 Catechismus Romanus (1566) 2,3 qu. 17(14). – Zum Folgenden vgl. die detaillierten Nachweise bei Kleinheyer, Eingliederung (oben Anm. 79) bes. 216–236.
107 Vgl. Lipf 197 (1820), 198 (1821).
108 Vgl. KA 1859, 55–60; Hausberger, Geschichte (oben Anm. 1) II 161f.
109 KA 1930, 99. – Nach Ausweis in den entsprechenden Schematismen betrug die Zahl der Firmungen sogar 42 392; diese Zahlen müssen aber insoweit relativiert werden, als der damalige Weihbischof J. B. Hierl (1911–1936) aus Krankheitsgründen zwischen 1928 und 1930 lediglich 8 Firmungen spenden konnte.
110 So Bischof Henle in seinen „Weisungen bezüglich der hl. Firmung", KA 1926, 41f. – Erst das Zweite Vatikanische Konzil wird in der Liturgiekonstitution ausdrücklich formulieren, daß alle Liturgie „in der Kraft des Heiligen Geistes" geschieht (SC 6).
111 Firmungs-Ritus. Anleitung zur liturgischen Vorbereitung auf die Erteilung der Hl. Firmung, Regensburg 1915.
112 1922 ordnete der damals im 72. Lebensjahr stehende Bischof Henle an, der Vortrag nach der Pontifikalmesse „soll heuer von einem der beim Firmungsakt beteiligten Herren Geistlichen übernommen werden", KA 1922, 67. Auch später sollten die Dekane jeweils den Prediger benennen, vgl. z. B. KA 1927, 48. – 1928, nach Amtsantritt von Buchberger, sollte der Dekan oder der Ortspfarrer die Firmmesse zelebrieren, vgl. KA 1928, 47.
113 Vgl. z. B.: Lipf 612f (1852); Oberhirtl. Instruktion ... über die Spendung der hl. Firmung (Beil. z. KA 1896).
114 Vgl. KA 1957, 20.
115 Vgl. KA 1858, 41–43. Daß eine große Zahl von Firmlingen an den einzelnen Firmorten zusammenkam, hat seinen Grund auch darin, daß die Regensburger Diözese zwischen 1842 und 1902 keinen Weihbischof besaß und der Bischof der einzige Firmspender war.
116 Vgl. KA 1907, 52. – Später sollten die Kinder währenddessen die 3. Singmesse aus dem „Lob Gottes" singen, KA 1927, 48.
117 Vgl. KA 1912, 44. – Nach Erscheinen des neuen „Lob Gottes" von 1932 sollten die Kinder dazu angehalten werden, die Responsorien selbst zu singen (Lob Gottes S. 168–176), KA 1933, 34.
118 Vgl. KA 1907, 52.
119 Vgl. KA 1965, 50. – Die „Richtlinien der deutschen Bischöfe für die Feier der hl. Messe in Gemeinschaft" (vgl. oben Anm. 52) waren 1965 an die ersten Konzilsbeschlüsse angepaßt worden.
120 KA 1965, 50.
121 Vgl. KA 1973, 31–33.
122 Vgl. „Die Feier der Firmung" (1973), Vorbemerkungen Nr. 17f.
123 KA 1860, 188–190, hier: 189.
124 Pastoral-Erlaß 1869, 28.
125 KA 1961, 109f. – Das Indult wurde 1966 für fünf Jahre verlängert, KA 1966, 123.
126 Vgl. dazu die Allgemeine Einführung in das Römische Meßbuch (AEM) 333; wegen des liturgischen Rangs der folgenden Tage sind Votivmessen dann nicht mehr möglich.
127 Vgl. Lipf 175 (1801), 180f (1803). – Zur Situation in Österreich vgl. H. Hollerweger, Die Reform des Gottesdienstes zur Zeit des Josefinismus in Österreich (Stud. z. Pastoralliturgie 1), Regensburg 1976, 435–446.
128 Lipf 236.
129 KA 1940, 99. – 1939 war es noch beim herkömmlichen Termin geblieben, wenn die Vorschriften hinsichtlich der Verdunkelung erfüllt wurden, KA 1939, 116; ab 1942 lag der Termin für die Mette „sub vesperam", d. h. sie wurde zwischen 15 und 18 Uhr gefeiert, KA 1942, 61. Auch in den ersten Nachkriegsjahren blieb man wegen der Unsicherheit, namentlich auf dem Lande, bei dem Termin zwischen 16 und 19 Uhr, KA 1948, 97.
130 KA 1968, 129.
131 Vgl. Lipf 189 (1811); KA 1892, 125.

132 Für die Segnung des Dreikönigswassers war der herkömmliche Diözesanritus 1890 durch den einfachen „Ordo ad faciendam aquam benedictam" ersetzt worden; seit 1892 durfte der frühere Ordo jedoch dort, wo er herkömmlich war, wieder vollzogen werden; vgl. KA 1890, 154f; 1892, 124f.

133 KA 1983, 131. – Im Hintergrund steht die vom Päpstl. Missionswerk der Kinder (PMK) in Aachen organisierte Sternsinger-Aktion. Im Jahre 1984 beteiligten sich z. B. über 400 Pfarrgemeinden in der Diözese daran, vgl. KA 1984, 118.

134 Zum geschichtlichen Hintergrund vgl. z. B. A. Stuiber, Von der Pascha-Nachtwache zum Karsamstagsgottesdienst, in: KatBl 75.1950, 98–107; J. A. Jungmann, Die Vorverlegung der Ostervigil seit dem christlichen Altertum, in: LJ 1.1951, 48–54.

135 Vgl. KA 1952, 31. – Zeitpunkt der Feier sollte ursprünglich Mitternacht sein, die Ritenkongregation räumte 1952 die Möglichkeit der Antizipation ein. 1956 ordnete der Bischof als Zeitpunkt 19 Uhr (nach Sonnenuntergang) an.

136 Ebda. – Eine zwiespältige Haltung – nicht nur des Regensburger Oberhirten – gegenüber der Ostervigil zeigt das Problem der Erfüllung der Sonntagspflicht. Wenn die Feier nach Mitternacht stattfand, dann war diesem Gebot zweifelsohne entsprochen. In diesem Sinne waren auch die mit Dekret vom 11. 1. 1952 der Editio altera des Ordo Sabbati Sancti (1953) beigefügten „Ordinationes" (V,14) abgefaßt. Im Falle der Antizipation jedoch galt die Sonntagspflicht nicht als erfüllt; die Gläubigen mußten folglich am Ostertag ebenfalls die Messe besuchen – eine Entscheidung, die nicht gerade zur Mitfeier der Vigil ermuntern konnte. Zudem wird allein von der Frage der Sonntagspflicht her der Rang dieser Vigilfeier diskreditiert. – Vgl. in diesem Zusammenhang neben dem Regensburger KA z. B. auch KA München und Freising 1952, 69; KA Bamberg 1952, 136; KA Passau 1952, 35.

137 Vgl. KA 1953, 18. Daß die Feier der erneuerten Ostervigil in Bischof Buchberger keinen Förderer hatte, zeigt sich auch darin, daß er im Amtsblatt von 1955 diese Regelung von 1953 erneut bestätigte, vgl. KA 1955, 20. – Es wäre anhand von Archivmaterial genauer zu prüfen, wie die Einstellung der Regensburger Geistlichkeit zu dieser Frage tatsächlich war.

138 Vgl. KA 1955, 27.

139 Vgl. z. B. Euchologium Ratisbonense 1928, 71f. – Hinsichtlich der Duldung dieses Brauches durch die Ritenkongregation vgl. KA 1897, 55f. Eine Untersuchung dieses Brauches bietet W. Bauer, Die Depositio und Elevatio Crucis in der Diözese Regensburg in Vergangenheit und Zukunft, Regensburg 1974 (masch. Diplomarbeit; Expl. am Lehrstuhl für Liturgiewissenschaft der Universität Regensburg).

140 KA 1956, 17. – Zur Ausstattung vgl. Lipf 165.

141 KA 1956, 31; 34. – Der Wortlaut der Instructio „Cum propositum instaurati Ordinis hebdomadae sanctae" ist abgedruckt bei H. Schmidt, Hebdomada Sancta, 2 Bde., Rom 1956/57, I, 226–231, hier: 231. – Dt. bei J. Wagner/Balth. Fischer (Hg.), Die Feier der Heiligen Woche, Trier 1956, 15–23, hier: 22. – Vgl. in diesem Zusammenhang auch J. Löw, Eine Großaufgabe der Seelsorge. Die Erneuerung der Karwochenliturgie durch Pius XII., in: Die Feier der Heiligen Woche, 37–59, bes. 50–53.

142 Im Rundschreiben der Kongregation für den Gottesdienst „Über die Feier von Ostern und ihre Vorbereitung" vom 16. Januar 1988 (leicht erreichbar in den Verlautbarungen des Apost. Stuhls 81, Bonn 1988) heißt es in diesem Zusammenhang ausdrücklich: „Der Aufbewahrungsort (der Eucharistie) soll nicht die Form des 'heiligen Grabes' haben; man meide auch den Ausdruck 'Heiliges Grab': der Aufbewahrungsort ist nicht dazu da, das Begräbnis des Herrn darzustellen, sondern um das eucharistische Brot für die Kommunion am Karfreitag aufzubewahren" (n. 55).

143 Vgl. Lipf 180f; vgl. auch 165.

144 Vgl. z. B. Euchologium Ratisbonense 1928, 72f. – Für den Fall, daß die bisherige Auferstehungsfeier mit der Ostervigil verbunden werden sollte, machte der Bischof genaue Ritusangaben, vgl. KA 1952, 32; 1956, 17.34.

145 Vgl. KA 1956, 17–25; 31; 33–35.

146 Vgl. KA 1957, 31. – Daß die Erneuerung eines Ritus gelegentlich Fehllösungen mit sich bringt, zeigt die bischöfliche Anordnung, wonach ggf. „auch gleichzeitig zwei Kreuze verehrt werden" können. – Das römische Rundschreiben von 1988 (s. o.) bestimmt nochmals ausdrücklich: „Es werde nur ein Kreuz zur Verehrung geboten, weil die Echtheit des Zeichens dies verlangt" (n. 69).

147 Vgl. KA 1960, 27. – Vgl. z. B. auch KA Bamberg 1960, 34; KA Eichstätt 1960, 50; KA München und Freising 1960, 41.

148 Vgl. KA 1965, 49.

149 Vgl. KA 1970, 20.

150 Vgl. z. B. KA 1963, 48; 1985, 8. – Das Alter der Männer lag in der Zeitspanne von 1960 bis 1985 beispielsweise zwischen 75 und 85 Lebensjahren.

151 Vgl. z. B. Mittelbayerische Zeitung v. 25. 3. 1989, „Region": Foto und kurzer Hinweis auf „die traditionelle Zeremonie der Fußwaschung". – Diese Praxis deckt sich auch in keiner Weise mit den Forderungen des Regensburger Pastoraltheologen Prof. Dr. Konrad Baumgartner nach einer Erneuerung der bisherigen Alten-

pastoral, vgl. hierzu den Bericht über die 6. Vollversammlung des Diözesanrates der Katholiken, die sich mit dem Thema „Die ältere Generation in unseren Pfarrgemeinden" beschäftigte, Mittelbayerische Zeitung v. 17. 4. 1989.
152 Vgl. Lipf 297.
153 Vgl. z. B. KA 1962, 47. – Als neues, aber im Grunde fremdes Element, kam nachkonziliar die „Erneuerung der Bereitschaftserklärung zum priesterlichen Dienst" in die Liturgie der Chrisam-Messe hinein, vgl. Meßbuch S. 16f. – Irreführend spricht das Amtsblatt in diesem Zusammenhang von „Weiheerneuerung", KA 1983, 39! – Zum Ganzen vgl. die in Kürze gedruckt vorliegende Regensburger Diss. von P. Maier, Die Feier der Missa Chrismatis. Die Reform der Ölweihen des Pontificale Romanum vor dem Hintergrund der Ritusgeschichte (Stud. z. Pastoralliturgie 7), Regensburg 1989.
154 Vgl. KA 1983, 39.
155 Vgl. Ordo benedicendi olea Nr. 10. – Als möglicher Termin böte sich z. B. der Freitagnachmittag vor dem Palmsonntag an.
156 Vgl. A. Mitterwieser/Th. Gebhard, Geschichte der Fronleichnamsprozession in Bayern, München ²1949, passim.
157 Lipf 188.
158 Vgl. KA 1938, 34; 1940, 47; 1942, 26.
159 Vgl. KA 1961, 51. – Ungeachtet aller Reformen wird in der Regensburger Klosterkirche Heilig-Kreuz alljährlich zu einer Fronleichnamsoktav eingeladen, vgl. z. B. Mittelbayerische Zeitung v. 18. 5. 1989.
160 Vgl. z. B. Euchologium Ratisbonense 1928, 8 – 24.
161 Vgl. KA 1961, 51.
162 Vgl. KA 1963, 63; 1965, 75.
163 Vgl. KA 1969, 62 – 64.
164 Vgl. KA 1970, 48 – 50.
165 Vgl. dazu die immer noch maßgeblichen Untersuchungen von Th. Schnitzler, Meßopferfeier und Nachmittagsandacht, in: Die Messe in der Glaubensverkündigung (FS J. A. Jungmann), hg. v. F. X. Arnold und Balth. Fischer, Freiburg 1950, 354 – 363; ders., Stundengebet und Volksandacht, in: J. A. Jungmann (Hg.); Brevierstudien, Trier 1958, 71 – 84.
166 Vgl. W. Nastainczyk, Volksandacht als Liturgie, in: LJ 13.1963, 99 – 107.103.
167 Lipf 601 – 604. – Die Pfarrer sollten binnen 6 Wochen über die Situation in ihren Gemeinden berichten.
168 Vgl. z. B. KA 1864, 105: Gebet am Allerseelentag; Novene zum hl. Franziskus Xaverius.
169 Pastoral-Erlaß 1869, 24f.
170 Synode 1927/28, 35.
171 KA 1929, 21f.
172 Synode 1938, 23f. – Diese Andachsform wuchs aus der Liturgischen Bewegung und war zunächst vor allem für Jugendliche zugelassen worden, vgl. KA 1937, 86.
173 Synode 1958, 26.
174 Vgl. KA 1857, 25 – 29. – 1864 ordneten die bayerischen Bischöfe an, eine neuntägige Andacht zum Herzen Jesu abzuhalten, „zur Abbitte all der Beleidigungen, welche in unsern Tagen der Unglaube dem heiligsten Herzen unseres göttlichen Erlösers, namentlich in gottlosen Schriften, zuzufügen sich erkühnt" – diese Andacht war namentlich gegen das Jesusbuch des frz. Autors Ernest Renan gerichtet, vgl. KA 1864, 87f.
175 Vgl. KA 1872, 33 – 42.
176 Vgl. KA 1899, 79 – 85, 100 – 102. – Die Diözese Regensburg war bereits 1875 dem Herzen Jesu geweiht worden, vgl. KA 1875, 139f.
177 Vgl. KA 1873, 89 – 101; 1899, 100 – 102; 1911, 100.
178 Vgl. KA 1899, 100 – 102.
179 Vgl. KA 1937, 93; 1940, 78. – In anderen Bistümern wurde am Tag vor dem Herz-Jesu-Freitag der Priesterdonnerstag begangen, der vor allem die Thematik „Priester : Eucharistie" betonte.
180 Vgl. z. B.: KA 1965, 23. – Vgl. z. B. Es ist noch nicht vollbracht. Werkbuch zum Jugendkreuzweg, Hg. v. P. Bleeser u. a., Düsseldorf 1987.
181 KA 1941, 55; 1942, 42.
182 Vgl. Lipf 70f, 88, 115, 117, 155.
183 Diözesan-Constitutionen P. I. c. III § II, n. 2, Lipf 616: „Perpetuam ss. sacramenti adorationem olim in patria nostra usitatam, sed cum excidio monasteriorum sublatam, donec forte melioribus temporibus resuscitetur".
184 Vgl. KA 1856, 33.
185 Vgl. KA 1894, 73 – 82; 110 – 114. – Gleichzeitig erschien das auf oberhirtl. Anordnung herausgegebene Büchlein „Ewige Anbetung des Allerheiligsten Altars-Sakramentes im Bisthum Regensburg, Regensburg 1894"; es enthält neben Betstunden, Gebeten und Gesängen auch die offizellen Dokumente: Hirtenwort, Oberhirtl. Verordnung sowie die Abfolge des Ewigen Gebetes in der Diözese.

186 Vgl. KA 1944, 75–77.
187 Vgl. KA 1963, 146f; 1964, 1; 1976, 125–148. – Die entsprechenden Pfarreien sind im Direktorium der Diözese Regensburg aufgeführt.
188 Vgl. Lipf 106f. 135f; vgl. Diözesan-Constitutionen ebda., Lipf 616; Pastoral-Erlaß 1869, 43.
189 Vgl. KA 1883, 93–112; 1884, 116–119 u. ö. – Der Grund für die Wahl dieses Monats liegt darin, daß zum Gedenken an den Sieg von Lepanto am 7. Oktober 1571 jeweils an diesem Tag das Rosenkranzfest gefeiert wurde.
190 Vgl. hierzu K. Küppers, Marienfrömmigkeit zwischen Barock und Industriezeitalter. Untersuchungen zur Geschichte und Feier der Maiandacht in Deutschland und im deutschen Sprachgebiet, (MThS.I, 27) St. Ottilien 1987.
191 Vgl. KA 1877, 70–72. – Anlaß für diese Anordnung war das 50jährige Bischofsjubiläum Papst Pius IX.
192 Vgl. KA 1942, 26.
193 Überlegungen zu einer Neuorientierung bei K. Küppers, Österliche Kreuzverehrung im Mai. Überlegungen und Vorschläge zur Erneuerung der Marien-Mai-Andachten aus dem Geist des Konzils, in: Gottes Volk. Bibel und Liturgie im Leben der Gemeinde, hg. v. H. Ritt, Lesejahr B: Fasz. 4, Stuttgart 1988, 147–153; Lesejahr C: Fasz. 4, Stuttgart 1989, 129–134.
194 Vgl. KA 1888, 102; 1896, 133.
195 Vgl. KA 1874, 40; 1937, 29.
196 Vgl. KA 1943, 41; 1957, 43.
197 Vgl. KA 1891, 46. – Aloisius war 1729 zum Patron der (studierenden) Jugend erhoben worden.
198 Vgl. KA 1897, 140. – Der 1864 seliggesprochene Petrus Canisius wurde 1925 heiliggesprochen.
199 Vgl. KA 1923, 99.
200 Vgl. KA 1890, 159f.
201 Vgl. Lipf 58f.
202 Vgl. KA 1866, 38; 1877, 128.
203 Vgl. KA 1889, 100–106; 1890, 58–65. – Der Josefsmonat spielt nachkonziliar keine Rolle mehr; J. A. Jungmann hatte seinerzeit diese „weitestgehende Entfremdung vom Kirchenjahr", die sich über die Quadragese hinwegsetzte, nachdrücklich kritisiert, vgl. ders., Christliches Beten in Wandel und Bestand (oben Anm. 2) 189.
204 Vgl. KA 1890, 59.
205 Vgl. KA 1895, 50; 1897, 60–62.
206 AAS 9.1917, 61f; – vgl. z. B. KA 1938, 4; 1970, 119. – Während das Fest am 25. 1. auch im nachkonziliaren Kalender beibehalten wurde, ist das Kathedra-Fest vom 18. 1. bereits 1960 im „Codex Rubricarum" zugunsten des gleichnamigen Festes am 22. 2. aufgegeben worden.
207 Vgl. KA 1899, 142; 153f.
208 Vgl. KA 1908, 161f; 1909, 196.
209 KA 1888, 141–143.
210 Vgl. KA 1977, 107; 1978, 21; 1982, 145. – Für die Gestaltung der Hausgottesdienste könnte verstärkt z. B. auch das Kleine Stundenbuch herangezogen werden.
211 Vgl. KA 1883, 89.
212 Vgl. hierzu Jungmann, Missarum Solemnia (oben Anm. 38) I 490.
213 Die Nachweise in der Sammlung der Verordnungen und Erlasse von J. Lipf und in den Oberhirtlichen Verordnungsblättern sind Legion; ich verzichte an dieser Stelle auf detaillierte Angaben.
214 Vgl. KA 1919, 54.
215 Art. 30 des Konkordates; vgl. KA 1933, 99; J. Wenner (Hg.), Reichskonkordate und Länderkonkordate, Paderborn ⁷1964, 21f. – Dieser Artikel gilt übrigens noch heute.
216 Vgl. KA 1924, 55; 1935, 34; 1950, 4 u. ö. – Der in diesem Zusammenhang älteste Beleg stammt aus dem Jahre 1600, vgl. Lipf 43. – Im Jahre 1983 wurde die 1950-Jahr-Feier der Erlösung begangen, KA 1983, 31.
217 KA 1924, 7. – Im Amtsblatt von 1925 heißt es vom Papst „Er ist der Eine und sichtbare König der Einen und sichtbaren Kirche" (aao. 1); die Herausstellung der Papstkrönung ist wohl auch vor dem Hintergrund der historischen Ereignisse des Ersten Weltkrieges zu sehen, die zum Niedergang dreier Monarchien führte. Eigenartig berührt die „Feier" der Papstkrönung allerdings unter dem Aspekt, daß im gleichen Jahr auch erstmals das Christkönigsfest liturgisch gefeiert wird.
218 KA 1960, 99. – Paul VI. legte 1963 in einem symbolischen Akt die Tiara ab.
219 Vgl. z. B. KA 1921, 102; 1937, 51; 1938, 34; Synode 1938, 59f; KA 1970, 51.
220 Vgl. KA 1964, 69; 1965, 7 u. ö.
221 Vgl. K. Küppers, Verarmt unser gottesdienstliches Leben? Zur Vorgeschichte und Wirkung des Artikels 13 der Liturgiekonstitution, in: Lebt unser Gottesdienst? Die bleibende Aufgabe der Liturgiereform (FS B.Kleinheyer), Hg. v. Th. Maas-Ewerd, Freiburg 1988, 248–264.

Abb. 17 König David. Blatt aus einem Psalterium, wohl Kloster Prüfening, um 1175 (Kat.-Nr. 39)

Die Musica sacra in der Regensburger Liturgie von der Barockzeit bis heute

von August Scharnagl

Die Eroberung durch die Schweden im Jahre 1633 versetzte das bereits verschuldete Hochstift durch zusätzliche Kriegssteuern in den Zustand vollkommen Ruins. Es mußte auf alles verzichtet werden, was nur irgendwie entbehrlich war. So konnten im Jahre 1634 nur mehr zwei Geistliche, ein Organist, ein Choralist und als Ministranten fünf Knaben als unbedingt notwendig zur Feier der Liturgie gehalten werden. An Lichtmeß 1636 wurde das bisherige Chorpersonal durch die Bestellung eines Cantors, zweier Choralisten und eines Musikanten (Instrumentalisten) vermehrt. Als sich jedoch die Verhältnisse durch die Folgen des Krieges erneut verschlechterten, begnügte man sich zur notdürftigen Ausführung der liturgischen Verrichtungen nur noch mit einem Organisten und einem Sänger, die für ihre Dienstleistungen von Fall zu Fall entlohnt wurden.

1649 starb Bischof Albert IV., der alle Leiden und Nöte des Dreißigjährigen Krieges hatte durchkosten müssen. Seinem Nachfolger, Franz Wilhelm von Wartenberg (1649–1661), fiel die schwere Aufgabe zu, die Wirrnisse des inzwischen beendeten Krieges zu beseitigen und die kirchlichen Verhältnisse in der Diözese zu ordnen. Zu einer Diözesansynode, die er bald nach seinem Regierungsantritt einberief und die unter seinem Vorsitz vom 5.–8. Juli 1650 im Dom zu Regensburg stattfand, kamen mehr als 600 Geistliche, 116 Ordenspriester und 12 Äbte. Da zur feierlichen Gestaltung der Gottesdienste Sänger und Instrumentalisten fehlten, wandte sich Wartenberg an den Vorstand des Straubinger Jesuitenkollegs, Kanonikus Nicolaus Belchamps, mit der Bitte, „…alle Ihre Musicanten, welche Vocales und Instrumentales zum Tauglichsten seyn, auf den Synodum zu schikhen…". Am 27. Juli 1650 nahm Wartenberg die Verhandlungen mit dem Kapitel „bezüglich die Errichtung eines Seminars" auf und erklärte dem Domdechant, dem Scholastikus und dem Weihbischof, daß mit Hilfe des Seminars „der Gottesdienst im Thumb etwas mehrers befördert und gemehrt werde". Das Seminar wurde dann im Oktober 1650 endgültig eröffnet. Für den Chordienst bestimmte das Kapitel, daß alle, der Rektor, der Oeconomus und die Alumnen in der Domkirche an der Metten, am Hochamt vormittags und an der Vesper nachmittags teilzunehmen haben. Als Wartenberg im Jahre 1652 Regensburg verließ, um in sein Bistum Osnabrück zurückzukehren, ging es mit der Kirchenmusik wieder abwärts. Das Kapitel klagte im Juni 1652, daß „der hl. Gottesdienst wegen der Priesterschaft, als auch der Musikanten halber bei einem solchen Hochstift sehr schlecht sei". Auch Bischof Wartenberg, der inzwischen nach Regensburg zurückgekehrt war, bemerkte, daß er nunmehr einen „größeren Mangel verspüre als vor seiner Abreise, daß es allenthalben gar schlecht bestellt, die horae nicht gesungen und schlechte Music gemacht würde".

Nachdem Wartenberg verschiedene Gutachten über die Neugründung eines Seminars eingeholt hatte, damit die Gottesdienste in der Domkirche wiederum recht gefeiert werden könnten, entschloß er sich im Oktober 1653 zur endgültigen Auflösung der alten Domschule und zur Errichtung von zwei neuen Seminaren. Darnach war für die *Kirchenmusik im Dom* das Seminar St. Peter zuständig, während die Alumnen des St. Wolfgang-Seminars, soweit sie musikalische Kenntnisse und Fähigkeiten besaßen, nur an bestimmten Sonn- und Feiertagen dem Domchor zur Verfügung stehen sollten. Außerdem ist der bisherige Organist beizubehalten und ein Kantor und ein Succentor anzustellen. In dem Hause nahe bei der Domkirche, der sog. „alten Schule", sollten 18 Knaben Aufnahme finden, die vom Kantor und Succentor erzogen und in der niederen Wissenschaft sowie im Gesang unterrichtet werden. Die beiden Seminare wurden schließlich im Dezember 1653 eröffnet. Das Domkapitel wollte auch die Alumnen des St. Wolfgang-Seminars, das unter der Leitung der Jesuiten stand, die vor allem die Seminaristen für die eigenen Chordienste beanspruchten, zur Verstärkung der Domchorsänger heranziehen. Im Februar 1655 verfügte Wartenberg, daß die Alumnen des St. Wolfgang-Seminars im Jahr wenigstens an 33 Festtagen in der Kathedrale bei der Musik anwesend sind. Doch verbesserte sich die Kirchenmusik im Dom im Laufe der Zeit, so daß „der Gottesdienst täglich mit ziemlicher Auferbaulichkeit konnte gefeiert werden". Nachdem 1660 noch zwei festbesoldete Choralisten angestellt wurden, die zugleich als Instrumentalisten eingesetzt werden konnten, hatte der Chor mit acht Chorvikaren, einem Kantor, einem Succentor, einem Organisten, zwei Choralisten (zugleich Instrumentalisten) und sechs Singknaben eine das Kapitel befriedigende Besetzung erreicht, die nach Wartenbergs Tod in die Concordata von 1662 aufgenommen wurde, zugleich mit Festlegung der zu leistenden Beiträge.

Unter Bischof Albrecht Sigismund (1668–1685) kamen noch drei Choralisten hinzu, die jedoch nur als Instrumentalisten eingesetzt wurden und als die sog. „3 Domtrompeter" eine besondere Stellung innerhalb der Kapelle einnahmen, die gegen Ende des 17. Jahrhunderts 16 Mitglieder umfaßte mit zusätzlich besoldeten Stellen für einen Pauker, einen Violinisten und einen Fagottisten. Nach Bedarf wurden zur Mitwirkung bei einzelnen Aufführungen gegen Entlohnung Instrumentalisten, Stadtpfeifer und Sänger beigezogen. Den Umfang und die Leistungsfähigkeit des Domchors bezeugt ein „Catalogus rerum musicalium" des *Domkapellmeisters Georg Faber* (1674–1679), er führt als erster diesen Titel; der Katalog enthält zahlreiche Kompositionen der damals bekannten Meister.

Unter den folgenden Bischöfen Josef Klemens (1685–1716), Klemens August (1716–1719) und Johann Theodor (1719–1763) blieb bei der Domkirchenmusik alles beim Hergebrachten. Da Johann Theodor nie in Regensburg residierte, war der Regensburger Dommusikkapelle die Glanzperiode einer fürstbischöflichen Hofmusik versagt. Auch hatte Regensburg gerade im 18. Jahrhundert immer wieder unter kriegerischen Auseinandersetzungen zu leiden (Spanischer Erbfolgekrieg 1701–1714, Österreichischer Erbfolgekrieg 1741–1745).

Domscholastikus v. Weinberg unterbreitete im Februar 1750 dem Kapitel den Vorschlag, die aus dem Dausch'schen Testament jährlich an 12 Studenten zu verteilenden 72 Gulden für die Verbesserung der Domkirchenmusik zu verwenden. Nachdem das Kapitel diesem Vorschlag zugestimmt hatte, wurde dieser Betrag hauptsächlich solchen Studenten zugebilligt, die als Instrumentalisten zu gebrauchen waren. Außerdem übergab *Domkapellmeister Joseph Michl* dem Kapitel ein „Pro memoria", um mit jährlich 400 Gulden 12 musikkundige Studenten zu unterstützen. Bischof Klemens Wenzeslaus (1763–1768) bewilligte 300 Gulden, die nach dem Ermessen des Domkapellmeisters an Sänger oder Instrumentalisten ausbezahlt werden konnten. Doch wurden, dem musikalischen Zeitgeschmack entsprechend, zumeist Instrumentalisten bevorzugt. Bemerkenswert ist ferner die Errichtung einer eigenen Singstelle für eine Frauenstimme, da sich die Stimmen der 6 Präbendisten gegenüber dem ziemlich stark besetzten Orchester als zu schwach erwiesen. Das Kapitel bestimmte in der Sitzung vom 29. Dezember 1769, die „Singstelle der ehemaligen Jungfrau Michlin, nunmehrige Capellmeisterin Cavallo, zu übergeben." Unter *Kapellmeister Fortunat Cavallo* (1769–1801) erlebte gerade die *instrumentale Kirchenmusik* einen bedeutenden Aufschwung. So beschaffte er gleich zu Beginn seiner Tätigkeit eine Anzahl neuer Instrumente: zwei Hörner, acht Geigen, zwei Flöten, zwei Oboen, einen Kontrabaß, eine Bratsche und ein Fagott. Auch das in diesen Jahren benutzte Repertoire läßt sich aus einem im Jahre 1764 angelegten, bis etwa 1806 fortgeführten Inventarverzeichnis nachweisen. In großer Zahl sind darin die Kirchenmusikwerke vieler bekannter und damals geschätzter, heute längst vergessener Komponisten enthalten. Das gesamte Aufführungsmaterial aber fiel am 23. April 1809 dem bei der Beschießung Regensburgs verursachten Stadtbrand zum Opfer.

Von den schwerwiegenden politischen Ereignissen in den ersten Jahrzehnten des 19. Jahrhunderts war die Eingliederung Regensburgs in das Königreich Bayern für die Dommusik von entscheidender Bedeutung. Der Staat, vertreten durch die Regierung des Regenkreises in Regensburg, erhielt nunmehr ein Mitsprache- und Entscheidungsrecht in den die Domkirchenmusik betreffenden Fragen. Die Besoldung des Musikpersonals, sowie die Dienstaufsicht waren Sache des Staates, der sich durch vordringlichere Aufgaben überlastet, kaum um die Zustände der Domkirchenmusik kümmern konnte, während das Kapitel zur Ahndung von Nachlässigkeiten der Musikanten keinerlei Handhaben besaß. Unter dem 17. März 1825 berichtet das Kapitel an die Regierung: „Die Bedürfnisse des Doms und der Pfarrkirche Niedermünster für den geeigneten Kultus werden immer schreiender und verursachen schon öffentliches Aufsehen. Die Musici murren häufig, versagen die Dienste entweder ganz oder verrichten dieselben nur halb zum Ärgernis des Volkes. Das bischöfliche Ordinariat verfügte, daß der pfarrliche Gottesdienst in der Niedermünsterkirche um $1/2$ 7 Uhr mit Amt und Predigt gehalten werden sollte. Darnach sollen die Dompredigt, dann der Gottesdienst mit feierlichem Hochamt folgen. Allein die Musici versagten den Dienst in Niedermünster gänzlich, weswegen nur eine Stillmesse gehalten werden kann, was nicht einmal in der kleinsten Dorfkirche üblich ist – in der Domkirche verrichten sie dieselben nur oberflächlich." Beim feierlichen Gottesdienst mit Prozession am Donnerstag erscheint außer dem Organisten, dem Kapellmeister und den sechs Singknaben niemand. Wird darüber das noch vorhandene Personal zur Rede gestellt, so erhält das Domkapitel die Rückantwort: „wir sind nicht salariert, das wenige, was wir genießen, gehört nach Reichsschluß uns ohnehin als Pension, wo uns noch vieles entzogen wurde, weil sich niemand um uns kümmert".

Da von Seiten der Regierung nichts unternommen wurde, um am Regensburger Domchor wieder Ordnung zu schaffen, sah sich das Kapitel am 18. Juni 1826 erneut veranlaßt, bei der Regierung vorstellig zu werden:

„1. Bei der Domkirche sind dermalen die zwei ersten Trompeter verstorben und nur der dritte ‚provisorische' ist noch vorhanden. Auch sind die zwei Tenoristen verstorben und nur ein Student versieht gegen ein jährliches Stipendium von 22 fl (Gulden) diese Stelle. Der Cantor und Bassist Iganz Praetori, welcher sich als Pensionist betrachtet, erscheint jährlich höchstens 10 mal bei den größeren Festen. Der Kapellmeister, resp. Musikdirektor Wenzeslaus Cavallo ist so beschaffen, daß selbiger, wenn auf eine andere Art für ihn gesorgt werden könnte, von dieser Stelle entfernt werden sollte. Der Organist, Priester Böck, läßt verlauten, daß er bei diesem Stand der Sachen nicht lange mehr bleiben könne und nur eine für ihn anständige Klosterpfarrei erwarte. Von Violinspielern ist dem Domkapitel nichts bekannt und sind gewöhnlich keine vorhanden und spielt dieses Instrument bloß der Kapellmeister und der dritte Trompeter. Aus diesem traurigen und ganz zerrütteten Zustand geht

2. hervor, daß nur durch eine gänzliche Organisation des niederen Kirchenpersonals geholfen werden kann und eine teilweise nicht zum Zweck führt;

3. der jährliche Gehalt bestimmt werden muß, damit von ordentlichen Männern, die Stellen suchen, auch ein ordentlicher Dienst gefordert werden kann".

Noch deutlicher ist der *Zustand des Regensburger Domchors* geschildert in einem Bericht vom November 1826: „Unmöglich ist das Ärgernis zu verschweigen, das der Musikchor im heute gehaltenen Jahrestag so besonders laut gegeben hat. Nicht nur war der Chor von keinem Baß- und Tenorsänger, bis zur Epistel auch von keinem Organisten besetzt, so daß schon kein Kyrie gehalten werden konnte. In jedem Singstück ließen sich nur Diskant und Alt hören und zwei schwache Violinen, die fast allemal in der Mitte des Stückes aufhören mußten. Mit Wehmut erfüllt las der Zelebrant vom Kanon an die heilige Messe still; nur die letzte Oration wurde wieder mit lauter Stimme probiert, worauf eine dem Choral ungewohnte Stimme antwortete". Der Geistliche sah sich zu dieser Anzeige genötigt, damit doch einmal dem bekannten Skandal der Dommusik mit Ernst begegnet würde, da sonst außer dem großen Nachteil für die Andacht der Gläubigen auch kein Priester im Stande sei, eine feierliche gottesdienstliche Handlung zu verrichten.

Die Ernennung *Johann Michael v. Sailers* zum Bischof von Regensburg (1829) schuf endlich die Voraussetzungen für eine gründliche Erneuerung der Kirchenmusik insgesamt und für eine Reorganisation der Domkirchenmusik im besonderen. In einem Schreiben vom 9. April 1829 wandte sich Sailers Sekretär Melchior *v. Diepenbrock* an Staatsminister Eduard v. Schenk und beklagt darin ausführlich „den elenden Zustand der Chormusik in der hiesigen Domkirche, eine Klage worin das ganze hiesige Publikum einzustimmen bei jedem öffentlichen Gottesdienst neuen Anlaß findet. Jeder Mensch von einigem Gefühle muß aufs schmerzlichste verletzt werden, wenn er in der ehrwürdigen, herrlichen Kathedrale der erhabenen Feier unserer religiösen Mysterien beiwohnend diese elende, unter aller Kritikk schlechte, geistlos aus dem Profansten gewählte und noch jämmerlicher aufgeführte Dudelmusik hört, die bei der gänzlichen Zuchtlosigkeit des Musikpersonals, bei ihrem Lärm und Gepolter auf dem Chore, gerade darauf angelegt scheint durch den grellsten Kontrast die heiligen Eindrücke nicht bloß zu stören, sondern gleichsam zu verhöhnen, welche der ehrwürdige alte Tempel und die religiöse Feier auf das empfängliche Gemüt machen. Es ist wahrlich eine Schande, daß am Sitze des Bischofs, in der bischöflichen Kathedrale selbst und in einer solchen Kirche so ein schnöder Unfug fort und fort bestehen kann. Der Grund davon liegt offenbar an dem ganz untauglichen Chorregenten und Direktor des domkapitelschen Musikseminars, der als ein blödsinniger Mensch diesem Amte durchaus nicht gewachsen ist... Der Herr Bischof und das Domkapitel fühlen mit dem ganzen Publikum wohl dieses Gebrechen; allein, da ihnen die Administration jenes Fonds noch nicht übergeben ist, so wissen sie sich nicht zu helfen und lassen es gehen, wie es geht. Es fehlt aber gar nicht so sehr an den Mitteln, sondern an einem tüchtigen Manne...". Diepenbrock empfiehlt als geeigneten Priester und Musiker *Carl Proske*." Auf jeden Fall verdient ein so wichtiger Gegenstand – so beschließt Diepenbrock seinen Bericht – nämlich die Beseitigung des ärgerlichen Skandals, welchen die grundschlechte Kirchenmusik dem ganzen Publikum und der Diözese gibt, gewiß eine besondere Berücksichtigung und es wäre ein wesentliches Verdienst um die öffentliche Erbauung und die würdige Feier des Kultus in unserer herrlichen Kathedrale. Hat ja S. M. der König in Verschönerung des Domes durch neue Glasgemälde so viel für das Auge getan – soll denn das Ohr, dieses noch zartere, mehr seelische Organ, das seither so abscheulich mißhandelt wurde, nicht seine gerechten Ansprüche einmal befriedigt fühlen? Nein! Gewiß wird diese schnöde Entweihung der heiligen Kunst von einem Könige und seinem Minister nicht länger geduldet werden, die beide in so hohem Grade für sie begeistert sind!"

Die von Bischof Sailer im Mai 1829 dem Staatsministerium des Innern in München übergebenen „Bemerkungen über den zunehmenden Verfall der Kirchenmusik im Dom zu Regensburg nebst Vorschlägen zur Verbesserung derselben" lösten einen umfangreichen Schriftwechsel zwischen dem Domkapitel und der Kgl. Regierung des Regenkreises in Regensburg aus. Als wesentliche Ursachen des „erbärmlichen Zustands" wird vor allem die Unfähigkeit des Musikvorstandes erwähnt, der „keineswegs die erforderliche Kraft und praktische Tüchtigkeit besitzt, die vielartigen Bestandteile zu einem geordneten Ganzen musikalischer Ausführungen zu konzentrieren. Ein bedeutender Übelstand ist ferner die verfehlte Auswahl vorzutragender Kirchenstücke, welche lediglich dem Ungeschmack und der Unbetriebsamkeit des Dirigenten zur Last fällt". Auch das Domkapitel sah sich im Juni 1829 zu einem die damaligen Domchorverhältnisse anschaulich schildernden Bericht veranlaßt: „Beim gegenwärtigen Personal- und Besoldungsstand sind diejenigen Mitglieder der Dommusik, die durch die Umgestaltung der vorigen Verhältnisse Verluste hinnehmen mußten, höchst unzufrieden, die übrigen, die nicht definitiv angestellt sind, erscheinen nur selten oder lassen sich durch minder fähige Subjekte vertreten. Das ganze Domorchester ist im wortwörtlichen und akustischen Sinn demoralisiert; es finden keine Musikproben statt, alles muß aufs gerade wohl aufgeführt werden – daher ein elender Vortrag einer noch elenderen Komposition, indem der große und kostbare Vorrat im Jahre 1809 durch Brand verloren ging und nachher nur einmal durch Herrn Domkapitular Graf Reisach einige veraltete, schofle Ladenhüter aus einer Musikhandlung angeschafft wurden, welche jetzt für Werk- und Festtage die Kompositionen ausmachen. Der gegenwärtige Kapellmeister Cavallo mag wohl früherhin selbst ein Compositeur gewesen sein, ist aber dermal gemüts- und körperkrank, hat einen unüberwindlichen Eckel gegen den neuen, so geistreichen Stil der Kirchenmusik, zu wenig Energie, um auf dem Chor pünktlichen Gehorsam zu gebieten... Daraus geht doch ganz gewiß der notwendige Wunsch hervor: fiat reformatio in capite et in membris!"

Über den Choralgesang in der Kathedralkirche berichtet im Oktober 1830 Domscholastikus Rothfischer: „Es ist mehr als stadtkundig, wie sehr die hiesige Domchormusik demoralisiert ist. Gleicher Ruf lastet auch auf dem dermaligen Choralgesang in der hohen Domkirche, denn bei der neuen Gestaltung des Domstiftes wurde nur mehr das bloße Chorgebet ohne Gesang der Doxologien, Antiphonen, Hymnen und Verse und ohne eigentliches Psalmsingen beibehalten. Dies machten die Umstände zum Teil auch notwendig, indem das Chorpersonal zur Bezweckung eines gut modulierten Choralgesangs nicht nur zu gering sondern auch großenteils dazu untüchtig ist. Die aufgestellten Choralisten, welche Laien waren, verschwanden aus dem Chor. Die noch bestehenden Chorvikarien haben kaum zur Hälfte einen wahren Begriff vom Choral und einige davon gar keine Fähigkeit dazu. Dasselbe darf noch mehr von den Kanonikern behauptet werden, da mehrere alte Männer unter ihnen Alters wegen zur geregelten Intonation unfähig sind. Ein Paar Kantores, Dickl und Prätori, die als solche bezahlt wurden, erscheinen das Jahr hindurch etliche Male im Chor, aber ihre Hudelei und musikantenmäßiges Jodeln ist noch weit unerträglicher als krasse Ignoranz. Die Singknaben oder Domprälbendisten sind nur bloße Notensänger und Schreier nach dem Gehör, ohne daß man sie mit dem Geiste des Chorals je bekannt machte...".

Als einen ersten Schritt zur Beseitigung der Mißstände verfügte *König Ludwig I.* die Übernahme der Chorregentie im Dom mit den diesem Amte adhärierenden Dienstverpflichtungen durch den Kanonikus bei der Alten Kapelle Dr. Carl Proske. Dieser übernahm jedoch dieses Amt nicht und begründete seine Ablehnung dem Domkapitel gegenüber mit dem Hinweis, daß „die gegenwärtige Verfassung der Chorregentie, insbesondere der Zustand des mitwirkenden Personals, die Unzulänglichkeit des Materials und eine Fülle von Lokalhindernissen erst beseitigt werden müßten, ehe er sich zur Übernahme eines so verwickelten und schwierigen Amtes entschließen könne". Außerdem wollte Proske nach Sailers Tod (20. Mai 1832) seine schon lange geplanten Studienreisen nach Italien unternehmen.

Nachdem die Mängel der Domkirche in vielen Sitzungen des Kapitels behandelt worden waren, teilte Bischof Franz Xaver Schwäbl (1833–1841) der Kgl. Regierung am 15. März 1834 mit, daß „dem bisherigen Domkapellmeister Priester Cavallo durch das Domkapitel eröffnet wurde, daß er vom nächsten Ziele Georgi, d. i. den 24ten April lfd. Js. an, seiner Funktion als Domkapellmeister enthoben sei und also auch die, in dieser Eigenschaft von ihm bisher innegehabte Wohnung zu räumen habe und daß sein ferner Gehalt bis dahin nach dem Inhalte seines Anstellungs-Dekretes reguliert werde. Mit dieser Anzeige wird das Ansuchen verbunden, daß zur definitiven Entlassung und Quieszierung des Priesters Cavallo das Geeignete bei der allerhöchsten Stelle gnädigst wolle eingeleitet werden. Der Priester Deischer aus Amberg wird nun auch auf Georgi einberufen und ihm die Direktion der Dommusik so wie die Aufsicht und Leitung des Chor-Knabeninstitutes in provisorischer Eigenschaft gegen die bereits besprochene Funktions-Remuneration von 400 fl anvertraut werden...".

Domkapellmeister Johann Evangelist Deischer hatte bereits drei Jahre Dienst geleistet, als König Ludwig I. erfuhr, daß Proske entgegen seinen Anordnungen die Domkapellmeisterstelle nicht übernommen hat. Proske erklärte nun seinerseits in einem Rechtfertigungsschreiben vom 6. Dezember 1837, daß es ihm als Kanonikus bei der Alten Kapelle als auch infolge der Unbeharrlichkeit seiner Gesundheit nicht möglich sei, die Leitung des Regensburger Domchors zu übernehmen. Doch wollte er unter allen Umständen Deischer entfernt und durch den jungen Domorganisten *Joseph Hanisch* ersetzt wissen. Die ausführlichen Darlegungen Proskes wurden jedoch vom Kapitel abgelehnt. Generalvikar Urban schrieb dazu an die Regierung des Regenkreises: „...Daß unter dem neuen, tätigen und zur Chordirektion ganz geeigneten neuen Kapellmeister die Dommusik sich auffallend geändert, eine durchgehend bessere Gestalt angenommen und sich auf einen ehrenvollen Stand der Vollkommenheit erhoben hat, von welcher sich das musikalische Publikum bereits überzeugt hat und sich noch täglich überzeugen kann... Daß Kanonikus Proske zu diesem besseren Zustand der Dommusik direkt nicht beitragen konnte, gibt er selbst in seiner Erklärung vom 6. Dezember an. Indirekt aber wirkt er mit, indem der von ihm auf eine höhere Stufe der Kunst erhobene Joseph Hanisch als Domorganist und eines der tüchtigsten Individuen des Domorchesters verwendet werden konnte. Wenn nun aber Dr. Proske diesen besseren Zustand der Dommusik ganz ignorierend noch immer von einer Reorganisation derselben spricht, so läuft am Ende das Ganze auf den Streit hinaus: ob die Vokalmusik allein, oder auch die Vokal-Instrumentalmusik in der Kirche beizuhalten und ob die italienische Kirchengesangsweise, von welcher Dr. Proske die vorzüglichen klassischen Werke gesammelt zu haben glaubt, wo nicht ausschließlich – so doch größtenteils in der hiesigen Domkirche einzuführen sei... Soll das wirklich Reorganisation und Regeneration der deutschen Kirchenmusik sein, wenn man diese italienischen Produkte nude crude auf deutschen Boden verpflanzt?... Da es aber dessen ungeachtet italienische Kunstwerke gibt, welche noch jetzt unverändert auf deutschen Chören produziert zu werden verdienen, so hat uns die katholische Kirche als geeigneten Zeitpunkt dazu die Advent- und Fastenzeit angewiesen, wo sie die Orgeln verstummen läßt... auch bei uns ihre zeitgemäße Wirkung nicht verfehlen wird... Sollte sich Kanonikus Dr. Proske mit diesen Ansichten befreunden können und auf dieser Grundlage unserm Kapellmeister Deischer von dem Vorrate seiner Erfahrungen oder gesammelten Kunstschätze zur zeitgemäßen Produktion etwas mitteilen wollen, so würden wir diese seine Mitwirkung mit Dank und Freude anerkennen und annehmen...".

Diese Erklärung des Generalvikars Urban hatte Regierungspräsident v. Schenk nicht erwartet. Er berichtet am 31. Januar 1838 an das Kgl. Staatsministerium des Inneren: „...Die Übernahme der Direktion der Chormusik im hiesigen Dom von Seiten des Kanonikus Proske dürfte durch die in neuerer Zeit eingetretene veränderte Stellung desselben zu dem Kollegiatstift ein nicht zu überwindendes Hindernis finden... Die Proposition, dem 26jährigen Domorganisten Hanisch, einem Schüler von Proske, dessen Vortrefflichkeit im Orgelspiel notorisch und dessen bedeutende Bildungsstufe in der Musik überhaupt den übrigen Musikverständigen hiesiger Stadt hinreichend bekannt ist, die Stelle des Domkapellmeisters zu übertragen, hat jedoch einen höchst ungünstigen Eindruck auf die Mitglieder des Domkapitels gemacht, welche die Bildung und die Leistungen des gegenwärtigen Chorregenten Deischer weit höher stellen. Überhaupt ist aus der Erklärung des bischöflichen Ordinariats mit Gewißheit zu entnehmen, daß man von Seiten dieser Stelle nicht geneigt sei, dem Kanonikus Proske in Beziehung auf musikalische Forschungen und Kenntnisse jene Superiorität einzuräumen, welche ihm nach der Ansicht vieler Musikkenner nicht abgesprochen werden kann. Ohngeachtet aller Scheingründe, die das bischöfliche Ordinariat für seine Ansicht geltend macht, dürfte nur der Choralgesang und von Instrumenten nur die Orgel im hiesigen Dom einen mit dem architektonischen Charakter desselben übereinstimmenden Eindruck hervorbringen. Indessen ist nicht zu verkennen, daß die in den meisten Mitgliedern des Domkapitels fest wurzelnde Ansicht über diesen Gegenstand einer durchgreifenden besseren Reorganisation der

Dommusik schwer zu beseitigende Hindernisse in den Weg legen werde. Doch muß sie vorgenommen werden, da die Kathedrale in ihrem gegenwärtigen Zustand für ein eigentliches Orchester, überhaupt für Instrumentalmusik, gar keine räumlichen Einrichtungen mehr darbietet... Nur glauben wir nicht, daß die Führung und Begründung derselben der unmittelbaren Leitung des Kanonikus Proske zu übertragen sein dürfte, teils wegen seiner oben entwickelten Dienste und Gesundheitsverhältnisse, teils auch wegen seiner nicht eben freundschaftlichen Stellung zu den meisten Mitgliedern des Domkapitels", vor allem zu Domkapitular *Johann Baptist Weigl*, der als Domscholastikus die *Aufsicht über die Domkirchenmusik* führte und als eifriger Anhänger der instrumental begleiteten Kirchenmusik ein Gegner der Reform Proskes war. Am 16. März 1838 verfügte das Staatsministerium des Innern: „Allerhöchstdieselben haben ferner auszusprechen geruht, daß in diesem, seinem ursprünglichen reinen Baustile vollständig zurückgegebenen Dome nur der Choralgesang mit oder ohne Begleitung der Orgel stattfinden möge, und daß die hienach erforderliche Umgestaltung der Dommusik durch das vereinte Zusammenwirken des Musik-Direktors Deischer und des Domorganisten Hanisch unter dem Beistande und Rate des Kanonikus an der Alten Kapelle, Dr. Proske, und unter Mitwirkung des Domdechants Diepenbrock, von deren gemeinsamen Bestrebungen Allerhöchst. Sie mit vollem Vertrauen eine befriedigende Lösung der gestellten Aufgabe erwarten, herbeigeführt werden solle...".

Das Domkapitel war mit den Leistungen Deischers vollauf zufrieden. „Er produziert mit derselben Gelungenheit dieselben Meisterwerke von den großen Tonsetzern, welche man in der Metropolitankirche U. lb. Frau zu München aufführt. Deischer leistet dies alles mit verhältnismäßig geringen pekuniären Hilfsmitteln und mit einem Orchester, das er in mangelhaftem Zustand vorfand, das er folglich erst besser dressieren und mit welchem er fast alle Stücke mühsam einstudieren mußte...".

Deischer starb am 12. Dezember 1839. Unter drei Bewerbern entschied sich Bischof Franz Xaver Schwäbl für den Kooperator *Joseph Schrems* aus Hahnbach. Schwäbl, der ein Anhänger der instrumentalen Kirchenmusik war und eine angemessene Abwechslung zwischen Choral- und Figuralmusik wünschte, äußerte sich kritisch mit der Bemerkung, „daß, insofern sich zeigen sollte, die musikalischen Kenntnisse und Fertigkeiten des Priesters Schrems nicht entsprechend seien, sich derselbe gefallen lassen müsse, auf irgend einen Seelsorgsposten die Admission zu erhalten". Am 23. Dezember 1839 übernahm Schrems die Leitung des Domchors. Gleich nach seinem Amtsantritt wandte er sich an den Bischof mit der Bitte um eine Zulage zur Bestreitung der Ausgaben, da der von der Regierung 1834 festgesetzte Betrag von 1080 Gulden nicht mehr ausreichend sei. Ganz energisch ging Schrems gegen das pflichtvergessene Dommusikpersonal vor, dessen Mitwirkung im Chor zumeist mehr hindernd und störend als fördernd war. In zahlreichen Eingaben, Berichten und Bittschriften bemühte er sich immer wieder um die Verbesserung der Domkirchenmusik. Im August 1855 konnte er, nachdem die Bauarbeiten am Praebendegebäude abgeschlossen waren, dem Domkapitel melden, daß bei der gegenwärtigen Anzahl der Sänger sämtliche Instrumentalisten überflüssig sind. So war in einer langsamen, durch viele innere und äußere Schwierigkeiten gehemmten Entwicklung die *Umstellung von der instrumental begleiteten Kirchenmusik zur klassischen a cappella Musik* glücklich vollzogen. Schrems, der seit seiner Studienzeit nur der instrumentalen Kirchenmusik zugetan war, erkannte jetzt die Bedeutung der polyphonen lateinischen Gesänge für die würdige Feier der Liturgie und versuchte das neue Ideal in mustergültigen Aufführungen zu verwirklichen, entscheidend unterstützt von Bischof Valentin Riedel (1842–1857): „Aus Liebe zur heiligen, kirchlichen Tonkunst habe ich keine Mühe und keinen Verdruß gescheut dieselbe auf eine, unseres erhabenen Doms würdige Stufe emporzubringen". 1859 wollte Schrems das Kapellmeisteramt niederlegen. Doch erst zum 1. Oktober 1871 genehmigte Bischof Senestrey die Pensionierung. Nur ein Jahr der wohlverdienten Muße war Schrems vergönnt; am Morgen des 25. Oktober 1872 fand man ihn, vom Herzschlage getroffen, tot. Franz Xaver Witt hielt bei der Beerdigung die wohldurchdachte Trauerrede.

Nach der Pensionierung von Joseph Schrems übernahm 1871 *Franz Xaver Haberl* die Leitung des Domchors und stellte nach der Errichtung der Kirchenmusikschule (1874) eine engere organisatorische Verbindung der beiden Institute her. Außerdem konnte Haberl mit der Verlegung der Praebende in das geräumigere Gebäude der Armen Schulschwestern die Zahl der Singknaben erhöhen. Daneben standen Haberl neun festangestellte Männerstimmen zur Verfügung. 1877 berichtete Haberl dem Kapitel, daß nach kompetentem Urteil der Regensburger Domchor zu den vorzüglichsten Gesangsinstituten Deutschlands zähle. Unverständlich und völlig überraschend war daher die von Bischof Ignatius Senestrey im Februar 1880 angeordnete Rückverlegung der Praebende in das alte Seminargebäude. Haberls verständliche Enttäuschung und seine vergeblichen Bemühungen, diese den steten Aufstieg des Chors hemmende Anordnung rückgängig zu machen, endeten schließlich mit der Amtsenthebung (August 1882) und der Berufung *Michael Hallers* als Domkapellmeister. Haller übernahm die Aufgabe mit Widerwillen, leitete vorerst die Rückverlegung in das alte Haus und schlug dann seinerseits den in Rom weilenden *Ignaz Mitterer* zum Kapellmeister vor, der am 27. November 1882 sein Nachfolger wurde. Als Mitterer 1885 in sein Heimatbistum Brixen zurückkehrte, bestimmte Bischof Ignatius den Kooperator *Max Rauscher* zu dessen Nachfolger.

Am 1. Dezember 1891 erhielt den Posten des Domkapellmeisters *Franz Xaver Engelhart*. 1892 trat Engelhart mit dem Domchor erstmals bei weltlichen Feiern auf. Bischof Ignatius gab seine Zustimmung allerdings mit dem Hinweis, daß „es ihm nicht gut scheine, wenn der Domchor zu derartigen Produktionen beigezogen werde". Um die Leistungen des Chores zu steigern, ergänzte Engelhart den Männerchor mit Theologiestudenten und die Knabenstimmen durch sangeskundige Buben aus der Stadt (sog. „Stadtschüler"). In zunehmendem Maße trat der Chor mit künstlerischen Leistungen hervor, die weit über Regensburg hinaus Beachtung fanden. So schrieb 1899 der Leiter der Sixtinischen Kapelle, Lorenzo Perosi, daß er nach dem Regensburger Vorbild in Rom „eine Dompräbende gründen wolle". 1910 wurde die erste größere Konzertreise unternommen, von Bischof Antonius v. Henle (1906–1927) wohlwollend unterstützt. Sie führte nach Prag, wo anläßlich einer kirchenmusikalischen Tagung der „gegenwärtig berühmteste Chor der katholischen Liturgie" vollendete Proben der mehrstimmigen Vokalpolyphonie bot. Im Kriegsjahr 1916 gestaltete Engelhart zum 25. Male die hl. Liturgie der Karwoche und des Osterfestes in so würdiger und erbauender Weise, daß sowohl die hervorragenden Leistungen des Chores als auch der „rastlose Eifer und die selbstlose Hingabe" des Kapellmeisters öffentlich gewürdigt wurden. Ein schwerer Schlag für den Domkapellmeister war daher der Beschluß des Domkapitels, die Zahl der Zöglinge der Praebende zu verringern. Während der Inflationsjahre 1922/23 geriet die Dompraebende in die größten finanziellen Schwierigkeiten. Mitten im Ringen um die Existenz des Domchors starb am 14. Juli 1924 Kapellmeister Engelhart, der für den Fortbestand des Chors fast sein ganzes Privatvermögen geopfert hatte.

Elf Tage später übernahm der bisherige Musikpräfekt des bischöflichen Knabenseminars Obermünster, *Theobald Schrems*, die Leitung des Chors und der Präbende zugleich mit einer fast erdrückenden Fülle von finanziellen und organisatorischen Problemen. Der Domchor wäre, nachdem alle Hilferufe an kirchliche Stellen, an Stadt, Land und Reich vergeblich verhallten, untergegangen, hätten nicht alte Freunde des Chors, vor allem ehemalige Sänger, aufgerüttelt durch die eindringlichen Darlegungen des Domkapellmeisters anläßlich einer Wiedersehensfeier Regensburger Studiengenossen im Juli *1925*, den Verein *„Freunde des Regensburger Domchors"* gegründet, dem das große, historische Verdienst zukommt, den Chor vor der Auflösung gerettet und seine stete Weiterentwicklung nach Kräften gefördert zu haben. Der Verein bemühte sich auch beim Domkapitel um die Erlaubnis zur Beteiligung an außerkirchlichen Aufführungen und eigenen Konzerten. Als 1927 Dr. Michael Buchberger den Regensburger Bischofsstuhl bestieg, gewann der Domchor in dem neuen Oberhirten einen umsichtigen Gönner und sorgenden Beschützer. Mit Konzerten, die im In- und Ausland von Schrems mit dem Domchor veranstaltet wurden, konnte die Existenz des Chors wesentlich gesichert werden. Stets aber war der liturgische Dienst, vor allem in den Kriegsjahren mit erheblichen Schwierigkeiten verbunden, für den Kapellmeister und den Chor die vornehmste Aufgabe. Am 15. November 1963 starb Theobald Schrems an den Folgen eines heimtückischen Leidens, nachdem er fast 40 Jahre den Domchor geleitet, ihn zeitweilig mit Überwindung größter Schwierigkeiten auf ein bis dahin nie erreichtes künstlerisches Niveau gehoben und eine solide organisatorische Basis geschaffen hatte.

Schon Theobald Schrems wünschte sich als Nachfolger den Chordirektor von St. Oswald in Traunstein und Musikpräfekten am Erzbischöflichen Studienseminar *Georg Ratzinger,* der vom Domkapitel und dem Bischof vor Weihnachten 1963 anerkannt, am 31. Januar 1964 in das Amt des Domkapellmeisters eingeführt wurde. Sein verdienstvolles Wirken nach Gebühr zu würdigen, geschehe mit einem Zitat aus dem „Regensburger Bistumsblatt": „Die Gegenwart der Domspatzen strahlt in künstlerischem Glanz. Dieser Glanz ist Emanzipation von Domkapellmeister Georg Ratzinger, ist ‚Aus dem Schatten-Treten', ist Gewinn der Persönlichkeit, ist geduldig-leidenschaftliche Vollendung aus sich selbst, ist Reife zum souverän geprägten Dirigenten...".

Während aus früherer Zeit kaum bemerkenswerte Persönlichkeiten unter der Zahl der Domorganisten festzustellen sind, indem die Stelle an den Nachfolger zumeist durch Heirat einer Tochter oder der

Witwe des Vorgängers weitergegeben wurde, beginnt mit Joseph Hanisch, der den Posten im Jahre 1829, erst 17jährig, nach einer glänzend bestandenen Prüfung durch die Vermittlung von Dr. Proske erhielt, die Periode der ausgezeichneten Organisten. Hanisch war von Dr. Proske durch einen regelmäßigen, zumeist anstrengenden Unterricht ausgebildet worden. Als dieser im August 1834 zu seiner ersten Forschungs- und Studienreise nach Italien aufgebrochen war, erhielt Hanisch vom Bischof und vom Domkapitel die Erlaubnis zu einer Reise nach Rom, um Proske bei seinen Arbeiten zu unterstützen. Nach Rückkehr von dieser Italienreise im Januar 1836 betätigte sich Hanisch als eifriger Mitarbeiter Proskes bei der Sichtung und Auswertung der gesammelten Schätze. In der von Franz Xaver Haberl gegründeten *Kirchenmusikschule* unterrichtete Hanisch bis 1892 im Orgelspiel mit Improvisation und angewandter Formenlehre. Im öffentlichen Musikleben der Stadt war Hanisch eifrig tätig. Als Komponist war Hanisch äußerst fruchtbar. Nach einem zeitgenössischen Urteil wird Hanisch als „geistvoller Kirchenkomponist gerühmt." Unübertroffen war er als Organist. Seine unvergleichliche Gewandtheit im thematischen Spiel, seine Klarheit im Vortrag, seine Vertrautheit mit den alten Kirchentonarten lassen ihn jederzeit Präludien improvisieren, die an Geist und korrekter Form geradezu musterhaft sind. Wer immer beim Gottesdienst sein Orgelspiel hört, bewundert den Meister; man glaubt eine Orgel mit zwei Manualen zu hören". Doch stand ihm nach Abschluß der Regotisierung des Domes (1839) nur eine einmanualige Orgel hinter dem Hochaltar mit 16 Registern und verkürztem Pedal zur Verfügung.

Hanisch starb, 80 Jahre alt, nach dem Domhochamt am 9. Oktober 1892. Sein Nachfolger war *Joseph Renner (jun.)*. Vom Februar 1893 an bis zu seinem plötzlichen Tod am 17. Juli 1934 versah er, allseits anerkannt und als einfallsreicher Improvisator hoch geschätzt, die Funktion des Domorganisten. 1896 erhielt er den Lehrauftrag für Orgelspiel und ergänzende Zusatzfächer an der Kirchenmusikschule; 1914 wurde ihm der Titel eines kgl. Professors verliehen. Sein Orgelspiel fand allseits hohe Anerkennung. Mit Vater und Sohn *Kraus* wird seit 1934 die gute Tradition der Regensburger Domorganisten glücklich fortgesetzt, wobei zum Jubiläumsjahr 1989 die altehrwürdige Kathedrale nach Abschluß aller Bau- und Restaurierungsarbeiten auch eine neue Orgel erhält.

Neben der Kathedrale hat die *Basilika zur Alten Kapelle* als älteste Wallfahrtskirche Bayerns eine besondere Bedeutung erlangt. Eine umfassende und genaue Beschreibung der Musikpflege des Stifts wird jedoch durch den Mangel an Urkunden und Archivalien erschwert. Mehrfach erscheinen in den Akten des 17. Jahrhunderts Vermerke, wonach das Stiftskapitel „präsentierte und offerierte Cantiones, gedruckte Gsenger oder figurierte Messen" mit Geldzuwendungen honorierte. Im 18. Jahrhundert huldigte die Musikkapelle des Stifts weitgehend dem zeitgemäßen Kirchenmusikstil, der sich anhand der Besoldungslisten für die Musiker – Violinisten, Bratschen- und Baßgeiger, Trompeter, Pauker, Hornisten und Oboisten – nachweisen läßt. Über den lokalen Bereich hinaus wuchs das Ansehen des stiftischen Musikchors im 19. Jahrhundert durch das Wirken jener Männer, deren Einfluß zum größten Teil der Begeisterung für echte Kirchenmusik zugeschrieben werden muß: *Carl Proske*, Johann Georg und Dominikus Mettenleiter und Michael Haller. 1830 erhielt Proske von König Ludwig I. ein Kanonikat bei der Alten Kapelle mit der ausdrücklichen Verbindlichkeit, daß er die Kirchenmusik (vor allem die Kirchenmusik im Dom) wieder zu der angemessenen Würde erheben würde. Ein „monitorium ad Capitulum", das er bald nach seiner Berufung in das Stift verfaßt hatte, enthält die grundsätzliche Forderung der kirchenmusikalischen Reform: „Würdevolle Ausgestaltung des kirchlichen Gottesdienstes durch Entfernung des Verwerflichen und Unreinen und Aufnahme des Echten und Reinen, indem der Heiligkeit der Liturgie die vollkommenste Aufmerksamkeit zu widmen ist." Die intensive Beschäftigung mit der älteren Kirchenmusik ließ in Proske den Entschluß reifen, von 1833 an seine Bestände systematisch zu ordnen. Auf drei Italienreisen und durch eine gezielte Sammeltätigkeit schuf er die wissenschaftlichen Voraussetzungen für eine grundlegende Reform der Kirchenmusik, die sich zunächst nur mit der Veröffentlichung der dreifachen Fassung der Missa Papae Marcelli realisieren ließ. Auf Wunsch des Bischofs Valentin (1842–1857) bereitete Proske eine mehrbändige Sammlung von kirchlichen Kompositionen für alle liturgischen Verrichtungen und Anlässe vor, die den Titel „*Musica Divina*" erhielt. 1856 folgte als „*Selectus Novus Missarum*" die zweibändige Publikation von 4–8stimmigen Messen.

Um die Bibliothek vor einer Zertrümmerung und sinnlosen Zerstreuung zu schützen, vermachte Proske im Testament vom 4. September 1854 seinen musikalischen Nachlaß als „Legat dem hochw. Herrn Bischof Valentin zum lebenslänglichen Gebrauch und nach dessen Ableben dem hochw. Domkapitel… In der Erweckung und Wiedereinführung der alten herrlichen Kirchenmusik", so schreibt Proske, „habe ich meine Lebensaufgabe erblickt und was ich in dieser Richtung gesammelt, unternommen und gearbeitet, ist nicht ohne bedeutende Opfer möglich gewesen. Es würde mir also schmerzlich fallen, das unternommene Werk gänzlich unterbrochen und den bezeichneten musikalischen Nachlaß unter den Hammer gebracht und verschleudert zu wissen". Proske starb am Abend des 20. Dezember 1861, nachdem er in den Vormittagsstunden noch an der Spartierung einer Palestrina-Messe gearbeitet hatte. Am offenen Grabe rühmte mit vollem Recht Stiftsdekan Dr. Wieser: „Mit dem Abgeschiedenen ist unleugbar ein großer Geist aus der Welt gegangen. Die Wissenschaft hat an ihm einen der eifrigsten Pfleger verloren; der leidenden Menschheit ist eine wirksame Hilfe und Stütze zusammengebrochen; unersetzlich ist sein Verlust für die christliche Kunst besonders für die kirchliche Musik."

Um die Kirchenmusik in der Stiftskirche grundlegend zu ändern, hatte das Kapitel auf Betreiben Proskes 1839 den Oettinger Chorregenten Johann Georg Mettenleiter als Organisten und Chorregenten an die Alte Kapelle berufen. Ihm gebührt das historische Verdienst, die Reformpläne Proskes in der Praxis verwirklicht zu haben. Unter seiner Leitung erklangen bei den Gottesdiensten in der Alten Kapelle die Werke der alten Vokalpolyphonie. Sein allzufrüher Tod (6. Oktober 1858) war „ein fühlbarer und unersetzlicher Verlust zu einer Zeit, wo noch so vieles zu ergänzen und zu befestigen und ein gleich energischer Verfechter für die echte Kirchenmusik nicht zu finden war". Unvollendet blieb sein *„Enchiridion chorale"* – die Ausarbeitung der Choralbegleitung für die Gesänge der Messe und der Vesper. Die Fortsetzung und Vollendung dieses Werkes, das lange Zeit in der kirchenmusikalischen Praxis die trefflichsten Dienste leistete, besorgte *Dominikus Mettenleiter* – der Bruder von Johann Georg, seit 1850 Chorvikar bei der Alten Kapelle. Ihm gebührt ebenfalls ein hervorragender Anteil an der Reformbewegung jener Tage, obwohl seine stete Krankheit ihn zuweilen an der vollen Entfaltung seiner Fähigkeiten hinderte.

Mit *Michael Haller,* der von 1867 bis 1899 als Seminarinspektor und Stiftschorregent wirkte und 1899 zum Kanonikus gewählt worden war, hatte das Stift einen hervorragenden, äußerst fruchtbaren Komponisten, zugleich auch einen der besten Vertreter der kirchlichen Tonkunst. Unvollständig wäre die Reihe der tüchtigen, über eine kürzere oder längere Zeitspanne in der Stiftskirche wirkenden Musiker, würden abschließend nicht erwähnt: *Joseph Renner sen.,* Choralist von 1858 bis 1894, verdienstvoller Erforscher der weltlichen Vokalmusik des 15. und 16. Jahrhunderts, der Priester *Johann Georg Wesselack,* Stiftschorregent von 1859 bis 1866, pietätvoller Herausgeber des von Proske nicht mehr vollendeten vierten Bandes der Musica Divina und alle Stiftschorregenten, die bis heute das hohe Ansehen der Alten Kapelle als hervorragende Pflegestätte der kirchlichen Tonkunst fördern und verbreiten.

In seiner Musikgeschichte der Stadt Regensburg berichtet Dominikus Mettenleiter, daß nach den Kapitelsrechnungen und -protokollen der Zustand der Kirchenmusik bei St. Johann von unterschiedlicher Güte war. Doch fehlte es nicht an Anstrengungen musikbegeisterter Kräfte durch entsprechende Aufführungen der Liturgie möglichst gerecht zu werden. Nicht zu vergessen ist, daß das *Kollegiatstift St. Johann* durch seinen Kanonikus (seit 1911) und späteren Dekan (von 1930–1933) *Peter Griesbacher* weltweit bekannt geworden ist.

Den Musikchor des *Klosters St. Emmeram* leitete ein Rector, in späteren Jahren Inspector genannt. Von diesen ist zu erwähnen *P. Coelestin Steiglehner,* der als Schüler des berühmten Thurn und Taxisschen Musikdirektors *Joseph Riepel* verschiedene Kirchenwerke schrieb, die mit großem Beifall aufgenommen wurden. Am Ende des 18. Jahrhunderts hatte das Seminar in *P. Sebastian Prixner* einen vortrefflichen Komponisten und Organisten. Er wirkt in den Jahren 1770–1774, 1781–1784 und von 1786 an bis zu seinem Tod am 23. Dezember 1799 als Seminarinspektor. Von seinen zahlreichen Werken ist kaum etwas erhalten mit Ausnahme einer in Landshut gedruckten theoretischen Schrift: „Kann man nicht in zwey, oder drey Monaten die Orgel gut und regelmäßig schlagen lernen?"

Besondere Verdienste um die Kirchenmusik in St. Emmeram erwarb sich *Wolfgang Joseph Emmerig.* Am 5. Januar 1772 zu Stadtkemnath in der Oberpfalz geboren erhielt er neben seinen wissenschaftlichen Studien auch eine gründliche musikalische Ausbildung. 1796 wurde er zum Priester geweiht. Von 1793–1812 wirkte er als Präfekt am Studienseminar St. Emmeram und übernahm 1803 zusätzlich das Amt des Chorregenten. In einer äußerst schwierigen Situation, die durch die endgültige Auflösung des Klosters und den Befehl zur Räumung der Gebäude entstanden war, erhielt er 1812 als Inspektor einer staatlichen Anstalt die Leitung des „Königlich Emmeramischen Seminars", das er bis zum 1. August 1834 leitete. Durch das Alter an der früheren Agilität gehindert, wurde er schließlich am 3. Mai 1834 aus 14 Kandidaten zum Kanoniker beim Kollegiatstift U. L. Frau zur Alten Kapelle gewählt. Er starb am 13. Juni 1839. Emmerig war ein tüchtiger Musiker und umsichtiger Pädagoge, der in schwierigen

Jahren mit viel Geschick das Seminar leitete. In seinem kirchenmusikalischen Schaffen ist er zwar dem damals herrschenden Stil verpflichtet, doch vermochte er sich durch eine ausdrucksvolle Melodik, eine gediegene Satztechnik und eine maßvolle Verwendung der Instrumente von zeitüblichen Entgleisungen frei zu halten. Als Kanonikus bei der Alten Kapelle verschloß er sich nicht den kirchenmusikalischen Reformideen seines Mitbruders Carl Proske, doch wollte er die instrumentale Kirchenmusik nicht gänzlich ausgeschlossen wissen.

Mit Dekret vom 5./7. Mai 1867 war *Franz Xaver Witt* zum Inspektor des Kgl. Studienseminars St. Emmeram ernannt worden. Die Leitung des Seminars mit den zahlreichen Chorverrichtungen in der Pfarrkirche St. Rupert brachten Witt eine erdrückende Fülle an Arbeit und Verantwortung. Das Jahr 1869 verschaffte Witt mit dem Besuch Franz Liszt's in Regensburg und der zweiten Generalversammlung des *Cäcilienvereins* in Regensburg, die von zahlreichen Gästen des In- und Auslands besucht wurde, beachtenswerte Erfolge. Vor allem waren die Aufführungen des Domchors unter Joseph Schrems und das von Witt geleitete Kirchenkonzert mit dem Seminarchor in St. Emmeram großartige Höhepunkte der Tagung. Bei seiner labilen Gesundheit wurden die vielen kleinen und großen Verdrießlichkeiten so anstrengend, daß er, nachdem es ihm nicht gelungen war, einen geistlichen Präfekten zu seiner Unterstützung zu bekommen, im August 1869 ein Benefizum in Stadtamhof übernahm.

„Eine Kirche zu Ehren der heiligen Cäcilia" – so schrieb Franz Xaver Haberl im kirchenmusikalischen Jahrbuch von 1899 – „die den sich heranbildenden oder bereits fortgeschrittenen Schülern Gelegenheit bietet den liturgischen Gottesdienst auf das genaueste nach den Vorschriften zu feiern... Zu einer katholischen Schule gehört auch eine Kirche. Die bevorstehende Feier des Jubiläums der Kirchenmusikschule im Sommer 1900 könnte nicht festlicher und schöner begangen werden als durch die Grundsteinlegung zu dieser Kirche im Jahre 1899 und durch die Vollendung des Baues im Jahre 1900...". Nach dem Willen des Erbauers sollte die Kirche der strengen Beibehaltung der cäcilianischen Kirchenmusik dienen, eine Aufgabe, die sie bis zum Umzug der Schule nach Stadtamhof wahrgenommen hat. Am 1. Dezember 1921 wurde St. Cäcilia zur Pfarrkirche erhoben und die Pfarrei den Augustinern übertragen. Seit dieser Zeit besorgt zusätzlich ein eigener Kirchenchor die feierliche Gestaltung der Liturgie.

Die nach dem ersten Weltkrieg beginnende Ausbreitung der Stadt führte natürlich zur Neugründung von Pfarreien, die sich auch um die musikalische Ausgestaltung ihrer Gottesdienste bemühten. Neben der Pflege und Förderung des Gregorianischen Chorals, der mehrstimmigen Kirchenmusik, vor allem auch der neueren Zeit, der deutschen Liturgiegesänge und des Kirchenliedes werden an den Hochfesten des Kirchenjahrs Orchestermessen aufgeführt. In den Kinder- und Jugendchören leisten allenthalben einsatzfreudige Kirchenmusiker wertvolle musikalische Erziehungsarbeit. In pietätvollen Gedenken sollen noch zwei Kirchenmusiker erwähnt werden: *Max Jobst* von Reinhausen und *Joseph Thamm* (ehemals Kirchenchor Herz Jesu).

Im April 1869 besuchte Franz Liszt Regensburg und wohnte dabei einem Konzert der Kirche zu St. Emmeram unter der Leitung von Franz Witt bei. „Ich glaube andeuten zu dürfen" – so berichtet Witt in den ‚Fliegenden Blättern für katholische Kirchen-Musik' – „daß die von hier ausgehenden Bestrebungen ihn vollauf befriedigten und ihn den Wunsch aussprechen ließen, ‚*Regensburg* möge die *kirchenmusikalische Hauptstadt der katholischen Welt bleiben*'". „Einen wichtigen Anteil an diesem Ruf für die Gegenwart hat das lebendige kirchenmusikalische Leben in den Stadtpfarreien, das sich mit großem musikalischem Können, idealler und materieller Opferbereitschaft und beständigem Leistungswillen zumeist im Verborgenen abspielt" (E. Weber).

Literaturhinweise

Emmerig, Thomas, Die Musik im Regensburger Dom vor der Verwirklichung der Reformpläne Proskes, in: Verhandlungen des Historischen Vereins für Oberpfalz und Regensburg 124 (1984) 421–445

Ders., Wolfgang Joseph Emmerig (1772–1839) – Komponist und Seminarinspektor von St. Emmeram in Regensburg, in: Beiträge zur Geschichte des Bistums Regensburg, 20 (1986) 367–542 (weitere Lit.).

Gloria Deo – Pax Hominibus, Festschrift zum 100jährigen Bestehen der Kirchenmusikschule Regensburg, hrsg. v. Franz Fleckenstein (Schriftenreihe des Allgemeinen Cäcilien-Verbandes für die Länder der deutschen Sprache, Bd. 9) Bonn 1974.

Kraus, Eberhard, Der gregorianische Choral im Orgelschaffen der Regensburger Domorganisten Joseph Hanisch (1812–1892) und Joseph Renner (1868–1934), in: Festschrift Ferdinand Haberl zum 70. Geburtstag, Sacerdos et Cantus Gregoriani Magister, hrsg. v. Fr. A. Stein, Regensburg 1977, 151–167.

Maier, Johannes, Kirchenmusik und Kirchenlied im Bistum Regensburg, in: Zwölfhundert Jahre Bistum Regensburg, hrsg. v. Michael Buchberger, Regensburg 1939, 188–207.

Mettenleiter, Dominikus, Aus der musikalischen Vergangenheit bayerischer Städte. Musikgeschichte der Stadt Regensburg, Regensburg 1866.

Musikstadt Regensburg, hrsg. v. Bernd Meyer, Regensburger Kirchenmusikschule – Regensburger Domspatzen – Kirchenchöre. Regensburg 1985.

Scharnagl, August, Erneuerer der Kirchenmusik im 19. Jahrhundert/ Die Regensburger Kirchenmusikschule / Regensburger Domkapellmeister / Regensburger Komponisten / Regensburger Domorganisten, in: Lebensbilder aus der Geschichte des Bistums Regensburg, 2 Bde., hrsg. v. Georg Schwaiger (= Beiträge zur Geschichte des Bistums Regensburg 23/24) Regensburg 1989, – (weitere Lit.).

Walter, Anton, Dr. Franz Witt, Gründer und erster Generalpräses des Cäcilienvereins, 2. Aufl., Regensburg 1906.

Abb. 18 Die Bistumspatrone hl. Emmeram (Mitte), hl. Wolfgang (links) und hl. Dionys (rechts). Clm 14045, fol. 10ᵛ (Kat.-Nr. 30)

Hilfen zur Liturgiegestaltung heute

Der Beitrag der Liturgischen Kommission der Diözese Regensburg und des Bischöflichen Seelsorgeamtes nach dem II. Vatikanischen Konzil

von Karl Wölfl

Das II. Vatikanische Konzil stellte die Bedeutung der Liturgie in eindrucksvoller Weise heraus.[1] Auf welche Weise die Diözese Regensburg diesem Anspruch des Konzils gerecht wurde, wird an anderer Stelle ausführlich dargelegt.[2]

Der vorliegende Artikel beschränkt sich auf die Mitarbeit zweier bischöflicher Einrichtungen auf dem Gebiet der Erneuerung der Liturgie, nämlich der *Liturgischen Kommission* der Diözese und dem *Bischöflichen Seelsorgeamt*. Dabei werden die Aktivitäten des Seelsorgeamtes nur insoweit dargestellt, als sie direkt und teilweise indirekt liturgisches Geschehen betreffen. Unerwähnt bleiben die vielen weitergehenden Aktivitäten im „Vorraum" der Liturgie, z. B. außerschulische Sakramentenkatechese, Herausgabe von Gebetszetteln, von Osterbildchen und vieles andere mehr.

I
Der Beitrag der Liturgischen Kommission

Bischof Rudolf errichtete im Jahre 1964 die Bischöfliche Liturgische Kommission der Diözese[3]. Sie sollte all jene Fragen und Probleme aufgreifen, die durch die Liturgiereform des II. Vatikanischen Konzils aufgeworfen worden waren. In jenen ersten Jahren während und nach dem Konzil konnte sich natürlich erst umrißhaft abzeichnen, was auf diese Kommission alles zukommen sollte. Erst seit dem Jahre 1971 sahen sich die Mitglieder der Kommission immer stärker eingebunden in den Prozeß der Erneuerung der (deutschen) Liturgie, vor allem auch deshalb, weil von diesem Zeitpunkt an vieles konkrete Gestalt annahm, was vorher theologisch durchdacht, durch die nachfolgenden Gremien des Konzils erarbeitet war und nun der Verwirklichung harrte. Im besonderen waren dies das „Meßbuch in Deutscher Sprache", das „Lektionar" und das „Gotteslob".

1. Das Messbuch in Deutscher Sprache

Die lateinische Sprache ist und bleibt die „Muttersprache" der römisch-katholischen Kirche. Neben ihr wurden damals bekanntlich auch verschiedene Landessprachen als Liturgiesprachen zugelassen, so auch die deutsche Sprache. Es galt nun, das MISSALE ROMANUM (erschienen 1970) in die deutsche Sprache zu übertragen. Ausdrücklich war festgelegt worden, nicht eine wortwörtliche Übersetzung herzustellen, sondern den Inhalt, die Bedeutung, die Theologie dieses Werkes in der Landessprache herauszustellen. Diesem Ziel dienten zunächst verschiedene Einzelfaszikel des kommenden endgültigen Meßbuches – und die Kommissionen der einzelnen Bistümer (und eine ganze Reihe von kompetenten Verantwortlichen) wurden gebeten, „modi" zum Text zu erarbeiten und einzusenden.

Es darf gesagt werden, daß sich die LITURGISCHE KOMMISSION der Diözese ernst und mit Eifer dieser Aufgabe annahm und im Lauf der kritischen Mitarbeit an der Endgestalt des Textes rund 2000 solche „modi" einsandte. Daß diese Arbeit mühsam und zeitraubend war, bedarf keiner Erwähnung. Daß sie sich wirklich gelohnt hat, wissen nur wenige. Als das Deutsche Meßbuch dann erschien (Ende 1974), konnten die Verantwortlichen mit großer Freude feststellen: viele, viele Regensburger „modi" waren in die Endredaktion eingegangen – ob allein durch die Regensburger Intervention oder von anderer Seite her, ist allerdings nicht feststellbar. Jedenfalls: die Mühe hatte sich gelohnt! In diesem Sinn hat also die LITURGISCHE KOMMISSION echt „Hilfe zur Liturgiegestaltung heute" geleistet.

Im Anschluß und in Ergänzung zum Ganzen erarbeitete die Liturgische Kommission in Zusammenarbeit mit Experten[4] „Die Gedenktage der Heiligen. Eigenfeiern des Bistums Regensburg"[5]. Sie sind Bestandteil des offiziellen Messbuches – für diese Ergänzung wurde im offiziellen Meßbuch (mit Hilfe einer eigenen Lasche) Platz vorgesehen. Dies gilt im übrigen für alle deutschsprachigen Diözesen.

2. Das Lektionar

Die von der Deutschen Bischofskonferenz eingesetzte Arbeitsgruppe für das LEKTIONAR IN DEUTSCHER SPRACHE ging einen ähnlichen Weg wie die Messbuch-Kommission: sie gab zunächst *Studientexte* jener Abschnitte der Heiligen Schrift des Alten und Neuen Testamentes heraus, die im künftigen Gottesdienst Verwendung finden sollten. Unter anderem sollten hier gerade die Gremien der einzelnen Ordinariate diese Texte kritisch begleiten. Es ist bekannt, daß es damals regelrechte Proteste gegen die allzu wörtliche Übersetzung verschiedener Texte gab. Es ging den Seelsorgern und Gläubigen einfach nicht in den Kopf, daß plötzlich statt der bekannten „Seligkeiten" nun „Wohligkeiten" verlesen werden sollten, daß mitten in einem Text der Heiligen Schrift von „Fressen und Saufen" die Rede war und aus „Böcken und Schafen" nun „Ziegen und Schafe" geworden waren... Kurzum: auch hier tat die Bischöfliche Liturgische Kommission ihren Dienst und sandte eine Unmenge von „modi" ein. Diese haben sicher Beachtung gefunden. Leider war, wegen der Fülle anderer Aufgaben, es bisher nicht möglich, die Effizienz dieser kritischen Mitarbeit zu überprüfen und konkret nachzusehen, an wieviel Stellen die Regensburger Mitarbeit Früchte getragen hat.

Überdies war die Liturgische Kommission maßgeblich daran beteiligt, eigene Texte für die „Eigenfeiern des Bistums Regensburg" zu erstellen bzw. auf geeignete Texte im Lektionar hinzuweisen.[6] Als weitere wichtige Ergänzung zum Ganzen und sehr brauchbar für die Liturgie erweist sich die liturgische Hilfe eines Diözesanpriesters zu eben diesen Eigenfeiern. Hier ist sozusagen gleich „alles beisammen", was der Priester am Priestersitz und am Ambo braucht.[7]

3. Neuformulierung bekannter Gebetstexte

Im Zuge der Erneuerung der Liturgie und im Wissen um das veränderte Sprachgefühl mußten auch verschiedene Formulierungen im Gebetsschatz der Kirche geändert werden. Es ging z. B. nicht mehr an, im Ave Maria von den „Weibern" zu sprechen. Verständlich, daß es schwer war, die veränderte Form des Glaubensbekenntnisses und vieler anderer liturgischer und täglicher Gebete „unter die Leute zu bringen". Auch hier hat die Liturgische Kommission der Diözese tatkräftig mitgeholfen, die durchaus notwendige Erneuerung mitzutragen.[8]

4. Die Neuordnung der Spendung der Sakramente

Die Neuordnung der heiligen Liturgie als Folge des II. Vaticanums umfaßte selbstverständlich auch den Bereich der SAKRAMENTE. Es war gut, daß man auch hier den bewährten Weg der STUDIENAUSGABEN ging. So war wiederum die Mitarbeit durch Fachleute, interessierte Laien und vor allem durch die ORDINARIATE gefragt. Auch hier hat sich die Liturgische Kommission der Diözese dieser umfangreichen Arbeit gestellt und mitgeholfen, daß die Texte zur Spendung der Sakramente nochmals geprüft und an manchen Stellen verbessert werden konnten. Auch der Ritus der Spendung selbst wurde überprüft. Hier kam zugute, daß ein Teil der Mitglieder der Liturgischen Kommission in der täglichen Praxis steht und diese Mitbrüder schnell erkannten, welche Rubriken sinnvoll und welche fraglich sein könnten.

5. Sakramentalien

Naturgemäß dauerte der Erneuerungsprozeß der Liturgie mehrere Jahre, und es war verständlich, daß zuerst die „wichtigen Dinge" geändert wurden. Dadurch entstand eine Lücke: das alte „Benedictionale" zum Beispiel, in lateinischer Sprache, war noch in Gültigkeit, doch wurde der Ruf nach der deutschen Sprache gerade auf diesem Gebiet immer lauter.

Die Liturgische Kommission sah sich deshalb veranlaßt, hier für das Diözesangebiet nach Abhilfe zu suchen, und unterstützte die Absicht des Leiters des Seelsorgeamtes nachdrücklich, ein eigenes Ringbuch „Segnungen und Weihen" herauszugeben.[9] Die Nachfrage nach diesem Buch war sehr groß und reichte weit über das Diözesangebiet hinaus. War es doch nun möglich, zum Beispiel die Einweihung eines Sportplatzes oder die Segnung eines Kreuzes in deutscher Sprache vornehmen zu können. Bekanntlich ist inzwischen die Studienausgabe des offiziellen deutschen BENEDIKTIONALE erschienen

(1978) und hat damit das Ringbuch „Segnungen und Weihen" überflüssig gemacht. Doch sei erwähnt, daß die Grundstruktur einer Segnung im Regensburger Buch dieselbe ist, wie sie nun im offiziellen Benediktionale zu finden ist.

In diesem Zusammenhang sei angemerkt, daß die LITURGISCHE KOMMISSION auf dem Gesamtgebiet der SAKRAMENTALIEN eine Fülle von Anregungen gab, die jeweils durch das SEELSORGEAMT in die Wirklichkeit umgesetzt werden konnten. Davon deshalb weiter unten unter dem Stichwort „SEELSORGEAMT".

6. Das „Gotteslob"

Ein mühevolles Unterfangen war in der damaligen Zeit nach dem II. Vaticanum die Neugestaltung der einzelnen Gebet- und Gesangbücher der deutschsprachigen Diözesen. Man erinnere sich: die Neuordnung der Liturgie brachte es mit sich, daß *alle* diözesanen Gebetbücher „veraltet" waren. So entschlossen sich die Bischöfe der deutschsprachigen Diözesen zu einem gemeinsamen Vorgehen, das hier nicht näherhin dargestellt werden kann und soll.

Das Endergebnis eines langen Prozesses war jedenfalls, für die Diözese Regensburg gesehen, das Erscheinen des GOTTESLOB, Ausgabe für das Bistum Regensburg, im Jahre 1975. Bischof Rudolf schrieb damals im Vorwort unter anderem: „Auf Grund der weitgehenden Bevölkerungsbewegung in Deutschland während der letzten Jahre und Jahrzehnte ist schon länger der Wunsch nach einem für alle deutschen Bistümer und darüber hinaus für alle deutschsprachigen Diözesen gemeinsamen Gebet- und Gesangbuch laut geworden. Mit dem nunmehr erscheinenden 'Gotteslob' wurde versucht, diesen Wunsch in etwa zu verwirklichen. Das Echo aus den Kreisen der Benützer des Buches wird erweisen, inwieweit die jahrelange mühevolle Arbeit die Erwartungen erfüllen konnte. Über das Für und Wider hinweg muß uns jedoch alle der Wille beseelen, 'Gott zu loben, ihn anzubeten, ihm dankbaren Herzens Psalmen, Lobgesänge und geistliche Lieder zu singen' (Kol 3,16) wie auch 'Bitten, Gebete, Fürbitten und Danksagungen zu verrichten' (vgl. 1 tim. 2,1). In Wort und Tat soll es zusammenklingen". In der Tat: es war ein mühevoller Weg, der zum REGENSBURGER GOTTESLOB führte. Für die Mitglieder der LITURGISCHEN KOMMISSION stellte sich eine dreifache Aufgabe, die hier kurz skizziert werden soll.

a) Die kritische Mitarbeit am gemeinsamen Liedteil des „Einheitsgesangbuches"

Um einen gemeinsamen Liedteil, verbindlich für alle deutschsprachigen Diözesen, zu erarbeiten, bedurfte es einer ungeheuren Vorarbeit der Mitglieder der einzelnen überdiözesanen Kommissionen. Die Bischöfe waren dabei bestrebt, die einzelnen Schritte dieser Kommissionen jeweils in das Mitwissen und die Mitarbeit der Diözese einzubinden. So kam es, daß die von den Unterkommissionen der Kommission zur Erstellung des „Einheitsgesangbuches" erarbeiteten Liedvorschläge einzeln begutachtet werden mußten. Diese mühevolle und zeitraubende Arbeit fiel naturgemäß der *Kirchenmusikkommission* zu. Die Liturgische Kommission hatte die Begutachtung der Texte vorzunehmen. Diese Arbeit war relativ einfach, da es sich meist um alte Kirchenlieder handelte. Doch waren zur gegenseitigen Abstimmung mehrere gemeinsame Sitzungen beider Kommissionen notwendig.[10]

b) Die kritische Mitarbeit am gemeinsamen Textteil des „Einheitsgesangbuches".

Der Arbeitstitel des zu erstellenden gemeinsamen Buches hieß bezeichnenderweise „Einheits*gesang*buch". In der Tat kam man erst relativ spät auf die Idee, neben einem gemeinsamen Liedteil auch einen gemeinsamen Textteil zu erstellen. Verständlich, daß sich aufgrund des Zeitdrucks mancher Ärger und Mißmut einstellte – die Arbeit nahm einfach kein Ende! Und doch war gerade die kritische Mitarbeit am Textteil des neuen Gebet- und Gesangbuches ungeheuer wichtig. Doch sei – vielleicht auch als Rechtfertigung der jetzigen Gestalt des Textteils im GOTTESLOB – betont, daß es der LITURGISCHEN KOMMISSION nicht zustand, den oder jenen Text zu streichen oder andere hinzuzufügen. Es war nur möglich, „modi" zu den einzelnen Gebeten zu erstellen und diese einzusenden. Dies ist durchaus geschehen. Nur – es gab keinerlei „Rückmeldung" über die Annahme oder Ablehnung bestimmter Texte oder Textverbesserungen, sodaß diese Arbeit für die Verantwortlichen reichlich „frustrierend" war.

c) Der Diözesanteil

Ein gemeinsames „Einheitsgesangbuch" sollte naturgemäß „einheitlich" sein. Es ließ sich jedoch nicht vermeiden, Eigengut der einzelnen Diözesen mit einzubauen – und das war gut so, trotz gegenteiliger „Weisungen von oben". Es kam schließlich zur Erstellung von je eigenen Diözesanteilen – eine Einigung auf Bayernebene konnte nicht erreicht werden. Schließlich wurde eine neue Weisung herausgegeben:
– Der Diözesanteil soll nur Lieder enthalten, keine Gebete.
– Der Diözesanteil soll so klein wie möglich gehalten werden.

Der Grund war klar: wenn schon ein gemeinsames Gesang- und Gebetbuch, dann sollte es durch umfangreiche Eigenteile nicht gleichsam „unterlaufen" werden. Was nützt ein gemeinsames Buch, wenn die Gläubigen dann doch nur aus dem Diözesanteil singen?!

Das GOTTESLOB, Ausgabe für das Bistum Regensburg, erschien im Jahre 1975. Man kann sagen: es wurde angenommen. Sicher, manche Pfarreien zögerten, manche Seelsorger kauften vorsorglich Restexemplare des früheren „Magnifikat" oder gar billige des „Lob Gottes" auf – aber insgesamt war man dankbar für die dargebotene Lösung. Im Auftrag der LITURGISCHEN KOMMISSION und der KIRCHENMUSIKKOMMISSION ging das SEELSORGEAMT daran, für das neue Liedgut zu werben (dazu Näheres weiter unten).

Doch zeigte sich sehr schell: Manche, ja viele Lieder und Gesänge waren für „Regensburger Ohren" zu herb, zu „traurig". Trotz aller ehrlichen Bemühungen erkannten erfahrene Seelsorger rasch: diese Lieder werden nie und nimmer einen Platz im Herzen der Gläubigen erringen! Ähnlich erging es manchen Texten. Vieles wurde – vielleicht voreilig, aber immerhin – als „preußisch" eingestuft und abgelehnt. Selbst die aufwendige Aktion des SEELSORGEAMTES, *alle* Lieder und Gesänge auf Tonbändern akustisch vorzustellen und für sie zu werben, konnte das Grund-Urteil nicht ändern.

Dazu kam ein weiteres. Viele Seelsorger und Laien fragten: Ja, warum habt ihr die „alten Lieder" nicht aufgenommen, nicht einmal im Anhang? Was auf diesem Gebiet inzwischen dankenswerterweise vom SEELSORGEAMT aus geschehen war, wurde einfach nicht zur Kenntnis genommen. Liebgewordene alte Lieder waren verschwunden – warum?

Mehr und mehr wurde es notwendig, über „verschwundene" Lieder nachzudenken. Nicht der künstlerische oder seelsorgerische Wert standen im Vordergrund, wie bei „Diözesanteil I", sondern die Verbundenheit vieler gläubiger Menschen mit diesem Liedgut. So kam es, daß LITURGISCHE KOMMISSION und KIRCHENMUSIKKOMMISSION wieder viele Male zusammenkommen mußten, um „Diözesanteil II" zusammenzustellen. Doch diesmal ging es, neben den „vergessenen" Liedern wie „O Stern im Meere" und anderen, auch darum, an vergessene liebgewordene *Gebete* zu denken. Und in der Tat: im Stammteil des GOTTESLOB findet sich kein einziges Reimgebet für Kinder! „Müde bin ich, geh zur Ruh" und andere Kindergebete – Fehlanzeige! Damals war man der Meinung, Reimgebete würden die religiöse Entwicklung eher hindern als fördern ... man solle lieber frei beten. Doch inzwischen war die allgemeine Meinung auf vielen Gebieten religiöser Pädagogik wieder umgekippt – und es wurde dringend nötig, bisher Unbeachtetes nicht ganz dem Vergessen auszuliefern.

Das Ergebnis war und ist der „DIÖZESANTEIL II", der erst vor wenigen Jahren erschien und dankbar aufgenommen wurde. Er bildet in etwa den Abschluß der mühsamen Arbeit am GOTTESLOB, Ausgabe für das Bistum Regensburg.

Es bleibt die Pflicht des Chronisten, allen aufrichtig zu danken, die sich der mühevollen, aber wichtigen Arbeit unterzogen haben, ein sachgerechtes und brauchbares, und darüber hinaus auch frommes „Rollenbuch der Gemeinde" erstellt und gefördert zu haben.

d) Kirchenausgabe „Gotteslob"

Bischof Rudolf und später auch Bischof Manfred gaben von Anfang an als Devise aus: Das GOTTESLOB muß in jede Familie kommen und darf nicht etwa nur in der Kirche aufliegen! Deshalb wurde am Anfang, nach Erscheinen dieses Buches, vor allem der Verkauf in den Familien gefördert. Seelsorger baten: Nehmt das Gotteslob mit in die Kirche, sonst könnten wir nicht gemeinsam beten und singen!

Das Unternehmen gelang, die Verkaufszahlen sprachen für sich.[12] Doch zeigte sich mehr und mehr: die Welt hat sich geändert. In vielen Pfarreien gibt es den Sommer über Gäste, „Fremde", vielleicht aus anderen Diözesen – woher sollen diese das Regensburger Gotteslob haben? Sie können nur mitbeten und mitsingen, soweit Lieder und Gebete aus dem Stammteil genommen werden – und das läßt sich nicht so einfach steuern!

Kurzum, die Erstellung einer eigenen „Kirchenausgabe" stand an. Die Diözese nahm sich dieses Anliegens beherzt und großzügig an. Die Seelsorger wurden nach Quote der gewünschten „Kirchenexemplare" befragt, und es zeigte sich: auch zögernde Seelsorger sahen mehr und mehr die Notwendigkeit einer „Kirchenausgabe" ein, nämlich einer bestimmten Anzahl von Exemplaren „Gotteslob", die in den jeweiligen Kirchen aufliegen sollten. Sie waren und sind eigens gebunden und gekennzeichnet, und die Diözese subventioniert den Ankauf durch die Pfarreien. Viele Tausende von „Kirchenexemplaren" liegen inzwischen in (fast) allen Kirchen der Diözese auf – und sie tun wirklich gute Dienste, ohne das GOTTESLOB als Familienbuch wirklich zu verdrängen.[13] Das *Gotteslob* als „Rollenbuch der Gemeinde" ist in der Diözese Regensburg voll angenommen.[14]

7. Weitere Hilfen

Die LITURGISCHE KOMMISSION gab im Laufe der Jahre eine Fülle von direkten und indirekten „Hilfen zur Liturgiegestaltung heute" heraus. Hier seien die wichtigsten genannt.

a) Neuordung der Ewigen Anbetung

Schon lange war klar: die seit vielen Jahren in der Diözese beheimatete „Ewige Anbetung" rund um die Uhr, das ganze Jahr hindurch, war – vor allem wegen der Überalterung der Schwestern, Patres und Brüder in den Klöstern, die die nächtliche Anbetung zu leisten hatten – nicht mehr zu halten. Die LITURGISCHE KOMMISSION erarbeitete eine „Theologie der Anbetung" und schlug eine „tägliche Anbetung" vor, und zwar zu Zeiten, die dem Lebensrhythmus der Menschen in den einzelnen Pfarreien entgegenkamen. Der Bischof setzte diese Neuordnung der Ewigen Anbetung in der Diözese Regensburg am 31. Oktober 1976 in Kraft.[15] Seitdem kann jede Pfarrei jahrüber *zwei* Termine selbst aussuchen. Überraschenderweise ergab sich beim Ordnen der jeweils gewünschten Termine, daß im Jahreskalender praktisch kein „weißer Fleck" übrigblieb und alle Tage des Jahres weiterhin „besetzt" blieben.

b) Hausgottesdienst

Die Idee des gemeinsamen Betens innerhalb der Familie oder der häuslichen Gemeinschaft, heute in vielen Diözesen verbreitet, stammt aus der Diözese Regensburg (Landvolkpfarrer Urlberger). Zwei Termine werden dabei jeweils von der Diözesanleitung festgesetzt, ein Termin zu Beginn des Advent und ein weiterer innerhalb der Fastenzeit. Geeignete Hilfen wurden und werden dabei erstellt und den einzelnen Seelsorgestellen zur Verfügung gestellt. Ziel ist die Förderung oder Wiederentdeckung des gemeinsamen Gebetes in der Familie – bekanntlich ist ja das Familiengebet, sicher auch durch die veränderten Lebensbedingungen heute, in den meisten Fällen zum Erliegen gekommen.[16] Es ist zu hoffen, daß der „Hausgottesdienst" mit der Zeit zur Tradition und auch angenommen wird. Wenn man bedenkt, daß – vielleicht – am ersten Montag in der Adventszeit tausende Familien am Abend daheim mitsammen beten, dann kann man den „Erfolg" dieses dringenden Anliegens nicht hoch genug einschätzen. Im übrigen machen, nach meiner Übersicht, inzwischen nicht nur die bayerischen, sondern eine ganze Reihe außerbayerischer Diözesen – und auch Österreichs – beim „Hausgebet" mit.[17]

c) Weiterbildung der Dekanatsverantwortlichen für die Liturgie

Seit Jahren schon führt die LITURGISCHE KOMMISSION jährlich Schulungs- und Fortbildungstage „in liturgicis" durch und fördert damit bewußt die Feier der heiligen Messe als der „Mitte des ganzen christlichen Lebens". Im Laufe der Jahre konnten bekannte und bedeutende Fachleute auf dem Gebiet der Liturgie gewonnen werden, um vor den 45 Dekanatsverantwortlichen für Liturgie und weiteren Interessierten zu sprechen. Diese Studien- und Fortbildungstage waren für alle Anwesenden jeweils ein Gewinn.[18] Geklagt wurde verschiedentlich nur darüber, daß das Ergebnis solcher Tagungen recht mühsam im eigenen Dekanat vermittelt werden konnte – oder auch nicht...

Es ist hier nicht der Ort, *alle* Aktivitäten der LITURGISCHEN KOMMISSION im Laufe der letzten Jahre aufzuzählen. Hier ging es wesentlich *nur* um LITURGIE. Wenn die Kommission zum Beispiel die Ordnung der Amtseinführung eines Pfarrers in seiner Gemeinde neu erstellte, gehört dies zwar zur

Liturgie insgesamt, betrifft jedoch die Einzelgemeinde nur sporadisch. Deshalb wird hier bewußt darauf verzichtet, alles und jedes zu benennen, was die LITURGISCHE KOMMISSION an Aktivitäten aufweisen kann.

Erwähnt sei jedoch am Schluß, daß die LITURGISCHE KOMMISSION im Jahre 1989 ihr 25jähriges Jubiläum feiern konnte. Sie wurde am 5. Mai 1964 ins Leben gerufen.

Es ist eine ehrenvolle Pflicht des Chronisten, hier die damaligen Mitglieder der – offiziell – „vorläufigen liturgischen Kommission" aufzuzählen. Eine Reihe der damaligen Mitglieder ist bereits in der Ewigkeit. H. H. Prälat J. Erhardsberger – H. H. Dompfarrer M. Lehner – H. H. Generalvikar Dr. K. Hofmann – H. H. Prälat Konrad Müller, Weiden – H. H. Dekan Josef Huber, Nittendorf – H. H. Stadtpfarrer Georg Lacher, Regensburg – H. H. Dekan L. Spießl, Wiefelsdorf – H. H. Stadtpfarrer Karl Leibl, Regensburg – H. H. Subregens Siegfried Brandhuber – H. H. Dr. Klaus Gamber, Regensburg – H. H. Stadtpfarrer P. Wigbert Richter, Regensburg – H. H. Pfarrkurat Hermann Blüml, Ehenfeld – H. H. Jugendpfarrer S. Werner, Regensburg.[19]

Aktivitäten der LITURGISCHEN KOMMISSION heute und in Zukunft

Was die *liturgischen* Aktivitäten der LITURGISCHEN KOMMISSION betrifft, so ist zu sagen: die großen Arbeiten scheinen einen gewissen Abschluß gefunden zu haben. Doch viel Raum wird z. B. die Erarbeitung geeigneter Gottesdienstmodelle für sog. „Priesterlose Wortgottesdienste am Sonntag" einnehmen. Im übrigen sind die Mitglieder bereit, immer wieder neu auftretende Fragen und Probleme herzhaft aufzugreifen und geduldig nach Lösungen zu suchen.

II

Der Beitrag des Bischöflichen Seelsorgeamtes

Vorweg muß gesagt werden: das liturgische Aufgabengebiet wuchs dem Seelsorgeamt „wie von ungefähr" zu. Der Grundgedanke des Leiters des Seelsorgeamtes ab dem Jahre 1971[20] war dieser: jeder Seelsorger in der Diözese hat eine Fülle von Verwaltungsaufgaben zu leisten. Sein eigentlicher und wichtigster Dienst ist jedoch die Feier der heiligen Messe und die Spendung der Sakramente. In der „Umbruchssituation" nach dem II. Vatikanischen Konzil war gerade auf diesem Gebiet viel zu bedenken. Es ging, um ein Beispiel zu nennen, nicht an, die heilige Messe nun eben auf deutsch statt auf lateinisch „zu lesen". Es bestand begründete Sorge, daß manche Geistliche, die mit Latein großgeworden waren, nun den „Überstieg" nicht würden schaffen können. Hilfe tat not.[21] Ein weiteres kam hinzu: vor lauter Arbeit und „Aktivität" kam mancher Seelsorger nicht zum Eigentlichen. Außerdem war nach den Jahren der „Strenge" und Rubrizistik die Lust zum Experimentieren groß. Hier war es entscheidend wichtig, helfend zu leiten.

Die Errichtung des Seelsorgereferates der Diözese, später „Seelsorgeamt" genannt, geht auf Impulse des II. Vatikanums zurück. Sie erfolgte im Jahre 1967.[22]

Liturgisch gesehen, war die Herausgabe der „Sonntagshilfe" im Jahre 1971 ein wichtiger Beitrag und eine Hilfe für die Seelsorger in der Diözese.[23]

1. Die „Sonntagshilfe"

Sie hatte von Anfang an drei Momente im Auge:
- *Tips, Hinweise, Anregungen:* hier wurde von all dem geschrieben, was „aktuell", nützlich und wichtig war. Diese Tips behandelten liturgische Fragen, gingen und gehen jedoch weit darüber hinaus.
- *Gottesdienste:* Hier wurden und werden zu jedem Sonn- und Feiertag des Kirchenjahres Hilfen geboten: eine Einleitung zum Tag, Kyrierufe, Fürbitten. Darüber hinaus werden Hilfen zur Gestaltung von Gottesdiensten der Diözesan-Heiligen und -Seligen angeboten – und auch sonst Hilfen für die verschiedensten Anliegen oder Anlässe.
- *Beilagen:* sie sind als aktuelle Hilfe für verschiedenste seelsorgliche Anliegen in der Pastoral gedacht.

a) Zum ersten Teil

Natürlich geben diese Tips etc. nicht *nur* liturgische Hinweise. Sie sind vielmehr ein „Kaleidoskop" der in diesem Zeitraum wichtigen Anliegen der Seelsorge überhaupt. Trotzdem: wenn z. B. in diesen Tips in den Jahren der Neuordnung der Liturgie wiederholt darauf hingewiesen wurde, doch die „Studienausgabe" der verschiedenen liturgischen Bücher kritisch zu begleiten und dies auch geschehen ist – dann ist dies echter liturgischer Dienst bezüglich der später erfolgten Endausgaben liturgischer Bücher: wer weiß, wie viele Seelsorger gerade wegen der dringenden Einladung zur Mitarbeit tätig geworden sind!

Oder ein anderes Beispiel: immer wieder wurde auf das „Lied des Monats" hingewiesen. Was ist damit gemeint? Über Jahre hinweg wurde die Idee verbreitet und gefördert, jede Gemeinde solle – besonders während der „Arbeitsmonate" September bis etwa Juni – in jedem Monat ein neues Lied aus dem Gotteslob lernen. Um diese Idee auch praktikabel zu machen, nahm eine kleine Gruppe von Sängern unter Leitung von Kirchenmusikdirektor Kohlhäufl jedes Lied und jeden Gesang des neuen Gotteslob musikalisch auf – bei mehr als 800 Liedern und Gesängen (die jeweilige „Unternummerierung" einund die Gebete ausgeschlossen) ein wirklich mühsames Unterfangen! Um diese „Vorbild-Musik" in Gestalt von Kassetten wirkungsvoll verbreiten zu können, wandte sich der Leiter des Seelsorgeamtes an P. Rzitka, München, der in seiner Reihe „Lieder des Gotteslobes" insgesamt 12 Tonbänder und Kassetten herausgab und damit das sachgerechte Singen der neuen Lieder und Gesänge des Gotteslob im ganzen deutschen Sprachraum entscheidend förderte.[24]

Erwähnt sei auch das Bemühen des Seelsorgeamtes, für jeden Sonntag einen eigenen *Liedplan* zu erstellen – zur Entlastung der Ortspfarrer, die nicht jedesmal „Lieder zusammensuchen müssen". Und noch ein Vorteil: wer sich an den Liedplan einigermaßen hält, wird erfahren, daß im Lauf der Jahre immer wieder weitere, „neue" Lieder aus dem Gotteslob angeboten werden – gleichsam heimlich und still. Man darf behaupten: sehr zum Vorteil der Gemeinden, die sich mit der Zeit einen großen „Liedschatz" aneignen – ohne sich dessen eigentlich sehr bewußt zu werden, und das ist gut so![24]

Abschließend sei darauf hingewiesen, daß eine große Umfrage in eben der „Sonntagshilfe" im Frühjahr 1989 („Ist die Sonntagshilfe brauchbar?") den Nachweis erbrachte: die meisten Seelsorger halten sie für selbstverständlich.

b) Zum zweiten Teil

Das vorhergehende Urteil der Brauchbarkeit der „Sonntagshilfe" bezieht sich naturgemäß vor allem auf die *liturgischen Hilfen für jeden Sonn- und Feiertag des Kirchenjahres*. Von der Einleitung angefangen, angepaßt an das liturgische Ereignis bis hin zu Diözesan- und Weltereignissen, wird hier textlich angeboten, was der Seelsorger dann in eigener Verantwortung gebrauchen oder auch nicht verwenden kann. Hier sagen laut Umfrage viele: Ja, ich lese das Ganze nicht vor; aber ich lese es vorher durch und gewinne daraus viele Anregungen!

Genau so war und ist das Ganze gedacht: die vielen Seelsorger der Diözese sollen nicht einfach alle mitsammen an ihrem Platz die gleichen Vorlagen vortragen; doch ist es sinnvoll, sich an bestimmten Tagen und zu bestimmten Themen der Vorlage insofern zu bedienen, daß die Grundgedanken zum Tagesthema überall wiederkehren. Von daher leistet die „Sonntagshilfe" gewiß einen wichtigen Dienst im Sinne der „Hilfen für die Liturgiegestaltung heute".[25]

c) Zum dritten Teil

Dieser Teil bestand und besteht aus aktuellen Hilfen (in Form von *Beilagen*) verschiedenster Art zu verschiedensten Anliegen. Hier sei nur ein kleiner Ausschnitt geboten, nämlich die *liturgischen* Angebote in Form von Faltblättern und kleinen Heftchen, der „Sonntagshilfe" beigelegt (hier nur die Beilagen ab dem Jahre 1980, viele davon periodisch natürlich wiederkehrend):

Heiliger Abend in der Familie – Lied des Monats – Hausgottesdienstvorlage – Beichtbilder – Lieder zum Begräbnisgottesdienst – Beichte im Unterschied zur Bußandacht – Fronleichnam – Gebetsstunde in der Karwoche – Gebet für einen neuen Bischof – Gebetstage „Franz von Assisi" – Frauenfragen im Advent – Hilfen zur Gestaltung des Heiligen Jahres 1983/84 – Dankandacht zur Firmung – Heiliges Jahr der Erlösung/Andachten – Wallfahrten im Heiligen Jahr – Meßfeiern für ältere Männer und Frauen – Aussendungsfeier der Sternsinger – Gottesdienstmodelle „Mut zum Leben" – Predigtreihe „Der religiöse Alltag des Christen" – Predigtreihe „Die 10 Gebote" – Predigtreihe „Credo" – Predigtreihe „Der Gott der Bibel" – Wallfahrten und Bittgänge im Marianischen Jahr (1986/87) – Predigtreihe „Die Zukunft gehört den Glaubenden".

Man sieht, es sind wohl alles Materialien, die in der konkreten Seelsorge wirklich gebraucht werden und damit wohl auch „angekommen sind". Das Echo aus dem Kreis der Seelsorger ist jedenfalls überraschend hoch und gut.

2. Liturgische Hilfen des Seelsorgeamtes allgemein

Neben der direkten Liturgischen Hilfe für alle Sonn- und Feiertage des Kirchenjahres gibt das Seelsorgeamtes seit Jahren aktuelle Hilfen verschiedenster Art heraus. Hier seien die wichtigsten aufgeführt.

a) Fünf Bände „Kindergottesdienst"

Bei diesem Vorhaben hat sich die Mitarbeit der „Basis" hervorragend bewährt. Über das Sprachrohr „Sonntagshilfe" wurde um Mithilfe bei der Herausgabe von Werkheften gebeten, welche in der Praxis erprobte „Modelle" von Kindergottesdiensten enthalten sollten. Es hatte sich nämlich herausgestellt, daß es zwar Bücher mit ausgezeichneten Modellen für Kindergottesdienste gab, nur hatten sie den Nachteil der Praxisferne. Wie kann man z. B. einen Kindergottesdienst zur Pfingstzeit anbieten, der viel (kindliche) Vorbereitungen braucht – und nicht bedenken, daß in dieser Zeit Ferien und viele Kinder in Italien und anderswo sind? Wenn dann bei Schulanfang dieser Kindergottesdienst stattfinden soll, ist (leider) keine Zeit mehr, ihn wirklich vorzubereiten.

Hier haben die fünf Bände Kindergottesdienstmodelle des Seelsorgeamtes eine große Lücke „erwischt" – die große Anzahl verkaufter Exemplare spricht für sich. Übrigens: die fünf Bände Kindergottesdienste richten sich nach dem Kirchenjahr, sind also übersichtlich angeordnet.[26]

b) Werkbuch zum „Regensburger Gotteslob"

Geistlicher Rat Bubenik, damals Nabburg, hatte sich in mühsamer Arbeit der Aufgabe unterzogen, alles, was im GOTTESLOB zu finden war, thematisch zu orden. Als dann der „Regensburger Teil" dazukam, ließ er sich es nicht nehmen, auch diesen noch einzuordnen. So entstand ein durchaus brauchbares Werkbuch, in dem man z. B. sofort findet, was im *Gotteslob* unter „Eucharistie" oder „Friede" irgendwo steht...[27]

c) Handbuch für Mesner

An den Leiter des Seelsorgeamtes wurde vor Jahren die Bitte herangetragen, man solle doch, außer Kursen und Schulungen, den MESNERN der Diözese Hilfen geben, die „neue Liturgie" auch zu verstehen und in die tägliche Praxis umzusetzen. Wer täglich in der Kirche ist und nicht genau weiß, „was sich nun geändert hat" oder nur die äußeren Veränderungen beobachtet, oft mit Erstaunen, der fühlt sich irgendwie alleingelassen. Hier konnte das „Handbuch für Mesner" gute Abhilfe schaffen.[28]

d) Kommunionhelfer

Durch die Liturgiereform wurde vieles möglich, vor allem auch die Hilfe im Gottesdienst durch Laien. Offiziell gab es nun auch Kommunionhelfer. Seit dem Jahre 1968 wurden und werden in der Diözese Regensburg Kommunionhelfer geschult – in der Verantwortung des Seelsorgeamtes. Die Statistik, Stand Frühjahr 1989, weist hier folgende Zahlen auf:

Kommunionhelfer *insgesamt:*	1944	(= 100 %)
davon Männer:	1080	= 55,56%
Ordensfrauen:	504	= 25,93%
Frauen:	320	= 16,46%
Ordensmänner:	40	= 2,06%

Die Beauftragung der Kommunionhelfer ist auf drei Jahre und auf die jeweils eigene Pfarrei begrenzt. Der Besuch eines Einkehrtages bildet danach die Grundlage für die weitere Beauftragung.

Für Ordensleute gelten als Ersatz die Jahresexerzitien. Sie erhalten die Weiterbeauftragung auf Antrag ohne Besuch eines eigenen Einkehrtages. Auch alle Kommunionhelfer, die den Einführungstag und drei

Einkehrtage besuchten, also insgesamt bereits 12 Jahre Dienst gemacht haben, sind vom Besuch weiterer Einkehrtage entpflichtet. Sie erhalten die Weiterbeauftragung auf Antrag.

Es ist durchaus einsichtig, daß der Einsatz von Kommunionhelferinnen und Kommunionhelfern das gewohnte Bild des früheren „Meßlesens" in lateinischer Sprache durch den Priester völlig verändert hat: jetzt wird mehr und mehr deutlich, daß das gesamte Gottesvolk die Messe feiert!

Hier hat, so meine ich, das Seelsorgeamt mit vielerlei Aktivitäten einen guten Beitrag geleistet.

e) Lektoren

Die Heilige Schrift, das Wort Gottes, bildet nach der neuen Liturgiereform einen gewichtigen Teil innerhalb der Feier der Liturgie. „Der Tisch des Wortes soll reichlicher gedeckt werden" – dies war eine der Forderungen des Konzils.

Lektoren müssen gefunden und ausgebildet werden. Aufgrund vieler Anfragen aus dem Raum der Diözese nahm der Leiter des Seelsorgeamtes die Aufgabe auf sich, zusammen mit einem Experten Schulungen von Lektoren und verschiedenen Dekanten der Diözese durchzuführen. Aufgrund von Zeitmangel mußten diese Bemühungen eingestellt werden. Doch wurden und werden den einzelnen Liturgiereferenten der Dekanate Hilfen gegeben, solche Kurse selbst durchzuführen. Denn es ist entscheidend wichtig, nicht nur daß, sondern auch *wie* das Wort Gottes den Gläubigen nahegebracht wird.

f) Konkrete Hilfen für die Seelsorge und indirekt für die Liturgie

Hier werden nun nachfolgend, ohne genaue Ordnung, verschiedene Hilfen für die Seelsorge am Ort aufgeführt, die vom SEELSORGEAMT herausgegeben wurden:
- *Bruderschaftsbüchlein*. In der Diözese Regensburg gibt es viele Bruderschaften, insgesamt ungefähr 30. Das Seelsorgeamt besorgte die Neuherausgabe der sog. Bruderschaftsbüchlein.[29]
- Mappe „*Das christliche Sterben*". Eine Handreichung, die alle Bereiche umfaßt, die bei einem Todesfall wichtig sind. Gedacht für die Beerdigungsinstitute, aber auch für die sog. „Totenfrauen" und für Einzelpersonen.
- „*Ich rufe dich bei deinem Namen*". Eine Auswahl schöner Vornamen. Das kleine Büchlein wurde und wird Heiratswilligen beim Brautleutekurs angeboten und teilweise kostenlos verteilt.
- Die „*Aktion Namenspatrone*". Kinder sollen wieder Bezug zu ihrem Namenspatron erhalten und (wieder) auch Namenstag, nicht nur Geburtstag feiern. Diese Aktion bezieht sich auf alle heute gängigen Vornamen und umfaßt eine Gesamtliste von etwa 780 Namen. Auf einem vierseitigen Zettel sind aufgeführt: das Bild des Heiligen oder Seligen, sein Lebenslauf, Wissenswertes über die damalige Zeit, Namenserklärung und ein Gebet.[30]
- *Gebetswürfel*. Um das Gebet daheim, besonders bei Tisch, zu fördern, vertreibt das Seelsorgeamt die sog. „Gebetswürfel": Holzwürfel, auf deren sechs Seiten Gebete stehen. Man würfelt – und betet! Beliebt besonders bei Kindern und – man staune – in Klöstern!
- Vorlage: „*Wortgottesdienste am Sonntag*". Die Priesternot greift auch in der Diözese Regensburg um sich. Eine erste Vorlage wurde „am Ort" erstellt, im nördlichsten Teil unserer Diözese. Damit ist ein Prozeß in Gang gekommen, der gegenwärtig noch anhält und erst nach Jahren zum Abschluß kommen wird.
- Verschiedenes „*Material*" zu den verschiedensten Anlässen. Hier seien nur die „Jahresanliegen" der Diözese genannt.
- *Wallfahrtsbüchlein* für die Oberpfälzer Wallfahrt nach Altötting.
- *Totenkalender*. Jedes Jahr sterben etwa 40 Mitbrüder. Ihrer wird beim Gottesdienst gedacht. Ein eigenes Büchlein, herausgegeben vom Seelsorgeamt, ist hier echte Hilfe. Das „memento mortuorum" ist Bestandteil echter Liturgie...

g) Investitur eines Pfarrers auf eine Pfarrei

Ein wichtiges Ereignis für eine Pfarrei: ein neuer Pfarrer kommt! Er wird feierlich empfangen, die Kirche ist gefüllt mit Gläubigen, und nun beginnt die Liturgie.

Hier hat die Liturgische Kommission eine Neuordnung dieser bisher „verkümmerten" Liturgie herbeigeführt und darüber hinaus Richtlinien für die Seelsorge erarbeitet. Sie hat dazu eine eigene Hilfe für den Pfarrer selbst und eine Handreichung für die Gemeinde geschaffen.[31]

h) Regensburger Pfarrbriefdienst

Ein letzter, indirekter Dienst im Sinne der Überschrift dieses Artikes muß eigens erwähnt werden: Der *Regensburger Pfarrbriefdienst*.[32] Vor mehr als 10 Jahren ins Leben gerufen, ist er ein wahrer Dienst geblieben: die mehr als 2500 Bezieher im ganzen süddeutschen Raum und in Österreich (und anderswo) sind dankbar dafür und haben so die Möglichkeit, ihren Pfarrbrief schön zu gestalten. Hiermit leisten sie einen wichtigen Dienst, um die Gottesdienste der einzelnen Pfarreien nicht nur herauszustellen, sondern die Leser auch zum Besuch zu animieren. Und was wären unsere Gottesdienste ohne Gläubige! Insofern ist also auch der Regensburger Pfarrbriefdienst durchaus unter die „Hilfen zur Liturgiegestaltung heute" zu subsumieren.

*

Abschließend läßt sich sagen: der Beitrag zur Liturgiegestaltung heute in der Diözese Regensburg durch die Liturgische Kommission und das Bischöfliche Seelsorgeamt war wichtig, nützlich und gut.

Anmerkungen

1 II. Vatikanisches Konzil, Liturgiekonstitution, bes. Art. 4.
2 Liturgiefeiern im Bistum Regensburg vom Konzil von Trient bis nach dem Zweiten Vatikanischen Konzil, Beitrag Dr. Küppers.
3 Den Bereich „Liturgie" nahm seit dem Jahre 1946 der damalige Dompfarrvikar und Dompfarrer Erhardsberger wahr. In einem Brief des damaligen Generalvikars Baldauf vom 2. Oktober 1959 ist zu lesen: „Auf die wiederholte Einladung zur Tagung der Seelsorgamtsleiter in Fulda teilen wir erg. mit, daß es leider nicht möglich ist, einen Vertreter hierzu zu entsenden. Der dafür zuständige Dompfarrer Erhardsberger liegt z. Zt. nach einer Operation im Krankenhaus."
Aus den Akten der Registratur des Bischöfl. Ordinariats geht hervor, daß die Bestellung der Mitglieder der liturgischen Kommission am 5. 5. 1964 erfolgte. Sie galt damals als „vorläufige Kommission". Im Schematismus der Diözse von 1966 wird die Liturgische Kommissin der Diözese Regensburg zum ersten Mal erwähnt.
4 Erwähnt sei hier besonders Prof. Dr. Wenzel Weiß, Regensburg. Er trug die Hauptlast bei der Erarbeitung von „modi" für Meßbuch, Lektionar und Stundengebet.
5 Die Gedenktage der Heiligen. Eigenfeiern des Bistums Regensburg. Mit einer Votivmesse für Christen, die in der Zerstreuung leben. Deutsch und lateinisch, Regensburg: Pustet, 1976.
6 Die Gedenktage der Heiligen. Eigenfeiern des Bistums Regensburg. Mit einer Votivmesse für Christen, die in der Zerstreuung leben. Ergänzung zum Lektionar: Die Schriftlesungen, Regensburg: Pustet, 1976.
7 Peter Eizinger, Eigenfeiern der Diözese Regensburg. Einführungen, Kyrietexte, Vergebungsbitten, Fürbitten, Meditationstexte. Regensburg: Pustet, 1988.
8 Dies geschah vor allem durch die Herausgabe einer Predigtreihe zu den neuformulierten Gebeten. Außerdem gab der Leiter des Seelsorgeamtes eine Predigtreihe über das CREDO heraus, in der ebenfalls bestimmte theologische Inhalte („abgestiegen zu der Hölle" bzw. „hinabgestiegen in das Reich des Todes") neu gedeutet wurden.
9 Segnungen und Weihen, Abensberg: Kral, 1974. Später wurde eine zweite Auflage notwendig.
10 Einzelheiten bezüglich des konkreten Vorgehens der Kirchenmusikkommission bei der Auswahl bestimmter Lieder können wohl kaum mehr eruiert werden. Die Protokolle könnten bestimmte Hinweise geben.
11 Verlag Pustet, Regensburg.
12 Die Gesamtauflage „Gotteslob" vom Mai 1975 bis Januar 1989 beträgt nach Auskunft der Firma Pustet, Regensburg, 836.000 Exemplare, davon 121.875 Exemplare „Kirchenausgabe".
13 Man kann beobachten, daß viele Gläubige „ihr" Gotteslob mit zur Kirche bringen, obwohl in der Kirche genügend Exemplare aufliegen.
14 Es ist festzustellen, daß es in den letzten Jahren keinerlei (negative) Kritik am „Gotteslob" gab. Meinungsverschiedenheiten tauchten nur bei Erstellung des Diözesananhanges I und vor allem II auf.
15 Siehe Amtsblatt Nr. 15 vom 31. Oktober 1976. Hier sind alle Orte und Termine aufgeführt. Außerdem wird eine theologische Einführung in den Grundgedanken der „Ewigen Anbetung" geboten.
16 Bischof Rudolf unterstützte den Gedanken des „Hausgebetes" in der Familie ausdrücklich. Das Bischöfl. Seelsorgeamt gibt seit 1977 jeweils zu Beginn des Advents (Montag nach dem 1. Adventssonntag) und innerhalb der Fastenzeit (teils zu Beginn, teils am Montag nach dem fünften Fastensonntag) eigens erstellte Hilfen heraus, die seit zwei Jahren bayernweit erstellt werden.

17 Die Themen dieser „Hausgottesdienste" seit 1977 sind folgende:
- 1977 Adventlicher Hausgottesdienst (Beginn der Hausgottesdienste)
- 1978 Fastenzeit „Im Kreuz ist Heil, im Kreuz ist Leben, im Kreuz ist Hoffnung"
- 1978 Advent „Der Engel des Herrn brachte Maria die Botschaft"
- 1979 Fastenzeit „Umkehr"
- 1979 Advent „Licht in der Dunkelheit"
- 1980 Fastenzeit „Die sieben Worte Jesu am Kreuz"
- 1980 Advent „Ein Reis wird aufsteigen aus der Wurzel Jesse"
- 1981 Fastenzeit Der schmerzhafte Rosenkranz
- 1981 Advent „Ehre sei Gott in der Höhe und Friede auf Erden den Menschen seiner Gnade"
- 1982 Fastenzeit „Im Kreuz ist Heil"
- 1982 Advent „Wo zwei oder drei in meinem Namen beisammen sind"
- 1983 Fastenzeit Sonntag – Tag der Hoffnung
- 1983 Advent „Ich stehe vor der Tür und klopfe an"
- 1984 Fastenzeit Neues Leben im Wasser der Taufe
- 1984 Advent „Morgen ist Barbara-Tag"
- 1985 Fastenzeit Andacht für die Fastenzeit aus dem Gotteslob
- 1985 Advent „Bereitet dem Herrn den Weg"
- 1986 Fastenzeit Umkehr zum Vater
- 1986 Advent Advent – vier Lichter und ein Kranz
- 1987 Fastenzeit Brot zum Leben
- 1987 Advent Selig, die geglaubt hat!
- 1988 Fastenzeit „Mutter Gottes"
- 1988 Advent Die Zukunft gehört den Glaubenden
- 1989 Fastenzeit „Und vergib uns unsere Schuld"

18 Hier die Themen und Referenten der einzelnen Jahrestagungen:
- 1978 Leib des Herrn – Heil der Kirche – Brot der Brüder (Prof. Dr. Kleinheyer)
  Der liturgische Gesang in der Eucharistiefeier (DMD Kohlhäufl)
  Gottesdienst mit Kindern (Landvolkpfarrer Urlberger)
- 1979 Das Kyrie der Messe – Das Hochgebet der heiligen Messe – Was das Stundengebet bedeutet (Prälat DDr. Schnitzler, Köln)
  Singen mit dem Gotteslob – Neue Lieder für die Gemeinde – jugendgemäße Lieder (DMD Kohlhäufl)
- 1980 Rund um den Wortgottesdienst (Prof. Dr. Berger, Bad Tölz)
  Arbeit mit dem Gotteslob (DMD Kohlhäufl)
- 1981 Gottesdienst – Besinnung und Praxis (Prof. Dr. Duffrer, Mainz)
  Singen mit dem Gotteslob – Neuere Lieder (DMD Kohlhäufl)
- 1983 Einblick in die Vorgänge der Glaubenserfahrung: Angesprochen- und Angenommensein, Selbstfindung im Glauben
  Sinn kommt durch die Sinne. Glaubenserfahrung und Glaubensvollzug als körperbezogene Vorgänge. Biblische Glaubenserfahrung und Jesuserfahrung. (Pfr. Elmar Gruber, München)
  Kindgemäße Lieder aus dem Gotteslob (Herr Magerl mit seinem Kinderchor Vilsbiburg)
- 1984 Verkündigung des Wortes Gottes in der Liturgie. Liturgisch-theologische Aspekte
  Verkündigung des Wortes Gottes in der Liturgie. Gestalt und Gehalt. (Prof. Dr. Kleinheyer, Regensburg)
  Singen mit dem Gotteslob (DMD Kohlhäufl)
- 1987 Zur Theologie des Sonntagsgottesdienstes ohne Priester
  Der priesterlose Sonntagsgottesdienst in der Praxis – Modelle der Diözesen Würzburg und Feldkirch/Vorarlberg (Prof. Dr. Schlemmer, Passau)
- 1988 25 Jahre Liturgiereform – wo stehen wir? Wie geht es weiter? (Prof. Dr. Rennings, Trier)

Die Vorträge wurden zum großen Teil auf Kassette aufgenommen und sind in der AV-Medienzentrale der Diözese vorrätig.

19 Gegenwärtig setzt sich die Liturgische Kommission der Diözese aus folgenden Mitgliedern zusammen:
Vorsitzender Dr. Karl Wölfl, Leiter des Seelsorgeamtes.
Mitglieder: Johann Bauer, Pfarrer in Mindelstetten; Josef Berzl, Pfarrer in Bodenmais; Franziska Brandl, Religionslehrerin in Kelheim; Ludwig Bumes, Pfarrer in Waldmünchen; Josef Kohlhäufl, Diözesanmusikdirektor; Andreas Lesser, Oberstudienrat in Oberviechtach; Bernhard Müller, Pfarrer in Kirchenlaibach (bis Mai 89); Josef Roßmaier, Pfarrer in Pfeffenhausen; Johann Schlemmer, Studiendirektor in Regensburg; Paul Urlberger, Landvolkpfarrer; Franz Frühmorgen, Präfekt im Priesterseminar (ab Mai 89); Dr. Kurt Küppers, Privatdozent (ab Mai 89).

20 Bischof Rudolf ernannte zum 1. Januar 1971 den damaligen Pfarrer von Abensberg, Dr. Karl Wölfl, zum Leiter des Seelsorgeamtes.
21 Die Altersstruktur der Geistlichen der Diözese Regensburg ist besorgniserregend: das Durchschnittsalter liegt zur Zeit bei 58 Jahren.
22 Bischof Rudolf ernannte den damaligen Oberstudienrat Edmund Stauffer im Jahre 1967 zum Kanonikus-Koadjutor und vertraute ihm das Seelsorgereferat an. Es wurde im Jahre 1970 zum Seelsorgeamt umgewandelt.
23 Die „Sonntagshilfe" erscheint fünfmal im Jahr und hat einen Gesamtumfang von ca. 500–600 Seiten jährlich (ohne Tips und Beilagen)
24 *STEYL-TONBILD*, Cimbernstr.102, 8000 München 70. Kassette 1 enthält Lieder und Gesänge des „Gotteslob" von Nr. 103 bis Nr. 158; Kassette 2 von Nr. 160–217; Kassette 3 von Nr. 218–Nr. 274; Kassette 4 von Nr.275–Nr. 404; Kassette 5 von Nr. 405–Nr. 448; Kassette 6 von Nr. 449–Nr. 513; Kassette 7 von Nr. 514–Nr. 564; Kassette 8 von Nr. 565–Nr. 621; Kassette 9 von Nr. 622–Nr. 681; Kassette 10 von Nr. 683–Nr. 733; Kassette 11 von Nr. 734–Nr. 770; dazu Nr. 16–Nr. 90. Kassette Nr. 12 bringt alle „Priestergesänge" deutsch und lateinisch.
24 Das „Lied des Monats" wurde über Jahre hinweg über die „Sonntagshilfe" angeboten. Näheres siehe: „Pastorale Bemühungen im deutschsprachigen Raum um den Gemeindegesang in der Meßfeier im 20. Jahrhundert." Diplomarbeit von Frau Angela Schmidt bei Prof. Dr. Konrad Baumgartner, Universität Regensburg, 1981. – Frau Schmidt behandelt besonders die Einführung der Gottesloblieder im Raum der Diözese Regensburg. Vergleiche auch: Kirchenmusik und Pastoral. Musikpastorale Bemühungen nach dem II. Vatikanischen Konzil in der Diözese Regensburg – am Beispiel des Gemeindegesangs. Diplomarbeit von Johannes Hofmann bei Prof. Dr. Konrad Baumgartner, Universität Regensburg, 1987.
25 Gezielte Hilfen wurden erstellt z. B. zum „Franziskus-Jahr", zum „Heiligen Jahr", zum „Marianischen Jahr", zum Besuch des Papstes in Deutschland, zum „Jubiläumsjahr" und zu vielen anderen Anlässen.
26 Kindergottesdienste im Kirchenjahr: Band I: Advent – Weihnachten; Band II: Neujahr – Palmsonntag; Band III: Gründonnerstag – Dreifaltigkeitssonntag; Band IV: Fronleichnam – Christkönig; Band V: Schulanfang – Schulschluß.
In allen Fällen handelt es sich um in der Praxis erprobte „Modelle". Die Buchreihe ist erschienen im Verlag Kral, Abensberg.
27 Werkbuch zum Regensburger Gotteslob, bearb. v. Geistl. Rat Franz Bubenik, Verlag Kral, Abensberg.
28 Handbuch für Mesner, hrsg. v. Karl Wölfl und Hans Zdarsa, Verlag Kral, Abensberg.
29 Für folgende Bruderschaften wurden die sog. „Bruderschaftsbüchlein" ab 1978 überarbeitet: Bruderschaft der Allerheiligsten Dreifaltigkeit; Bruderschaft von der Heiligen Familie; Bruderschaft des Allerheiligsten Altarsakramentes; Bruderschaft des Heiligsten Herzens Jesu; Bruderschaft des heiligen Unbefleckten Herzens Mariä zur Bekehrung der Sünder; Bruderschaft U. L. Frau im Bistum Regensburg; Rosenkranz-Bruderschaft im Bistum Regensburg; Bruderschaft zu Ehren der heiligen Mutter Anna; Bruderschaft zu Ehren der hl. Jungfrau und Märtyrerin Barbara; Bruderschaft zu Ehren des hl. Franz Xaver; Bruderschaft zu Ehren des hl. Bekenners Isidor; Bruderschaft zu Ehren des hl. Josef; Bruderschaft zu Ehren des hl. Bischofs Martin; Bruderschaft zu Ehren des hl. Johannes Nepomuk; Bruderschaft zu Ehren des hl. Sebastian; Bruderschaft zu Ehren der Heiligen Schutzengel; Bruderschaft zu Ehren des Heiligen Erzengels Michael; Bruderschaft vom guten Tod; Arme-Seelen-Bruderschaft im Bistum Regensburg; Bruderschaft der Schmerzensreichen Jungfrau und Gottesmutter Maria (Sieben-Schmerzen-Bruderschaft) (Kastl/Oberpfalz); Frauenkongregation unter dem Kreuz Amberg; Marianische Frauenkongregation Eschlkam; Bruderschaft zu Ehren des hl. Erzmärtyrers Stephanus (Stammham); Bruderschaft zu Ehren des hl. Leonhard (Herrnwahlthann); Bruderschaft Sankt Nikolaus (Pinkofen); Kongregation Mariä Heimsuchung (Regensburg/Stadtamhof); Bruderschaft der Seeligen Jungfrau Maria vom Berge Karmel.
30 Die „Aktion Namenspatrone" sollte ursprünglich innerhalb der Diözese Regensburg besonders den Kindern den Bezug zum Namenspatron wieder herstellen bzw. verlebendigen. Das Echo auf diese „Aktion" ist erstaunlich: bis heute sind etwa vier Millionen Bilder im ganzen deutschen Sprachraum verkauft oder verschenkt. Mehr als 780 Vornamen sind derzeit im Gebrauch, und die entsprechenden Viten stehen zur Verfügung.
31 Investitur eines Pfarrers auf eine Pfarrei – Die Einführung eines Pfarrers in seine Gemeinde – Der Seelsorgerliche Dienst des Pfarrers (für die Hand des Pfarrers). – Einführung eines Pfarrers in seine Gemeinde (für die Hand der Gemeinde). Verlag Bischöfl. Ordinariat, Regensburg.
32 Der „Regensburger Pfarrbriefdienst" erscheint seit dem Jahre 1972. Er bringt Vorlagen, die gute Verwendung für die Erstellung des Pfarrbriefes bieten. Damit gewinnen die Gottesdienste an Anziehungskraft. – Zurzeit beziehen 2.500 Pfarreien diesen Dienst. – Diese Hilfen werden erarbeitet durch Pfarrer Robert Hegele, Teugn.

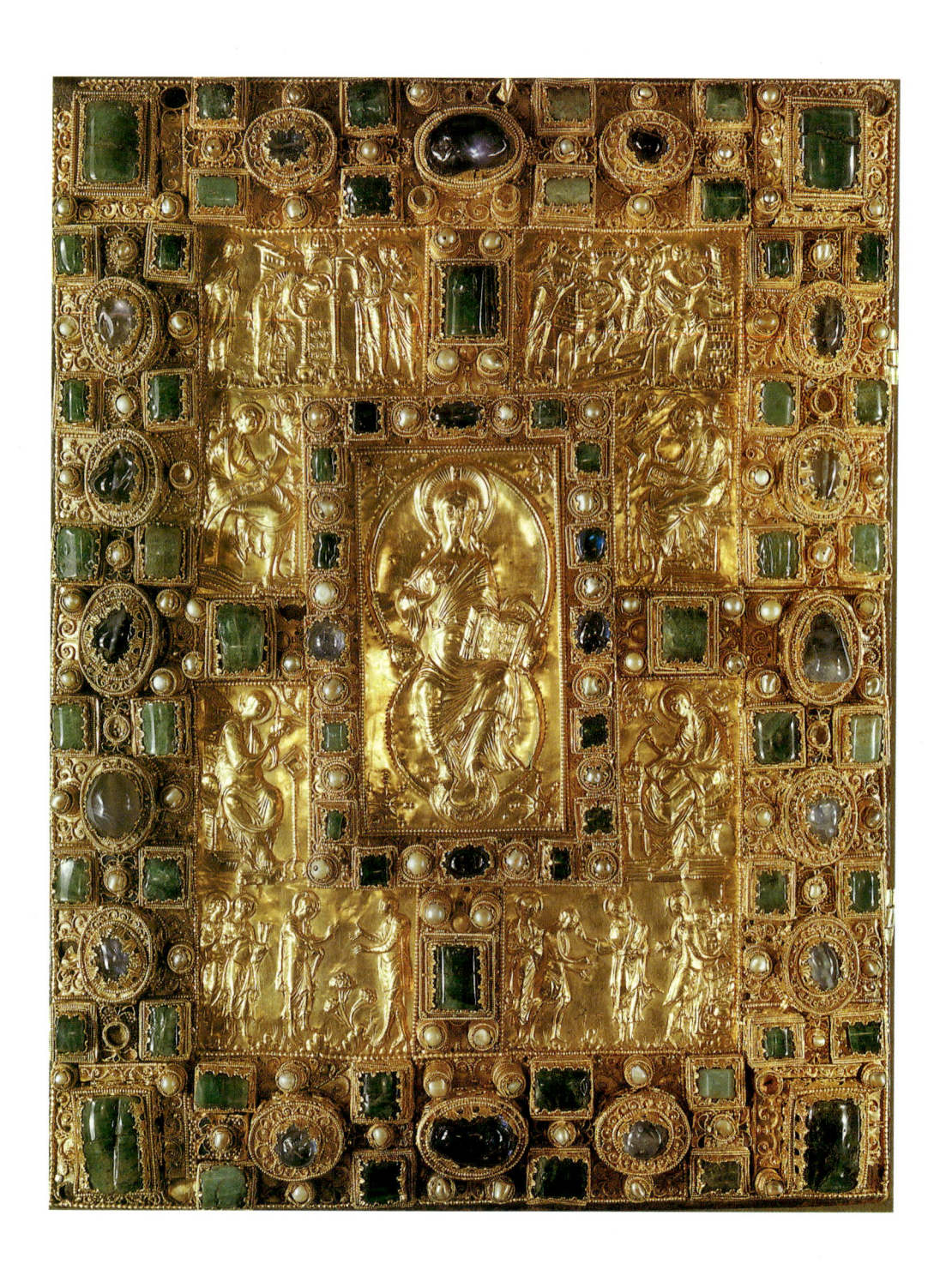

Abb. 19 Codex Aureus, karolingische Prachthandschrift. Clm 14000 (Kat.-Nr. 12)

Ein Gang durch die Ausstellung

von Klaus Gamber

Die Ausstellung, die eine Ergänzung zur „Ratisbona Sacra" ist, will einen Einblick in die Liturgiegeschichte des Bistums Regensburg geben und zwar von den Zeiten des heiligen Bonifatius, also etwa vom Jahr 739 an bis in die Gegenwart.

Es handelt sich um eine äußerst reichhaltige Sammlung von Exponaten und doch ist diese nicht vollständig; es fehlt so manches, was an sich dazugehört hätte. Der Grund liegt nicht darin, daß man bestimmte Dokumente einfach vergessen hätte oder daß man sich zu wenig Mühe gegeben hätte, sie zu beschaffen – sondern einfach darin, daß diese weit in der Welt zerstreut aufbewahrt werden und es sich außerdem in vielen Fällen um Objekte handelt, die wegen ihres Alters und ihres unschätzbaren Wertes generell nicht ausgeliehen werden.

So fehlt die Krönung des Ganzen: der Codex Aureus, das kostbar ausgestattete Evangelienbuch, das Kaiser Arnulf von Kärnten dem Kloster St. Emmeram, in dessen unmittelbarer Nähe sich seine Pfalz befand, zur Verwendung im Gottesdienst hinterlassen hatte.

Es fehlt der nicht weniger kostbare sogenannte Tragaltar Arnulfs. Doch handelt es sich bei diesem nicht, wie man immer wieder lesen kann, um einen solchen, sondern um ein auf dem Hochaltar stehendes Behältnis zur Aufbewahrung der Eucharistie. Dies zeigt ganz deutlich eine *Miniatur* des 11. Jahrhunderts im *Uta-Evangelistar*, „Messe des heiligen Erhard" genannt, die Sie in einer vergrößerten Wiedergabe in der Ausstellung sehen können. Die Eucharistie hing einst in einem kleinen Kästchen von der Decke herab; es fehlt heute.

Die genannten kostbaren Stücke, die einst zur liturgischen Ausstattung der St. Emmeramskirche gehört haben, wurden bei der Säkularisierung des Klosters in die Residenzstadt München abgeführt. Hier befinden sie sich in der Bayerischen Staatsbibliothek bzw. in der Schatzkammer der Residenz. Eigentlich gehören sie jedoch dorthin, wo sie über tausend Jahre lang liturgisch verwendet und aufbewahrt wurden, nach Regensburg.

Daß im Zuge der Säkularisation auch die zahlreichen Codices des Klosters St. Emmeram sowie weiterer Klöster des Bistums, darunter zahlreiche liturgische Handschriften, in die Bayerische Staatsbibliothek gebracht wurden, bedauert der Wissenschaftler weniger, da sie hier gut aufbewahrt und für die Forschung leicht zugänglich sind. Die für diese Ausstellung wichtigsten Stücke wurden dankenswerterweise ausgeliehen und können von Ihnen besichtigt werden.

Wie steht es aber mit den Handschriften aus der einstigen Regensburger Dombibliothek? Von diesen war bei der zwangsweisen Einverleibung des Domstifts im Jahr 1810 in das Königreich Bayern nichts mehr vorhanden. Die alten Pergament-Codices, die, wie es scheint, in irgendeiner Ecke des Bischofshofes ein unwürdiges Dasein gefristet haben, wurden in den Notjahren des Dreißigjährigen Krieges und danach auseinandergenommen und das wertvolle Pergament zu Buchbindezwecken für Bücher und Akten verwendet. An gut eingebundenen Akten hatte man damals im Ordinariat anscheinend mehr Interesse als an alten Codices. Die Zeit der kulturellen Höhe der Kirche von Regensburg im Mittelalter war damals vorbei.

In den Beständen des Bischöflichen Zentralarchivs sind noch Hunderte solcher Handschriften-Fragmente in nicht abgelöstem Zustand vorhanden, meist Reste liturgischer Bücher. Die ältesten und bedeutendsten Stücke wurden inzwischen aus ihrer Zweckentfremdung befreit und eingehend untersucht. Auch diese können besichtigt werden.

Bei der Hauptmasse der in der Ausstellung fehlenden Codices handelt es sich um Liturgiebücher, die in Regensburg geschrieben und eine Zeit lang hier im Gottesdienst verwendet wurden, dann aber als Geschenk oder durch Verkauf anderswohin gelangt sind. Meist handelte es sich um kostbare Prachthandschriften, die man nicht gern oder überhaupt nicht ausleiht. Sie liegen heute u. a. in Verona, Rom, Paris, Wien, Graz, Krakau, Prag, ferner in Bamberg, Kassel, Berlin, Pommersfelden. Hier müssen Sie sich mit meist farbigen Reproduktionen begnügen.

Wenn man aber die Masse der aus der Diözese Regensburg vollständig oder als Fragmente erhaltenen liturgischen Zeugnisse betrachtet und sie mit dem Bestand vergleicht, der aus anderen Diözesen noch vorhanden ist – erhalten sind nach Professor Bernhard Bischoff nur ungefähr zwei Promille des einstigen Bestandes –, dann freilich schneidet Regensburg sehr gut ab.

Ja noch mehr! Aus keiner anderen Bischofsstadt sind vom 8. Jahrhundert an und zwar aus allen Jahrhunderten so zahlreiche liturgische Dokumente auf uns gekommen wie gerade aus Regensburg, weit mehr als zum Beispiel aus Rom oder einem anderen bekannten kirchlichen Zentrum. So setzte in Rom die handschriftliche Überlieferung erst etwa mit dem Jahre 1 000 ein, dagegen reicht diese in Regensburg, wie gesagt, bis ins 8. Jahrhundert. Aus diesem und den folgenden Jahrhunderten sind sogar relativ viele Zeugnisse erhalten.

Es ist die Zeit der letzten Agilolfingerherzöge und der Karolinger. Regensburg war damals Hauptstadt, „civitas regia" (Königsstadt) und als solche ein politisches, kirchliches und kulturelles Zentrum. Wie die erhaltenen Dokumente zeigen, blühte damals in Regensburg vor allem auch die Kirchenmusik. So ist es kein Zufall, daß sich in einer in der *Regensburger Domschreibschule* von einem gewissen Engildeo um 830 geschriebenen *Handschrift die ältesten überhaupt bekannten Musiknoten (Neumen)* eingetragen finden – keineswegs in einer primitiven, versuchsweisen Form, wie man meinen möchte, man hat eher den Eindruck, daß die Verwendung und Niederschrift von Neumen hier bereits auf eine längere Tradition zurückgeht (Kat.-Nr. 49).

In Regensburg ist damals – in der zweiten Hälfte des 9. Jahrhunderts – vermutlich auch, wie ich zeigen konnte, das älteste deutsche Kirchenlied, das neumierte Petruslied entstanden, wenn es auch in einer Freisinger Handschrift des 10. Jahrhunderts eingetragen erscheint.

Wir wissen auch von religiösen Dichtungen, wie dem Muspilli oder dem Wessobrunner Gebet, die in der Bischofsstadt an der Donau entstanden sind, wobei es nicht in jedem Fall sicher ist, ob es Mönche von St. Emmeram oder Domkleriker waren, die hier als Urheber in Frage kommen.

In Regensburg wurden unter Karl dem Großen, der hier immer wieder längere Zeit residiert hat, auch Übersetzungen biblischer und liturgischer Texte in die Muttersprache vorgenommen, wie die zweisprachigen Mondseer Fragmente oder die sogenannten bairischen Beichtformeln zeigen.

Wir wissen auch von Übersetzungen ins Slawische, die in St. Emmeram stattgefunden haben, um die Missionierung des böhmischen Raumes, der bis in die Zeit des heiligen Wolfgang dem Regensburger Bischof unterstand, zu unterstützen. Erhalten ist auch ein slawisches Gebet zum heiligen Emmeram.

*

Doch schauen wir uns die ältesten offiziellen Liturgiebücher an, soweit sie ausgestellt sind. So finden Sie hier eine *Palimpsest-Handschrift*, deren Erstbeschriftung ein *irisches Sakramentar (Meßbuch) aus dem 7. Jahrhundert* darstellt (Kat.-Nr. 1). Dieser ursprüngliche Text wurde im 9. Jahrhundert von einem St. Emmeramer Mönch abgeschabt und das Pergament neu beschrieben.

Während diese liturgische Handschrift durch irische Missionare nach Regensburg gebracht worden war und noch einen altertümlichen (gallikanischen) Ritus aufweist, stammen drei Doppelblätter eines weiteren Meßbuches aus der Zeit des heiligen Bonifatius, das dieser bei der Neugliederung der bayerischen Diözesen im Jahr 739 in Regensburg zurückgelassen hat.

In diesem Zusammenhang sei die Bemerkung erlaubt, daß Regensburg als Diözese weit älter als 739 ist. Wahrscheinlich schon im 4., sicher aber seit dem 5. Jahrhundert gab es eine „Ecclesia Reginensis" – eine Bischofskirche in Regino, wie die spätrömische Stadt hieß –, ein Bezeichnung, die von den Päpsten noch um 800 in offiziellen Schreiben verwendet wurde. Der Ecclesia Reginensis unterstand urspünglich das ganze altbairische Gebiet, also im Süden bis Säben, im Osten bis an die Grenzen der Awaren, im Westen bis zum Lech und im Norden etwa bis zur Linie Nabburg – Chammünster.

Was Bonifatius 739 in die Wege geleitet hat, war eine Festlegung der Bistumsgrenzen im Hinblick auf die zu Beginn des 8. Jahrhunderts neu entstandenen Bischofssitze Freising, Salzburg, Passau und Staffelsee, sowie (ohne besonderes Einfühlungsvermögen) die Einsetzung neuer romtreuer Bischöfe.

Doch nun wieder zurück zum *Bonifatius-Sakramentar! Das eine Blatt* (Kat.-Nr. 3) ist seit weit über hundert Jahren im Besitz der Grafen von Walderdorff – Hugo Graf Walderdorff hatte es seinerzeit als Einband von Domarchivalien gefunden –; es beinhaltet Teile des Kalendars. Hier ist am 22. September bereits das Gedächtnis des heiligen Emmeram nachgetragen und zwar noch unter Bischof Gaubald, der den Leib des Heiligen erhoben und in einer neuen Krypta beigesetzt hat. Dem jetzigen Grafen Walderdorff besonderer Dank für die Überlassung des Fragments zur Ausstellung!

Ein weiteres Doppelblatt des ehemaligen Sakramentars befindet sich in Berlin, (es ist in der Ausstellung

„Ratisbona Sacra" zu besichtigen), ein drittes ist im Besitz der Bischöflichen Zentralbibliothek (Kat.-Nr. 2), nachdem es von mir im September 1974 in den Beständen des Zentralarchivs zufällig entdeckt worden war.

Dem Typus nach gehört das Bonifatius-Sakramentar zur Gruppe der angelsächsischen Meßbücher. Es dürfte nur kurze Zeit im Regensburger Dom benützt worden sein, so lange nämlich, als Bischof Gaubald, wohl ein Angelsachse, den Bonifatius erwählt und geweiht hat, noch lebte. Dann dürfte das Liturgiebuch in die Dombibliothek gekommen sein, wo es in der Folgezeit der Vergessenheit anheim fiel. Man wußte nicht mehr, daß es eine kostbare Bonifatius-Reliquie und ein Erinnerungsstück an die kanonische Neugründung der Diözese darstellt.

Bereits während der Regierungszeit des 788 abgesetzten Agilolfingerherzogs Tassilo III. begegnet uns in Regensburg ein gänzlich anderer Meßbuch-Typus. Er liegt im sogenannten *Prager Sakramentar* vor, einer Handschrift, die durch Regensburger Missionare im 9. oder 10. Jahrhundert nach Böhmen mitgenommen wurde und jetzt in Prag liegt.

Die Vorlage dieses in Bayern vor 800 weitverbreiteten Meßbuch-Typus stammt aus Oberitalien und dürfte durch Kleriker aus Verona nach Regensburg gekommen sein. So ist auch die Hand eines Veroneser Schreibers in unserem Liturgiebuch deutlich zu erkennen. Die Verbindungen zwischen dem Langobardenreich und Bayern waren unter den Agilolfingern bekanntlich sehr eng.

Ebenfalls aus Oberitalien kam eine nicht mehr vorhandene Vier-Evangelien-Handschrift, die in Regensburg als Vorlage zur Herstellung des *Codex Millenarius* (jetzt im Kloster Kremsmünster) mit seinen bedeutenden Miniaturen und des sogenannten *Ingolstädter-Evangeliars* (jetzt in München) diente. Die Schreib- und Malschule befand sich zweifellos in Regensburg, im politischen und kirchlichen Zentrum Bayerns, und nicht, wie verschiedentlich angenommen wird, im Kloster Mondsee.

Der Codex Millenarius hat allem Anschein nach ursprünglich, wie auch der berühmte Tassilokelch und das eben genannte Prager Sakramentar zur liturgischen Ausstattung der herzoglichen Pfalzkapelle in Regensburg gehört. Nach dem Sturz Tassilos durch König Karl im Jahr 788 dürften Evangeliar und Kelch, zusammen mit dem Szepter des Herzogs, durch getreue Anhänger Tassilos heimlich in dessen Lieblingsstiftung Kremsmünster gebracht worden sein. Hier werden sie bis heute aufbewahrt und am Todestag des Herzogs im Gottesdienst verwendet.

Kurz vor 800, als Regensburg Sitz der Karolinger geworden war, kamen weitere *Meßbuch-Typen* in die Donaustadt, der eine von *Aquileia*, zu welchem Patriarchat die Ecclesia Reginensis bis dahin gehört hat, bevor sie dem Metropolitanverband Salzburg unterstellt wurde, der andere direkt aus *Rom*. Es handelt sich bei letzterem um das in der Folgezeit weit verbreitete *Sakramentar des Papstes Gregor des Großen* (590–604). Von beiden genannten Typen können Sie in Regensburg geschriebene Zeugnisse aus der Zeit Karls des Großen in der Ausstellung sehen; leider handelt es sich nur um bescheidene *Fragmente* (Kat.-Nr. 9 u. 10).

Regensburg wurde nach dem Tod Kaiser Karls Sitz der ostfränkischen Karolinger. Dies bedeutete für die Stadt eine enge Verbindung mit dem kulturellen und liturgischen Schaffen im Abendland. So kam als Geschenk an König Ludwig den Deutschen (826–876) eine in *Sankt Gallen* geschriebene, kostbar ausgestattete *Psalter-Handschrift* nach Regensburg, von der leider nur mehr einige Blätter erhalten geblieben sind (Kat.-Nr. 35 u. 36).

Es kam damals weiterhin das gereimte althochdeutsche Evangelienbuch (Evangelium theodiscum) des Otfried von Weißenburg als Geschenk an König Ludwig, mit Widmung an diesen, nach Regensburg (die Handschrift liegt jetzt in Wien). Im Stil dieses Evangelienbuchs wurde das bereits genannte Petrus-Lied gedichtet.

Als Bischof der Stadt wirkte zur Zeit Ludwigs des Deutschen *Baturich* (817–848). Von ihm stammt ein *Pontificale* mit den bischöflichen Weihegebeten – übrigens das älteste das wir besitzen –; es ist später in das Kloster Mondsee, das Baturich im Jahr 833 im Tausch für Obermünster von der Königin Hemma erworben hatte, gebracht worden. Hier hat man es zu Beginn der Neuzeit zu Buchbindezwecken auseinandergenommen. Der ursprüngliche Bestand blieb jedoch etwa zu zwei Dritteln erhalten. Die Ausstellung kann leider nur Reproduktionen zeigen (Kat.-Nr. 11).

Im Jahre 911 stirbt Ludwig das Kind, der letzte der ostfränkischen Karolinger. In Regensburg wird es still. Es werden hier so gut wie keine liturgischen Handschriften mehr hergestellt – bis auf die Zeit des Bischofs Wolfgang (972–994). Mit ihm beginnt eine neue Blüte in liturgischer und künstlerischer Hinsicht für die Stadt. Im Kloster St. Emmeram entstehen eine Reihe bedeutender Prachthandschriften, wobei der Codex aureus als Vorbild diente. Am bekanntesten ist das *Wolfgangs-Sakramentar* in Verona, das vor zwei Jahren im Leeren Beutel, zusammen mit anderen gleichzeitigen und späteren Handschriften, ausgestellt war. Aus unseren Beständen können wir *Fragmente eines etwa gleichzeitigen Evangelistars* zeigen, in welchem die Perikopen des Jahres verzeichnet sind (Kat.-Nr. 16).

Unter Wolfgang begann erneut eine besondere Pflege der kirchlichen Musik, des *gregorianischen Chorals*, wie zahlreiche Handschriften zeigen und von denen eine, jetzt in München aufbewahrte, ausgestellt ist (Kat.-Nr. 51) – zusammen mit einem kleinen Fragment einer weiteren Handschrift aus unseren Beständen. Einige dieser Choralhandschriften des 11. Jahrhunderts weisen besondere Vortragszeichen auf.

Auch das 12. und die folgenden Jahrhunderte waren für Regensburg noch eine Zeit der Blüte, wie Bruchstücke von Liturgiebüchern, die teilweise mit Neumen versehen sind, zeigen. Sie waren aus Domarchivalien, aber auch aus solchen von Obermünster und Heiligkreuz abgelöst worden. Dies geschah zum Teil schon vor 150 Jahren durch Dominikus Mettenleiter.

Aus dem *Kloster Heiligkreuz* stammt übrigens auch ein *fünfbändiges Chorbuch* in Großfolio-Format des 15. Jahrhunderts, das vor einigen Jahren von der Diözese zurückgekauft werden konnte (Kat.-Nr. 64/65), ebenso kleinere liturgische Bücher, die seit über 100 Jahren in der Proske-Bibliothek liegen.

*

Mit dem Ende des Mittelalters erlischt die kulturelle und wirtschaftliche Bedeutung der Stadt. Zwar entstehen in der *Malschule des Berthold Furthmeyr* noch bemerkenswerte künstlerische Arbeiten – auch davon sind Beispiele in der Ausstellung zu sehen (Kat.-Nr. 33, 64, 65) –, doch haben diese deutlich den einstigen kultischen Charakter der Ausschmückung liturgischer Handschriften verloren. Das Spielerische (Blüten, Pflanzen) steht hier im Vordergrund.

Unter dem rührigen Bischof Heinrich IV. (1465–1492) wird im Jahr *1485* das *erste Regensburger Meßbuch*, das *Missale Ratisponense*, *gedruckt*, zum Teil in Lettern, die Gutenberg für sein 42-zeilige Bibel verwendet hatte und die einer der Drucker, eine gewisser Beckenhaub, aus Mainz mitgebracht hatte (Kat.-Nr. 76 u. 77).

Dieses erste gedruckte Regensburger Meßbuch weist, ähnlich wie das der übrigen bayerischen Diözesen, einen vom römischen Missale in vielen Punkten abweichenden, eigenständigen Ritus auf. Es ist hier nicht der Platz, ausführlicher darauf einzugehen.

Wie die rasch aufeinanderfolgenden *Nachdrucke* von *1492* (Kat.-Nr. 78 u. 79), 1495, 1497, *1500* (Kat-Nr. 86), *1515* (Kat-Nr. 88) und 1518 zeigen, wurde dieses neue Missale von den Seelsorgern mit Freude angenommen, zumal es wesentlich billiger war als ein handgeschriebenes Meßbuch; es kostete ungebunden 5 Gulden.

Die Auflage von 1518 war aber auch die letzte. Es begann die Zeit der Reformation mit der Annahme der neuen Lehre durch den Magistrat der freien Reichsstadt. Auch weite Teile der Diözese sind damals protestantisch geworden.

Im Jahre 1570 hat Papst Pius V. im Auftrag des Konzils von Trient ein reformiertes „*Missale Romanum*" (Kat.-Nr. 89) für die ganze Kirche verpflichtend eingeführt. Meßbücher, die älter als 200 Jahre waren, durften aber weiter im Gebrauch bleiben. Zu diesen gehörte auch das Missale Ratisponense. Trotzdem wurde es unter Bischof Wolfgang II. (1600–1613) abgeschafft und der römische Ritus eingeführt. Das Interesse an einer eigenständigen Liturgie – anders etwa als in Köln – war erloschen.

Neben dem Missale gab es in Regensburg auch ein eigenes *Rituale* mit den Gebeten bei der Sakramentenspendung und bei bestimmten Funktionen, etwa bei der Palmprozession, das *Obsequiale* genannt wurde. Es ist erstmals 1491 im Druck erschienen (Kat.-Nr. 159) und blieb bis in die Mitte des 17. Jahrhunderts im Gebrauch. Der Ausgabe von 1570 (Kat.-Nr. 160) ist als Anhang ein Gesangbuch mit meist deutschen Kirchenliedern beigegeben. Es handelt sich um das älteste offizielle katholische Gesangbuch Deutschlands. Die hier verzeichneten Lieder wurden nach der Predigt gesungen.

*

Damit sind wir bei unserem Gang durch die Regensburger Liturgiegeschichte in der Neuzeit angelangt. Nach dem *Konzil* von Trient kam es zur Aufstellung der *römischen Ritenkongregation*, deren Dekrete weithin zu einer *Zementierung der gottesdienstlichen Formen* geführt haben. In Regensburg tat sich nun in liturgischer Hinsicht nicht mehr allzu viel, da jetzt alles von Rom aus bestimmt wurde.

Eher auf dem Gebiet des Kirchenbaues! Es entstanden in Bayern allenthalben – vorausgesetzt es waren genügend finanzielle Mittel vorhanden – prachtvolle Kirchen im neuen Stil des Barock, in dem das religiöse Gefühl, auch der Überschwang der Zeit einen Ausdruck gefunden hat. In den neuen Kloster- und Stiftskirchen wurden festliche Orchestermessen vor ausgesetztem Sanctissimum im Schein zahlreicher Kerzen gefeiert.

In der Zeit der Aufklärung – im Zeitalter des Josephinismus – kam es zu einer Gegenbewegung, zu einer behördlich befohlenen Einschränkung der liturgischen Feierlichkeit sowie auf Grund oberhirtlicher Dekrete zur Abschaffung des gregorianischen Chorals in der Messe und in der Vesper. Dieser hatte von Anfang an, und durch die Jahrhunderte hindurch, wie die ausgestellten Dokumente eindrücklich zeigen, gerade in Regensburg eine besondere Pflege erfahren.

Man vergaß damals, daß die an sich nüchterne römische Liturgie erst durch die Gesänge des Chorals (des Introitus, Graduales usw., sowie der Tropen und Sequenzen) erst ihren meditativen Charakter und das Fluidum des Mystisch-Sakralen erhält und daß ohne diese Gesänge das hymnische Element fehlt und die Liturgie ohne Glanz bleibt.

An die Stelle der Choralgesänge traten in der Zeit der Aufklärung deutsche Meßgesänge wie „Hier liegt vor deiner Majestät…" oder „Wohin soll ich mich wenden…", die ganz im Geist der Zeit gehalten waren (z.B. „aller Orten ist dein Tempel, wo ein Herz sich fromm dir nahet"). Bis auf die genannten sind die damals eingeführten Meßgesänge bald wieder verschwunden – geblieben ist aber weiterhin, ja bis zum heutigen Tag die Verwendung ähnlicher Gesänge als Ersatz für den immer noch offiziellen Gregorianischen Choral.

Da von der Ritenkongregation das Singen deutscher Kirchenlieder in der „missa cantata", dem Hochamt, damals nicht gestattet war, gab es fast nur mehr die „stille Messe". Die *offizielle Liturgie*, durch den Priester am Altar vollzogen, *und die Volksfrömmigkeit* liefen *nebeneinander* her. Für das Volk feierte man *Andachten*, meist vor ausgesetztem Allerheiligsten und anschließendem eucharistischem Segen sowie prunkvolle *Prozessionen*. Das einst in der Stadt Regensburg und anderswo in zahlreichen Klosterkirchen gesungene Chorgebet war seit der Säkularisation ohnehin verstummt. Es kam im 19. Jahrhundert die Zeit der Restauration mit der Neugotik und der Neuromanik. Es kam gerade in Regensburg durch Karl *Proske* und Franz Xaver *Witt* zu einer *Restauration der Kirchenmusik*, wobei man auf die Zeit Palestrinas, des Meisters der Kirchenmusik, zurückgriff und in Kompositionen dieser Art das Ideal sah.

Im Gegensatz zu anderen Diözesen, besonders im Rheinland, hat man in Regensburg die Bedeutung des einstimmigen Gregorianischen Chorals als Volksgesang damals nicht wieder neu erkannt und hauptsächlich den anspruchsvolleren polyphonen Chorgesang gepflegt – auch auf dem Land.

Vielleicht erinnern sich aber manche noch an Professor Johann Baptist Dietl und an seine Choralschola vor dem 2. Weltkrieg in der Alten Kapelle. Sein Bestreben zur Einführung des Chorales blieb ohne dauerhaften Erfolg.

Der Wandel der Liturgie in der Zeit der Aufklärung und der Restauration machte es notwendig, für das Volk eigene Gesangbücher zu schaffen. Dies geschah in Regensburg relativ spät, erst im Jahre 1908 unter Bischof Antonius von Henle. Es war das *Lob Gottes* (Kat.-Nr. 216), das bis auf Bischof Rudolf Graber in Gebrauch blieb, der dann stattdessen das bessere Freiburger *Magnificat* (Kat.-Nr. 219) einführte.

Die Liturgische Bewegung, angeführt vor allem von Pius Parsch, hat in den Jahren nach dem 2. Weltkrieg ihren Einfluß langsam auch in vielen Pfarreien unseres Bistums ausgeübt. Es wurden Bet-Singmessen eingeführt, nachdem in den Jugendgruppen schon vorher die sogenannte Gemeinschaftsmesse gepflegt worden war.

Es kam dann 1962 das 2. Vatikanische Konzil mit seiner Liturgiereform. Diese war sicher notwendig; sie fiel jedoch einschneidender aus als die bescheidenen Reformen nach dem Konzil von Trient und als die Konstitution es vorgesehen hat. Sie erfolgte vor allem auch ohne Rücksprache mit der Basis. Die neue Liturgie bleibt deshalb umstritten, wenn sie auch in Regensburg ohne großen Widerstand akzeptiert wurde.

Als Liturgiehistoriker kann man aber nur hoffen, daß es bei diesen – wie gesagt, zum Teil sicher notwendigen, ja überfälligen – Reformen nicht bleibt, daß es vielmehr schon bald zu einer Reform der Reform kommen wird, in der das reiche Erbe der Vergangenheit nicht zuletzt in liturgischer Hinsicht wieder eine Heimat findet – auch das Erbe unserer Diözese.

Die liturgischen Quellen zu erforschen ist bekanntlich die primäre Aufgabe des Liturgiewissenschaftlichen Instituts, das ich nun seit fast 30 Jahren in stiller Arbeit und ohne große Hilfe von außen leiten darf – in der Hoffnung, daß die gewonnenen liturgiegeschichtlichen Erkenntnisse eines Tages doch noch Frucht bringen werden.

Dieses reiche liturgische Erbe gerade unserer Diözese aufzuzeigen, sollte auch die Hauptaufgabe dieser Ausstellung sein.

Abb. 20 Thronender Christus („Majestas Domini") in einem Psalter, um 1220–1230. Clm 13 112, fol. 2ᵛ (Kat.-Nr. 42)

KATALOG

von Werner Johann Chrobak

unter Mitarbeit
von Heide Gabler, Klaus Gamber, Rafael Köhler,
Kurt Küppers, Marianne Popp

Abkürzungsverzeichnis

AKap	Kollegiatstift U. L. Frau zur Alten Kapelle Regensburg
BZAR	Bischöfliches Zentralarchiv Regensburg
BZBR	Bischöfliche Zentralbibliothek Regensburg
Cim.	Cimelie
Coll. Im.	Collectio Imaginum
Gamber CLLA	Klaus Gamber, Codices liturgici latini antiquiores, 1. Aufl., Freiburg/Schw. 1963, 2. erweit. Aufl. 1968, 3. Aufl. mit Supplement- und Registerband 1988
Hain	Ludwig Hain, Repertorium bibliographicum. In quo libri omnes ab arte typographica inventa usque ad annum MD. typis expressi, 4 Bde., Nachdruck, Milano 1966
Hs	Handschrift
Ink.	Inkunabel
Jh.	Jahrhundert
Lit.	Literatur
Proske-MSlg	Proske-Musiksammlung
Sign.	Signatur
Slg	Sammlung
s. n.	sine numero

I. Messe

1. Mittelalter

Die zentrale Mitte der Liturgie bildet die Messe *(Missa)*, das ist der aus Wortgottesdienst und Eucharistiefeier bestehende Gottesdienst der Kirche.

Für die verschiedenen Teile der Messe waren ursprünglich mehrere liturgische Bücher in Gebrauch, die erst im Laufe der Zeit zu einem einzigen Meßbuch, dem *Missale*, vereinigt wurden.

Das *Sakramentar* enthielt alle Gebete, die vom Priester allein zu sprechen waren (wechselnde Tagesgebete, Präfationen, Kanon).

Im *Lektionar* standen die nach dem Kirchenjahr geordneten Schriftlesungen. Das Lektionar konnte nochmals unterteilt sein in ein Lektionar im eigentlichen Sinn, *Epistolar* genannt, das die Episteln enthielt, und ein *Evangeliar* (mit den vier Evangelien) oder *Evangelistar* (mit den Evangelienabschnitten = Perikopen).

Das *Graduale* beinhaltete die Gesänge (Introitus, Graduale, Offertorium, Communio), die im Wechsel zwischen Vorsänger und Chor oder wechselseitig von zwei Chören gesungen wurden, sowie die teilweise vom Volk gesungenen Partien (Kyrie, Gloria, Credo, Sanctus, Agnus Dei).

Nachdem bis auf Bonifatius in Regensburg und im ganzen bayerischen Raum Liturgiebücher des altgallikanischen bzw. irischen Ritus gebraucht wurden (siehe das Palimpsest-Sakramentar in München), wurden im 8. Jahrhundert sog. gelasianische Sakramentare eingeführt, die auf ein Meßbuch zurückgehen, das im 6. Jahrhundert aus hauptsächlich römischen Orationen in Ravenna zusammengestellt worden war. Erhalten ist neben kleinen Fragmenten das in Prag aufbewahrte Tassilo-Sakramentar (um 785).

Um 800 gelangten Exemplare des stadtrömischen Sakramentars Gregors d. Großen (590–604) nach Regensburg. Dieses Meßbuch blieb hier mehrere Jahrhunderte hindurch in Geltung, immer wieder, wie das Wolfgang-Sakramentar, durch Gebete und Feste erweitert.

Die Entwicklung zum Vollmissale (Plenarmissale) setzte in Italien bereits seit dem 8. Jahrhundert ein. Im deutschen Sprachraum wurden dem Sakramentar zunächst die Lesungen und Gesänge beigebunden; später hat man diese in der richtigen Ordnung in das Sakramentar eingefügt, damit sind vollständige Meßformulare entstanden. Dieser Prozeß war im 13. Jahrhundert abgeschlossen. Die ältesten Zeugnisse lassen sich in Regensburg bereits um 1100 nachweisen.

1. Irisches Palimpsest-Sakramentar

Irland, Ende 7. Jh.
Pergament-Handschrift, 228 Bl., 245 × 170 mm. – Ehemal. Sakramentarhandschrift, irische Halbunziale oder Majuskel, tintengezeichnete Hohlinitialen, in Schnörkel oder Spiralen auslaufend. – Ledereinband (neu).

Die 10 Lagen (Quinionen) der ehemaligen Sakramentar-Handschrift sind fast vollständig erhalten, wenn auch wegen der Neubeschriftung nicht mehr ganz lesbar. Die Erstschrift mit den Gebeten eines altgallikanischen Meßbuches wurde in der Mitte des 9. Jahrhunderts von einem Mönch aus St. Emmeram abgeschabt und mit einem „Liber glossarum" neu beschrieben (palimpsestiert). Man kann annehmen, daß das Sakramentar vor Bonifatius durch irische Mönche nach Bayern (Regensburg) gekommen ist, wo es im Gottesdienst gebraucht wurde.

München, Bayerische Staatsbibliothek Clm 14 429

Lit.: Abb. 21
Alban *Dold* – Leo *Eizenhöfer*, Das irische Palimpsestsakramentar im Clm 14 429 (= Texte und Arbeiten 53/54) Beuron 1964; Elias Avery Lowe, Codices latini antiquiores IX, Nachdr. d. Ausg. Oxford 1959, Osnabrück 1982, Nr. 1298; Bernhard *Bischoff*, Mittelalterliche Studien III, Stuttgart 1981, 47; *Gamber*, CLLA Nr. 211.

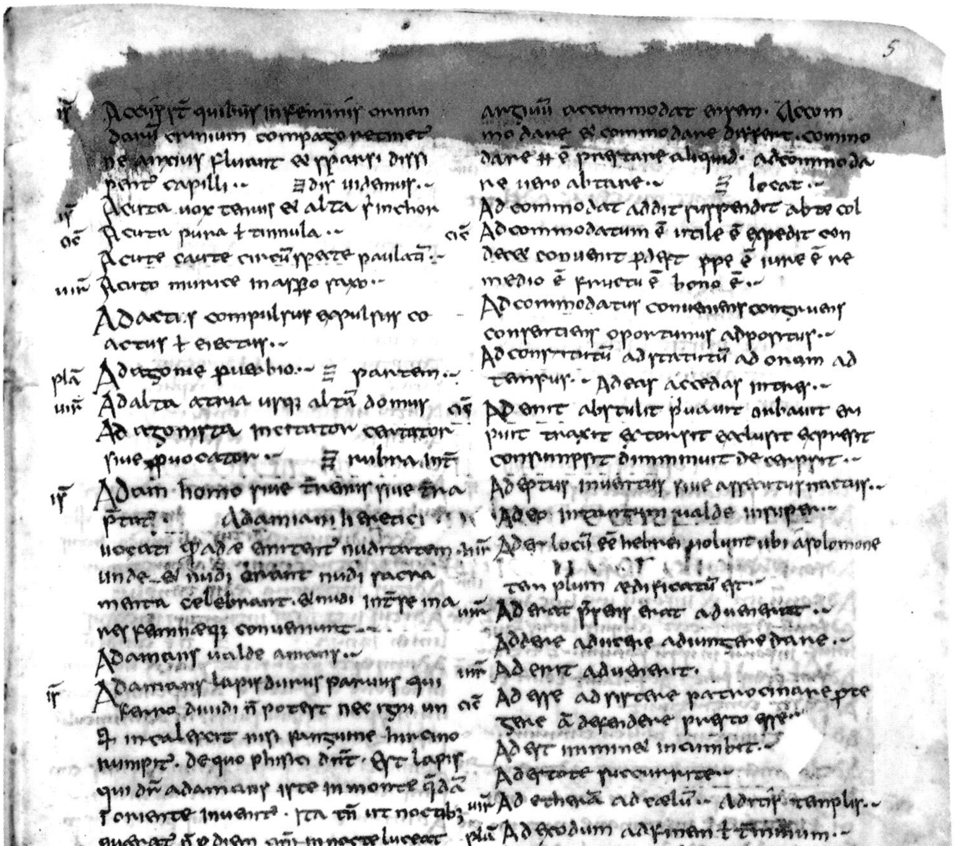

Abb. 21 (Kat.-Nr. 1)

2. Fragment eines angelsächsischen Sakramentars

Northumbrien, wohl noch vor 739

Feines Kalbspergament, Blattgröße 320 × 242 mm, Doppelblatt (beschnitten 320 × 450 mm), Schriftspiegel 180 × 240 mm. – Angelsächsische Majuskel, 2 Kolumnen à 23 Linien, kunstvolle Initialen des insularen Typs, rot umpunktet, Rubriken in Rot.

Das ausgestellte Stück ist eines der drei bisher aufgefundenen Doppelblätter des Regensburger Bonifatius-Sakramentars. Es handelt sich um ein Meßbuch, das vor der Mitte des 8. Jahrhunderts in angelsächsischer Schrift geschrieben wurde, und zwar in Northumbrien, wo das Heimatkloster des hl. Bonifatius stand. Die Tatsache, daß das ehemalige Meßbuch von diesem benützt und bei der Neugründung der Diözese in Regensburg zurückgelassen wurde, gilt seit den Untersuchungen von P. Petrus Siffrin OSB und P. Hieronymus Frank OSB als gesichert. Der Umstand, daß die ehemalige Handschrift bis zum 30jährigen Krieg in der Dombibliothek aufbewahrt wurde – und nicht in der des Klosters St. Emmeram –, läßt darauf schließen, daß das Meßbuch in der Domkirche gebraucht wurde.

In den Notzeiten nach dem Dreißigjährigen Krieg wurde (nach 1653) die Handschrift, von der möglicherweise schon damals nicht mehr alle Blätter vorhanden waren, als Einbindematerial für Akten des Bischöflichen Ordinariats verwendet. Da diese jedoch zu Beginn des 19. Jahrhunderts zum Teil als Altpapier verkauft wurden, dürften weitere Blätter, die damals noch als Buchdeckel von Akten vorhanden waren, verlorengegangen sein. Das hier abgebildete Doppelblatt – bei ihm handelt es sich um das Innere einer Lage (vermutlich der zweiten) – wurde erst im September 1974 von Klaus Gamber in den Beständen des Bischöflichen Zentralarchivs unter den Bischöfl.-Domkapitelschen Archivalien zufällig gefunden. Das Fragment beinhaltet den Canon Missae (im „Communicantes" defekt beginnend). Dieser zeigt eine vorgregorianische Fassung und ist nicht zuletzt auch wegen der Tatsache interessant, daß die Brotbrechung nach altrömischem Brauch noch vor dem Paternoster angesetzt ist. Bekanntlich war es Papst Gregor d. G. (gest. 604), der diesen Ritus danach, nämlich ins „Libera nos"-Gebet, verlegt hat.

Neben diesem Fragment existiert ein 1920 an die Deutsche Staatsbibliothek in Berlin (Lat.Fol. 877) verkauftes Doppelblatt mit Teilen aus Meßformularen der Weihnachts- und Fastenzeit und ein Kalendarfragment (s. nächstes Exponat).

Die Vorlage dieses nur in Fragmenten auf uns gekommenen Sakramentartypus stammt mit Sicherheit aus Kampanien und dürfte, zusammen mit anderen Codices, durch den Abt Hadrian des Klosters Nisida bei Neapel, den Begleiter des vom Papst Vitalian 668 zum Erzbischof von Canterbury ernannten Theodor, nach England gekommen sein. Einige dieser Bücher sind erhalten (so Codex Bonifatianus 1 in Fulda).

BZBR Cim. 1

Lit.: Abb. 77
Petrus *Siffrin*, Zwei Blätter eines Sakramentars in irischer Schrift des 8. Jhts. aus Regensburg, in: *Jahrbuch für Liturgiewissenschaft* X (1930) 1–39; ders., in: *Ephem.lit.* 47 (1933) 201–224, ders., in: Leo C. *Mohlberg*, Missale Francorum, Roma 1957, 71–85; Bernhard *Bischoff*, Die südostdeutschen Schreibschulen und Bibliotheken in der Karolingerzeit, Teil I, 2. Aufl., Wiesbaden 1960, 183 f.; Elias Avery *Lowe*, Codices latini antiquiores VIII, Nachdr., Osnabrück 1982, Nr. 1052; Klaus *Gamber*, Das kampanische Meßbuch, in: *Sacris erudiri* XII (1961) 1–111, hier 43–51, 74f.; *Gamber*, CLLA Nr. 412; ders., Das Regensburger Fragment eines Bonifatius-Sakramentars, in: *Revue bénéd.* 85 (1975) 266–302; ders., Das Bonifatius-Sakramentar und weitere frühe Liturgiebücher aus Regensburg (= Textus patristici et liturgici 12) Regensburg 1975; ders., Sakramentarstudien (= Studia patristica et liturgica 7) Regensburg 1978, 68–100; Wolfgang *Schmidt*, Kalenderfragment des Regensburger Bonifatius-Sakramentars, in: Ratisbona Sacra. Das Bistum Regensburg im Mittelalter. Ausstellung anläßlich des 1250jährigen Jubiläums der kanonischen Errichtung des Bistums Regensburg durch Bonifatius 739–1989, München, Zürich 1989, 45; Klaus *Gamber*, Fragment des Regensburger Bonifatius-Sakramentars, in: Ratisbona Sacra, 71–73.

3. Kalendarfragment eines angelsächsischen Sakramentars

Northumbrien, wohl noch vor 739

Feines Kalbspergament, Blattgröße 327 × 243 mm, Doppelblatt 327 × 485 mm. – Angelsächsische Majuskel, kunstvolle Initialen des insularen Typs, Schrift teilweise in Rot, 31 Langzeilen.

Der Geschichtsforscher Hugo Graf von Walderdorff entdeckte dieses Fragment gegen Ende des 19. Jhts. als Aktendeckeleinband im Regensburger Ordinariatsarchiv. Das Doppelblatt gehörte wohl zur ersten Lage des Bonifatius-Sakramentars. Es beinhaltet Teile des Kalendars mit den Monaten Juli bis Oktober und ist nicht zuletzt auch für den Kirchenhistoriker interessant, vor allem wegen der Eintragungen, die zum großen Teil noch in der Zeit des von Bonifatius eingesetzten Bischofs Gaubald (739–761) erfolgt sind.

So findet sich am 22. September eine Hinzufügung „in insular beeinflußter vorkarolingischer Minuskel" (B. Bischoff) „et s(an)c(t)i emhrammi". Dieser Eintrag in das Kalendar erfolgte vermutlich etwa zur gleichen Zeit, als unter Gaubald der Leib des heiligen Emmeram erhoben und in einem Grab unter dem Hochaltar der damals neu erbauten St. Emmeramskirche beigesetzt wurde. Es ist dies das erste Zeugnis der liturgischen Verehrung des hl. Emmeram.

Am 14. Oktober ist „in angelsächsischer Schrift" (B. Bischoff) der Todestag des Herzogs Theobald (gest. um 724) vermerkt. Der jüngste Nachtrag ist am 8. Oktober „n(a)t(ale) theotoni filio tassiloni duce" (Geburtstag des Theodo, des Sohnes des Herzogs Tassilo) und zwar „in frühkarolingischer Minuskel" (B. Bischoff), jedenfalls noch vor 788, dem Jahr der Absetzung des Baiernherzogs. Da spätere Eintragungen fehlen, scheint das Bonifatius-Sakramentar unter dem neuen Herrscher, dem Karolinger-König Karl, nicht mehr im Dom verwendet worden zu sein. Man hätte sonst diese Erinnerung an das abgesetzte Herzogshaus vermutlich getilgt.

Privatbesitz

Lit.: Abb. 78
Wie bei Nr. 2.

4. Prager Sakramentar

Regensburg, vor 794
Faksimile-Doppelseite

Ein wohl noch unter Herzog Tassilo III. (abgesetzt 788) entstandenes und für den Gebrauch in der herzoglichen Hofkapelle bestimmtes Sakramentar des gelasianischen Typus. Historisch bedeutsam die sog. Nota historica mit den Namen mehrerer damals (793) lebender Personen des köiglichen Hauses und der damaligen bairischen Bischöfe (einschließlich der von Säben und Staffelsee) sowie die Namen einiger verstorbener Persönlichkeiten (wohl um im Canon Missae beim Memento vivorum bzw. mortuorum genannt zu werden). Der Anlaß dieses Eintrags könnte eine in Regensburg abgehaltene Synode gewesen sein.
Die Handschrift kam im Zug der Missionierung Böhmens (ab dem 9. Jahrhundert) nach Prag.

Prag (Praha), Bibliothek des Metropolitankapitels, Cod. O.LXXXIII

Lit.: Abb. 79
Gamber, CLLA Nr. 630; CLLA/S Nr. 630 (jeweils mit ausführlichen Literaturangaben); *ders.*, in: Verhandlungen des Historischen Vereins für Oberpfalz und Regensburg 126 (1986) 379 f. Zur Nota historica vgl. Romuald *Bauerreiß*, in: Alban *Dold* - Leo *Eizenhöfer* (Hgg.), Das Prager Sakramentar (= Texte und Arbeiten 38-42) Beuron 1949, 17-28.

5. Codex Millenarius

Regensburg (?), wohl noch vor 800
Farbfoto

Prachthandschrift in gepflegter Unziale eines Vier-Evangelien-Buches für den Gebrauch im Gottesdienst mit Evangelisten-Bildern. Aus der gleichen Schreibschule und aus der gleichen Zeit stammt das sog. Ingolstädter Evangeliar (Clm 27 270), ebenso der Psalter von Montpellier. Als Entstehungsort dieser Handschrift wird von Bernhard Bischoff und anderen das Kloster Mondsee (bzw. in unserem Fall Kremsmünster) angenommen, während Klaus Gamber an die bischöfliche Schreibschule in Regensburg denkt und die Vermutung geäußert hat, daß der Codex Millenarius, zusammen mit dem Tassilo-Kelch und dem Zepter des Herzogs 788 von einigen Getreuen Tassilos von ihrem einstigen Aufbewahrungsort, der herzoglichen Kapelle, nach Kremsmünster in Sicherheit gebracht wurde.

Stift Kremsmünster Cim. 1

Lit.:
Willibrord *Neumüller* - Kurt *Holter*, Der Codex Millenarius (Graz-Köln 1959); Faksimile-Ausgabe (= Codices selecti phototypice impressi XLV) Graz 1974; Klaus *Gamber*, Fragmentblätter eines Regensburger Evangeliars, in: *Scriptorium* XXXIV (1980) 72-77; *ders.*, Das Patriarchat Aquileja (= Studia patristica et liturgica 17) Regensburg 1987, 88 f.; dagegen: Bernhard *Bischoff*, Die südostdeutschen Schreibschulen und Bibliotheken II, Wiesbaden 1980, 14-16, 28 f.

6. Kalendar-Fragment

Regensburg, vor bzw. um 800
Pergament, Blattgröße 147 × 112 mm, – frühkarolingische Minuskel, 17 Zeilen, 1 einfache Initiale, rot gefüllt.

Das Einzelblatt enthält relativ wenige Kalendereintragungen und zwar vom 23. November (nat sci clementis) bis zum 25. Dezember (natiuitas dni nri ihu xpi); sie entsprechen genau den betreffenden Heiligenfesten im Prager Tassilo-Sakramentar. Zusätzlich ist das Gedächtnis des hl. Ambrosius von Mailand am 7. Dezember (nat sci ambrosii epi). Wie im Prager Sakramentar begegnet uns das für Regensburg typische Zeno-Fest am 8. Dezember, das bis ins Hohe Mittelalter hinein in allen Regensburger Liturgiebüchern erscheint, später aber vom Fest der I. Conceptio BMV verdrängt wurde.
Das Blatt kann sowohl zu einem Sakramentar als auch – was wahrscheinlicher sein dürfte – zu einem anderen Liturgiebuch (Psalterium) gehört haben.
Aus dem Pfarrarchiv von St. Emmeram, Nr. 8.

BZBR Cim 4

Lit.: Abb. 22
Elias Avery Lowe, Codices latini antiquiores, Suppl. Osnabrück 1971, Nr. 1805; Bernhard *Bischoff*, Die südostdeutschen Schreibschulen und Bibliotheken in der Karolingerzeit Bd. II, Wiesbaden 1980, 248; *Gamber*, CLLA Nr. 633*; *ders.*, Ein Regensburger Kalendarfragment aus der Zeit des Herzogs Tassilo III, in: Studien und Mitteilungen OSB 80 (1969) 222-224.

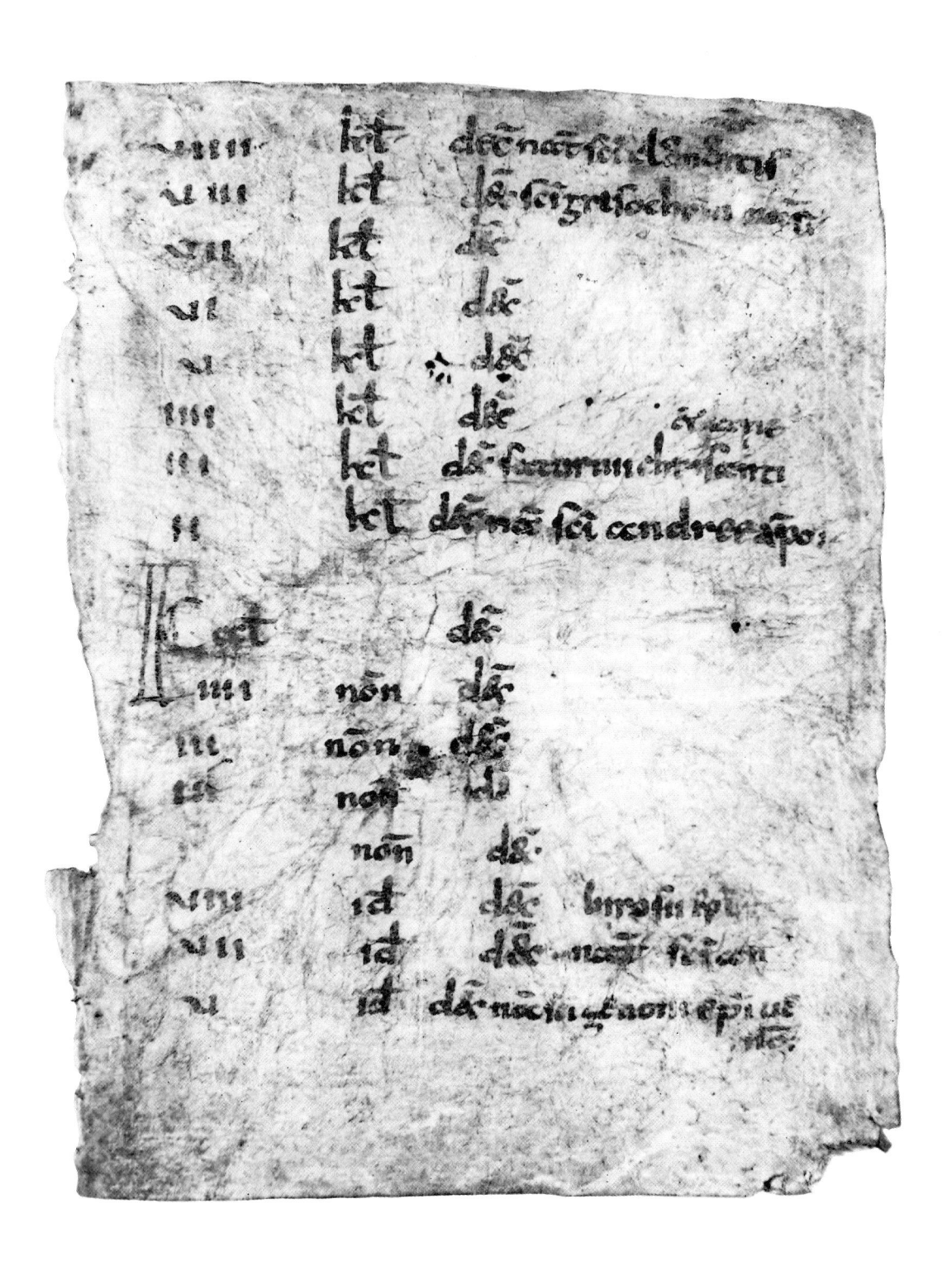

uiiii	kł	dec̄ nat̄ sc̄i ḋ andree
uiii	kł	dc̄ s̄c̄i grisochoni m̄rt̄
uii	kł	dc̄
	kł	dc̄
ui	kł	dc̄
u	kł	dc̄
iiii	kł	dc̄
iii	kł	dc̄ saturnini chr̄ s̄c̄a
ii	kł	dc̄ n̄at̄ sc̄i andree ap̄ō

Est		dc̄
iiii	nōn	dc̄
iii	nōn	dc̄
ii	nōn	dc̄
	nōn	dc̄
uiii	id	dc̄ brosii ip̄i
uii	id	dc̄ n̄at̄ t̄ic̄
ui	id	dc̄ n̄ā t n̄ōmis epī ut
		itc̄

Abb. 22 (Kat.-Nr. 6)

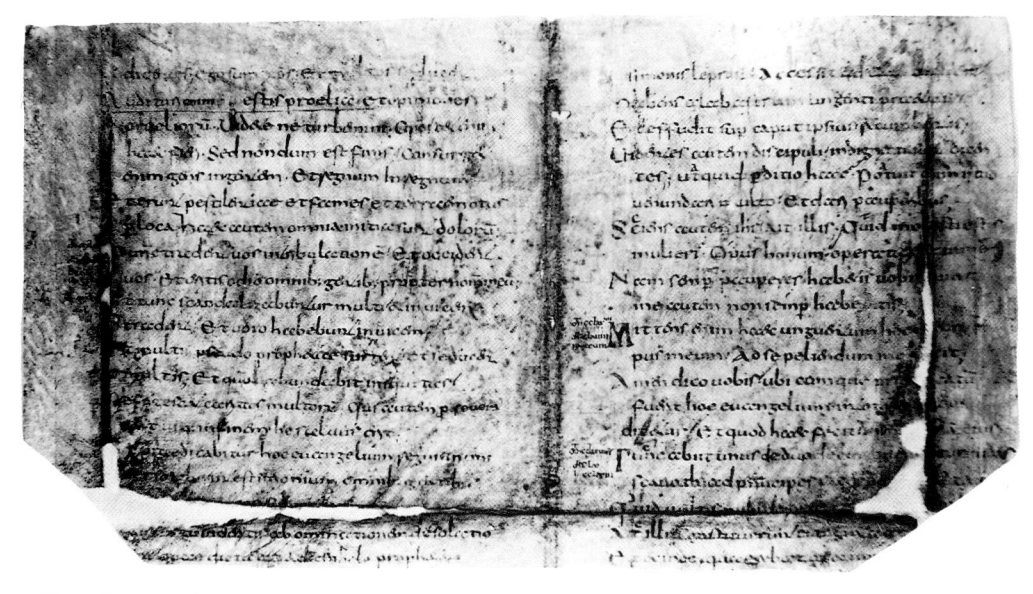

Abb. 23 (Kat.-Nr. 7)

7. Fragmente einer Vier-Evangelien-Handschrift

Regensburg, vor bzw. um 800
Zwei verstümmelte Pergamentdoppelblätter, 205 × 380 mm (einstiger Schriftspiegel mehr als 190 × 152 mm), 20 Zeilen (ursprünglich wohl 25). – Schöne, ebenmäßige frühkarolingische Minuskel, Initialen z. T. rot ausgefüllt, Gesangszeichen.

Die beiden Pergamentblätter haben einst das 2. und 4. (= innere) Doppelblatt einer Lage mit dem Text des Matthäus-Evangeliums (23,35 – 24,15; 24,38 – 25,29; 26,6–25) gebildet. Für eine liturgische Verwendung (wohl im Regensburger Dom) sprechen die von fast gleichzeitiger Hand in etwas dunklerer Tinte angebrachten Gesangs- und Regiezeichen im Text der Passion (gesungen am Palmsonntag), und in geringerem Maße auch in der Perikope von den fünf klugen und törichten Jungfrauen (Mt, 25,1–13), so ein c für „cantor" (beim erzählenden Text) ein a für „altus" (bei mehreren Personen auch für die Chorknaben) und ein t für „tenor" (bei den Worten Jesu). Ähnliche Zeichen erscheinen auch in den Passionsberichten eines im Rheingebiet bald nach 800 geschriebenen Evangelistars (Gamber, CLLA Nr. 1121). Der Bibeltext entspricht der unter Herzog Tassilo III. im bairischen Raum gebräuchlichen (aus Ravenna stammenden) Vulgata-Fassung, wie sie auch dem Codex Millenarius in Kremsmünster sowie den Ingolstädter und Nürnberger Fragmenten (Lowe, CLA Nr. 1325 und 1347) zugrundeliegen. Wie in den genannten Handschriften sind auch bei uns die Parallelstellen von 1. Hand jeweils an den Rand geschrieben.

Die Blätter wurden aus dem Akt „Kapitularprotokolle von 1617/19" des Bischöfl. Zentralarchivs Regensburg abgelöst.

BZBR Cim 2

Lit.: Abb. 23
Klaus *Gamber*, Fragmentblätter eines Regensburger Evangeliars aus der Zeit des Herzogs Tassilo, in: *Verhandlungen des Historischen Vereins für Oberpfalz und Regensburg* 116 (1976) 171–174; ders., Ecclesia Reginensis (= Studia patristica et liturgica 8) Regensburg 1979, 128–140; Bernhard *Bischoff*, Die südostdeutschen Schreibschulen II, Wiesbaden 1980, 236.

8. Ingolstädter Evangeliar (Fragmente)

Regensburg (?), 9. Jh.
Farbfoto
Pergament-Handschriftenfragmente, 62 Bl., 350× 260 mm. – Unziale, Flechtband-, Pflanzen-, Fisch- und Vogelinitialen

Dieses sehr sorgfältig geschriebene Evangeliar besitzt prächtige Kanontafeln mit den Evangelistensymbolen. Unter den Initialen finden sich auch Fische, ähnlich wie im St. Emmeramer Codex Clm 14 300.

München, Bayerische Staatsbibliothek Clm 27 270

Lit.: Abb. 3, 80
Katalog der lateinischen Handschriften der Bayerischen Staatsbibliothek München, Clm 27 270–27 499, bearb. v. Hermann *Hauke* (Catalogus codicum manu scriptorum Bibliothecae Monacensis IV 5) Wiesbaden 1975, 3 f. (weitere Lit.).

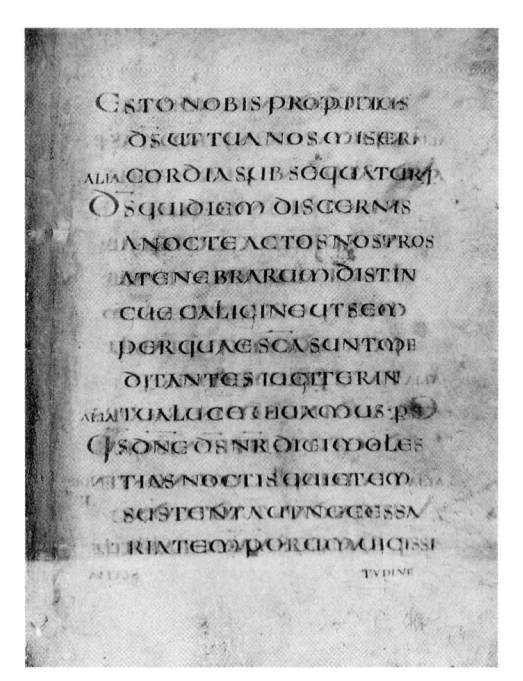

Abb. 24 (Kat.-Nr. 9)

9. Marburger Sakramentar-Fragment

Regensburg (?), nach 800
Pergament-Doppelblatt, Blattgröße 255 × 200 mm, Doppelblatt 255 × 400 mm. – Unziale.

Ein Festtags-Sakramentar für einen Bischof, in gepflegter Unziale geschrieben (die Überschriften sind kleiner gehalten). Die ehemalige Handschrift gehört zum Typus der Meßbücher Aquilejas im 8. und 9. Jahrhundert. Bekanntlich hat die Diözese Regensburg bis gegen 800 zum Patriarchat Aquileja gehört.
Neben Marburg besitzt die Universitätsbibliothek Gießen ein weiteres Fragment (Hs NF 43).
Zum gleichen Typus gehört ein etwa gleichzeitiges Fragmentblatt (Clm 29 300/5; früher Clm 29 163 e), das ebenfalls in Regensburg entstanden sein könnte.

Marburg, Staatsarchiv Hr 1,4

Lit.: Abb. 24
Alban *Dold* – Klaus *Gamber*, Die Fragmente von Gießen, Trier und Marburg, in: Das Sakramentar von Salzburg (= Texte und Arbeiten Beiheft 4) Beuron 1960, 78*–87*; *Gamber*, CLLA Nr. 882 und CLLA/S Nr. 880; *ders.*, Das Patriarchat Aquileja und die bairische Kirche (= Studia patristica et liturgica 17) Regensburg 1987, 76–81; dagegen: Bernhard *Bischoff*, Die südostdeutschen Schreibschulen und Bibliotheken II, Wiesbaden 1980, 14, Anm. 33: – Zum Münchener Fragment vgl. *Gamber*, in: *Sacris erudiri* XIX (1969/70) 233–235; *Bischoff* a. a. O. 22.

10. Blatt aus einem Gregorianum

Wohl Regensburg, Anfang 9. Jh.
Pergamentblatt, ca. 275 × 180 mm (Schriftspiegel ca. 200 × 130 mm) – 22 Zeilen, karolingische Schrift, einfache Initialen (mit Seil- und 8-Muster) mit Rot, Gelb und Blau, Tinte leicht rötlich-braun.

Das Fragment stammt aus einer ehemaligen Gregorianum-Handschrift, eines von Papst Gregor I. (590–604) redigierten Meßbuches. Es gehört zur Gruppe der vorhadrianischen Gregoriana, ist also nicht von dem unter Karl d. Gr. eingeführten sog. Hadrianum abhängig, wie die andere Numerierung der Formulare deutlich macht. Die Handschrift befand sich zuletzt im Kloster Prüfening.
Außer dem gezeigten Blatt befinden sich zwei weitere Blätter in der Bayerischen Staatsbibliothek in München (Clm 27 016, fol. 1 und 285) und eines in der Klosterbibliothek in Metten (Fragment s. n. aus Prüfening).

München, Bayerische Staatsbibliothek Clm 29 300/16 (alte Sign. Clm 29 163 i)

Lit.:
Klaus *Gamber*, Sacramentaria Praehadriana, in: *Scriptorium* XXVII (1973) 6 f. und Tafel 1 b; *ders.*, ebd. XXX (1976) 18 f.; Bernhard *Bischoff*, Südostdeutsche Schreibschulen und Bibliotheken II, Wiesbaden 1980, 254; *Gamber*, CLLA/S Nr. 719*.

11. Kollektar-Pontifikale des Bischofs Baturich

Regensburg, unter Bischof Baturich (817–848)
Farbfoto

Es handelt sich um das älteste Pontifikale im strengen Sinn, das also alle dem Bischof vorbehaltenen Weihe-Funktionen enthält. Das etwa 100 Jahre früher anzusetzende „Missale Francorum" enthält nur die Weihegebete für die einzelnen Ordines. Unser Liturgiebuch ist mit einem Kollektar verbunden, das den ersten Teil der Handschrift darstellt. Dem beim Chorgebet anwesenden Bischof sollten dadurch jeweils die entsprechenden, von ihm zu singenden Orationen zur Verfügung stehen.
Die ehemalige Handschrift kam mit anderen Büchern aus der Dombibliothek – darunter ein Codex mit den Paulus-Briefen (jetzt in Wien, Ser. n. 2065), an das Kloster Mondsee, das 833 Bischof Baturich im Tausch gegen das Stift Obermünster von König Ludwig erhalten hatte. Hier wurde das Buch später auseinander genommen und zu Buchbindezwecken verwendet. Auf diese Weise ist ein großer Teil der Handschrift erhalten geblieben, wenn auch in zahlreichen Fällen nur als Falzstreifen, die in mühevoller Arbeit von Franz Unterkircher und Klaus Gamber wieder zu Blättern zusammengesetzt werden konnten.

Wien, Österreichische Nationalbibliothek, Cod.Vindob., Ser. n. 2762

Lit.:
Franz *Unterkircher* – Klaus *Gamber*, Das Kollektar-Pontifikale des Bischofs Baturich von Regensburg (= Spicilegium Fribur-

gense 8) Freiburg/Schweiz 1962; Bernhard *Bischoff*, Die südostdeutschen Schreibschulen und Bibliotheken I, Wiesbaden 1960, 218; II, Wiesbaden 1980, 240; *Gamber*, CLLA Nr. 1550.

12. Codex Aureus

Königliche Hofschule (St. Denis ?), 870
Farbfoto

Das als Prachthandschrift geschriebene Vier-Evangelien-Buch kam durch Kaiser Arnulf von Kärnten um 893 an seine Pfalz in Regensburg, wo es im Gottesdienst verwendet wurde. Arnulf hat es später dem Kloster St. Emmeram überlassen.

München, Bayerische Staatsbibliothek Clm 14 000

Lit.: Abb. 19, 81
Facsimile-Ausgabe von Georg *Leidinger*, 5 Bände und 1 Textband, München 1921–1925; Fridolin *Dressler*, Cimelia Monacensia. Wertvolle Handschriften und frühe Drucke der B. Staatsbibliothek München, Wiesbaden 1970, Nr. 73 S. 18 (weitere Lit.).

13. Doppelblatt eines Lectionarium plenarium

Regensburg (?), Anfang 10. Jh.

Beschädigtes Pergamentblatt, 360 × 280 mm (Schriftspiegel ca. 140 × 230 mm). – Kräftige, karolingische Minuskel, rote Überschriften in Majuskel, schlichte rote Initialen.

Das (innere) Doppelblatt eines Lectionarium plenarium (Voll-Lektionar) mit den Evangelien und Episteln des Jahres bringt die Lesetexte vom Evangelium der Feria IV bis zur Epistel der Feria VI der 3. Fastenwoche. Wesentlich älter sind die beiden (nach B. Bischoff in der 2. Hälfte des 8. Jhts. ebenfalls in Regensburg geschriebenen) Blätter eines ähnlichen Lektionar-Fragments (in: Clm 7678), auf das hier nur zu verweisen ist. Herkunft unseres Fragments nicht notiert.

BZBR Fragment 29

Lit.: Abb. 25
(Zum Münchner Fragment): Elias Avery Lowe, Codices latini antiquiores IX, Nachdr. Osnabrück 1982, Nr. 1287; Bernhard *Bischoff*, Die südostdeutschen Schreibschulen II, Wiesbaden 1980, 235; *Gamber*, CLLA Nr. 1211; *ders.*, Fragmente eines Tassilo-Sakramentars, in: *Sacris erudiri* XVIII (1967/68) 328–332 (mit Abbildung vor S. 321); *ders.*, in: *Scriptorium* 30 (1976) 11 und Taf. 3a.

Abb. 25 (Kat.-Nr. 13)

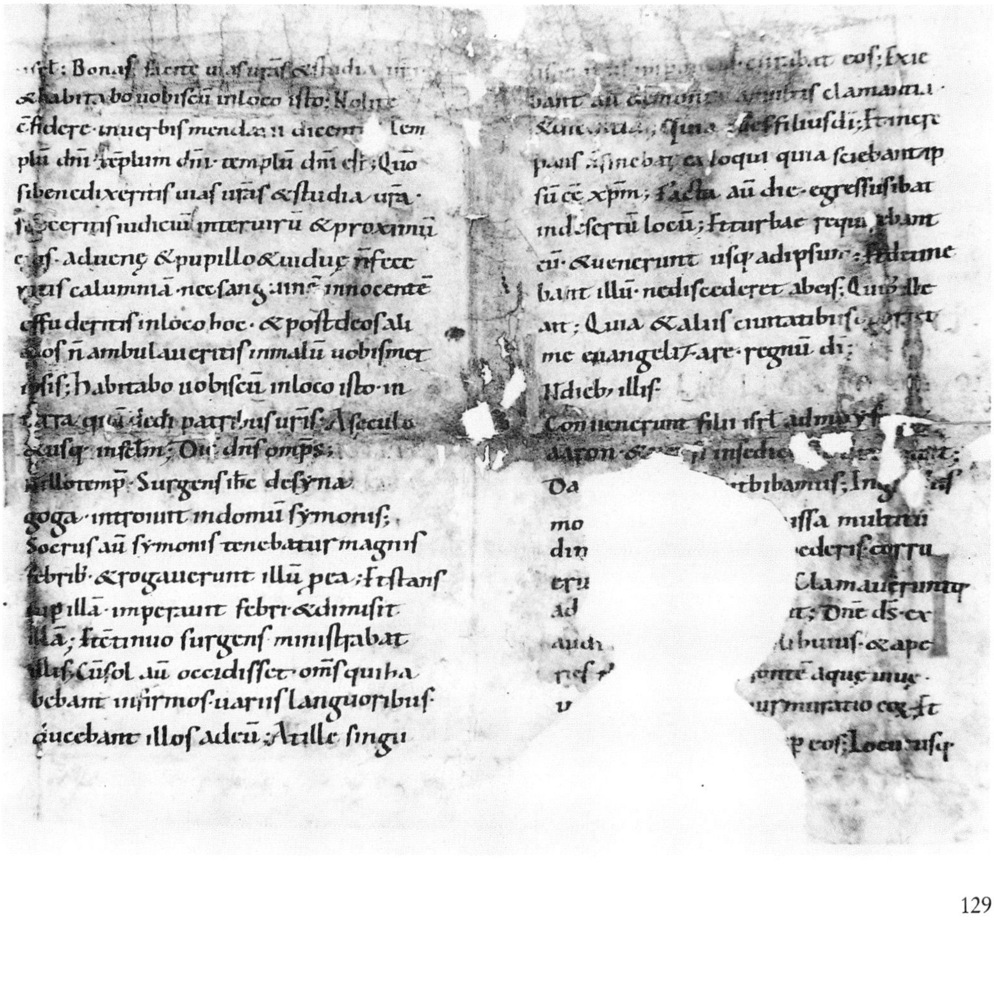

14. Das Sakramentar-Pontifikale des hl. Wolfgang

Regensburg, vor 994
Farbfoto

Die Prachthandschrift wurde wohl im Kloster St. Emmeram angefertigt; sie kam schon bald, vielleicht als ein Geschenk Wolfgangs, an den mit ihm in Freundschaft verbundenen Bischof Otbert (992–1008) nach Verona. Sie stellt ein Sakramentar dar, das für den Gebrauch eines Bischofs zusätzlich mit Texten aus einem Pontifikale angereichert ist, so mit „Benedictiones episcopales" zu den einzelnen Formularen für den feierlichen Pontifikalsegen am Schluß der Meßfeier, sowie im 2. Teil der Handschrift mit zahlreichen Weiheformularen, auf fol. 204^r mit den Niederen Weihen (Ostiariat, Lektorat usw.) beginnend.
Der Redaktor hat für diese sehr reichhaltige Handschrift zahlreiche Vorlagen verwendet und dabei versucht, die hier gefundenen Texte in eine gewisse Ordnung zu bringen. Der Codex ist mit drei ganzseitigen Miniaturen geschmückt. Die schmuckvollen Initialen jeweils zu Beginn eines Formulars zeigen silbernes und goldenes Rankenwerk auf farbigem Grund.

Verona, Bibl. Cap. Cod. LXXXVII

Lit.:
Adalbert *Ebner*, Das Sakramentar des hl .Wolfgang in Verona, in: Johann Baptist *Mehler* (Hg.), Der heilige Wolfgang, Bischof von Regensburg, Regensburg 1894, 163–181; ders., Iter Italicum, Freiburg 1896, 288–290; Klaus *Gamber* – Sieghild *Rehle*, Das Sakramentar-Pontifikale des Bischofs Wolfgang von Regensburg (= Textus patristici et liturgici 15) Regensburg 1985; *Gamber*, CLLA Nr. 940.

15. Das sog. Rocca-Sakramentar

Regensburg, um 1000
Farbfoto

Wie das Wolfgang-Sakramentar eine wohl im Kloster St. Emmeram (oder in Niedermünster) hergestellte Prachthandschrift, die jedoch weit weniger Texte aufweist als diese. Für die Diözesangeschichte bedeutsam ist das auf fol. 301–306 sich findende älteste Regensburger Proprium.
Ebenfalls in Regensburg geschrieben ist das etwas jüngere Heinrichs-Sakramentar (jetzt Clm 4456), eine im Auftrag des Kaisers Heinrich II. (1002–1024) in Regensburg für Bamberg geschriebene Handschrift.
Wie die Handschrift in die Vatikanische Bibliothek gekommen ist, bleibt unbekannt.

Roma, Cod. Vat. lat. 3806

Lit.:
Angelo *Rocca*, Sacramentarium Gregorianum (Roma 1593); auch inter opp. S. Gregorii (Paris 1596, 1605 und 1675); ferner bei Vezzosi (1751); Odilo *Heiming*, Zur Geschichte des Sakramentars Vat. lat. 3806, in: *Jahrbuch für Liturgiewissenschaft* 4 (1924) 185–187; *Gamber*, CLLA Nr. 941 (mit weiterer Lit.); ders., Ein Regensburger Proprium des 10./11. Jh., in: Das Bonifatius-Sakramentar (= Textus patristici et liturgici 12) Regensburg 1975; Hartmut *Hoffmann*, Buchkunst im ottonischen und frühsalischen Reich (= Schriften der MGH 30,1) Stuttgart 1986, 132f.

16. Doppelblatt eines Evangelistars

Regensburg, um 1000
Pergamentdoppelblatt, 475 × 330 mm (Schriftspiegel ca. 160 × 230 mm). – Gepflegte karolingische Minuskel (23 Zeilen); die erste Zeile einer Perikope jeweils in Versalien, kunstvoll ausgestattete Initialen zu jeder Perikope, Überschriften in roten Versalien.

Es handelt sich um den Rest eines Evangelistars, in dem die Evangelien-Perikopen „per circulum anni" zusammengestellt sind. Auf unserem (wohl äußeren) Doppelblatt beginnt der Text auf dem ersten Blatteil im Evangelium der Feria IV der Osterwoche, darauf folgt das der Feria V und der Beginn von Feria VI. Auf der anderen Doppelblatthälfte findet sich das Evangelium vom Fest Philippus und Jakobus (1. Mai), dann das der Dominica IV post pascha und schießlich der Beginn der Perikope für das Fest der Inventio s. crucis (3. Mai). Sonntage und Feste sind demnach nicht voneinander getrennt.
Nahe verwandt mit unserem Fragment ist ein aus dem Kloster St. Emmeram stammendes, später in St. Michael in Bamberg liturgisch verwendetes Evangelistar (jetzt in Pommersfelden, Schönborn'sche Bibliothek, cod. 2821); vgl. Gamber, CLLA Nr. 1157.
Von einem Aktendeckel des Bischöflichen Zentralarchivs abgelöst (nähere Angaben fehlen).

BZBR Fragment 21

Lit.: Abb. 82
(Zu den Evangelistaren): *Gamber*, CLLA Nr. 1115 ff.; (zur Handschrift in Pommersfelden): Georg *Swarzenski*, Die Regensburger Buchmalerei des 10. und 11. Jahrhunderts, Leipzig 1904, 41–45; Hermann *Maué* – Sonja *Brink* (Hgg.), Die Grafen von Schönborn. Kirchenfürsten, Sammler, Mäzene, Nürnberg 1989, 446–448.

17. Fragment eines Antiphonar-Sakramentars

wohl Regensburg, um 1000
Pergament-Doppelblatt, stark beschnitten, schlechter Erhaltungszustand, ca. 390 × 210 mm. – Karolingische Minuskel, einfache rote Initialen, rote Überschriften.

Das einstige Meßbuch bestand aus einem mit deutschen Neumen versehenen Antiphonar (erhalten die Meßgesänge für Klemens, Andreas, Lucia, Dedicatio, Commune-Messen) und einem Sakramentar (erhalten: Quatember-Samstag im Advent, Weihnachten) mit einem vorangehenden Kalendar (erhalten: Mai – August). Die hier verzeichneten Heiligentage bzw. Feste stimmen fast genau mit denen im etwa gleichzeitigen Wolfgang-Sakramentar und im späteren Missale Ratisponense überein. So findet sich bereits das Fest des hl. Ulrich († 973) am 4. Juli, ebenso das für Regensburger Liturgiebücher typische des hl. Gangolf († um 760) am 13. Mai. Auffällig ist das Vorkommen des im Wolfgang-Sakramentar noch fehlenden Fests der Transfiguratio am 6. August.

Die Verbindung eines Meß-Antiphonars mit einem Sakramentar (hier sind nur die Orationen, Präfationen und der Canon Missae verzeichnet) begegnet uns auch in dem nur wenig jüngeren Codex Gressly in Solothurn sowie später in Handschriften des 12. Jahrhunderts. Die Fragmente wurden aus einem Frühdruck (von 1551) der Dekanats-Bibliothek Eichelberg abgelöst, erhalten sind zwei stark beschnittene Pergament-Doppelblätter sowie zwei kleine Streifen.

BZBR Cim 5

Lit.:
(Zu ähnlichen Handschriften): *Gamber*, CLLA Nr. 1499* (Codex Gressly), Nr. 796 (darunter eine Handschrift aus dem Kloster Prüfening = Clm 23270; vgl. Nr. 25).

18. Sakramentar aus Obermünster

Regensburg, Anfang 11. Jh.
Foto

Eine Prachthandschrift wie das Wolfgang- und das Rocca-Sakramentar. Der hl. Emmeram ist durch eine eigene Messe ausgezeichnet, ebenso der hl. Blasius (3.2.). Neben dem für die damalige Regensburger Malschule typischen Buchschmuck spricht dies für eine Bestimmung für Regensburg näherhin für das Stift Obermünster, da sich hier eine Blasius-Kapelle befunden hat.

Bologna, Universitätsbibliothek Ms 1084

Lit.:
Adalbert *Ebner*, Quellen und Forschungen zur Geschichte und Kunstgeschichte des Missale Romanum im Mittelalter. Iter Italicum, Freiburg 1896, 6–12 (mit 2 Abb.).

19. Sakramentar Heinrichs II.

Regensburg, zwischen 1002 und 1014
Farbfoto

Das Meßbuch wurde von Kaiser Heinrich II. (1002–1024) für den Bamberger Dom gestiftet. Dieses Prunkstück der Regensburger Buchmalerei des 11. Jahrhunderts zeigt in einer ganzseitigen Darstellung (fol. 11^v) die Krönung Kaisers Heinrich II.: Christus setzt dem Herrscher die Krone auf, zwei Engel überreichen Schwert und Lanze, die Heiligen Ulrich und Emmeram „unterstützen" den Kaiser. In Bildaufbau- und -gestaltung wird byzantinistischer Einfluß greifbar.

München, Bayerische Staatsbibliothek Clm 4456

Lit.: Abb. 83
Regensburger Buchmalerei. Von frühkarolingischer Zeit bis zum Ausgang des Mittelalters. Ausstellung der Bayerischen Staatsbibliothek München und der Museen der Stadt Regensburg, München 1987, Nr. 16 u. Tafeln 5–8, 94–95.

20. Uta-Evangelistar

Regensburg, um 1020
Farbfoto

Noch reicher mit ganzseitigen Bildern ausgestattet als das Sakramentar Heinrichs II. ist das fast zur gleichen Zeit in Regensburg entstandene sog. Uta-Evangelistar. Eine auf Blatt 2v als Stifterin dargestellte Uta wird meist mit der für 1004 und 1025 bezeugten Äbtissin von Niedermünster, Uta von Kirchberg, identifiziert.
Mit einem Bild, das den Kreuzestod Christi als erstes Meßopfer deutet (Blatt 3^v), korrespondiert die „Messe des hl. Erhard". Zu seiner Rechten ein kostbarer Tragaltar und ein Codex, wahrscheinlich die von Kaiser Arnulf von Kärnten dem Kloster St. Emmeram geschenkten Schätze. Über dem hl. Erhard im Medaillon das Lamm Gottes als „Sponsus Virginum" (Bräutigam der Jungfrauen), das sich der Äbtissin im rechten Eckquadrat zuwendet.
Berühmt ist auch der zum Uta-Evangelistar gehörige Buchkasten mit der Gestalt des thronenden Christus, eine hervorragende Arbeit mittelalterlicher Regensburger Goldschmiedekunst.

München, Bayerische Staatsbibliothek Clm 13 601

21. Pontifikale

Regensburg, unter Bischof Otto von Riedenburg (1060–1089)
Farbfoto

Die reichhaltige Handschrift verbindet Ordines (Beschreibung der Riten an bestimmten Tagen bzw. Gelegenheiten, wie z. B. bei einem Regionalkonzil) mit Formularen, wie sie auch sonst in Pontifikale-Handschriften zu finden sind. Der Schmuck des Codex beschränkt sich auf das Dedikationsbild (Bischof Otto übergibt dem hl. Petrus das Buch) und kleinere Initialen.

Paris, Bibl. Nationale, ms. lat. 1231 (Reg. 4564)

Lit.:
Michel *Andrieu*, Les Ordines Romani du haut moyen âge I (= Spicilegium Sacrum Lovaniense 11) Paris 1931, 256–265 (eingehende Beschreibung und Angabe der einzelnen Formeln); Georg *Swarzenski*, Die Regensburger Buchmalerei des 10. und 11. Jahrhunderts, Leipzig 1901, 176 f.; V. *Leroquais*, Les pontificaux manuscrits des bibliothèques publiques de France II, Paris 1937, Nr. 136; *Gamber*, CLLA/S Nr. 1579*; Regensburger Buchmalerei, München 1987, 37 f. Nr. 25 u. Tafel 16.

22. Teil eines Evangelistars

Regensburg, 11. Jh.

Etwas beschnittenes Doppelblatt, Größe 450 × 250 mm (Schriftspiegel ca. 220 × 150 mm). – Gepflegte karolingische Minuskel (23 Zeilen), kunstvolle, mit Gold verzierte Initiale zu Beginn jeder Perikope; der 1. Buchstabe eines jeden Verses in roter Majuskel, Überschriften in roten Versalien.

Von der Art des ausgestellten Fragments haben sich vier Doppelblätter erhalten. Sie bieten Perikopen der Fastenzeit. Die ehemalige Handschrift könnte im Regensburger Dom verwendet worden sein.
Alle Stücke wurden aus verschiedenen Exemplaren des im Auftrag des Regensburger Ordinariats erschienenen Buches „Kirchengeschmuck" bzw. dessen lateinischer Fassung von Jakob Myller (1591) in der Ordinariatsbibliothek Regensburg abgelöst, wo sie jeweils als Einband gedient haben.

BZBR Fragment 6   Abb. 84

23. Fragment eines neumierten Plenarmissale

Regensburg (?), um 1100

Pergament, Schriftspiegel ca. 260 × 160 mm. – Schöne, karolingische Minuskel, Überschriften in Capitalis, einfache Initialen, linienlose Neumen.

Zwei Einzelblätter (ursprünglich vermutlich ein Doppelblatt) eines Plenarmissale mit neumierten Gesangstexten des ausgehenden 11. Jahrhunderts.
Die Handschrift beruht vermutlich auf einer oberitalienischen Vorlage. Italienische Plenarmissalien des 9.–11. Jahrhunderts lassen sich nämlich in großer Zahl im deutschen Sprachraum nachweisen, so auch der Clm 23 281 aus dem 9. Jahrhundert, der sich zuletzt in Regensburg befand und hier liturgisch verwendet worden sein dürfte.

Die von den Holzdeckeln der Inkunabel noch nicht abgelösten Blätter beinhalten auf dem einen Blatt einen Teil der Karsamstagsliturgie (sichtbar ist der Schluß des Tractus „Vinea facta est", die Lectio Is 54,17 – 55,11, mit dem späteren Missale Ratisponense übereinstimmend, hier die 4. Lesung), auf dem anderen Blatt einen Teil der Messe des Ostersonntags (Schluß des Evangeliums, Offertorium, Präfation und Hanc igitur, Communio, Postcommunio und zwei Alia-Orationen; Anfang des Meßformulars vom Ostermontag).
Die Frage wäre noch zu klären, inwieweit die ehemalige Handschrift, zusammen mit einer weiteren (vgl. Nr. 24), die Grundlage für das spätere, in Handschriften und Drucken des 15. Jahrhunderts vorliegende Missale Ratisponense abgegeben hat.

BZBR AKap Ink. 1994 (Deckblätter)

Lit.:
Joseph *Schmid*, Die Handschriften und Inkunabeln der Bibliothek des Kollegiatstifts U. L. Frau zur Alten Kapelle in Regensburg, Regensburg 1907, 3; Sieghild *Rehle*, Ein Plenarmissale des 9. Jahrhunderts, zuletzt in Regensburg, in: *Sacris erudiri* XXI (1972/73) 291–321; Klaus *Gamber*, Die mittelitalienisch-beneventanischen Plenarmissalien, ebd. IX (1957) 269–272; *Gamber*, CLLA Nr. 1450; hinsichtlich weiterer, im deutschen Raum verwendeten italienischen Plenarmissalien vgl. *Gamber*, CLLA Nr. 1410–1412, 1416; 1420; 1455; 1457; 1460; 1468; 1471; 1472; 1475.

24. Doppelblatt eines Plenarmissale

Regensburg (?), Anfang 12. Jh.

Stark verschmutztes Pergament, Blattgröße ca. 460 × 310 mm, Schriftspiegel 200 × 230 mm. – Spätkarolingische Minuskel, zweispaltig geschrieben, Rubriken und Initialen rot, linienlose deutsche Neumen.

Das Doppelblatt eines für den deutschen Raum sehr frühen neumierten Plenarmissale (spätere Folio-Zählung 110 bzw. 113) zeigt auf dem 1. Blatt den Schluß der Liturgie des Gründonnerstags mit der in die Meßfeier eingefügten Vesper, entsprechend dem Wolfgang-Sakramentar (555 ed. Gamber-Rehle) und dem späteren Missale Ratisponense, sowie den Anfang des Karfreitags-Offiziums (1. und 2. Lesung der Missae praesanctificatorum). Auf dem 2. Blatt finden sich Teile der Johannes-Passion des Karfreitags.
Es könnte sich um eine direkte Vorstufe des Missale Ratisponense handeln.
Das Fragment blieb als Einband eines nicht mehr näher bestimmbaren Aktenstücks von 1556 des BZA Regensburg erhalten.

BZBR Fragment 14   Abb. 26

25. Prüfeninger Sakramentar

Kloster Prüfening, um 1175
Pergament, 172 Bl., 230×150 mm. – Federzeichnung. – Ledereinband.

Die mit einem Canon-Bild und kleinen Federzeichnungsinitialen ausgeschmückte Handschrift verbindet ein neumiertes Graduale mit einem Sequentiar mit einem Sakramentar. Voraus geht ein Kalendar. Das Fest des hl. Georg (23. 4.), des Prüfeninger Kirchenpatrons, ist mit einer besonderen Initiale ausgezeichnet. Das Meßbuch befand sich zuletzt in der Oswald-Kirche in Regensburg, wie Eintragungen auf fol. 1r zeigen.
Etwa aus der gleichen Zeit stammt ein Prüfeninger Brevier (Clm 23 037).

München, Bayerische Staatsbibliothek Clm 23 270

Lit.:   Abb. 85
Regensburger Buchmalerei, München 1987, Nr. 40 u. Tafel 114; Gamber, CLLA Nr. 796d.

Abb. 26 (Kat.-Nr. 24)

26. Darstellung einer Messe im Nekrolog von Obermünster

Regensburg, um 1180
Pergament-Handschrift, 124 Bl., 325 × 235 mm. – Kolorierte Federzeichnung, Deckfarben, Gold und Silber. – Moderner Ledereinband.

Eine Sammelhandschrift des Regensburger Kanonissenstifts Obermünster, nach ihrem ersten Teil (fol. 1–64) „Nekrolog von Obermünster" genannt, enthält auf fol. 67ᵛ die reizvolle Darstellung einer hl. Messe. Die Messe wurde im Frauenstift durch benediktinische Mönche zelebriert. Gut erkennbar sind liturgische Gewandung und liturgisches Gerät zur Zeit der Hochromanik.
Dieses Bild ist eines der wenigen erhaltenen Beispiele der Regensburger Deckfarbenmalerei des 12. Jhts., wo die Federzeichnung vorherrschte. Wahrscheinlich wurde diese Buchmalerei in Obermünster selbst gefertigt, da im Verzeichnis der „Familiares" zwei Maler genannt sind:
Ein Werenher pictor und Arnoldus pictor.

München, Bayerisches Hauptstaatsarchiv
KL Regensburg-Obermünster 1

Lit.: Abb. 1 (Umschlag)
Aus 1200 Jahren. Ausstellung Bayerisches Hauptstaatsarchiv. Bearb. v. Albrecht *Liess*, 3. erg. Aufl., München 1986, 88, Nr. 42; *Regensburger Buchmalerei*, München 1987, 54 f. Nr. 42 u. Tafel 33.

27. Liber benedictionalis

Regensburg, Ende 12. Jh.
Schwarzweiß-Foto

Eine äußerst reichhaltige Sammlung von „Benedictiones episcopales"! Es handelt sich um feierliche Segensgebete des zelebrierenden Bischofs über das gebeugt dastehende Volk am Schluß der Meßfeier. Wir finden hier für jedes Fest, ja für fast jeden Ferialtag, wenigstens eine, oft mehrere Formulare, so u. a. bereits für das Fest des hl. Joseph am 19. März. Der Codex wird durch folgenden Titel eingeleitet:
IN NOMINE DOMINI INCIPIT LIBER BENEDICTIONALIS. QUO HONORATUR OFFICIUM PONTIFICALIS ORDINIS. BENEDICTIONES AB EPISCOPIS SUPER POPULUM PER ANNI CIRCULUM.
(Im Namen des Herrn beginnt der Liber benedictionalis, in dem das Amt des bischöflichen Dienstes geehrt wird. Segensgebete, wie sie von den Bischöfen über das Volk während des Jahres zu sprechen sind).
Die „Benedictiones episcopales" beginnen mit der Vigil von Weihnachten.
Es handelt sich hier um einen Ritus der altgallikanischen Liturgie, der sich in Regensburg bis ins Hochmittelalter erhalten hat und letztlich auf die Zeit zurückgeht, in der in Bayern noch dieser außerrömische Ritus in Gebrauch war (bis etwa 739). Auch das Wolfgang-Sakramentar (vgl. Nr. 14) weist zahlreiche solcher Segensgebete auf.

Kraków (Krakau), Kapitelsbibliothek Cod. 23

28. Aus einem Votiv-Missale

Wohl Regensburg, 12./13. Jh.
2 nur wenig beschnittene Pergament-Doppelblätter mit teilweise schlechtem Erhaltungszustand einer kleinformatigen Handschrift (die einzelnen Seiten 175 × 145 mm). – Frühgotische Minuskel (Carolina-Gothica), einfache rote Initialen, 18 Zeilen, linienlose Neumen.

Es handelt sich um einen Teil eines kleinen handlichen Missale mit den Alkuin'schen Wochenmessen. Zu Beginn ein neumiertes Gloria mit Textvarianten (hymnum dicimus tibi – altissime), dann Credo (Symbolum). Erhalten sind weiter folgende Partien: ein Teil der Messe der Feria II (zu Ehren der hl. Dreifaltigkeit), dann ein Teil der Feria III (zu Ehren des Hl. Geistes) und der Anfang der Feria IV (zu Ehren der hl. Engel). Die ehemalige Handschrift dürfte nicht mehr als 2–3 Lagen mit je 4 Doppelblättern aufgewiesen haben.
Aus der Proske-Bibliothek.

BZBR Fragment 12

Lit.: Abb. 27
Jean *Deshusses*, Les messes d'Alcuin, in: *Archiv für Liturgiewissenschaft* XIV (1972) 7–41; *Gamber*, CLLA S. 349; CLLA/S S. 85; *ders.*, Die Textgestalt des Gloria, in: Hansjakob *Becker* – Reiner Kaczynski (Hgg.), Liturgie und Dichtung I, St. Ottilien 1983, 227–256, bes. 242.

29. Teil eines Missale Ratisponense

Regensburg, um 1400
Beschnittenes Pergament-Doppelblatt, Schriftspiegel ca. 190 × 270 mm. – Schrift nach links geneigt, zweispaltig, 36 Zeilen, einfache rote Initialen, rote Rubriken.

Von der ehemaligen Handschrift erhalten sind 2 Doppel-Blätter mit den Blattzählungen LXIIII, LXVII, LXXIII, LXXV mit Texten der Karwoche. Interessant sind die Partien des Karfreitags mit der Kreuzverehrung. Wahrscheinlich Domliturgie.
Aus Rapular Rechnung von 1622.

BZBR Fragment 26

30. Missale des Petrus Krüger

Regensburg, Petrus Krüger, 1406
Pergament-Handschrift, 220 Bl, 354 × 255 mm. – Deckfarben und Gold, Fleuronée-Initialen, Textura. – Ledereinband.

Dieses Prachtmissale wurde von dem aus Schlesien stammenden Schreiber Petrus Krüger am 12. März 1406 vollendet, wohl auch ausgeschmückt. Auftraggeber war der St. Emmeramer Abt Ulrich Pettendorfer († 1423). Der Abt kniet als Stifter in Pontifikalkleidung vor den Klosterheiligen – zugleich Bistumspatronen – St. Emmeram (Mitte, mit Attributen Messer und Leiter), St. Dionysius (rechts, mit Haupt in der Hand) und St. Wolfgang (links, mit Bischofsstab und Buch) (fol. 10^v). Diese drei Heiligen finden sich nochmals in den verschwenderisch vorhandenen Bildinitialen (Emmeram fol. 125^r, Dionysius fol. 132^r, Wolfgang fol. 134^r). Die Handschrift war bis 1811 im Kloster St. Emmeram in Regensburg.

München, Bayerische Staatsbibliothek Clm 14 045

Lit.: Abb. 18, 86
Regensburger Buchmalerei, München 1987, Nr. 82 u. Tafeln 58, 59, 152.

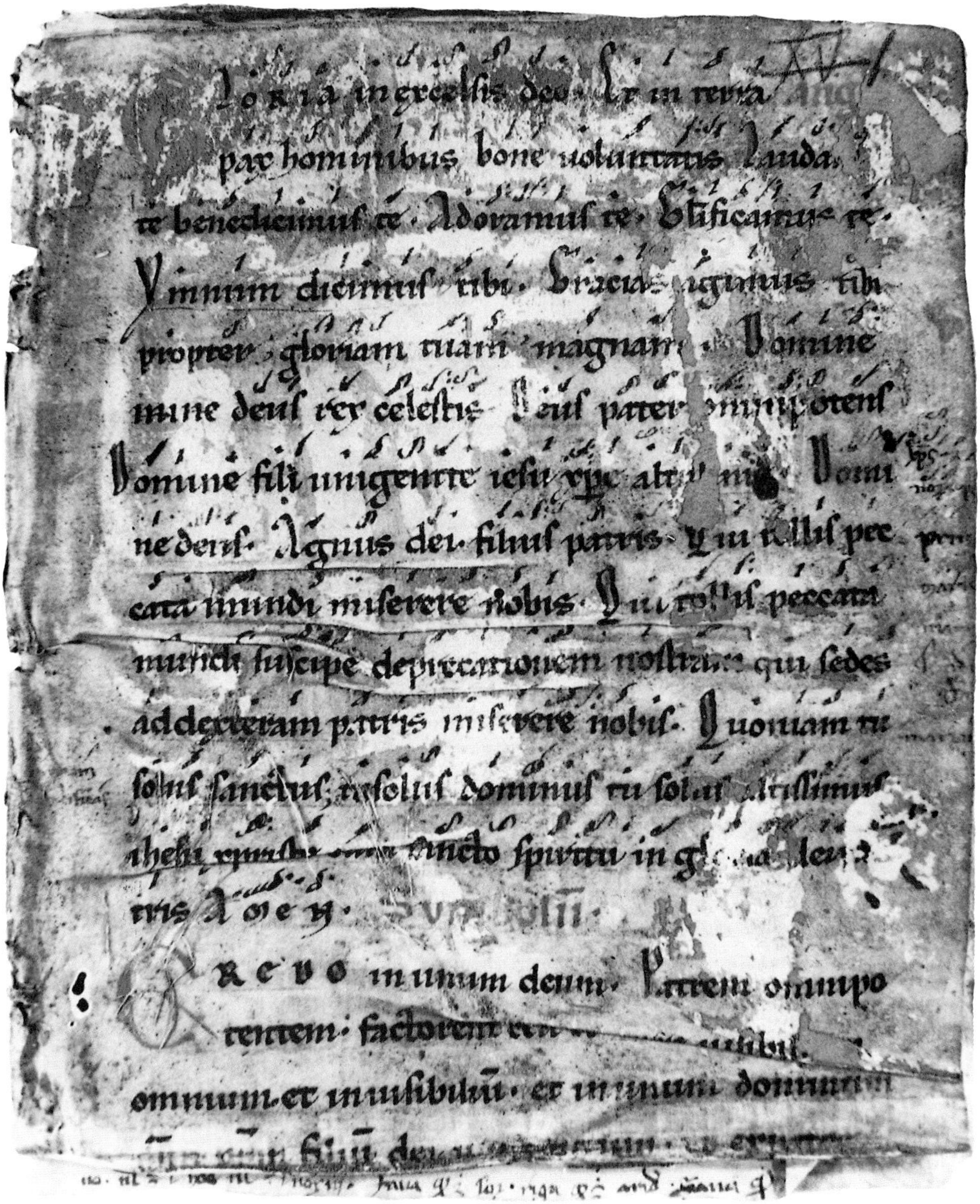

Gloria in excelsis deo. Et in terra pax hominibus bone uoluntatis. Laudamus te benedicimus te. Adoramus te. Glificamus te. Ymnum dicimus tibi. Gracias agimus tibi propter gloriam tuam magnam. Domine... deus rex celestis. Deus pater omnipotens. Domine fili unigenite iesu xpe altissime. Domine deus. Agnus dei filius patris. Qui tollis peccata mundi miserere nobis. Qui tollis peccata mundi suscipe deprecationem nostram. Qui sedes ad dexteram patris miserere nobis. Quoniam tu solus sanctus tu solus dominus tu solus altissimus ihesu xpe cum sancto spiritu in gloria dei patris. Amen.

Credo in unum deum. Patrem omnipotentem. factorem celi et terre uisibilium omnium et inuisibilium. Et in unum dominum... ihm xpm filium dei unigenitum...

Abb. 27 (Kat.-Nr. 28)

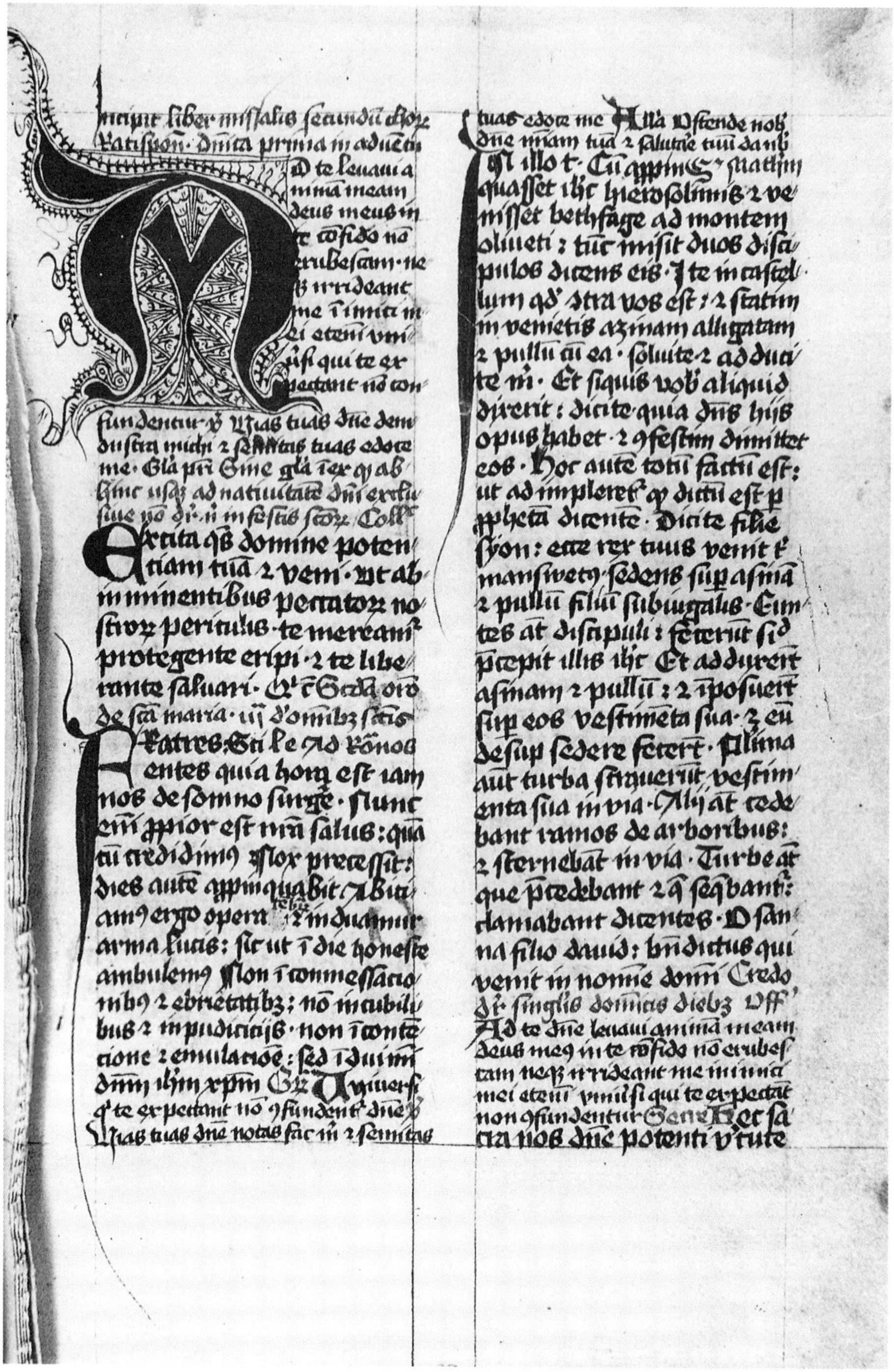

Abb. 28 (Kat.-Nr. 32)

31. Teile einer Prachthandschrift des Missale Ratisponense

Regensburg, um 1450

2 beschnittene Doppelblätter (nicht sicher, ob aus der gleichen Handschrift) einer für die damalige Regensburger Buchmalerei typischen Prachthandschrift, Blattgröße 380 × 285 bzw. 355 × 280 mm. – Zweispaltig angelegt, 33 bzw. 29 Zeilen, Gesangstexte (ohne Neumen) in kleineren Buchstaben gehalten, Rubriken rot. Erhalten sind 2 schöne, auf den linken Rand ausladende, mit Blattgold ausgelegte farbige Initialen, eine davon mit dem Erbärmdechristus. Die Malerei ist nahe verwandt mit der im Missale Clm 13 022.

Die Fragmente zeigen neben der 1. Seite des Liturgiebuches mit dem Titel: „Incipit liber missalis secundum breuiarium ecclesie Ratisponensis" Teile der Formulare der Advents- und Weihnachtszeit, auf dem 2. Doppelblatt Teile der Formulare für die Pfingstwoche, von Fronleichnam und dem 1. Sonntag nach Pfingsten. Fast vollständige Übereinstimmung mit dem gedruckten Missale Ratisponense.
Wahrscheinlich aus Obermünster oder Hl. Kreuz stammend.

BZBR Fragment 25

Lit.: Abb. 88, 89
Alheidis *von Rohr*, Berthold Furtmeyr und die Regensburger Buchmalerei des 15. Jahrhunderts, Phil. Diss., Bonn 1967; Regensburger Buchmalerei, München 1987, Nr. 105 u. Taf. 173; (zum Erbärmdechristus-Bild): Klaus *Gamber*, Zeige uns, o Herr, deine Barmherzigkeit. Vom byzantinischen Prothesis-Bild zum mittelalterlichen Erbärmde-Christus (= 16. Beiheft zu den Studia patristica et liturgica) Regensburg 1986.

32. Missale Ratisponense

Regensburg, 1474 (?)

Papier-Handschrift mit älterem Pergament-Kalendar und Pergamentkanon, 283 Bl. (13–18 fehlen), 305 × 220 mm. – Zweispaltig; rote, z. T. durch federgezeichnete Ornamente verzierte Schmuckinitialen, rote Rubriken, Neumen auf 4 Linien, Bastarda. – Ledereinband, dunkelbraun, Streicheisenlinien (Rechteckrahmen und Rautenfelder), Einzelstempel (Rosetten), Buckel fehlen, von zwei Schließen untere vorhanden, 15. Jh.

Dieses Regensburger Meßbuch (Titel auf fol. 19^r: Liber missalis secundum chorum Ratisponensis) gehörte zur Kilianskapelle bei der Alten Kapelle (fol. 1^r). Auf ein etwas älteres, auf Pergament geschriebenes Kalendar (fol. 1–6) folgen Gebete zur Vorbereitung des Priesters vor der hl. Messe (fol. 7–12). Danach Beginn des eigentlichen Missale. Auf fol. 121–139 spätgotische Neumen auf vier Linien mit den Intonationen zahlreicher Kyrie, Gloria, Präfationen, Pater noster, Ite missa est und Benedicamus (teilweise tropiert).

BZBR AKap Hs 1990

Lit.: Abb. 28
Joseph *Schmid*, Die Handschriften und Inkunabeln der Bibliothek des Kollegiatstiftes U. L. Frau zur Alten Kapelle in Regensburg, Regensburg 1907, 30.

33. Missale Ratisponense

Regensburg, Berthold Furtmeyr, 1470–1480
Pergament-Handschrift, 275 Bl., 385 × 295 mm. – Deckfarben und Blattgold, Textura, zweispaltig. – Ledereinband mit Stempeln.

Ein eigenständiges Vollmissale der Diözese Regensburg, das „Missale Ratisponense", dürfte seit Mitte des 14. Jahrhunderts in Gebrauch gewesen sein. Die vorliegende Meßbuch-Handschrift entstand wahrscheinlich in der ersten Hälfte der Regierungszeit des Regensburger Bischofs Heinrich IV. von Absberg (1465–1492), der 1485 das erste Regensburger Missale drucken ließ (siehe o. Nr. 76).
Dieses handgeschriebene Meßbuch ist nur spärlich ausgeschmückt. Die Malereien werden Berthold Furtmeyr zugeschrieben, allerdings besitzen sie hier bei weitem nicht die Qualität wie etwa im „Salzburger Missale". Fol. 9^r zeigt Maria mit Kind in der Schmuckinitiale „A" mit seitlichem farbigem Rankenwerk.

München, Bayerische Staatsbibliothek Clm 13 022

Lit.: Abb. 87
Klaus *Gamber*, Aus der Liturgie des Regensburger Doms, in: *Beiträge zur Geschichte des Bistums Regensburg* 10 (1976) 141; Regensburger Buchmalerei, München 1987, Nr. 105 u. Tafel 173.

34. Teilmissale

Regensburg, Ende 15. Jh.

Papier, 48 Blätter, 1 Pergamentvorsatzblatt (Urkunde von 1464), 285 × 208 mm. – Einfache rote Initialen und Rubriken, spätgotische Textura. – Ledereinband auf Holzdeckeln, hell, Streicheisenlinien u. Einzelstempel (Rosetten), von 2 Schließen obere erhalten, 15. Jh.

Spätgotische Handschrift aus dem Benediktinerkloster St. Jakob in Regensburg. Zu Beginn Kalendar mit zahlreichen irischen Heiligen, die eine gewisse Verwandtschaft mit den Wessobrunner Kalendarblättern (Clm 22 061) aus dem 9. Jahrhundert aufweisen. Danach ein Missale mit Votiv- und Festtagsmessen. Interessant der sog. „Canon minor" mit den Gebeten bei der Opferung (28^v–30^v).
Auf vorderem und hinterem Spiegel Namenseintragungen von Besuchern aus Irland.

BZBR SWS Hs Lit. 79

Lit.:
Alban *Dold*, Wessobrunner Kalendarblätter irischen Ursprungs, in: *Archivalische Zeitschrift* 58 (1962) 11–33.

II. Chorgebet

1. Mittelalter

Neben der Feier der Eucharistie gehörte von den ersten Zeiten an die Leitung des Morgen- und Abendgottesdienstes zum kultischen Dienst der Priester und Kleriker der Kirche. Später kamen noch nach monastischem Vorbild die Tages-Horen (Prim, Terz, Sext und Non) sowie das Abendgebet (Complet) hinzu.

Das wichtigste „Gebetbuch" bildete dabei der *Psalter* (mit den Cantica), der bereits im jüdischen Tempel und dann in der Synagoge einen wesentlichen Bestandteil der liturgischen Funktionen gebildet hat.

In der frühen Kirche kamen dazu noch eigene Hymnen, vor allem die des heiligen Ambrosius († 397); sie wurden in eigenen *Hymnarien* zusammengefaßt.

Die vom Zelebranten (Offiziator) am Schluß der einzelnen Horen zu singenden Orationen standen in den *Kollektaren*.

Dazu kamen noch umfangreiche Liturgiebücher mit den Lesungen und Responsorien zur Matutin, der mitternächtlichen bzw. frühmorgendlichen Hore, im *Matutinale*, sowie die Antiphonen zur Laudes (Morgengottesdienst) und Vesper (Abendgottesdienst) im *Antiphonar*.

Eine Zusammenfassung zu einem *Brevier* (Breviarium) erfolgte erst relativ spät, nachdem für die Weltpriester etwa seit dem 12. Jahrhundert sowie für die Chorherren und Mönche außerhalb des Konvents das Stundengebet vorgeschrieben war.

35. Teil eines Psalterium Gallicanum mit Glossen

St. Gallen, unter Abt Grimalt (841–872) 1 vollständiges Doppelblatt einer Pergament-Handschrift, Höhe 370 × Breite 570 mm, Schriftspiegel ca. 270 × 195 mm. – Große, mit Gold ausgelegte Flechtwerkinitialen, Dreierkolumne auf jedem Einzelblatt, 33 Zeilen in der Litaneikolumne.

Dieses Psalter-Doppelblatt stammt aus einer St. Gallener Prachthandschrift, einer Schwesterhandschrift des Göttweiger Psalters. Es enthält eine Litanei mit anschließenden Gebeten, die dem Text des Psalteriums vorausgingen. Die Schrift ist in kunstvoll gestaltete Dreier-Bogen-Arcaden kolumnenartig eingestellt. Die Säulen und Bögen zeigen eingeflochtene Ornamente, mit Silber gefüllt, von Goldband umzogen, rot konturierte Tierköpfe in Gold und Silber.

Die Handschrift kam wohl durch den Abt Grimalt von St. Gallen an den Hof Ludwigs des Deutschen in Regensburg, wo er als Erzkanzler fungierte. Später kam sie in die Dombibliothek, wo sie bis zum 30jährigen Krieg aufbewahrt wurde. Das Münchener Doppelblatt fand sich später lange Zeit in der Kreisbibliothek Amberg. Von dieser Handschrift wurden weitere Blätter in der Bischöflichen Zentralbibliothek Regensburg aufgefunden (siehe Nr. 36). Über 50 Jahre älter als diese Handschrift ist das Tassilo-Psalterium (Montpellier, ms. 409), das nach B. Bischoff im Kloster Mondsee, nach K. Gamber in Regensburg geschrieben ist, jedenfalls aber für den Gebrauch der herzoglichen Familie bestimmt war.

München, Bayerische Staatsbibliothek Clm 29 315/3

Lit.: Abb. 90
Anton *Beck*, Kirchliche Studien und Quellen, Amberg 1903, 383–388 (mit Faksimile); Bernhard *Bischoff*, Südostdeutsche Schreibschulen und Bibliotheken in der Karolingerzeit II, Wiesbaden 1980, 252; *Gamber*, CLLA/S Nr. 1624; *ders.*, Ecclesia Reginensis (= Studia patristica et liturgica 8) Regensburg 1979, 139. Zum Tassilo-Psalter: Franz *Unterkircher*, Die Glossen des Psalters von Mondsee (= Spicilegium Friburgense 20) Freiburg/Schw. 1974, mit mehreren Faksimile-Seiten; *Gamber*, CLLA/S Nr. 1611.

36. Fragment eines Psalterium Gallicanum mit Glossen

St. Gallen, unter Abt Grimalt (841–872)
1 beschnittenes Doppelblatt einer Pergament-Handschrift, Höhe 350 × ca. 465 mm, Schriftspiegel ca. 270 × 195 mm. – Mit Gold ausgelegte Flechtwerkinitiale mit Tierköpfen, 3 Textkolumnen auf Einzelseite, 29 Zeilen in der mittleren Kolumne.

Von der prächtigen St. Gallener Psalterhandschrift haben sich neben dem Doppelblatt in München (Kat.-Nr. 35) ein beschnittenes Doppelblatt und vier beschnittene Einzelblätter in Regensburg erhalten. Das Regensburger Doppelblatt war als Umschlag einer Rapularrechnung von 1630 im Bischöflichen Archiv verwendet worden; die vier Einzelblätter stammen aus Einbänden der Proske-Bibliothek. Es ist uns Heutigen unverständlich, wie man eine so prächtige Handschrift – wie auch das Bonifatius-Sakramentar (vgl. Kat.-Nr. 2 u. 3) auseinandernehmen und einem derart unwürdigen Zweck zuführen konnte.

Abb. 29 (Kat.-Nr. 36)

Das ausgestellte Doppelblatt beginnt rechts oben mit dem Psalm 26. Glanzvolle Schmuckinitiale „D", Flechtbandwerk, Gold und Silber, mit vier drachenartigen Tierköpfen.
Der Text des Psalters ist links und rechts von Glossen in kleinerer Schrift umgeben.

BZBR Cim. 3

Lit.: Abb. 29, 91
Vgl. Nr. 35.

37. Blatt eines neumierten Matutinale

Regensburg, um 1080
Einzelblatt aus Pergament-Handschrift, ca. 340 × 220 mm, Schriftspiegel ca. 225 × 170 mm. – Schöne, zuchtvolle karolingische Minuskel, zweispaltig geschrieben; einfache, rote, teilweise blau und grün ausgefüllte Initialen, rote Überschriften in Versalien, linienlose Neumen, 25–26 Zeilen.

Es handelt sich, wie aus diesem und 6 weiteren erhaltenen Stücken (1 stark beschnittenes Doppelblatt, 3 Einzelblätter und 2 stark beschnittene Einzelblätter in der Bischöflichen Zentralbibliothek Regensburg) geschlossen werden kann, um Fragmente eines Chorbuchs mit Texten des Monats August für die (2. und 3. Nokturn der) Matutin und für die Laudes (In matutinis laudibus), also für den Nacht- bzw. Morgengottesdienst einer monastischen Gemeinschaft. Es ist nur eine einzige Überschrift erhalten: „In vigilia sce marie matris domini" (14. August).

Die Fragmente stammen, wie der Vermerk „Hans Raben, Obernmunster" zeigt, aus dem adligen Damenstift Obermünster. Sie wurden, wie andere neumierte Fragmente, von Dominicus Mettenleiter aus Archivalien von Obermünster gesammelt und in der Proske-Bibliothek hinterlegt.

Da um 1080 der Schotte Marianus in Regensburg (zuerst in Obermünster, dann in Weih St. Peter) lebte und, wie man weiß, zahlreiche Handschriften abgeschrieben hat (vgl. Janner, Geschichte der Bischöfe von Regensburg I, 569), könnte von ihm trotz des Fehlens insularer Schriftmerkmale, die ehemalige Handschrift geschrieben sein.

BZBR Fragment 7

Lit.: Abb. 92
Dominicus *Mettenleiter*, Aus der musikalischen Vergangenheit bayrischer Städte. Musikgeschichte der Stadt Regensburg aus Archivalien und sonstigen Quellen bearbeitet, Regensburg 1866, 92 (Anm.).

38. Doppelblatt eines Collectarium

Regensburg, 11./12. Jh.
Pergament-Doppelblatt, Höhe ca. 280 × Breite 240 mm, Schriftspiegel ca. 190 × 120 mm. – Spätkarolingische Minuskel, kunstvolle, grün und blau ausgefüllte Initialen, übrige Initialen und Überschriften rot.

Die Blätter – erhalten ist ein zweites Doppelblatt – stammen aus einem Collectarium (Sammlung von Orationen für das Chorgebet zu Händen des Offiziators). Das erste beinhaltet Orationen von Laurentius (10. 8.) bis Mariä Himmelfahrt (15. 8.), dann (nach einem fehlenden Doppelblatt) von Michael (29. 9.) bis Leudegar (2. 10); letzterer Heiliger erscheint bereits im Kalendar des Wolfgang-Sakramentars. Das zweite Doppelblatt beginnt mit Orationen für den Jahrestag der Kirchweihe (6 Orationen), worauf nach einer weiteren Lücke Commune-Texte (für einen heiligen Abt, für mehrere Bekenner) folgen. Die Fragmente gehören vermutlich zu den Stücken, die Dominikus Mettenleiter aus Archivalien des Stiftes Obermünster oder des Klosters Heiligkreuz abgelöst hat; später in der Proske-Bibliothek.

BZBR Fragment 9

Lit.: Abb. 93
Gamber, CLLA S. 548–559 (weitere Kollektare); ders., Ein bayerisches Kollektar-Fragment aus dem 12. Jahrhundert, in: Sacris erudiri XIX (1969/70) 219–224 (= ein Kollektar aus Scheyern).

39. Blatt aus einem Psalterium

wohl Kloster Prüfening, um 1175
Pergament-Einzelblatt, 200 × 165 mm. – 2 ganzseitige Zeichnungen (Nikolaus, König David).

Die beiden jeweils mit einer Zierleiste eingerahmten Zeichnungen gehörten zu einem Psalterium, das für eine Nikolaus-Kirche bestimmt war (Inschrift auf der Zeichnung: Sancte Nicholae ora pro nobis). Zum Psalter gehört das König-David-Bild: Der König spielt auf dem Thron sitzend die Kythara. Hier finden wir folgenden Text: „Rex David psalmos cythara sic concinit almos" (Der König David läßt hier die segenbringenden Psalmen auf der Kythara erklingen). Nicht zu übersehende Ähnlichkeit, besonders im Rahmenwerk, mit den Prüfeninger Handschriften Clm 13 074 (fol. 55ᵛ) und Clm 23 270 (fol. 80ᵛ).
Aus einer Diözesan-Matrikel-Handschrift, ohne nähere Angaben.

BZBR Fragment 20

Lit.: Abb. 16
Regensburger Buchmalerei, München 1987, Nr. 39 und 40, Tafeln 113 und 114.

40. Blatt aus einem neumierten Chorbuch

Regensburg, ausgehendes 12. Jh.
Beschnittenes Pergament-Einzelblatt, 160 × 280 mm, – Spätkarolingische Minuskel, einspaltig, 25 Zeilen, einfache, rote Initialen, zarte, linienlose Neumen.

Das ehemalige Chorbuch, eine Art Brevier, enthielt, im Gegensatz zum Matutinale, alle für das Chorgebet vorgesehenen Texte, wenn auch oft nur (so regelmäßig bei den Hymnen) mit den jeweiligen Anfangsworten. Das Fragment zeigt den Schluß des Johannes-Festes (24. 6.) und den Beginn von Johannes und Paulus (26. 6.).
Aus dem Regensburger Schottenkloster St. Jakob.

BZBR Fragment 28

41. Fragment eines neumierten Matutinale

Regensburg, um 1200
2 stark beschnittene Pergament-Einzelblätter (340 × 195 mm). – Frühgotische Minuskel, einfache rote Initialen, rote Titelüberschriften, Neumen auf 4 Linien.

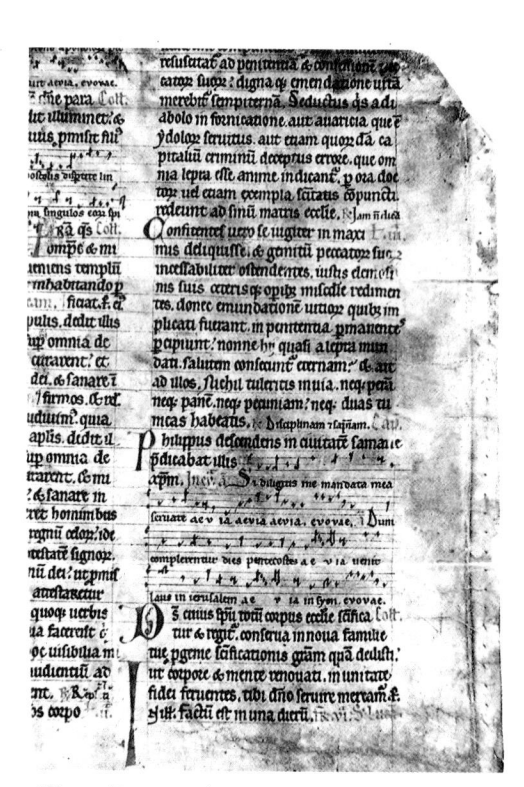

Abb. 30 (Kat.-Nr. 41)

Auf dem einen Blatt Teile eines Matutinale mit Texten der nachpfingstlichen Zeit (Lesungen aus 1 Sam), Responsorien „Ego te tuli de domo patris tui", „Montes gelboe", „Exaudi domine orationem serui tui"; auf dem anderen Blatt Texte aus der Pfingstwoche (Feria V und VI). Wohl aus Archivstücken des Stifts Obermünster oder des Klosters Heiligkreuz, später in der Proske-Bibliothek.

BZBR Fragment 13   Abb. 30

42. Psalter

Umkreis Regensburg, um 1220–1230
Pergament, 146 Bl., 200 × 135 mm. – Federzeichnung, Deckfarben und Gold, frühgotische Buchschrift. – Ledereinband, 16. Jh.

Die Schmuckausstattung dieses Psalters erinnert noch an die Regensburg-Prüfeninger Buchmalerei des 12. Jahrhunderts. Die dort vorherrschende Federzeichnung ist hier abgelöst durch die Kombination von Federzeichnung und Deckfarbe. Stilistische Ähnlichkeiten finden sich auch zum Wurzel-Jesse-Fenster (um 1230), das aus dem romanischen in den gotischen Regensburger Dom übernommen wurde.
In der Handschrift finden sich vier ganzseitige, gerahmte Miniaturen: Verkündigungsszene (fol. 1^r), Geburt Christi (fol. 1^v), Kreuzigung Christi (fol. 2^r) und Majestas Domini (fol. 2^v).

München, Bayerische Staatsbibliothek Clm 13 112

Lit.:   Abb. 20
Regensburger Buchmalerei, München 1987, Nr. 48 u. Tafel 123.

43. Doppelblatt eines neumierten Chorbuches

Wohl Regensburg, 13. Jh.
Pergament, etwas beschnitten, Größe einer Seite 330 × 235 mm, frühgotische Schrift, Initialen grün oder blau, Neumen auf 4 Linien, 10 Schriftzeilen.

Das Fragment zeigt die Antiphon und den Vers jeweils zur Terz (ad tertiam) an höheren Festen und zwar aus den Monaten August bis November (Augustinus bis Andreas), anschließend Commune sanctorum. Die Terz wurde (meist) vor dem feierlichen Konventamt gesungen, daher hier eine (sonst kaum bekannte) Zusammenstellung der benötigten Gesänge.
Aus Beständen der Proske-Bibliothek (aus Obermünster oder Hl. Kreuz).

BZBR Fragment 15   Abb. 31

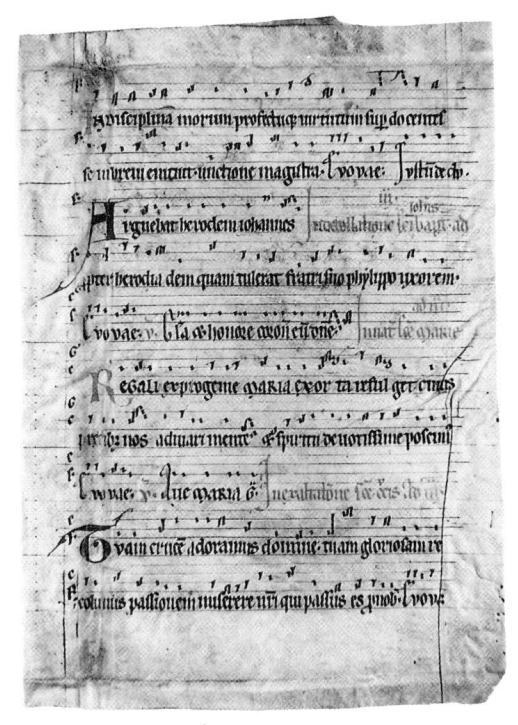

Abb. 31 (Kat.-Nr. 43)

44. Brevier

Regensburg, Ende 14./Anfang 15. Jh.
Pergament, 99 Blätter (unvollständig), 270 × 188 mm, leere braune Papierblätter beigebunden. – Fleuronnée-Initialen, gotische Buch-Kursive, zweispaltig, Schriftspiegel 200 × 135 mm. – Alter Ledereinband des 15. Jhts., mit vollständig erhaltenen Messingecken und Mittelbuckel, 2 Schließen, jedoch wohl im 19./20. Jh. neu aufgebunden.

Die Handschrift aus dem Kloster St. Jakob in Regensburg beginnt mit dem ersten Adventssonntag und reicht bis Mariä Verkündigung (25. 3.). Textbeginn mit federgezeichneter roter Schmuckinitiale „B" (ethleem), blau ausgefüllt, mit seitlichem Maskenprofil.
Bemerkenswert das Vorsatzblatt mit noch nicht edierten Benedictiones, wie sie vom Heptomadar vor den einzelnen Lesungen zu sprechen waren, z. B. „Per intercessionem suae matris benedicat nos filius patris" (auf die Fürbitte seiner Mutter segne uns der Sohn des Vaters). [2. Spalte, Zeile 7].

BZBR SWS Hs 50 (alte Sign. Lit. J 668)   Abb. 94

45. Stundenbuch

Regensburg, Anfang 15. Jh.

Pergament-Handschrift, 65 Bl., 160 × 114 mm. – 1 Rankeninitiale in Blau-Rot, sonst einfache rote Initialen, rote Rubriken, gotische Textura, spätere Textergänzungen aus dem Jahr 1601. – Ledereinband, Streicheisenlinien, Rollen-(Rosetten) und Einzelstempel (Hirsche, pfeildurchbohrtes Herz in Raute), Mittelschließe (fehlt).

Dieses aus dem Schottenkloster St. Jakob in Regensburg stammende Gebetbuch besticht durch eine aufwendige Rankeninitiale „G" in Blau-Rot auf fol. 1ʳ. Textbeginn: „Gratias tibi ago, dulcissime domine Jh'u xpe (Jesu Christe)".

BZBR SWS Hs 30 (alte Sign. SWS Liturg. 569)

Abb. 95

46. Chorbuch

Regensburg (?), 15. Jh.

Pergament-Handschrift, 84 Pergament- und 4 Papierblätter (die letzten drei leer), 265 × 185 mm. Textura, rote, z. T. durch Federzeichnung verzierte Initialen, Quadratnoten auf 4 roten Linien. – Ledereinband, hell, mit Streicheisenlinien, Einzel- (Rosetten, Lilien, Eicheln) und Rollenstempel (Ranken), 2 Schließen (fehlen), 15. Jh.

Die Handschrift ist unvollständig; sie beginnt mitten im Totenofficium. Auf eine Litanei (Dominicus und Katharina in Rot (13ᵛ – 15ᵛ) mit Gebeten folgen (19ʳ) die Responsorien zu den Horen „per annum", beginnend mit dem 1. Adventsonntag („ad primam", „ad tertiam", „ad sextam", „ad nonam"), ab fol. 54ᵛ Intonationen zum Invitatorium der Matutin, ab fol. 82ᵛ „Media vita in morte sumus" (mit erweitertem Text).

BZBR Proske-MSlg Ch 52

Abb. 32

Abb. 32 (Kat.-Nr. 46)

47. Ordinarium officii

Regensburg, 1453
Papier-Handschrift, 62 Blätter (Blatt 51 z. T. ausgerissen), 215 × 142 mm. – Überschriften und Rubriken in Rot, Bastarda. – Ledereinband, rot, mit Rauten-Streicheisenlinien im Rechteckrahmen, 4 (Vorderdeckel) bzw. 5 (Rückendeckel) Messingbuckel, 15. Jh.

Breviarium de sanctis secundum Kalendarium. Nach dem Ordinarium officii (1–34) und einem Kalendar (38–47) folgt ein Festformular Mariä Verkündigung mit Oktav (2.7.) (48–62).
Auf fol. 1ʳ und 47ʳ Datierungsvermerk vom Jahr 1453. Ferner Besitzvermerk auf fol. 1ʳ „Ex libris Monasterii S. Jacobi Scotorum Ratisbonae. MDCVII".
Auf dem Spiegel des Rückendeckels Handschriftenfragment des 9. Jhs. mit Texten des Makkabäerbuches.

BZBR SWS Hs 22 (alte Sign. Lit. 246)

48. St. Jakob zu Regensburg

Innenansicht der Schottenkirche St. Jakob. Aquarell über Feder, Vorzeichnung für „Architektur des Mittelalters in Regensburg", Heft VI, Blatt 4, 1834
386 × 272 mm

Museum der Stadt Regensburg Inv.-Nr. G 1982/196

Abb. 96

III. Musik in der Kirche

1. Mittelalter

Zweifellos gehört die musikalische Gestaltung des Gottesdienstes bereits seit den Anfängen der Kirche zu den elementaren Ausdrucksformen christlicher Gemeinden. Im Mittelpunkt stand hierbei immer die Verkündigung des biblischen Wortes. Musik – das bedeutete zunächst eine Form der Darbringung mit dem Ziel der Steigerung des Gesagten. Waren die vertonten Texte Bestandteil des liturgischen Vollzuges, so wurden sie außerdem entweder zunächst laut gebetet oder während ihrer musikalischen Aufführung vom Zelebranten leise (*submissa voce*) gesprochen. Die *Musik diente* damit *der Liturgie*.

Daß die schriftliche Überlieferung von Musik aber erst gegen Ende des 1. Jahrtausends einsetzt, hängt schlichtweg damit zusammen, daß die notationstechnischen Voraussetzungen hierfür fehlten. Demgegenüber ist die Pflege des religiösen Gesanges in den literarischen Zeugnissen der Kirchenväter wesentlich früher bezeugt. Zu nennen ist hier besonders der hl. Augustinus (354–430), der eine Abhandlung über die Musik verfaßte. Mit der *Entwicklung der Notation* begegnen dann die ersten Denkmäler kirchlicher Tonkunst, doch geben diese lediglich die melodischen Bewegungsabläufe wieder, ohne die Tonhöhen zu fixieren und die je nach Kirchentonart wechselnde Lage der Halbtonschritte anzugeben. Zu den frühesten Beispielen notierter Musik überhaupt gehört das Exponat mit der „Prosula Psalle modulamina".

Erst die rationale Durchdringung des Tonraumes durch die mittelalterliche Musiktheorie erlaubte es, melodische Abläufe exakt aufzuzeichnen.

Eine große, im Laufe der Zeit ständig anwachsende Zahl von Handschriften überliefert uns dann im Mittelalter den Schatz der gregorianischen Melodien mit vielen Varianten und Zusätzen. Neben diesem überkommenen Repertoire an *Choralmelodien* entstehen ständig neue ein- und mehrstimmige Kompositionen. Gegenüber der einstimmigen Choralmusik spielt die Mehrstimmigkeit zunächst eine vergleichsweise geringe Rolle. Das Verhältnis ändert sich aber mit der technischen Bewältigung der mehrstimmigen Komposition und ihrer Notation.

49. Expositio S. Ambrosii in Lucam

Regensburg, um 820–840
Pergament-Handschrift, 199 Bl., 295 × 196 mm. – Karolingische Minuskel, Textschluß zur Kursive neigende Schrift mit Neumen. – Ledereinband.

Auf einer von einem Dom-Kleriker Engildeo unter Bischof Baturich geschriebenen Ambrosius-Handschrift hat der Schreiber am Schluß (fol. 199ᵛ) auf einer leergebliebenen halben Seite in kleinerer Schrift den Alleluia-Tropus „Psalle modulamina" eingetragen und mit Neumen versehen. Diese gehören zu den ältesten, die wir kennen. Darunter der Vermerk: „Ego in dei nomine engyldeo clericus hunc libellum scripsi" (Ich der Kleriker Engildeo haben im Namen Gottes dieses Buch geschrieben). Es kann sich daher nicht, wie schon vermutet wurde, um einen Nachtrag handeln. Die kleinere Schrift ist bedingt durch die Anbringung der Neumen.
Die Ambrosius-Handschrift befand sich, wie andere Handschriften aus der Dombibliothek, zuletzt im Kloster Oberaltaich.

München, Bayerische Staatsbibliothek Clm 9543

Lit.: Abb. 5
Bernhard *Bischoff*, Die südostdeutschen Schreibschulen und Bibliotheken in der Karolingerzeit I (Wiesbaden 1960) 203f.; Olof *Marcusson*, Prosules de la messe. Tropes de l'Alleluia (= Corpus Troporum II; Stockholm 1976) 28–29; Hartmut *Möller*, Die Prosula „Psalle modulamina" (Mü 9543). Beobachtungen und Fragen zur Neumenschrift (erweiterte Vortragsfassung auf dem Kongreß „Les Tropes et leur manuscrits").

50. Doppelblatt eines Graduale

Wohl Regensburg, Anfang 10. Jh.
Etwas beschnittenes Doppelblatt, aus kräftigem Pergament, Höhe ca. 266 × Breite 410 mm, Schriftspiegel Höhe 192 × Breite 140 mm. – Karolingische Minuskel, Überschriften Capitalis rustica, schlichte rote Initialen; zarte linienlose (St. Galler) Neumen, teilweise abgerieben.

Das Doppelblatt gehört, zusammen mit dem etwa gleichzeitigen Cantatorium von St. Gallen, zu den ältesten neumierten Handschriften. Es beinhaltet die Gesänge des 18. bis 21. Sonntags nach Pfingsten sowie Commune-Messen (zu lesen: De una confessore).
Abgelöst aus „Protocollum Capituli Cathedralis Ecclesie Ratisbonensis" vom Jahr 1609/10.

BZBR Cim. 6

Lit.: Abb. 97
(Zum St. Galler Cantatorium:) Louis *Lambilotte*, Antiphonaire de Saint-Grégoire, Bruxelles 1851; *Paléographie musicale* Serie II, 2, Tournai 1924; *Gamber*, CLLA Nr. 1315.

51. Cantatorium von St. Emmeram

Regensburg, 1024–28
Pergament-Handschrift, 156 Bl., 285 × 115 mm. – Federzeichnung in Rot-Schwarz, Flechtband-Initialen, karolingische Minuskel des 11. Jhts., Versalien – Neuer Ledereinband.

Außer dem eigentlichen Cantatorium (mit den Gradualgesängen) finden sich zahlreiche Sequenzen und Neumen. Auf fol. 99 „Laudes regiae", wie sie in Anwesenheit des Königs gesungen wurden. Deutsche Neumen mit zusätzlichen Gesangszeichen.
Eine Parallel-Handschrift ist der Clm 14 083.

München, Bayerische Staatsbibliothek Clm 14 322

Lit.: Abb. 15
Georg *Swarzenski*, Die Regensburger Buchmalerei des 10. und 11. Jahrhunderts, Leipzig 1901, 191; Bruno *Stäblein*, Die zwei St. Emmeramer Kantatorien aus dem 11. Jahrhundert, in: *13. Jahresbericht des Vereins zur Erforschung der Regensburger Diözesangeschichte* Regensburg 1939, 231–242; *Gamber*, CLLA Nr. 1318 (mit weiterer Lit.); Bruno *Stäblein*, Das Schriftbild der einstimmigen Musik (= Musikgeschichte in Bildern III, 4) Leipzig 1975, 184f.

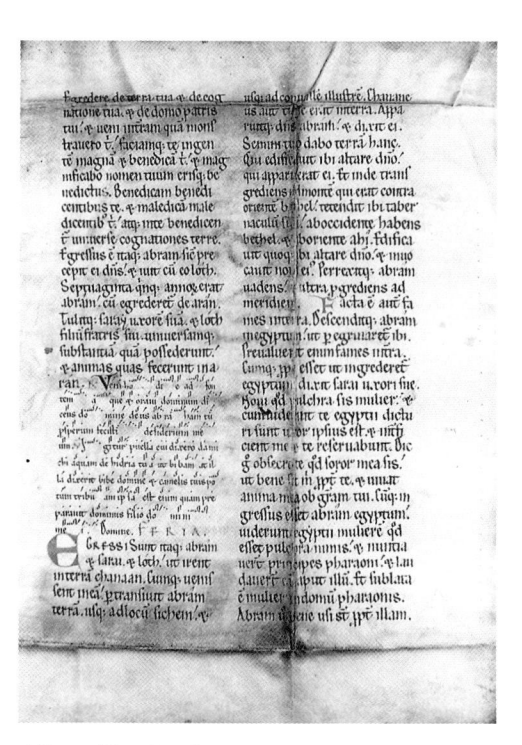

Abb. 33 (Kat.-Nr. 52)

52. Doppelblatt eines neumierten Matutinale

Regensburg, 12. Jh. wohl unter Kaiser Barbarossa († 1190)
Doppelblatt (aus starkem Pergament) einer großformatigen Handschrift (Blattgröße 415 × 305 mm, Schriftspiegel 315 × 210 mm.) – Gepflegte spätkarolingische, hochgezogene Minuskel, gotisierende rote Initialen, Überschriften in roten Versalien, linienlose Neumen.

Das gut erhaltene, zweispaltig geschriebene Doppelblatt beginnt mit Matutinal-Texten für die Tage vor dem Aschermittwoch (Lesungen aus der Genesis), dann dem Beginn der Nokturn dieses Tages (In capite ieiunii) mit einer Homilie des Bischofs Maximus (von Turin, gest. vor 423) zum Tagesevangelium; dann nach einer Lücke von einigen Blättern Matutinal-Texte des 1. Fastensonntags (2. und 3. Nokturn). Die Lesungen (Homilien) sind andere als im späteren Breviarium Romanum, die Responsorien stimmen nur teilweise mit diesem überein. Das Fragment wurde als Einband zur „Obligation Constitution 1530" verwendet. Der liturgische Gebrauch in der Regensburger Domliturgie ist damit so gut wie sicher.

BZBR Fragment 27 Abb. 33

53. Blatt aus einem Graduale

Wohl Regensburg, 12. Jh.
Beschädigtes Pergamentblatt, ca. 295 × 215 mm. – Karolingische Minuskel, braune Tinte, Überschriften und Initialen in Rot, zarte linienlose Neumen.

Das eine – von zwei erhaltenen – Blättern beinhaltet Meßgesänge für die Fasten-Quatember und den 2. Fastensonntag, das andere für Heiligenfeste, beginnend mit Valerius (28. 1.) und endend mit Gregor (12. 3.).
Wurde wohl durch Dominikus Mettenleiter aus Archivalien des Stiftes Obermünster bzw. des Klosters Heiligkreuz abgelöst.

BZBR Fragment 10 Abb. 98

54. Fragment eines neumierten Perikopenbuchs

Wohl Regensburg, 13. Jh.
Pergamentdoppelblatt, 250 × 370 mm. – Frühe gotische Minuskel, einfache rote Initialen, mit diastematischen Neumen auf 4 roten Linien.

Es handelt sich um das Bruchstück eines singulären Liturgiebuches, eines mit Neumen versehenen Lektionars für die höheren Feste. Erhalten sind Teile der Epistel und des Evangeliums von Stephanus (16. 12.) sowie der Beginn des Liber generationis.
Dieses Fragment gehörte vermutlich zu den Stücken, die Dominikus Mettenleiter aus Archivalien des Stiftes Obermünster oder des Klosters Heiligkreuz abgelöst hat; später in der Proske-Bibliothek.

BZBR Fragment 16

Lit.: Abb. 99
Bruno *Stäblein*, Das Schriftbild der einstimmigen Musik (= Musikgeschichte in Bildern III, 4, Leipzig 1975, 198f.).

55. Blatt aus einem Graduale

Entstehungsort unbekannt, Anfang 14. Jh.
Leicht beschädigtes und beschnittenes Pergamentblatt, ca. 280 × 188 mm, Satzspiegel ca. 220 × 130 mm. – Gotische Schrift mit grün und blau ausgelegten, durch Federzeichnung verzierten Initialen, Quadratnoten auf 4 roten Linien.

Außer diesem Blatt sind 3 weitere beschädigte bzw. beschnittene Pergamentblätter erhalten. Noch lesbare Blattzahlen: CXX, CXXVIII. Einige Notenlinien sind unausgefüllt. Meßgesänge u. a. für Johannes Paulus (26. 6.) und Vigil von Peter und Paul (28. 6.). Wenn auch sehr wahrscheinlich nicht in Regensburg geschrieben, so doch vermutlich hier liturgisch gebraucht. Stammt aus der Dominikus Mettenleiter-Sammlung in der Proske-Bibliothek.

BZBR Fragment 19 Abb. 100

56. Doppelblatt eines Antiphonale

Wohl Regensburg, 14. Jh.
Beschnittenes und beschädigtes Pergamentdoppelblatt, Höhe 326 × Breite 376 mm, Schriftspiegel 258 × 170 mm. – Hufnagelnoten auf 4 Linien, einfache rote Initialen.

Von diesem Antiphonale für das Chorgebet sind die Blätter XL und XLV (also ein äußeres Doppelblatt), mit Texten für die Fastenzeit (1. Fastensonntag) erhalten.
Aus der Proske-Bibliothek.

BZBR Fragment 24 Abb. 34

Abb. 34 (Kat.-Nr. 56)

57. Blatt aus einem Graduale

Wohl Regensburg, 14. Jh.
Stark beschnittenes Pergamentblatt, ca. 340 × 240 mm. – Gotische Minuskel, Hufnagelnoten auf 4 Linien, Initialen in Rot und Blau, durch Federzeichnung reich verziert.

Erhalten sind zwei Blätter mit den Zählungen XLVII und XLVIII. Sie geben Teile der Meßgesänge der Karwoche (Palmsonntag bis Karmittwoch) wieder.
Aus der Proske-Bibliothek.

BZBR Fragment 18 Abb. 101

58. Blatt aus einem Sequentiar

Wohl Regensburg, um 1400
Pergamentblatt, ca. 300 × 230 mm, Schriftspiegel 225 × 150 mm. – Hufnagelnoten auf 4 roten Linien, einfache blaue und rote Initialen.

Erhalten sind zwei Blätter, XXVII und XXX., mit Teilen der Sequenzen von Peter und Paul (Petre summe), Mariä Himmelfahrt (Congaudens angelorum chori) und Fronleichnam (Lauda Sion salvatorem). Vorausgeht das Alleluia mit Vers.
Aus der Proske-Bibliothek.

BZBR Fragment 17 Abb. 35

59. Processionale und Beerdigungsritus

Regensburg, Ende 14. Jh.
Pergament-Handschrift, 37 Blätter, ca. 170 × 125 mm (unregelmäßig). – Skizzierte federgezeichnete Initiale (1ʳ), sonst einfache Initialen in Rot, gotische Minuskel, Quadratnoten auf 4 roten Linien, zweimal linienlose Neumen (23ʳ, 24ʳ). – Halbledereinband mit Holzdeckeln, Blindstempel (Hund, Eber, Hirsch), Mittelschließe, 15. Jh.

Auf ein Prozessionale, ähnlich den beiden aus dem Hl.-Kreuz-Kloster Regensburg stammenden Handschriften (s. Nr. 61 u. 62) folgt auf fol. 23 ff. (neue Lage) ein altertümlicher Beerdigungsritus (De officio sepulture). Die skizzierte federgezeichnete Initiale „P" auf fol. 1ʳ zeigt den Einzug Jesu auf einem Esel in Jerusalem.
Als Vorsatz- und Nachsatzblatt eine Urkunde des Dominikanergenerals Auribelli vom Jahr 1473.
Auf dem Vorsatzblatt Besitzvermerk: „Conventus Ratisbonensis Ordinis Praedicatorum 1620".

BZBR Proske-MSlg Ch 94

Abb. 35 (Kat.-Nr. 58)

60. Totenofficium

Regensburg, 14./15. Jh.
Pergament-Handschrift, 51 Blätter + 4 Papierblätter, 126 × 92 mm. – Einfache Initialen in Rot und Blau, Quadratnoten auf 4 roten Linien, dort z. T. federgezeichnete Maskeninitialen, Textura. – Pergamenteinband, Teil eines Matutinale aus dem 13./14. Jh.

Das Totenofficium wurde vor allem bei Priestern und Ordensleuten vor dem Begräbnis im Chor gesungen.
Anhang „Canticum B. Mariae" (Blatt 52–55) von späterer Hand (Ende 17. Jh.).

BZBR Proske-MSlg Ch 115

61. Prozessionale und Rituale

Regensburg, 14./15. Jh.
Pergament, 84 Blätter, 225 × 170 mm. – Deckfarben und Blattgold, Fleuronnée-Initialen mit Vögeln (1ʳ und 36ʳ), Textura mit Quadratnotation auf 4 roten Linien. – Holzdeckel-Einband mit dunkelbraunen Lederresten, Mittelschließe fehlt, 15. Jh.

Das Prozessionale beginnt mit den Gesängen (Pueri hebraeorum) zur Palmsonntagsprozession. Danach folgen die Gesänge für die Fußwaschung am Gründonnerstag, für die Kreuzverehrung am Karfreitag, für die Auferstehungsfeier am Karsamstag, für die Lichterprozession am 2. Februar und für die Prozession am 15. August, Mariä Himmelfahrt. Anschließend Ritualtexte, z. T. in deutscher Sprache, beginnend mit „Von der Communion ainer siechen schwester" (36ʳ).
Datierungsvermerk „1470" auf letztem Blatt (84ʳ), jedoch in anderer Tinte und wohl von späterer Hand. Wahrscheinlich aus dem Dominikanerinnenkloster Hl. Kreuz in Regensburg. Dafür spricht ein späterer handschriftlicher Vermerk auf dem Spiegel des Vorderdeckels: „Dis ist Corigirt / Nach der Mutter / Subpriorin buch". Die Subpriorin war meist die Solosängerin, die das Normalbuch in Händen hatte.
Ähnliche Handschrift: Processionale Ch 93

BZBR Proske-MSlg Ch 67   Abb. 102

62. Prozessionale

Regensburg, 14./15. Jh.
Pergament-Handschrift, 88 Bl., 146 × 100 mm. – 1 blaue Schmuckinitiale mit roter federgezeichneter Ornamentik, sonst einfache rote und rot-schwarze Initialen, Quadratnotation auf 4 roten Linien, Textura. – Ledereinband mit Einzelstempeln (Drache, Adler, Lilie, Blüten, Krone), 2 Schließen (fehlen), 15. Jh.

Die kleinformatige Handschrift in einfacher Ausführung beginnt mit dem Psalm „Pueri hebraeorum" (fol. 1ʳ). In Schrift und Notenbild typisch regensburgisch-dominikanisch, dürfte sie aus dem Dominikanerinnenkloster Hl. Kreuz stammen. Auf dem Vorsatzblatt in jüngerer deutscher Schrift „Sor Maria Hyazintha Baumgartnerinn". Ähnlichkeit mit dem nachfolgenden Prozessionale (Kat.-Nr. 63).

BZBR Proske-MSlg Ch 113   Abb. 36

Abb. 36 (Kat.-Nr. 62)

63. Prozessionale

Regensburg, 15. Jh.
Pergament-Handschrift, 29 Bl., 200 × 140 mm. – Einfache rote und schwarzrote Initialen, Quadratnotation auf vier roten Linien, Textura. – Ledereinband, Streicheisenlinien, Einzelstempel (Rosetten und „maria"), Mittelschließe (fehlt), 15. Jh.

Das Prozessionale stammt, wie dem Besitzvermerk auf fol. 1ʳ zu entnehmen, aus dem Dominikanerkloster St. Blasius in Regensburg: „Conventus ratisponensis ordinis praedicatorum".
Ab fol. 25ᵛ teilweise spätere Hand.

BZBR Proske-MSlg Ch 82

64/65 Chorbücher aus dem Dominikanerinnenkloster Hl. Kreuz in Regensburg

Regensburg, um 1491
Pergament-Handschriften, 5 Bände mit insges. 1077 Bl., Großfolio, zw. 540 × 370 mm und 620 × 410 mm. – 2 ganzseitige Aquarellmalereien, 8 Bildinitialen, zahlreiche federgezeichnete Maskeninitialen, Quadratnoten auf 4 roten Notenlinien, spätgotische Textura, rubriziert. – Schweinsledereinbände auf Holzdeckeln, Streicheisenlinien, Rollen- und Einzelstempel, Messingecken und -buckel verziert und getrieben, je zwei Schließbänder (teilweise fehlend), Ende 15. Jh.

Glanzstücke aus dem ehemaligen Handschriftenbestand des Klosters Hl. Kreuz stellen fünf großformatige Chorbücher vom Ende des 15. Jahrhunderts dar. Sie befinden sich – 1876 über Holland nach Nordamerika verkauft – nach einer über hundertjährigen Irrfahrt seit 1981 wieder in Regensburg. Ihr vorübergehender Besitzer war der amerikanische Gelehrte Samuel Bowne Duryea, der sie im März 1887 erwarb; sein Exlibris findet sich in allen fünf Bänden. Duryea vermachte seine Handschriftensammlung aber bereits 1895 der Long Island Historical Society in Brooklyn. Von dort kamen die Chorbücher wieder in den Antiquitätenhandel. Die letzte Station ihrer Irrfahrt sollte die 20. Stuttgarter Antiquariatsmesse im Januar 1981 sein, wo sie im Katalog für DM 260 000 angeboten worden waren. Die große Gefahr war, daß möglicherweise jedes einzelne Buch blattweise zerlegt zum Verkauf angeboten würde. Der Erlös hätte damit vervielfacht werden können, der Verlust aber wäre unersetzlich und endgültig gewesen. So entschloß sich das Bistum Regensburg, noch ehe die Stuttgarter Antiquariatsmesse ihre Tore öffnete, die kostbaren Chorbücher trotz des beachtlichen Kaufpreises, der nur mit Hilfe von Stellen der öffentlichen Hand aufzubringen war, zurückzukaufen.

In diesen Prachthandschriften erreichte die Regensburger Buchmalerei „am Abend des Mittelalters", bereits mehr als drei Jahrzehnte nach Erfindung des Buchdrucks, nochmals eine beachtliche Höhe. Der prächtige Bildschmuck (8 große Bildinitialen: Bd. I Schmerzensmann zwischen zwei Jungfrauen, Dominikus, Tod Mariens, Petrus und Paulus, Bd. II Auferstehung, Bd. III König David, Bd. IV Verkündigung, Auferstehung; dazu fünf große Schmuckinitialen ohne bildliche Darstellung auf Blattgoldgrund, jeweils mit üppigen farbigen Rankenbordüren) ist dem Umkreis des berühmten Regensburger Illuministen Berthold Furtmeyr zuzuordnen. Zwei spätgotische Aquarellmalereien im Spiegel der Bände I und II stammen eventuell von Schwesternhand.

Die Chorbücher unterteilen sich in Band I: Antiphonale de sanctis, Sommerteil; Band II: Antiphonale de tempore, Sommerteil; Bd. III: Antiphonale de tempore et de sanctis, Winterteil; Band IV: Graduale de tempore; Band V: Graduale de sanctis. In der Tat sind diese frühen deutschen, völlig kompletten Handschriften, in diesem Umfang, mit der ausgezeichneten Qualität der Malereien und der prächtigen Erhaltung in den originalen Einbänden – Schweinsledereinbände auf Holzdeckel mit verzierten Messingbeschlägen – eine Seltenheit allerersten Ranges. Die geringen Gebrauchsspuren deuten darauf hin, daß diese Prachthandschriften selten, wohl nur zu den Hochfesten des Kirchenjahres, benutzt wurden. Was zudem überrascht, ist, daß die Chorbücher auch heute noch in Gebrauch zu nehmen wären. Mit Freude stellten die Dominikanerinnen von Hl. Kreuz fest, daß die Melodie der Choräle sich seit damals nicht geändert hat.

BZBR Hs s. n.

Lit.:
200 seltene Bücher und Karten (Antiquariatskatalog 40/76 zur 20. Stuttgarter Antiquariatsmesse 1981), hrsg. v. *Auvermann & Reiß KG und E. + R. Kistner*, Glashütten i. Taunus u. Nürnberg (1980) Nr. 88 (Farbabb. Schutzmantelmadonna, Stifterbild, Notenseite mit „Tod Mariens"). – Paul *Mai:* Gottes Lob auf Pergament. Die Chorbücher des Dominikanerinnenklosters Heilig Kreuz in Regensburg und Choralhandschriften in der Bischöflichen Zentralbibliothek, in: *Regensburger Almanach 1982*, Regensburg 1981, S. 25–34. Lotte *Kurras:* Ein Bildzeugnis der Reformtätigkeit des Nürnberger Katharinenklosters für Regensburg, in: *Mitteilungen des Vereins für Geschichte der Stadt Nürnberg*, Bd. 68 (1981), 293–296; Paul *Mai*, Die mittelalterliche Klosterbibliothek und ihre Schätze, in: *750 Jahre Dominikanerinnenkloster Heilig Kreuz Regensburg*, Ausstellung im Diözesanmuseum Regensburg, München-Zürich 1983, 43–47, dazu 62 f., 82–85; Elisabeth *Schraut*, Stifterinnen und Künstlerinnen im mittelalterlichen Nürnberg. Ausstellung des Stadtarchivs Nürnberg Oktober 1987 – Januar 1988, Nürnberg 1987, Tafel 1 u. S. 74; *Regensburger Buchmalerei*, Nürnberg 1987, Nr. 108 (Erwähnung); Paul *Mai*, Chorbuch III des Klosters Heilig Kreuz, in: *Ratisbona Sacra*, Regensburg 1989, Nr. 142 u. Tafel auf S. 447.

64. Chorbuch, Bd. I, Antiphonale de sanctis Sommerteil

286 Bl., ca. 555 × 380 mm

Zu Beginn eine ganzseitige Aquarellmalerei auf Papier, ursprünglich als Vorderspiegel eingeklebt, 1983 bei der Restaurierung abgelöst und auf einem neuen Blatt eingebunden. Das Bild weist einen unmittelbaren Bezug zur Erwerbungsgeschichte der Chorbücher durch das Dominikanerinnenkloster Hl. Kreuz auf: Während im oberen Teil Maria mit dem Jesuskind im Kreise von vier heiligen Frauengestalten – St. Katharina, St. Appollonia, St. Margaretha, St. Ursula – zu sehen ist, schließen sich im unteren Bildteil eine weltliche Frauengestalt und fünf Nonnen, jeweils mit ihren Namenspatroninnen an. Vorn links im blauen Kleid kniend Agnes Volckamer aus Nürnberg, mit deren Geldspende von 40 rheinischen Gulden 1491 die beiden ersten Bände der Chorbücher erworben werden konnten; in der Mitte eine Verwandte der Wohltäterin, ihre Nichte Magdalena Holzschuher – mit dem weißen Schleier der Novizin, vor ihrer Namensheiligen Maria Magdalena. Sie war 1488 in das Regensburger Dominikanerinnenkloster eingetreten. Auch die vier übrigen knienden Ordensfrauen lassen sich namentlich ermitteln: Brigitta Stromer, Barbara Hegner, Sophia von Wolfskehl und die Priorin Kunigunde Ortlieb; sie wurden 1483 vom Ordensprovinzial Jakob von Stübach aus dem Nürnberger Katharinenkloster der Dominikanerinnen nach Regensburg geschickt, um hier das Kloster Hl. Kreuz zu reformieren.

Auf dem Vorsatzblatt ist ein Pergamentstreifen mit folgendem Erwerbungsvermerk eingeklebt: „Item das puch und das teil von dem zeit das zu dem teyl gehort ist erecht/ worten da man zalt nach cristi unsers lieben hern gepurt M IIII° und Im/ LXXXXI Jar umb XL gulden reinisch von dem gelt das die erbrig fraw agnes folckam/ erm zu nurnberg swester magdalena holzschugerin Ir. mumen geschickt hat in/ unser closter zum heiligen Creutz Der got genedig sey".

Unten findet sich das „Exlibris" (Besitzvermerk) des amerikanischen Gelehrten Samuel Bowne Duryea.

Das erste, rankengeschmückte Notenblatt enthält den Psalm „Filie Jerusalem venite et videte" mit der Bildinitiale „F": Christus steht hier als Schmerzensmann zwischen zwei Jungfrauen.

Abb. 103, 104

65. Chorbuch, Bd. II, Antiphonale de tempore Sommerteil

126 Bl., ca. 570 × 390 mm

Das Aquarell im Spiegel des Vorderdeckels nimmt ebenfalls Bezug auf den Konvent des Dominikanerinnenklosters Hl. Kreuz: 27 Nonnen knien hier unter dem Schutzmantel Mariens. Zwei halbfigurige Engel halten mit der einen Hand eine Krone über Maria, mit der anderen Hand den Saum des Schutzmantels.

Die Bildinitiale „A" zur Osterantiphon „Angelus domini descendit" auf dem zweiten Notenblatt (fol. 2^r) zeigt den Auferstehungschristus, wie er mit Kreuzesfahne als Zeichen des Sieges über den Tod aus dem Grabe steigt.

Abb. 105, 106

66. Kloster zum Hl. Kreuz in Regensburg

„Das Closter zum Heil: Creutz in Regenspurg", Ansicht aus der Vogelschau, um 1750
155 × 188 mm

BZAR Slg Alte Stiche (Paricius)   Abb. 37

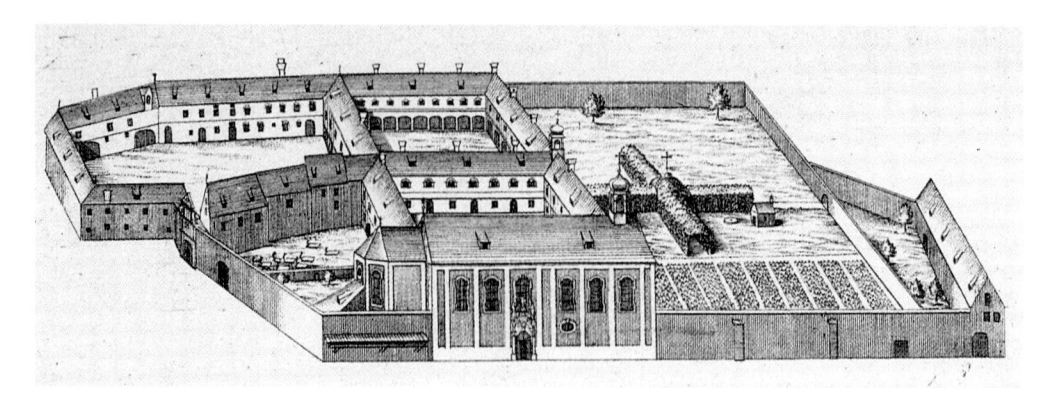

Abb. 37 (Kat.-Nr. 66)

67. Meßkelch

Höhe: 165 mm; Cuppa-Durchmesser: 105 mm
Miniaturisierte Nachbildung des sog. Tassilokelches (um 777), in Kupfer gearbeitet, vergoldet, antiquiert, Cuppa innen poliert.
1988

Regensburg, Firma Georg J. Haber

68. Kelchpatene

Höhe: 20 mm; Cuppa-Durchmesser: 160 mm
In Stil und Material dem Tassilokelch angeglichen.
1988

Regensburg, Firma Georg J. Haber

69. Kelchlöffel

In Stil und Material dem Tassilokelch angeglichen.
1988

Regensburg, Firma Georg J. Haber

70. Meßkelch

Neugotisch, vergoldet, Treibarbeit, sechseckiger Schaft mit gerundetem Nodus, in den Schaftfenstern in goldener Fraktur-Schrift auf blauem Grund „Jesu" (über dem Nodus) und „Maria" (darunter), Fuß mit Rankenmotiven geschmückt, läuft in 6 aneinandergereihten Kreissegmenten aus, aufgelötete Tressen, Besatz mit Halbedelsteinen
Um 1900
Höhe: 245 mm; größte Breite: 161 mm

Regensburg, Kirchenstiftung Deutschordenskirche St. Ägid

71. Meßkelch

Silber u. Kupfer vergoldet, getrieben, ziseliert
Über einer leicht gekehlten Zarge steigt der sechseckige Fuß bis zum kräftigen Nodus, der die Form eines gedrückten Ovals aufweist. Auf dem Schaft sitzt die kleine, aus vergoldetem Silber getriebene Cuppa, die schmucklos ist und nach unten auffallend spitz zuläuft. Die Vergoldung der Kupferteile stellenweise abgerieben.
Oberpfalz, um 1460
Höhe: 185 mm; größter Durchmesser: 188 mm

Museum der Stadt Regensburg Inv.-Nr. K 1951/39

72. Ziborium

Silber, feuervergoldet, getrieben und gegossen, Gravuren: Wappen des Freiherrn von Eyb mit Jahreszahl 1590; am Gefäßkörper die Monogramme Jesu und Mariens, das Stifterwappen und am Dach Akanthusranken
Süddeutschland, 2. Hälfte 16. Jh.
Höhe: 295 mm; größte Breite: 145 mm

Museum der Stadt Regensburg Inv.-Nr. K 1972/9

73. Zwei Meßkännchen

Silber, feuervergoldet, reich verzierte Treibarbeit mit Renaissance-Ornamentik und Heiligendarstellungen (a: S. Ottilia, links, S. Erhardus, rechts; b: S. Barbara, links, S. Benedictus, rechts)
Regensburg, um 1601
Höhen: 130 mm, 133 mm

Museum der Stadt Regensburg Inv.-Nr. K 1931/69 a, b

74. Meßkelch mit Patene

Vergoldet, Treibarbeit mit floraler Ornamentik, auf der Unterseite des Fußes befindet sich die Inschrift: „Altaropfer des ... Muetter Gotters zu Obermünster Den 20. April Anno 1744"
Regensburg, Obermünster, 1744
Höhe: 230 mm; größte Breite: 156 mm

Hauskapelle Obermünsterzentrum

75. Kloster Prüfening

„Closter Prifening", Gesamtansicht aus der Vogelschau mit Gebäudeerklärung
Kupferstich, um 1750
Plattengröße 265 × 720 mm

BZAR Slg Alte Stiche s. n.

I. Messe

2. Neuzeit

Bis zur Liturgiereform unter Papst Pius V. (1566–1572) hatten zahlreiche Bistümer eigene Meßbücher, so auch die Regensburger Kirche. Der Erstdruck eines *Missale Ratisponense* geschah im Jahr 1485; er geht auf eine Textgrundlage zurück, die mindestens 100 Jahre früher liegt.

Die Einheit des römischen Meßritus wurde angebahnt durch das *Missale secundum consuetudinem Romanae Curiae* (Meßbuch nach dem Brauch der römischen Kurie), das in Rom ausgebildet, später, vor allem durch die Franziskaner, in weiten Teilen des Abendlandes verbreitet war. Es wurde im Anschluß an das Konzil von Trient, nur wenig überarbeitet, im Jahr 1570 als *Missale Romanum* für die ganze lateinische Kirche maßgebend (Erstausgabe ausgestellt). Meßriten bzw. Missalien, die ein Alter von mindestens 200 Jahren aufwiesen, waren von der Verpflichtung zur Übernahme des Missale Romanum nicht betroffen.

Das neue Missale wurde in Regensburg erst im Jahr 1611 mit der Herausgabe eines *Missale Ratisbonense Romano conformatum* (Meßbuch von Regensburg, dem römischen angeglichen) übernommen. Notwendige Ergänzungen des Missale hinsichtlich neuer Feste und neuer Meßformulare wurden als „Proprium" bzw. als „Appendix" publiziert. Die letzte Ausgabe des im Auftrage des Konzils von Trient erstellten Missale Romanum kam im Jahre 1962 heraus.

Nach dem Zweiten Vatikanischen Konzil erschien im Jahre 1970 das *Missale Romanum*. Die muttersprachliche Ausgabe *Die Feier der Heiligen Messe. Meßbuch* wurde von den Bischöfen des deutschen Sprachgebietes 1974 approbiert und von Rom konfirmiert. Seit dem ersten Fastensonntag 1976 ist die Verwendung dieses Meßbuchs verpflichtend. Im Unterschied zur Organisation des vorkonziliaren Missale Romanum enthält das jetzt geltende (lateinische bzw. deutsche) Liturgiebuch nur die Elemente, die für den Zelebranten bestimmt sind. Daneben liegen weitere Bücher für das Wort Gottes (Evangeliar, Lektionar) und für den Gesang (u. a. „Gotteslob") vor.

76. Missale Ratisponense

Hrsg. v. Heinrich IV., Bischof von Regensburg, Regensburg: Johannes Sensenschmidt und Johannes Beckenhaub [5.3.] 1485, [7] + 320 Bl., Pergamentkanon „Ex babenberga", 2°

Wie bei Inkunabeln üblich, beginnt das Missale ohne echtes Titelblatt mit dem Text: „Incipit liber missalis secundum breviarium chori ecclesie ratisponsis".
Dieser Erstdruck des Regensburger Missale – zugleich das erste in Regensburg gedruckte Buch überhaupt – wurde von Bischof Heinrich IV. von Absberg (1465–1492) veranlaßt. In seinem Mandat vom 5. März 1485 zur Einführung dieses Meßbuchs – zwischen Kalendar und eigentlichem Textbeginn abgedruckt – weist der Bischof darauf hin, daß er von auswärts („aliunde") – aus Bamberg – mit großen Kosten eine Druckwerkstätte nach Regensburg habe kommen lassen. Den Druckauftrag führten Johannes Sensenschmidt aus Eger und der Kleriker Johannes Beckenhaub, genannt der „Mainzer", aus. Als Korrektoren wirkten Regensburger Domvikare mit. Dem Vermerk „Ex babenberga" nach zu schließen, wurde der in größeren Lettern gedruckte Kanon in Bamberg erstellt. Das Missale kostete ungebunden fünf Gulden.
Dieser Druck des Regensburger Meßbuchs basierte auf einer älteren Fassung, die vielleicht der Regensburger Domherr Konrad von Megenberg (gest. 1374) zusammengestellt hat. Zwar ist die unmittelbare Vorlage nicht mehr erhalten, doch weisen einige Missale-Handschriften des 14./15. Jhts. inhaltlich eine große Deckungsgleichheit auf, wie etwa Clm 13022 der Bayerischen Staatsbibliothek (s. Kat.-Nr. 33), das Manuskript 1990 der Stiftsbibliothek der Alten Kapelle zu Regensburg (s. Nr. 32) oder Missale-Fragmente des 15. Jahrhunderts in der Bischöflichen Zentralbibliothek Regensburg (s. Kat.-Nr. 29, 31).

Regensburg, Staatliche Bibliothek 2° Rat.ep. 363a

Lit.: Abb. 38, 107
William Henry James *Weale*, Bibliographia Liturgica: Catalogus missalium ritus Latini ab anno MCCCCLXXIV impressorum, London: Quaritch 1886, 126 g.; Karl *Schottenloher*, Das Regensburger Buchgewerbe im 15. und 16. Jahrhundert. Mit Akten und Druckverzeichnis, Mainz 1920, S. 6, 80 f.; Klaus *Gamber*, Ecclesia Reginensis, Regensburg 1979, 212–219.

77. Dasselbe (wie Nr. 76)

Weniger gut erhaltenes Exemplar: Es fehlen die Blätter mit dem bischöflichen Mandat und der Holzschnitt mit der Kreuzigungsdarstellung zu Beginn des Kanons. Der Kanon ist auf Papier gedruckt, auch ist die Schmuckinitiale beim „Te igitur" ausgeschnitten. Zahlreiche Blätter sind in die offensichtlich unvollständigen Druckbogen – in sorgfältiger Nachahmung der Drucklettern – handschriftlich eingefügt (Bl. 1, 10, 13, 18, 103, 104, 134^v 135^r, 137 u. öfter).

Wie der Vermerk auf dem ersten Kalendarblatt „Altaris Marie nivis Veteris capelle" angibt, war dieses Meßbuch für den Altar Mariä Schnee in der Alten Kapelle zu Regensburg bestimmt.

BZBR AKap Ink. 1975

78. Missale Ratisponense

Hrsg. v. Heinrich IV., Bischof von Regensburg, Bamberg: Heinricus Petzensteiner, Laurencius Sensenschmidt, Johannes Pfeyl [20.3.] 1492, [6] + 331 + [3 bedruckte] + [2 handschriftliche] Bl., Pergamentkanon, 2°

Diese zweite Auflage des Regensburger Meßbuchs stimmt mit der ersten Auflage von 1485 inhaltlich genau überein. Auch das bischöfliche Wappen- und Kanonbild sind identisch. Im etwas veränderten Mandat des Bischofs Heinrich IV. von Absberg vom 20. März 1492 werden die Bamberger Drucker Heinricus Petzensteiner, Laurencius Sensenschmidt und Johannes Pfeyl genannt. Dieses makellose Exemplar aus der Stiftsbibliothek der Alten Kapelle in Regensburg weist eine Besonderheit auf: In das Kreuzigungsbild zu Beginn des Kanons, einen auf Pergament gedruckten Holzschnitt, ist zeitgenössisch eine Stifterfigur mit Wappen per Hand hinzugemalt.

BZBR AKap Ink. 1966

Lit.: Abb. 108, 109
Hain 11357; William Henry James *Weale*, Bibliographia Liturgica: Catalogus missalium ritus Latini ab anno MCCCCLXXIV impressorum, London: Quaritch 1886, 126 f.; Karl *Schottenloher*, Das Regensburger Buchgewerbe im 15. und 16. Jahrhundert, Mainz 1920, 12; Klaus *Gamber*, Ecclesia Reginensis, Regensburg 1979, 219 f.

79. Missale Ratisponense

Hrsg. v. Heinrich IV., Bischof von Regensburg, Bamberg: Heinricus Petzensteiner, Johannes Pfeyl [20.3.] 1492, [7] + 331 + [3 bedruckte] + [1 leeres] Bl., Pergamentkanon (Kreuzigungsbild herausgeschnitten), 2°

Variante der Auflage von 1492, wo im bischöflichen Mandat als Drucker nur mehr Petzensteiner und Pfeyl genannt werden, Sensenschmidt aus nicht näher bekannten Gründen ausgeschieden ist.
Auf Vorsatzblatt Besitzvermerk „Ad Bibliothecam episcopalem Ratisbon. 1835" und Signatur Ch 6* der Proske-MSlg.

BZBR SWS Ink. 131

Lit.:
wie Nr. 78.

singulos supradictos, atq; in dño ,pensius exhortamur. q̄tenus ad comparandū, emendū, et retinendū huic librū missale, cuius preciū ad quinq; flor̄ R̄eñ taxauimus, sollicite intendatis, ac negocioru̅ gestores ecc̄le seu capelle vr̄e diligētius inducatis. Sed ut p̄ hoc ip̄o tā bono et meritorio opr̄. sp̄iale fenus reportare valeatis. Nos Heinricus ep̄s p̄fatus, om̄ibus vere penitētibus et c̄ofessis, qui in Natalis xp̄i. Pasc̄. Penthecostes. Omniū beate marie v̄ginis. Duodecim ap̄lo̅z. Johānis baptiste. Omnium sc̄to̅z. Co̅memoraciōis aia̅z. Patronorū, nec nō Dedicaciōis ecc̄le vel capelle festiuitatib[9], ex hoc libro, officiū misse rite dixerint, audierint seu asticterint, quadraginta dies indulgēcia̅z, singulis missa̅z celebraco̅ibus, de om̄ipotētis dei misc̄dia, beatoru̅q; ap̄lo̅z petri et pauli auctoritate confisi, de iniunctis penitēcijs misericorditr̄ in dño relaxamus. In quoz fidem et euidēs testimoniū, nostri pontificatus ac Cap̄li arm̄is et insignijs, hunc librum, per viros industrios Johannem Hensensch midt et Johannem Beckenhaub dioc̄i maguntinū opifices, iussimus et fecimus impressiōe decorari. Dat. Ratispone, die quinta mensis Marcij. Anno domini. M. cccc. octogesimoq̄rto.

Abb. 38 Mandat des Bischofs Heinrich IV. von Absberg vom 5. März 1485 (Schluß) zur Einführung des ersten gedruckten Regensburger Meßbuches (Kat.-Nr. 76)

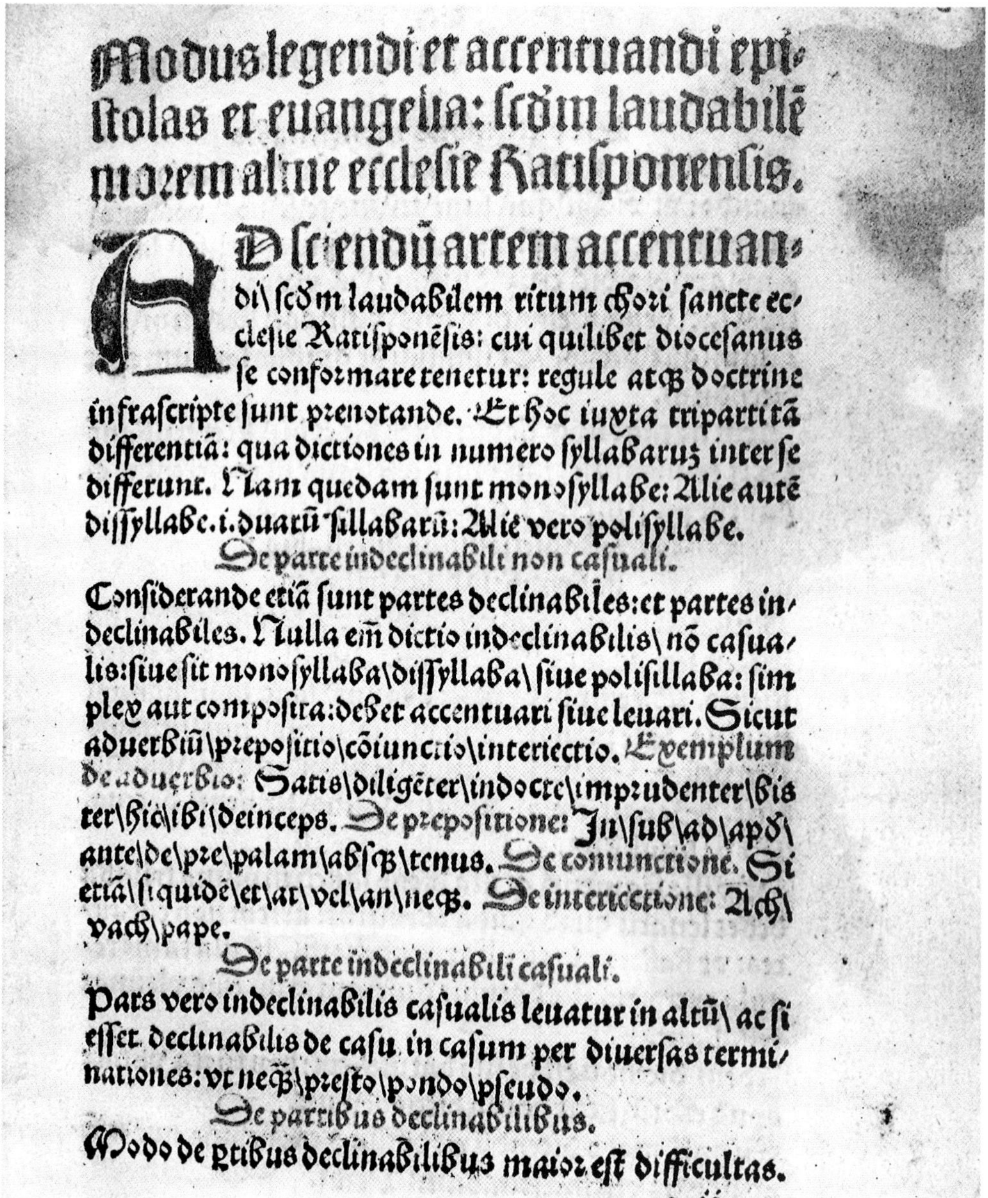

Modus legendi et accentuandi epistolas et evangelia: secundum laudabilem morem alme ecclesie Ratisponensis.

Ad sciendum artem accentuandi, secundum laudabilem ritum chori sancte ecclesie Ratisponensis: cui quilibet diocesanus se conformare tenetur: regule atque doctrine infrascripte sunt prenotande. Et hoc iuxta tripartitam differentiam: qua dictiones in numero syllabarum inter se differunt. Nam quedam sunt monosyllabe: Alie autem dissyllabe.i. duarum sillabarum: Alie vero polisyllabe.

De parte indeclinabili non casuali.

Considerande etiam sunt partes declinabiles: et partes indeclinabiles. Nulla enim dictio indeclinabilis, non casualis: siue sit monosyllaba, dissyllaba, siue polisillaba: simplex aut composita: debet accentuari siue leuari. Sicut aduerbium, prepositio, coniunctio, interiectio. Exemplum de aduerbio: Satis, diligenter, indocte, imprudenter, bister, hic, ibi, deinceps. De prepositione: In, sub, ad, apud, ante, de, pre, palam, absque, tenus. De coniunctione. Si etiam, siquidem, et, at, vel, an, neque. De interiectione: Ach, vach, pape.

De parte indeclinabili casuali.

Pars vero indeclinabilis casualis leuatur in altum, ac si esset declinabilis de casu in casum per diuersas terminationes: vt neque, presto, pondo, pseudo.

De partibus declinabilibus.

Modo de partibus declinabilibus maior est difficultas.

a ij

Abb. 39 „Modus legendi et accentuandi epistolas et evangelia" (Kat.-Nr. 80)

80. Modus legendi et accentuandi epistolas et euangelia: secundum ritum ecclesie Ratisponensis. Forma intonandi psalmos et cantica: super quaslibet preinceptas an.

s. l., s. a. [47] S., 8º

Dieses Intonarium beinhaltet – wie der Titel aussagt, die „Art und Weise des Vortragens und Singens der Episteln und Evangelien nach dem löblichen Gebrauch der ehrwürdigen Kirche von Regensburg".

BZBR Proske-MSlg Ch 85

Lit.: Abb. 39
Hain 11489.

81. Doppelblatt aus Missale Ratisponense

Regensburg, Druck 1495/1497 (?)

Bedrucktes Pergament-Doppelblatt aus dem Canon missae. Auf gezeigter Vorderseite Beginn des Canons „Te igitur" mit Bildinitiale „Opferung Isaaks durch Abraham".

BZBR Druckfragment s. n.

82. Doppelblatt aus Missale Ratisponense

Regensburg, Druck 1495/1497 (?)

Die gezeigte Seite – mit bunten Blütenranken und einer Schmuckinitiale „D" verziert – enthält die allgemeine Präfation sowie die Präfationen zu Weihnachten und Epiphanie.

BZBR Druckfragment s. n.

83. Einzelblatt aus Missale Ratisponense

Regensburg, Druck 1495/1497 (?)

Das mit seitlichen bunten Blütenranken und einer Miniatur (Erbärmdechristus mit Leidenswerkzeugen zwischen zwei Jungfrauen) geschmückte Blatt aus dem Canon Missae enthält das Friedensgebet nach dem Agnus Dei.

BZBR Druckfragment s. n.   Abb. 110

84. Doppelblatt aus Missale Ratisponense

Regensburg, Druck 1495/1497 (?)

Bedrucktes Pergament-Doppelblatt aus dem Canon missae. Kolorierter Kreuzigungsholzschnitt auf Innenseite des ersten Blattes: „Agnus dei" und kleine Miniatur des Antlitzes Christi (in blauem Rechteckrahmen) auf Rückseite des zweiten Blattes.

BZBR Druckfragment s. n.

85. Doppelblatt aus Missale Ratisponense

Regensburg, Druck 1495/1497 (?)

Bedrucktes Pergament-Doppelblatt aus dem Canon missae. Kolorierter Kreuzigungsholzschnitt mit handschriftlichem Zusatz „Et pacem Ecclesiae tuae nostris concede temporibus..." auf Innenseite des ersten Blattes; Text und Miniatur des „Agnus dei" in Medaillon auf Rückseite des zweiten Blattes.

BZBR Druckfragment s. n.   Abb. 111

86. Missale Ratisponense

Bamberg: Johannes Pfeyl 18. 1. 1500, [7] + 332 + [3] Bl., Pergamentkanon 2º

Der Nachdruck des Regensburger Missale vom Jahr 1500 unterscheidet sich formal von den vorausgehenden durch die Verwendung anderer Typen und einen kleineren Satzspiegel. Das Mandat des verstorbenen Bischofs Heinrich entfiel, stattdessen findet sich an dieser Stelle der Ritus der sonntäglichen Wasserweihe. Der Titel (fol. 1ʳ) änderte sich geringfügig: „Incipit Liber missalis secundum ordinem sive breviarium chori ecclesie Ratisponensis".

Das gezeigte Exemplar besitzt eine besonders schöne Kreuzigungsgruppe mit Blattgoldgrund und die Ölberg-Szene in der Bildinitiale „T" zu Beginn des „Te igitur".

BZBR AKap Ink. 1980

Lit.: Abb. 112
Klaus *Gamber*, Ecclesia Reginensis, Regensburg 1979, 220 f.

87. Kalendarium und Statuten der Alten Kapelle

Regensburg, 16. Jh.
Pergament-Handschrift, 18 + 65 Bl.,
240 × 165 mm.

Aquarellmalerei auf punziertem Blattgoldhintergrund, rote und blaue Initialen, teilweise Buchschrift, teilweise Kursive von verschiedenen Händen. – Ledereinband, dunkelbraun, mit Streicheisenlinien, Einzelstempel, von 2 Schließen obere erhalten, 16. Jh.

Die Handschrift des Kollegiatstifts U. L. Frau zur Alten Kapelle in Regensburg ist ausstellungswürdig besonders wegen der prächtigen Buchmalerei auf einem vorgesetzten Doppelblatt (2ᵛ): Madonna mit Kind vom Typ der „Schönen Maria", wahrscheinlich gemalt nach dem Vorbild des Gnadenbildes der Alten Kapelle. Ein großes Ölgemälde der „Schönen Maria" von Albrecht Altdorfer befindet sich bekanntlich heute im Besitz des Stifts St. Johann.

Unten Wappen der Familie Schmidl (nach links steigender Steinbock auf blauem Grund) und der Regensburger Bürgerfamilie Notscherf (schwarzer pfeildurchbohrter Vogel in Wappenschild mit zwei roten Sparren auf wei-

Abb. 40 Titelblatt-Rückseite des „Missale Ratisbonense Romano conformatum", 1624 (Kat.-Nr. 91)

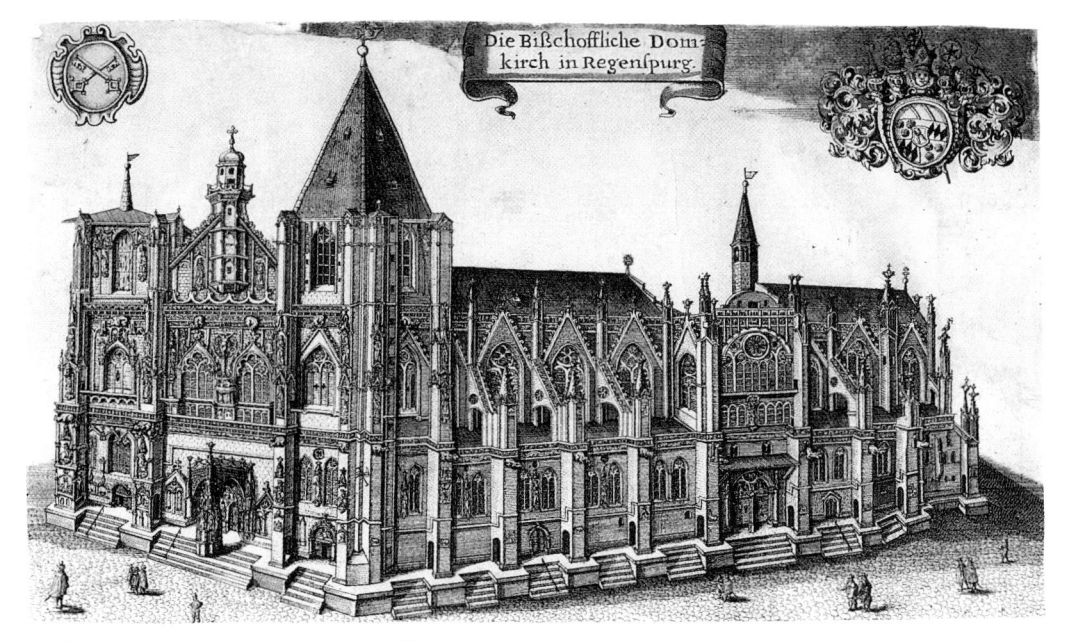

Abb. 41 Dom zu Regensburg, nach 1644 (Kat.-Nr. 92)

ßem Grund). Möglicherweise ist der Stifter dieser Handschrift Paulus Schmidl, Kanonikus an der Alten Kapelle († 23. 3. 1537), begraben in der Jakobskapelle der Alten Kapelle.

BZBR AKap Hs s. n.

Lit.: Abb. 113
Achim *Hubel,* „Die Schöne Maria" von Regensburg. Wallfahrten – Gnadenbilder – Ikonographie, in: *850 Jahre Kollegiatstift zu den heiligen Johannes Baptist und Johannes Evangelist in Regensburg 1127–1977,* hrsg. v. Paul *Mai,* München, Zürich 1977, 199–231.

88. Missale Ratisponense

Hrsg. v. Johannes III., Administrator des Bistums Regensburg (1507–1538),
Augsburg: Jörg Ratdolt 5. 1. 1515, [10] + 332 + 3 Bl., 4°

Während die Ausgaben des Regensburger Meßbuchs von 1485 bis 1510 alle Großformat aufweisen, wurden die Ausgaben von 1515 – wie auch 1518 – im handlicheren Quartformat gedruckt. Abgesehen vom „Ordinarium missae", das hier an die Stelle des „Canon minor" getreten ist, blieb der Text des Missales gegenüber der Erstauflage von 1485 unverändert.

BZBR Proske-MSlg CH 50* (früher SWS Liturg. II 1)

Lit.: Abb. 114
Klaus *Gamber,* Ecclesia Reginensis, Regensburg 1979, 221.

89. Missale Romanum. Ex decreto Sacrosancti Concilii Tridentini restitutum, Pii V. Pont. Max. iussu ed. ...

Romae: Faletti, Varisco 1570. 329 S. 8°

BZBR Gam F 253 Abb. 115

90. Missale Ratisbonense Romano conformatum

Ingolstadii: Eder 1611. 538, 100 S. 4° [Titelbl. fehlt]
Angeb.: Missalis Romani Supplementum.
Id est: Missae omnium eorum festorum ...
Ingolstadii: Zinck 1675. 34 S. 4°

BZBR 2° SWS Lit. 83 Abb. 116

91. Missale Ratisbonense Romano conformatum. Cum approbatione S. Congregationis Rituum ... Alberti, episcopi Ratisbonensis iussu ed.

Ingolstadii: Eder 1624. 614, CX S. 4°
Angeb.: Proprium Missalis Ratisbonensis. 1624. 14 S. 4°

BZBR 2° SWS Lit. 79 Abb. 17,40

92. Dom zu Regensburg

„Die Bißchoffliche Domkirch in Regenspurg"
Kupferstich, koloriert, nach Merian, nach 1644
160 × 310 mm

Museum der Stadt Regensburg Inv.-Nr. G 1982/98
Abb. 41

93. Dom zu Regensburg

„Le Puits Saint Dans La Cathédrale De Ratisbonne",
Blick in das südliche Seitenschiff des Domes, im Vordergrund der Dombrunnen
Lithographie, um 1850
543 × 369 mm

Museum der Stadt Regensburg Inv.-Nr. G 1962/2

94. Augustinereremiten-Kloster Regensburg

„Kirchen und Closter der R:R:P:P: Augustineren Eremiten-Ordens S: Augustini ad S: Salvatorem genent in Regenspurg A°. 1752. gegen Abend anzusehen".
Kupferstich, aus: Johann Carl Paricius, Allerneueste und bewährte Historische Nachricht von allen in denen Ring-Mauren der Stadt Regensburg gelegenen Reichs-Stifftern, Haupt-Kirchen und Clöstern Catholischer Religion, Regensburg 1753
ca. 120 × 185 mm

BZAR Coll. Im. I 16

95. Wundertätiges Kruzifix bei den Augustiner-Eremiten

„Imago miraculosa Crucifixi quae anno Domini 1257 sacerdoti ob sanguinis praesentiam dubitanti calicem e manu eripuit, et paenitenti denuo restituit" (Bildunterschrift).
„Eminentissimo et Reverendissimo Trevirensium Archiepiscopo CAROLO CASPARO S.R.I. Principi Electori, per Galliam Archicancellario de Dno suo Clementissimo dedicarunt Ratisbonae in Comitiis Ao. 1653 P. P. Augustiniani Eremitae ibidem",
Kupferstich, Regensburg 1653
Plattengröße 168 × 133 mm

Um ein ehrwürdiges gotisches Kreuz des ehemaligen Augustiner-Eremitenklosters St. Salvator in Regensburg rankte sich eine fromme Legende: Während einer Messe im Jahr 1257 habe Christus am Kreuz einem an der Wandlung zweifelnden Priester den Kelch solange aus der Hand genommen, bis dieser wieder glaubte.
Das Kreuz – einst in der Kreuzkapelle des Augustinerklosters – gelangte 1910 in die heutige Stadtpfarrkirche St. Cäcilia in Regensburg und ist gegenwärtig in der Ausstellung „Ratisbona Sacra" zu sehen.

BZAR Coll. Im. IV 98

Lit.: Abb. 42
Ratisbona Sacra, München – Zürich 1989, 276 – 279 u. 451 (Abb.).

96. Proprium Missalis Ratisbonensis, una cum festis novis. Iussu et auctoritate ... Valentini, episcopi Ratisbonensis recognitum.

Ratisbonae: Russwurm 1845. 66, 13 S. 2°

BZBR 2° SWS Lit. 229

Abb. 42 Wundertätiges Kruzifix bei den Augustiner-Eremiten (Kat.-Nr. 85)

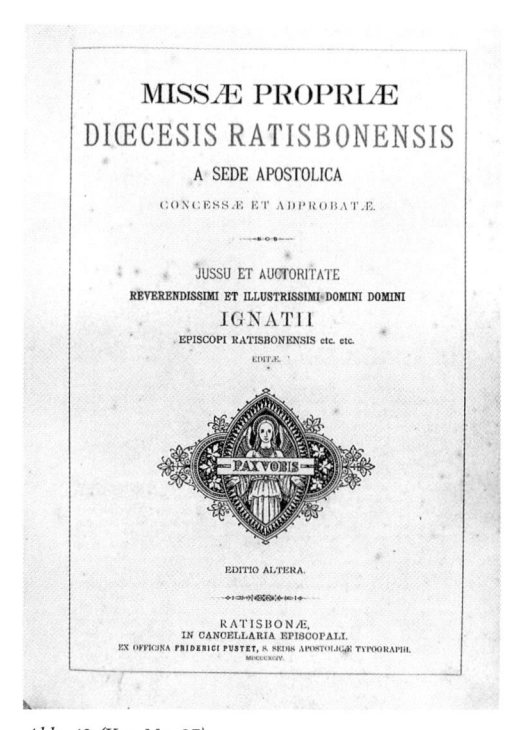

Abb. 43 (Kat.-Nr. 97)

97. Missae propriae dioecesis Ratisbonensis. A Sede Apostolica concessae et adprobatae. Iussu et auctoritate ... Ignatii episcopi Ratisbonensis ed. Ed. altera.

Ratisbonae: In cancellaria episcopali; Pustet 1894. 100 S. 4°

BZBR 2° SWS Lit. 166   Abb. 43

98. Die Eigenmessen der Diözese Regensburg, lateinisch und deutsch. Im Anschluß an d. Meßbuch d. hl. Kirche v. Anselm Schott O.S.B. hrsg. v. Pius Bihlmeyer O.S.B.

Freiburg i. Br.: Herder (1925) 31 S. 8°

BZBR Lit.A 805/9

99. Eizinger, Werner: Eigenfeiern der Diözese Regensburg. Einführungen, Kyrietexte, Vergebungsbitten, Fürbitten u. Meditationstexte.

Regensburg: Pustet 1988. 76 S. 8°

BZBR s. n.

100. Die heiligen Evangelien und Episteln oder Lectionen auf alle Sonn- und Festtage des Jahres, zum Gebrauche der Schulen ...

München: Königl. Central-Schulbücher-Verl. 1837, 320 S. 8°

BZBR SWS Lit. 1111

101. Lectionarium. Die Lectionen, Episteln u. Evangelien d. römischen Meßbuches übers. v. Jakob Ecker.

Trier: Paulinus-Dr. 1888. XIV, 554 S. m. 1 Abb. 8°

BZBR SWS Lit. 321

102. Perikopenbuch. Die Episteln u. Evangelien d. Kirchenjahres f. alle Diözesen d. dt. Sprachgebietes hrsg. v. Konstantin Rösch.

München: Kösel & Pustet 1927. VIII, 334 S. 8°

BZBR Lit.A 88

Abb. 44 (Kat.-Nr. 103)

103. Die heiligen Evangelien und Episteln des Kirchenjahres für den gottesdienstlichen Gebrauch. Im engen Anschluß an d. Schrifttexte d. Schulbibel v. Dr. Buchberger u. d. Einheitskatechismus übers. v. Joh[ann] Ev[angelist] Niederhuber.

München: Kösel & Pustet 1927. VIII, 222 S. 8º

BZBR Lit.A 87   Abb. 44

104. Deutsches Lektionar für die Feier der heiligen Messe. In d. Textgestalt d. Schott-Meßbücher. Bd. 1.2.

Freiburg, Basel, Wien: Herder 1964. 4º
1. Die Sonn- u. Feiertage d. Kirchenjahres. 239 S.
2. Feste des Herrn und der Heiligen. S. 235–644.

BZBR Gam F 155–(1.2.

105. Die Feier der heiligen Messe. Messlektionar. Fuer d. Bistümer d. dt. Sprachgebietes. Authent. Ausg. f. d. liturg. Gebrauch. Kleinausg. Die Sonntage u. Festtage in d. Lesejahren A, B und C.

Einsiedeln, Köln: Benziger [u. a.] 1985. 40, 1027 S. 8º

BZBR Gam F 202

106. Ergänzung zum Lektionar. Die Gedenktage der Heiligen. Eigenfeiern d. Bistums Regensburg. M. e. Votivmesse f. Christen, d. in d. Zerstreuung leben. Die Schriftlesungen.

Regensburg: Pustet 1976. 18 S. 4º

BZBR Lit.A 1123

107. Missale Romanum. Ex decreto Sacrosancti Concilii Tridentini restitutum S. Pii V. Pont. Max. iussu ed., Clementis VIII. et Urbani VIII. auctoritate recognitum. Accuratissima ed. cum add. novissimis.

Ratisbonae: Pustet [u. a.] 1863. 33, 548, 179, XLVIII S. m. Taf. u. farb. Abb. 2º

BZBR 2º SWS Lit. 110 (St. Johann)
                                           Abb. 118, 119

108. Missale Romanum. Ex decreto Sacrosancti Concilii Tridentini restitutum, S. Pii V. Pont. Max. iussu ed., Clementis VIII. et Urbani VIII. auctoritate recognitum. Add. sunt missae novissimae.

Ratisbonae: Manz 1870. 34, 548, 184, LXVIII S. m. Taf. 2º
Angeb.: Missae propriae Ratisbonensis. 1878. 59, 28 S.

BZBR 2º SWS Lit. 109 (St. Johann)
                                           Abb. 117

109. Missale Romanum. Ex decreto Sacrosancti Concilii Tridentini restitutum, S. Pii V. Pont. Max. iussu ed., aliorum Pontificum cura recognitum; a Pio X. reformatum et ssmi d. n. Benedicti XV. auctoritate vulgatum. Ed. 2. iuxta typicam Vaticanam.

Ratisbonae: Pustet 1920. 52, 768, 236 S. m. Abb. u. Taf. u. mehreren Anh. u. Proprium missae Ratisbonensis. 4º

BZBR fol. 1406

110. Missale Romanum. Ex decreto Sacrosancti Oecumenici Concilii Vaticani II instauratum, auctoritate Pauli PP. VI. promulgatum. Ed. typica.

[Romae]: Typis Polygl. Vaticanis 1970. 966 S. 8º

BZBR Gam F 151   Abb. 45

111. Die Feier der heiligen Messe. Messbuch. Für d. Bistümer d. dt. Sprachgebietes. Authent. Ausg. f. d. liturg. Gebrauch. T. 1.2.

Einsiedeln, Köln: Benziger [u. a.] 1975. 8º
1. Die Sonn- und Feiertage deutsch und lateinisch. Die Karwoche deutsch. 95, 31, 111 S., S. 32–657.
2. Das Messbuch deutsch für alle Tage des Jahres ausser der Karwoche. 31, 1190 S.

BZBR Gam F 150–(1.2.   Abb. 46

112. Ergänzung zum Meßbuch. Die Gedenktage der Heiligen. Eigenfeiern d. Bistums Regensburg. M. e. Votivmesse f. Christen, d. in d. Zerstreuung leben. Deutsch u. lateinisch.

Regensburg: Pustet 1976. 25 S. 8º

BZBR Lit.A 1124

113. Kindergottesdienste zum Kirchenjahr. Hrsg. vom Bisch. Seelsorgeamt Regensburg. Bd. 1–5.

Abensberg 1986–1987: Kral. 8º
1. Advent und Weihnachten. 1986. 126 S.
2. Neujahr bis Palmsonntag. 1986. 104 S.
3. Gründonnerstag–Dreifaltigkeitssonntag. 1987. 110 S.
4. Fronleichnam–Christkönig. 2. Aufl. [um 1987]. 128 S.
5. Schulanfang–Schulschluß. 1987. 117 S.

BZBR s. n.

Abb. 45 (Kat.-Nr. 110)

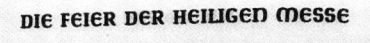

Abb. 46 (Kat.-Nr. 111)

II. Chorgebet

2. Neuzeit

Als Frucht der im Auftrag des Konzils von Trient von Pius IV. eingesetzten Reformkommission erschien unter dessen Nachfolger Pius V. im Jahr 1568 das neue Brevier, *Breviarium Romanum* genannt. Die Bulle „Quod a nobis", die der Papst dem neuen Liturgiebuch voranstellen ließ, verpflichtete alle Kirchen und Orden, die nicht schon seit 200 Jahren ein eigenes Brevier besaßen, zu dessen Übernahme.

In Regensburg dürfte dieses schon bald übernommen worden sein, da der Erstdruck des eigenen *Breviarium Ratisponense* von 1488 nach 1515 nicht mehr neu aufgelegt worden war.

Das „Breviarium Romanum" wurde mehrfach überarbeitet, u. a. unter Urban VIII. (1614) und Pius X. (1914); 1945 lag das im Auftrag Pius' XII. edierte *Psalterium Pianum* vor.

Nach dem Zweiten Vatikanischen Konzil kam 1971/72 das universalkirchliche lateinische Buch für das Tagzeitengebet unter dem Namen *Liturgia Horarum* heraus. Die muttersprachliche Ausgabe für das deutsche Sprachgebiet, *Die Feier des Stundengebetes*, erschien in mehreren Bänden und Faszikeln zwischen 1978 und 1980.

Die Benediktiner, Zisterzienser und andere alte Orden blieben bis zum Vatikanum II bei ihren bisherigen Liturgiebüchern. Für die Benediktiner des deutschen Sprachgebiets kam 1980 ein neues *Monastisches Stundenbuch* heraus.

Nach dem Willen der Kirche (Liturgiekonstitution Art. 99 und 100) wird das Stundengebet als „Stimme der Kirche" auch den Laien nachdrücklich empfohlen. Das *Kleine Stundenbuch* – in vier Bänden 1981–1984 erschienen – enthält die entsprechenden Gebetselemente.

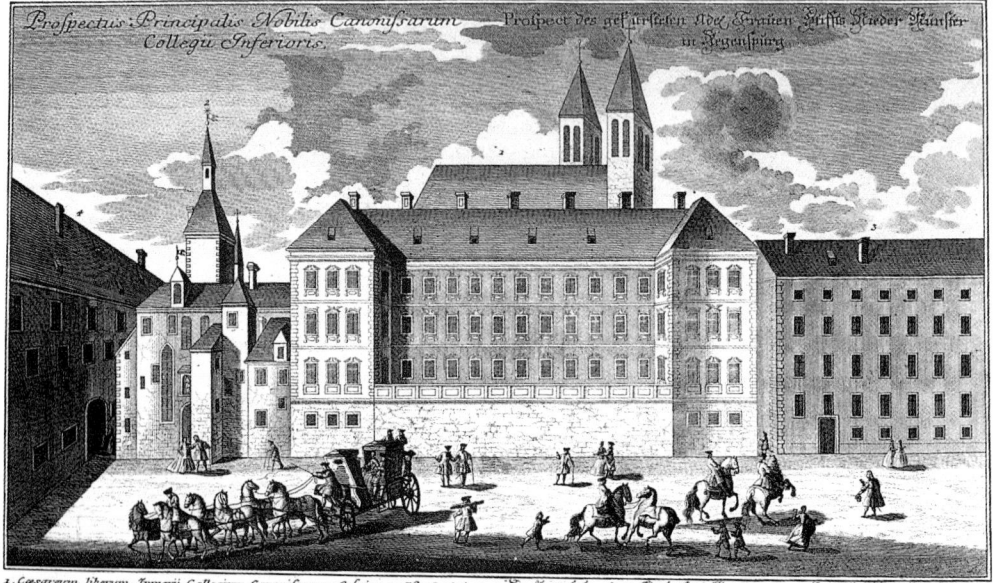

Abb. 47 Niedermünster zu Regensburg (Kat.-Nr. 116)

114. Alte Kapelle in Regensburg

Ansicht von Norden
Feder, laviert, 2. Hälfte 18. Jh.
175 × 235 mm

Museum der Stadt Regensburg Inv.-Nr. G 1982/131

115. St. Jakob zu Regensburg

Frontalansicht des Schottenportales mit figürlicher Staffage in Zeittracht
Aquarell auf gelblichem Papier von A.D. Elsberger, um 1810
638 × 240 mm

Museum der Stadt Regensburg Inv.-Nr. G 1983/60

Abb. 120

116. Niedermünster zu Regensburg

Ansicht des Stiftes Niedermünster von Norden
Kupferstich von Werner/Steidlin/Engelbrecht, Augsburg um 1750
190 × 315 mm

Museum der Stadt Regensburg Inv.-Nr. G 1982/180

Abb. 47

117. Breviarium Ratisponense

Pars hyemalis secundum modernum breviarium ecclesie Ratisponensis

Bamberg: Johannes Pfeyl 10.10.1495, [13] + 430 Bl.. 2°

Der Erstdruck eines Regensburger Breviers erfolgte – wohl 1479 – in Straßburg. Im Jahr darauf brachte ein Georg von Speyer 400 Exemplare in die Stadt Regensburg und Bischof Heinrich IV. von Absberg befahl seinen Geistlichen mit Verordnung vom 13. Juni 1480 die Anschaffung des gedruckten zweibändigen Breviers zum Preis von drei Gulden. 1487 druckte Erhard Ratdolf in Augsburg erneut ein Regensburger Brevier.
Die vorliegende Ausgabe vom Jahr 1495, gedruckt von Johannes Pfeyl in Bamberg, besticht durch einen aufwendigen großformatigen Holzschnitt. Er findet sich sowohl im Winter- wie im Sommerteil: Auf einem Thron mit Baldachin sitzen die beiden Apostelfürsten Petrus und Paulus. Links neben Petrus steht der hl. Wolfgang, Patron des Bistums Regensburg, mit seinen Attributen Hacke und Kirchenmodell. Hinter den Thronlehnen assistieren zwei halbfigurige Engel. Vor dieser Gruppe kniet in der Ecke rechts unten der noch jugendliche Regensburger Bischof Rupert II. (1492–1507), in der Mitte das Bischofswappen, darunter die Titulatur:
„Rupertus dei et apostolice sedis Episcopus Ratisponensis Palatinus Reni Dux Bavarie et Comes in sponheim".

Blatt 1 beginnt in Rot: „Incipit psalterium et breviarium secundum chorum ecclesie Ratisponensis". Auf Blatt 32 folgt der eigentliche „Pars hyemalis".

BZBR AKap Ink. 1983

Lit.:
Hain, 3886; Hanns *Bohatta,* Liturgische Bibliographie des XV. Jahrhunderts mit Ausnahme der Missale und Livres d'heures, Hildesheim o. J. (Fotomechan. Nachdruck d. Ausg. Wien 1911); Karl *Schottenloher,* Das Regensburger Buchgewerbe im 15. und 16. Jahrhundert, Mainz 1920, 5f., 9f., 79–86.

118. Breviarium Ratisponense

Pars estivalis de tempore horarum canonicarum iuxta consuetudinem alme ecclesie Ratisponensis

Bamberg: Johannes Pfeyl 1495, [7] + 395 + [10] Bl., 2°

Prächtig kolorierter Holzschnitt mit St. Petrus, Paulus, Wolfgang und Bischof Rupert II. und handverzierte Textseite (Bl. 1^r) mit farbigem Rankenwerk, Schmuckinitiale „B" in Blau mit Blattgoldfüllung, darin punziertes Blumenmotiv.
Beginn des „Pars estivalis" auf Blatt 32^r, ebenfalls mit Schmuckinitiale und Rankenwerk.

BZBR AKap Ink. 1987

Lit.: Abb. 48, 121
Wie Nr. 117.

119. Breviarium Ratisponense
(wie Nr. 117)

In diesem Exemplar fehlt zwar der große Holzschnitt mit den Apostelfürsten, doch ist der kolorierte Holzschnitt mit der Kalenderscheibe zur Berechnung der Sonn- und Festtage noch enthalten.

BZBR AKap Ink. 1841   Abb. 122

120. Psalterium iuxta usum alme ecclesie Ratisponensis

s. l., s. a. 98 fol. + [23 fol. handschriftlicher Anhang], 4°

Die Inkunabel enthält Psalmen und Cantica, aufgeteilt auf die Wochentage.
Auf dem Vorsatzblatt zwei Hymnen handschriftlich, in Kursive.
Als Anhang weitere handschriftliche Texte für das wöchentliche Stundengebet (editionswürdig!).

BZBR St. Johann s.n.

Lit.: Abb. 123
Hain 13506.

Incipit psalterium et breuiariu scdm
choz ecclesie Ratisponeñ. Dominicis
diebus ad matuti. inuitatoriu. Regem
magnu dñm. venite adoremº. ps̄. Venite.

Beatº vir qui nõ
abijt in consilio
impiorum: τ in
via peccatorum
nõ stetit: et in ca
thedra pestilen
cie non sedit.
Sed ī lege dñi
voluntas eiº: et
in lege eiº meditabit die ac nocte. Et
erit tancp lignu qd plantatu est secus
decursus aquaz: qd fructu suu dabit in
tpe suo. Et foliu eiº nõ defluet: et oīa
q̄cunq; faciet psperabunt. Nõ sic im
pij nõ sic: sed tancp puluis quem picit
vētus a facie terre. Ideo nõ resurgūt
impij in iudicio: neq; peccatores in cõ
silio iustoz. Quonia nouit dñs viam
iustoz: τ iter impioz peribit. ps̄ dd̄.
Quare fremuerūt gentes: et popu
li meditati sunt inania? Astite
runt reges terre: et principes couenert
in vnu aduersus dñm τ aduersus xp̄m
eius. Disrumpamus vincula eoz: et
piciam' a nobis iugū ipsoz. Qui ba
bitat in celis irridebit eos: et dñs sub
sannabit eos. Tunc loquet ad eos in
ira sua: et in furore suo coturbabit eos.
Ego autē cõstitutus sum rex ab eo su
per syon monte sanctus eius: pdicans
pceptu eius. Dñs dixit ad me: filius
meº es tu: ego hodie genui te. Postu
la a me et dabo tibi gentes hereditatē
tuā: et possessionē tuā terminos terre.
Reges eos in virga ferrea: tancp vas
figuli confringes eos. Et nunc reges
intelligite: erudimini q̄ iudicatis terrā
Seruite dño in timore: τ exultate ei cū
tremore. Apprehendite disciplinā: ne
quando irascat dñs: τ pereatis de via
iusta. Cū exarserit in breui ira eius:
beati oēs qui cõfidunt in eo. ps̄. dd̄.

Domine quid multiplicati sunt q̄
tribulant me: multi insurgūt ad
uersum me? Multi dicūt anime mee:
nõ est salus ipsi in dẽo eius. Tu autē
dñe susceptor meº es: gloria mea τ ex
altans caput meū. Voce mea ad dñm
clamaui: et exaudiuit me de monte san
cto suo. Ego dormiui τ soporatº sum
τ exurrexi: qm dñs suscepit me. Non
timebo milia populi circūdantis me: τ
exurge dñe saluum me fac deus meus.
Qm tu percussisti oēs aduersantes mi
hi sine causa: dentes peccatoz contri
uisti. Domini est salus: τ sup popu
lum tuū benedictio tua. Ps dauid.
Cum inuocarē exaudiuit me deus
iusticie mee: in tribulatione di
latasti mihi. Miserere mei: et exaudi
orationē meā. Filij hominu vsq; quo
graui corde: vt quid diligitis vanitatē
et queritis mendaciū? Et scitote qm
mirificauit dñs sanctu suū: dñs exau
diet me dum clamauero ad eū. Irasci
mini et nolite peccare. q̄ dicitis in cor
dibus vestris: τ in cubilib' vestris cõ
pungimini. Sacrificate sacrificiu iusti
cie et sperate in dño. multi dicūt: quis
ostēdit nobis bona? Signatū est sup
nos lumen vultus tui dñe: dedisti leti
ciā in corde meo. A fructu frumēti vi
ni et olei sui: multiplicati sunt. In pa
ce in idipm: dormiā et requiescā. Qm
tu dñe singulariter ī spe: cõstituisti me.
Verba mea auribº pcipe dñe: intel
lige clamorē meū. Intende vo
ci orationis mee: rex meus τ deus meus.
Qm ad te orabo dñe: mane exaudies
vocē meā. Mane astabo tibi et vide
bo: qm nõ deus volens iniqtatē tu es.
Neq; habitabit iuxta te maligñº ne
q; pmanebūt iiusti ante oculos tuos.
Odisti oēs qui opant iniqtatē: pdes
oēs qui loquūt mendaciū. Virum
sanguinū dolosu abhominabit dñs:
ego autem in multitudine miscdie tue.
Introibo in domū tuam: adorabo ad

Abb. 48 Breviarium Ratisponense, 1495 (Kat.-Nr. 118)

121. Breviarium Romanum. Ex decreto Sacrosancti Concilii Tridentini restitutum, Pii V. Pont. Max. iussu ed., et Clementis VIII. auctoritate recognitum ...

Antverpiae: Moret et Meursius 1628. 1164, CLXV, 9 S. m. 1 Kupferstich. 2°
angeb.: Officia nova aut innovata in Breviario Romano s.d.n. Urbani papae VIII. auctoritate recognito ... Antverpiae 1635. 65, 15 S.

BZBR 2° AKap 7

122. Reichsstadt Regensburg

Gesamtansicht von Süden
Kupferstich
Augsburg, bei Johann Philipp Steudner (um 1700)
Plattengröße 220 × 370 mm

BZAR Coll. Im. I 2

123. Dom zu Regensburg

Blick auf die Westfassade des Domes vor dem Ausbau der Türme
Aquarell auf gelblichem Papier von Philipp Koch, um 1830
510 × 440 mm

Museum der Stadt Regensburg Inv.-Nr. G 1942/55

124. Stadt Regensburg

„Die Stadt Regensburg / La Ville de Ratisbonne".
Ansicht vom Unteren Wöhrd.
Kolorierter Stahlstich
Vienne chez Artaria et Comp.
1. Hälfte 19. Jh.
275 × 404 mm

BZAR Slg Alte Stiche s.n.

125. Totenofficium

Regensburg, 1599
Papier-Handschrift, [5 leere] + 253 + [6 leere] Blätter 116 × 72 mm, Goldschnitt. – Einfache rote und blaue Initialen, Buchschrift. – Ledereinband, schwarz, 2 Schließen, 19. Jh.

Das Büchlein trägt den deutschen Titel „Seelen Curß. Nach gebrauch deß Hochlöblichen Kayserlichen Stüffts Obermünster zu Regenspurg". Schlußvermerk (234ᵛ): „Anno domini 1599 ist dieser Seelen Curß geschrieben worden auf begeren der Edlen und Ehrwürdigen frawen Barbara Berckheüserin, des Hochlöblichen Kayserlichen Stüffts Oberminster In Regenspurg. Seniorissae etc." Als Schreiber nennt sich Frater Jonas Schiller von St. Emmeram. Anschließend (225 ff.) eine Hemma-Litanei, lateinisch und deutsch, sowie weitere Gebete.

BZBR Proske-MSlg Ch 4*

126. Supplementband zum Chorbuch der Regensburger Kathedrale

Regensburg, 1746
Papier-Handschrift, 122 S. (mit Index auf letztem Blatt), 415 × 295 mm. – Quadratnoten auf 5 roten oder schwarzen Linien, barocke Buchschrift. – Ledereinband, hell, mit Rollen- und Einzelstempeln (Palmetten, Blüten), 2 defekte Schließen, 18. Jh.

Das mit federgezeichnetem Blattwerk umrankte Titelblatt trägt den Titel „Supplementum Breviarii Romani pro Dioecesi Ratisbonensi". Es merkt ferner an, daß dieses Werk im Auftrag des Kanonikus und Kustos an der Regensburger Kathedrale, Johann Jakob Karl Graf von Recordin von Wolfgang Christoph Rambsmoser, Sänger an der Regensburger Kathedrale, im Jahr 1746 geschrieben wurde.

BZBR Proske-MSlg Ch 35

127. Breviarium Romanum. Ex decreto, sacrosancti Concilii Tridentini restitutum. S. Pii V. Pont. Max. iussu ed., Clementis VIII., Urbani VIII. et Leonis XIII. auctoritate recognitum. Ed. prima post typicam. P. [1–4].

Ratisbonae, Neo Eboraci, Cincinnatii: Pustet 1891. 4°
[1.] P. hiemalis. ILIII [vielm. XLIII], 508, 336, 7 S. m. Abb. u. Taf.
[2.] P. verna. XIX, 544, 412 S. m. Abb. u. Taf.
[3.] P. aestiva. XIX, 560, 380 S. m. Abb. u. Taf.
[4.] P. autumnalis. XIX, 472, 344 S. m. Abb. u. Taf.

BZBR SWS Lit. 561–564

128. Liturgia horarum. Officium divinum. Ex decreto Sacrosancti Oecumenici Concilii Vaticani II. instauratum, auctoritate Pauli PP. VI. promulgatum. Iuxta Ritum Romanum. Ed. typica. 1–4.

[Romae]: Typis Polygl. Vaticanis 1971–1973. 8°
1. Tempus adventus – tempus nativitatis. 1973. 1300 S.
2. Tempus quadragesimae sacrum triduum paschale. Tempus paschale. 1971. 1793 S.
3. Tempus per annum hebdomadae I–XVII. 1973. 1644 S.
4. Tempus per annum hebdomadae XVIII.–XXXV. 1972. 1626 S.

BZBR Lit.A 529–(1–4)

129. Die Feier des Stundengebetes. Stundenbuch. Für d. kath. Bistümer d. dt. Sprachgebietes. Authent. Ausg. f. d. liturg. Gebrauch. Bd. 1–3.

Einsiedeln, Köln: Benziger [u. a.] 1978. 8°
1. Advent und Weihnachtszeit. 127, 1201, 36 S.
2. Fastenzeit und Osterzeit. 33, 15, 39 S.
3. Im Jahreskreis. 35, 1380, 36 S.

BZBR Lit.A 895–(1–3

130. Die Feier des Stundengebetes. Lektionar. Für d. kath. Bistümer d. dt. Sprachgebietes. Authent. Ausg. f. d. liturg. Gebrauch. Jahresreihe 1, H. 1– Jahresreihe 2, H. 8.

Einsiedeln, Köln: Benziger [u. a.] 1978–1987. 8°
Jahresreihe 1.
1,1. Advent bis Weihnachten. 1978. 256 S.
1,2. Fastenzeit. 1978. 288 S.
1,3. Osterzeit. 1979. 318 S.
1,4. 1.–9. Woche im Jahreskreis. 1978. 312 S.
1,5. 6.–13. Woche im Jahreskreis. 1979. 332 S.
1,6. 14.–20. Woche im Jahreskreis. 1979. 334 S.
1,7. 21.–27. Woche im Jahreskreis. 1979. 317 S.
1,8. 28.–34. Woche im Jahreskreis. 1979. 328 S.

Jahresreihe 2.
2,1. Advent und Weihnachtszeit. 1979. 287 S.
2,2. Fastenzeit. 1987. 300 S.
2,3. Osterzeit. 1980. 330 S.
2,4. 1.–9. Woche im Jahreskreis. 1979. 352 S.
2,5. 6.–13. Woche im Jahreskreis. 1980. 352 S.
2,6. 14.–20. Woche im Jahreskreis. 1980. 341 S.
2,7. 21.–27. Woche im Jahreskreis. 1980. 320 S.
2,8. 28.–34. Woche im Jahreskreis. 1980. 339 S.

BZBR Lit.A 896–(1,1–2,8

131. Kleines Stundenbuch. Advent u. Weihnachtszeit. Morgen- u. Abendgebet d. Kirche aus d. Feier d. Stundengebetes f. d. kath. Bistümer d. dt. Sprachgebietes. Hrsg. v. d. Liturg. Inst. Salzburg, Trier u. Zürich.

Einsiedeln, Köln: Benziger [u. a.] 1982. 12, 531 S. 8°

BZBR Lit.A 921

132. Kloster Weltenburg

Gesamtansicht des Klosters mit Bergkapelle
Neudruck des Kupferstiches von Wening um 1700
270 × 730 mm

Museum der Stadt Regensburg Inv.-Nr. G 1980/296

133. Windberg

Romanische Kirche mit Friedhof
Stahlstich von Grueber/Müller, 1851
62 × 84 mm

Museum der Stadt Regensburg Inv.-Nr. G 1980/202/b

134. Speinshart bei Eschenbach

„Closter Spaenshardt Ordens Sankt Norberte", Vogelschau der gesamten Klosteranlage und Gebäudeerklärung
Kupferstich, 1734
260 × 320 mm

Museum der Stadt Regensburg, Historischer Verein Inv.-Nr. 502

135. Stiftskirche in Waldsassen

Ansicht der Westfassade
Radierung von H. Moritz, Mitterteich (Oberpfalz), 1932
405 × 260 mm

Museum der Stadt Regensburg Inv.-Nr. G 1935/4

III. Musik in der Kirche

2. Neuzeit

Obwohl mit Ausnahme der Orgel Instrumente im hohen und späten Mittelalter keinen Platz im Gottesdienst haben, nimmt ihr Gebrauch seit dem Zeitalter der Renaissance ständig zu. Tragende Bedeutung erlangen in diesem Zusammenhang die Kathedralchöre und die Hofkapellen weltlicher Herrscher, die einen beachtlichen Repräsentationsbedarf entwickeln. Bezeichnend für die Ambivalenz von klösterlicher Askese und glänzendem Zeremoniell ist das päpstliche Sängerkollegium in Rom, das sich aus der klösterlichen *Schola cantorum* heraus entwickelt hatte. Bei Gottesdiensten in der päpstlichen Hauskapelle, der Sixtina, wurde dort auf die Mitwirkung von Instrumenten in der Regel ganz verzichtet. In der liturgischen Praxis außerhalb der *Capella sixtina* dagegen gab es kein allgemeines Instrumentenverbot. Seit der 2. Hälfte des 15. Jahrhunderts wird die päpstliche Kapelle zum liturgischen und musikalischen Vorbild. Gemeint ist mit dem Begriff „capella" nicht nur eine Ansammlung von Sängern bzw. Musikern, sondern im weiteren Sinne alles, was für die ordnungsgemäße Durchführung des Cultus divinus, für Gottesdienst und kirchliches Zeremoniell, notwendig erscheint. Die *Capella* ist damit zugleich ein symbolisches Abbild der Kirche Christi.

Im Zusammenhang mit der Entwicklung des kurialen Zeremoniells muß das Wirken Palestrinas (1525–1594) und der Komponisten seines Umkreises gesehen werden. Mit ihren Werken schufen diese Meister der sogenannten *Römischen Schule* Werke, die stilbildend wurden. Die Rezeption ihres a cappella-Stils ist in den nachfolgenden Jahrhunderten ungebrochen, doch setzt besonders im 18. Jahrhundert eine Aufweichung der Stilebenen in der kirchenmusikalischen Praxis ein. Genau hiergegen wendet sich *Carl Proske*, der schlesische Arzt und Theologe, der in Regensburg seine neue Heimat gefunden hatte. Selbst aktiver Musiker und Musikforscher, sammelte Proske einen Kreis um sich, der von der Idee durchdrungen war, die „wahre Kirchenmusik" zu Ansehen und Geltung zu bringen.

Durch diese kirchenmusikalische Reformbewegung, die später mit dem Begriff *Cäcilianismus* bezeichnet wird, tritt Regensburg nun in den Mittelpunkt der katholischen kirchenmusikalischen Welt und es stellt quasi eine Umkehrung der traditionellen Verhältnisse dar, wenn man sich in Rom überlegt, die Sixtinische Kapelle nach dem Vorbild des Regensburger Domchores zu reorganisieren.

136. Orlando di Lasso: Patrocinium Musices. P. 1–5.

Monachii: Berg 1573–1576. 2°
1. Cantionum, quas Mutetas vocant. Opus novum. 1573. o. Pag.
P. 5. 1576, gewidmet: Ambrosius Mayrhofer, Abt von St. Emmeram.
Aus der Proskeschen Musikbibliothek.

aufgeschlagen:
Die 6-stimmige Motette „Media vita in morte sumus", 2. Teil „Sancte Deus".
Jeder Stimmanfang ist mit einer Holzschnittinitiale geschmückt, die eine Szene aus dem Leben Jesu zeigt.
Die Musik ist in Mensuralnotation aufgezeichnet, der Text in einer Fractur-Schrift.
Stimmanordnung:
(links) Superius, Bass I und II
(rechts) Alt, Contratenor, Tenor
Ed. in der Lassus-Ausgabe bei Fr. X. Haberl, Bd. XIII, 90 f.

BZBR Proske-MSlg C 79   Abb. 49

137. Orlando di Lasso: Etliche außerleßne / kurtze / gute geistliche und weltliche Liedlein mit 4 Stimmen / so zuvor in Frantzösischer Sprach außgangen / jetzund aber allen Teutschen Liebhabern der Edlen Music … / in truck gegeben. Durch Johannem Pühler von Schwandorff / weyland … Capellensingers / jetzund Schulmaister des Hohenstiffts in Regenspurg.

München: Berg 1582. o. Pag. quer 8°
nur 3 St. vhd: Tenor, Discantus, Bass.
gewidmet Octavianus Schenck von Notzing
angeb. an: Orlando di Lasso: Cantica sacra. München 1585.

BZBR Proske-MSlg A.R. 233–238

Abb. 49 Motettenbeispiel aus „Patrocinium Musices" von Orlando di Lasso (Kat.-Nr. 136)

Abb. 50 Orchester und Domchor auf den Galerien des Regensburger Doms (Kat.-Nr. 138)

138. Diözesansynode von 1650 im Regensburger Dom

Mit Orchester und Domchor auf den Galerien.
Kupferstich von Melchior Küsel
Augsburg, 1650
530 × 600 mm

BZAR Slg Alte Stiche s.n.   Abb. 50

139. Leichenbegängnis des Regensburger Bischofs Anton Ignaz Graf von Fugger zu Kirchberg und Weißenhorn (1769–1787)

Kupferstich von G. Vogel aus Nürnberg, verlegt von Joh. Mayr in Regensburg, 1787

Bischof Anton Ignaz starb am 15. Februar 1787 und wurde am 26. Februar im Regensburger Dom beigesetzt. Unter den Trauerzugteilnehmern sind die Vertreter der Regensburger Bruderschaften, Klöster, Stifte und des Domkapitels aufgeführt.

BZAR Gen. 5 Nr. 24

Lit.:
Johann *Gruber*, Anton Ignaz Fugger als Fürstbischof von Regensburg (1769–1787), in: *Verhandlungen des Historischen Vereins für Oberpfalz und Regensburg* 127 (1987) 185–199.

Abb. 51 Chorbuch der Alten Kapelle zu Regensburg, um 1600 (Kat.-Nr. 140)

140. Chorbuch

Regensburg, um 1600

Papier-Handschrift, 80 Bl., 405 × 280 mm. – Teilweise federgezeichnete Schmuckinitialen in Rot, Mensuralnotation auf 5 Linien, Buchschrift von fünf verschiedenen Händen. – Wertvoller Einband aus Pergament-Handschriften-Doppelblatt des 14. Jhts., Lektionar, farbige Schmuckinitiale mit halbfiguriger Darstellung (In die Epiphanie officium).

Das Chorbuch der Alten Kapelle zu Regensburg enthält überwiegend Marianische Antiphonen, zumeist in vierstimmigen anonymen Vertonungen. Es wurde – wie ein Vermerk im Spiegel des Vorderdeckels angibt – 1600 (?) vom Kanonikus und Scholastikus der Alten Kapelle Ghisbertus Horstius (um 1571–1637) dem Chor seines Stifts geschenkt.

BZBR Proske-MSlg C 95

Lit.: Abb. 51
Gertraud *Haberkamp*, Bischöfliche Zentralbibliothek Regensburg, Thematischer Katalog der Musikhandschriften, Bd. 1, Sammlung Proske, Manuskripte des 16. und 17. Jahrhunderts aus den Signaturen A.R., B, C, AN (Kataloge bayerischer Musiksammlungen Bd. 14,1), München 1989, 293–295.

141. Processionale

Regensburg, um 1620

Papier-Handschrift, 74 Blätter, Querformat 94 × 152 mm. – Hufnagelnoten auf 5 Zeilen, einfache federgezeichnete Initialen in Schwarz, farbig verstärkt mit Pastellfarben in Grün-Rot-Gelb-Braun, teilweise mit einfachen Masken und Rankenwerk, Kursive. – Pergamenteinband, 20. Jh.

Die Handschrift ist besonders interessant wegen eines sich darin findenden Osterspiels (23^v–29^v) mit lateinischen Gesängen und teilweise deutschsprachigen Texten. Gehörte der Alten Kapelle in Regensburg.

BZBR Proske-MSlg Ch 1* (ältere Sign.: Ad veterem Capellam N° 132)

Lit.:
Joseph *Poll*, Ein Osterspiel enthalten in einem Prozessionale der Alten Kapelle, in: *Kirchenmusikalisches Jahrbuch* 34 (1950) 35–40, 108 (Notenbeispiel); Klaus *Gamber*, Ecclesia Reginensis, Regensburg 1979, 271–275.

142. Braun, Johann Georg: Echo Hymnodiae coelestis. Nachklang d. himmlischen Sing-Chör / Das ist: Alte- u. Neue Catholische Kirchen-Gesänge / …

Sultzbach [vermutl. 1675]. 591 S. 8°

Egerländer Gesangbuch; Titelbl. beschädigt.

BZBR s.n.

143. Chorbuch

Regensburg, 17. Jh.

Papier-Handschrift, 24 Blätter, 425 × 275 mm. – Feder- und pinselgezeichnete Initialen in Rot, Grün, Blau, meist mit gelber Füllung, historisierende Hufnagelnoten auf 5 Linien, Buchschrift. – Einband Pergament, Notenhandschrift des 15. Jhs.

Dieses barocke Chorbuch beginnt mit einem Offizium zum Namen Jesu, „Historia Denomine JESU super psalmos Antiphonae". Danach folgt das Formular zum Fest der Passio Domini (mit dazugehörigem Meßformular). Als Einband dient ein Pergament-Handschriften-Doppelblatt des 15. Jahrhunderts mit Chorgesängen des 23.–25. Sonntags nach Pfingsten und dem Beginn des Commune Sanctorum. Schöne „F"Initiale in Gold auf blauem Grund mit farbigem Rankenwerk, Hufnagelnoten auf vier roten Linien.

BZBR Proske-MSlg Ch 21

144. [Caesar], Dominicus: Azwinischer Bogen. In Ritter-Streit und Frewden-Spil bewehrt … vnd in den Truck gegeben Durch Balthasarum Regler … Geschlicht / gericht / …

Straubing 1679: Haan. 374 S. 4°

BZBR s.n. Abb. 52

Azwinischer Bogen.

In Ritter-Streit vnd Frewden-Spil bewehrt.
In dem Fewer Maisterlich gestählt
Auff der Erden Triumphierlich auffgericht.
In dem Lufft zierlich mit seinen Farben scheinent
In dem Wasser Natürlich nachgebildet.
Von dem
Hochwürdigen in GOTT
Vatter Edl vnd Hochgelehrten Herrn Herrn
DOMINICO,
Der Löbl: Stüfft vnd Closter Obern-
Altaych / vnd Michelsfelden / Respectivè
Abbt vnd Administratore &c. An-ein-
vnd in den Truck gegeben
Durch
BALTHASARUM
Regler gedachten Closters Obern-Altaych /
Professen Priestern vnd Priorem
Geschlicht / gericht /
Das ist
Ursprung vnd altes Herkoffien / deß weltbe-
ruhmten Gnaden-Bildts Mariæ Heimbsuchung
auff dem Bogen-Berg / Unterlandts deß Chur-
fürstenthumb Bayrn / auß etlich hundert järigen
Geschichten / vnd mit hundert Wunder-
thättigen Berichten erwisen.

Gedruckt zu Straubing /
Bey Johan: Chrysostom Haan / 1679.

Abb. 52 (Kat.-Nr. 144)

145. Antiphonarium Romanum. Ad ritum Breviarii, ex decreto sacrosancti concilii Tridentini restituti; Clementis VIII. & Urbani VIII. P. P. auctoritate recogniti.

Ratisponae 1683: Raith.

BZBR Proske-MSlg Ch 17   Abb. 53

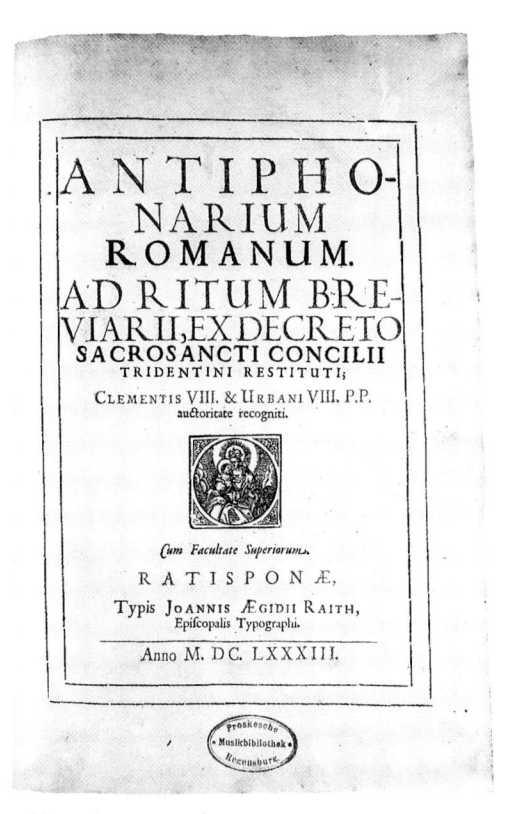

Abb. 53 (Kat.-Nr. 145)

146. Reichwein, Johann Georg: Jesum und Mariam lobendes Lerchen-Stimmlein / Oder Etliche Advent- und Weynachts-Arien mit einer Sing-Stimm / dann zweyen violinen / componiert.

Regensburg 1687: Raith, quer 8°
Vox Canticus. 12 gez. Bl.
Violino II. 4 gez. Bl.
Aus der Proskeschen Musikbibliothek

BZBR Proske-MSlg A.R. 323

147. Processionale

Regensburg, 1720
Papier-Handschrift, [4] + 56 (alte Numerierung) + [4] Seiten, 375 × 230 mm. – Quadratnoten auf 4 schwarzen Linien, Überschriften in Rot, barocke Buchschrift. – Ledereinband mit Palmettenrahmen-Goldprägung, 2 Messingschließen, 18. Jh.

Enthält die an bestimmten Tagen treffenden Gesänge, u.a. zur Austeilung des Weihwassers, wie an Ostern „Cum Rex gloriae Christus" (S. 36/37). Am Schluß S. [57–60] nähere Anweisung, wann die verzeichneten Gesänge zu singen sind.
Auf dem Vorsatzblatt Vermerk, daß die Äbtissin des adeligen Reichsstifts Obermünster, Anna Magdalena Franziska von Dondorf, dieses Buch mit der Bitte um Gebetsgedenken nach ihrem Tod, dem Stift im Jahr 1720 geschenkt hat. Im Spiegel des Vorderdeckels farbiges Doppelwappen des Stifts Obermünster (9 Lilien auf blauem Grund) und der Familie Dondorf (geharnischter Arm mit 3 Lilien auf rotem Grund).

BZBR Proske-MSlg Ch 30

Lit.:
Otto Titan von *Hefner*, Gustav Adelbert *Seyler*: Die Wappen des bayerischen Adels (J. Siebmachers großes Wappenbuch, Bd. 22) Neustadt a. d. Aisch 1971, 97 (Abgestorbener bayerischer Adel, Teil 1 + Tafel 95)

148. Früchte der Bösen Gewohnheit von der Hochlöblichen Congregation der Herren und Bürger unter dem Titel der Gnadenreichen Verkündigung Mariae in der ansehnlichen Regierungsstadt Straubing vorgestellet / ...

Straubing 1766: Betz. 6 gez. Bl. 8°

BZBR s.n.

149. Lobreiches Ehrn- und Kern-Gesang. Des Frucht- und ruchtbarn / weit- und breit berühmten Bluet- und Gnaden-fliessenden Haubt-Granat-Apfels Mariae ...

Regenspurg 1687: Raith. 4 gez. Bl. 8°

BZBR s.n.

150. Drey schöne Geistliche Lieder / Deren erste zwey zu Lob der allerseligsten Himmels-Königin und Jungfrauen Mariae ... Das Dritte: Der Engel verkündt uns den Tag / etc.

Amberg: Burger o. J. 4 gez. Bl. 8°

BZBR s.n.

151. Vier schöne Geistliche Lieder / Das Erste: Demüthig wir dich grüssen / Maria Gnaden: Thron etc. Das Ander: Es wolt gut Jäger jagen / ... Das Dritte: Mensch was hilfft dein Wollust leben / ... Das Vierte: Ach! wie so kläglich weinen doch / etc.

Regenspurg: Lang o. J. [unvollst., nur d. 1. u. letzte Bl. vhd.] 8°

BZBR s.n. Abb. 54

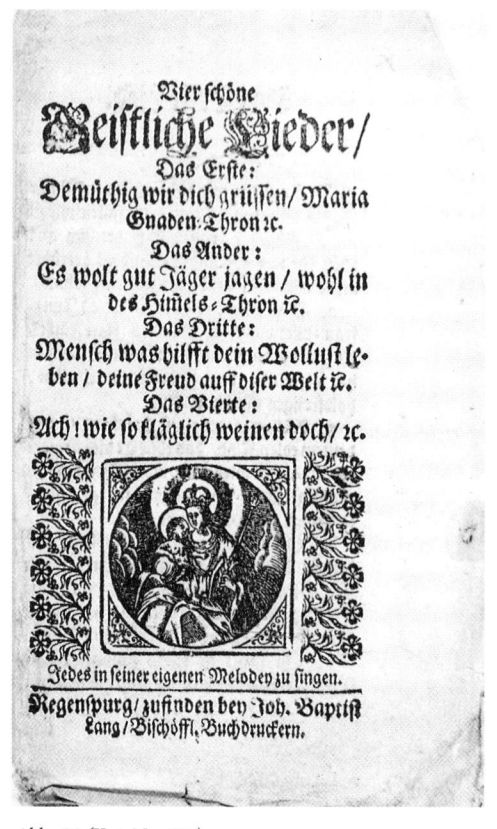

Abb. 54 (Kat.-Nr. 151)

152. Mettenleiter, J[ohann] Georg: Enchiridion Chorale, sive selectus locupletissimus cantionum liturgicarum. Iuxta ritum s. Romanae ecclesiae per totius anni circulum praescriptarum. Redegit ac comitante Organo ed.

Ratisbonae: Pustet 1853. X, 768, CCXVI, 96 S. 8°

BZBR s.n. Abb. 55

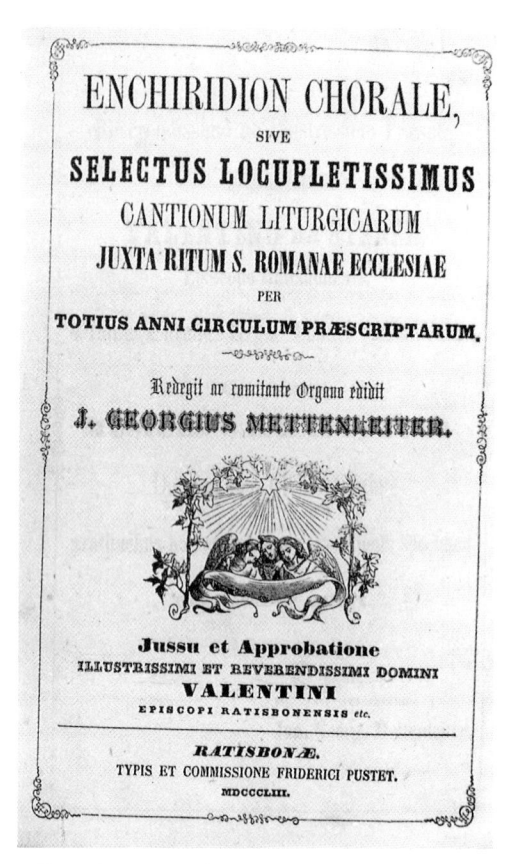

Abb. 55 (Kat.-Nr. 152)

153. Mettenleiter, Johann Georg: Manuale breve cantionum ac precum liturgicarum. Iuxta ritum s. Romanae ecclesiae in communem devotionem studiosae juventutis.

Ratisbonae: Pustet 1853. VIII, 213 S. 8°

BZBR s.n. Abb. 124

154. Selectus novus Missarum. Praestantissimorum superioris aevi auctorum, iuxta codices originales tum manuscriptos tum impressos editarum a Carolo Proske. Tom 1. Octo missas, IV. V. VI et VIII Vocum continens. P. 1.2.

Ratisbonae: Pustet 1855–1857. 4°
1,1. Quatuor missas IV. V. et VI Vocibus decantandas. 1855. VIII, 138 S.
1,2. Quatuor Missas IV. VI. et VIII Vocibus decantandas continens. 1857. VIII S., S. 141–296.

BZBR s.n.

155. Musica Divina. Sive thesaurus concentuum selectissimorum omni cultui divino totius anni iuxta ritum Sanctae Ecclesiae Catholicae inservientium ... Quos e codicibus originalibus tam editis tam ineditis ... publice offert Carolus Proske. Annus 1, Harmonias IV. vocum continens.

Ratisbonae: Pustet 1863. 4°
1. Liber Missarum. LXX, 350 S.
4. Liber Vespertinus. XXXIV, 439 S. m. 1 Abb.

BZBR s.n. Abb. 56, 130

156. Hanisch, Joseph: Transpositiones harmonicae pro organo ad tonos Psalmorum et Magnificat, ad Responsoria, Missae ac Vesperarum, ad Antiphonas B.M.V. necnon ad Litanias, aliquot Hymnos et Antiphonas. Secundum Cantum Romanum authenticum.

Ratisbonae, Neo Eboraci, Cincinnatii: Pustet 1891. 80 S. quer 8°

BZBR s.n.

157. Dr. Carl Proske

Gipsbüste von Bildhauer Friedrich Preckel (geb. 1832 in Warendorf/Westfalen, seit 1864 in Stadtamhof) 1862
Höhe 550 × Breite 330 mm

BZBR Proske-MSlg Abb. 56

158. Teil eines Rituale

Regensburg, Anfang 12. Jh.
Pergament-Doppelblatt, Ecken beschnitten, ca. 240 × 335 mm, Schriftspiegel ca. 120 × 170 mm. – Gepflegte karolingische Minuskel, Überschriften und Initialen in Rot.

Das Blatt enthält Stücke aus einem (Dom-)Rituale, darunter eine Litanei für Sterbende (angerufen werden u. a. Emmeram und Wolfgang), Teile des Beerdigungsritus, Gebet gegen Hagelschlag (Contra grandinem), Weihe von Salz und Wasser für die Tiere (Benedictio salis et aquae ad animalia).
In der Bischöflichen Zentralbibliothek sind weitere vier beschnittene Doppel- und zwei Einzelblätter vorhanden, weitere noch nicht abgelöste Stücke finden sich im Bischöflichen Zentralarchiv Regensburg.

BZBR Fragment 22 Abb. 125

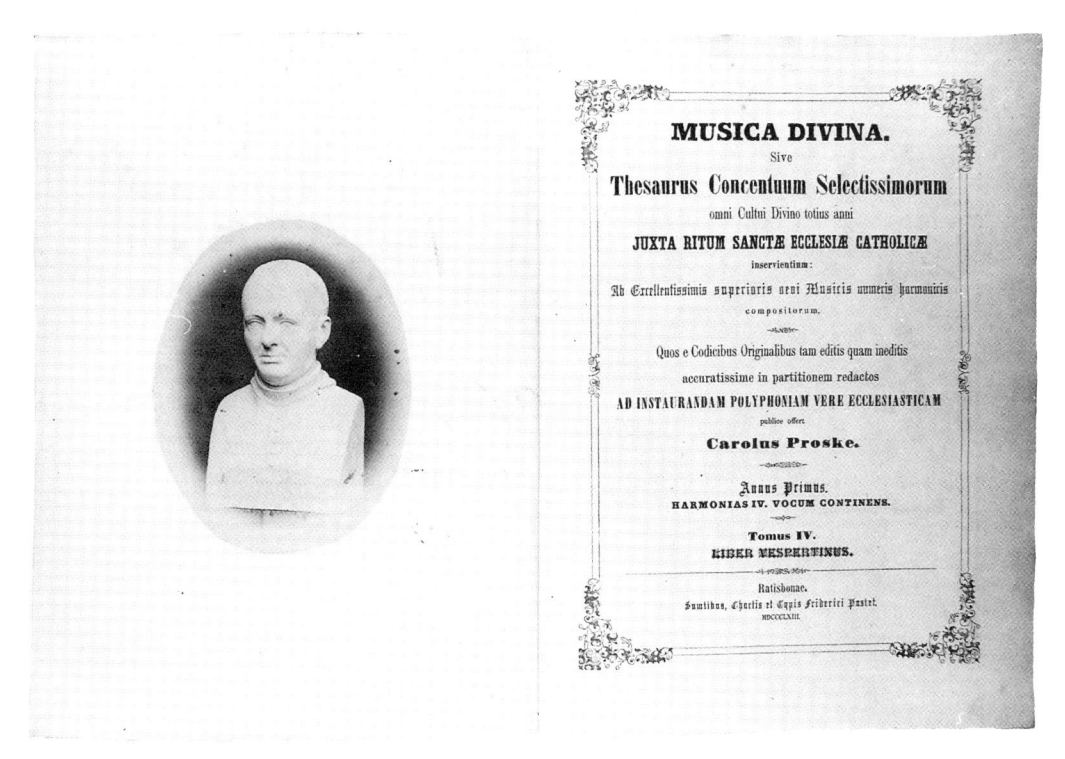

Abb. 56 Wiedergabe der Proske-Büste von Preckel im Band 4 der „Musica Divina" (Kat.-Nr. 155 u. 157)

IV. Sakramente

In der ältesten Zeit standen die sog. Initiationsriten (Taufe, Firmung, Eucharistie) im *Liber sacramentorum* (Buch der Sakramente) bzw. (im altgallikanischen Ritus) im *Liber mysteriorum* (Buch der Mysterien).

Später wurden die Texte für die Taufe aus dem *Sakramentar* herausgenommen und zusammen mit anderen Riten und zahlreichen Segensgebeten für den Priester in einem eigenen Buch, dem *Rituale*, zusammengefaßt. Die dem Bischof in der Regel vorbehaltene Spendung von Sakramenten (Firmung, Ordinationen, u. a. Priesterweihe) sowie sonstige Weihen (so der Kirchengebäude) standen im *Pontificale*.

Das älteste erhaltene Pontificale stammt aus Regensburg; es wurde unter Bischof Baturich (817–848) zusammengestellt.

Bisweilen wurden auch weiterhin Texte des Rituale und Pontificale mit dem Meßbuch (Sakramentar) verbunden, so etwa im Wolfgang-Sakramentar.

Das erste gedruckte Regensburger Rituale ist das, wie es sich selbst nennt, *Obsequiale*. Die älteste Ausgabe stammt aus dem Jahr 1491; sie wurde unter Bischof Heinrich IV. von Absberg (1465–1492) in Nürnberg gedruckt. In einer späteren Auflage, nämlich der von 1570, findet sich die erste offizielle Sammlung deutscher Kirchenlieder (cantiones germanicae), die mehrmals nachgedruckt wurde.

Nach dem Konzil von Trient kam als Buch für die Bischofsriten 1596 das *Pontificale Romanum* heraus.

Für den priesterlichen Dienst lag seit 1614 das *Rituale Romanum* vor. Das Bistum Regensburg erhielt zwischen 1673 und 1895 verschiedene Rituale-Ausgaben. Im Jahre 1930 wurde die von den altbayerischen Bistümern gemeinsam erarbeitete *Collectio Rituum…Ratisbonensis* eingeführt. Die als Einheitsrituale für Deutschland und Österreich im Jahre 1950 erschienene *Collectio Rituum* wurde in Regensburg Ende 1958 übernommen. Charakteristisch für diese jüngsten Rituale-Ausgaben ist der zunehmende Gebrauch der Muttersprache.

Die nach dem Zweiten Vatikanischen Konzil erschienenen universalkirchlichen lateinischen Pontificale- und Rituale-Faszikel liegen in deutscher Übersetzung als liturgische Bücher vor.

Für die Segnungen der Kirche kam 1978 ein *Benediktionale* heraus.

---

159. Obsequiale Ratisponense

Nürnberg: Georg Stuchs, 12. 2. 1491, 4°

Dieses „Obsequiale sive benedictionale secundum consuetudinem ecclesie et dyocesis Ratisponsis" enthält liturgische Texte für Sakramentenspendung, Prozessionen, Segnungen und andere liturgische Handlungen.
Das Buch wurde in Auftrag gegeben von Bischof Heinrich IV. von Absberg (1465–1492), der 1485 bereits das Regensburger Missale hatte drucken lassen.
Der beigegebene kolorierte Holzschnitt zeigt den Bischof kniend vor dem hl. Petrus.
Als Drucker nennt sich im Schlußvermerk Georgius Stuchs „de Sulczbach".
Kennzeichnend für die Übergangsphase von der Handschrift zum Buchdruck die Schmuckinitialen mit Blattgoldhintergrund und das handgezeichnete Rankenwerk in Pastellfarben, allerdings in einfacher Form und nur auf der ersten Seite.

BZBR AKap Ink. 1857

Lit.: Abb. 126
Hain 11931; Karl *Schottenloher*, Das Regensburger Buchgewerbe im 15. und 16. Jahrhundert, Mainz 1920, S. 9, 81.

160. Obsequiale vel liber Agendorum circa Sacramenta, Benedictiones et Caeremonias secundum antiquum usum et ritum Ecclesie Ratisbonensis

Ingolstadii: Weissenhorn 1570. (ohne Zählung) 8°

Gedruckt auf Veranlassung von Bischof David Kölderer (1567–1579). Das Obsequiale enthält einen Anhang mit deutschen Liedern zu den einzelnen Zeiten des Kirchenjahres.

BZBR Proske-MSlg Ch 66

Lit.:
Klaus *Gamber*, Cantiones Germanicae im Regensburger Obsequiale von 1570. Erstes offizielles katholisches Gesangbuch Deutschlands (= Textus patristici et liturgici Fasc. 14) Regensburg 1983.

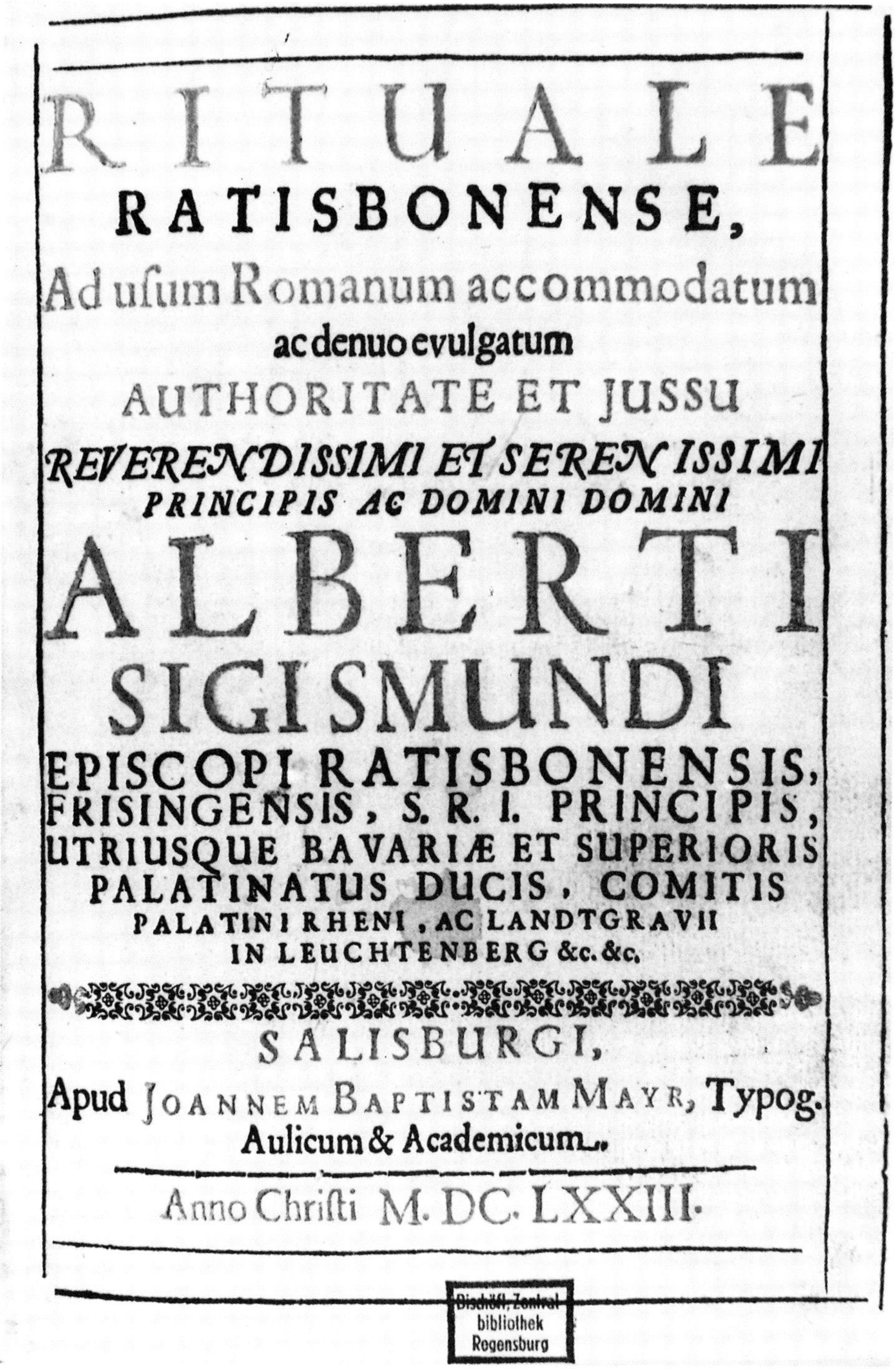

RITUALE
RATISBONENSE,

Ad usum Romanum accommodatum
ac denuo evulgatum
AUTHORITATE ET JUSSU
REVERENDISSIMI ET SERENISSIMI
PRINCIPIS AC DOMINI DOMINI

ALBERTI
SIGISMUNDI

EPISCOPI RATISBONENSIS,
FRISINGENSIS, S. R. I. PRINCIPIS,
UTRIUSQUE BAVARIÆ ET SUPERIORIS
PALATINATUS DUCIS, COMITIS
PALATINI RHENI, AC LANDTGRAVII
IN LEUCHTENBERG &c. &c.

SALISBURGI,
Apud JOANNEM BAPTISTAM MAYR, Typog.
Aulicum & Academicum.

Anno Christi M.DC.LXXIII.

Abb. 57 „Rituale Ratisbonense", Salzburg 1673 (Kat.-Nr. 168)

161. Ritus Chori maioris ecclesiae Ratisponensis

Regensburg, 1571
Pergament-Handschrift, 105 Blätter (1, 2 und 104, 105 leer), 134 × 80 mm. – Kursive des 16. Jhs., rote Überschriften. – Ledereinband, hellbraun, Medaillon-Goldprägung im Mittelfeld (Arabesken) 17. Jh.

Enthält den Ritus des Regensburger Domes im Spätmittelalter. Eine Edition wäre dringend notwendig!

BZBR Proske-MSlg Ch 3*

Lit.:
Klaus *Gamber*, Ecclesia Reginensis, Regensburg 1979, 226 u. ö. (s. Register, S. 280).

162. Taufe

Aquarellmalerei von Gregor Kirchmair im Heirats-, Tauf- und Sterbebuch der Pfarrei Neukirchen/Haggn (1648–1705)
1655
230 × 195 mm

Gregor Kirchmair, künstlerisch begabter Pater des Prämonstratenserstifts Windberg, Pfarrer von Hunderdorf und Neukirchen/Haggn, schmückte die Matrikel mit einer Hochzeits-, Tauf- und Begräbnisszene aus.

BZAR Matrikeln, Neukirchen/Haggn 1   Abb. 127

163. Pontificale Romanum. Clementis VIII. Pont. Max. iussu restitutum atque editum

Romae: Luna, Parasoli 1595 (1596) 705 S. m. Kupferstich. 2°

BZBR 2° SWS Lit. 130   Abb. 58

164. Caeremoniale episcoporum. Clementis VIII. primum, dein Innocentii X., nunc denuo Benedicti PP. XIII. Auctoritate recognitum. Pro omnibus Ecclesiis, praecipue autem Patriarchalibus, Metropolitanis, Cathedralibus & Collegiatis.

Romae 1729: Giannini & Mainardi. LXIV, 439 S. m. Abb. 8°

BZBR SWS Lit. 197   Abb. 59

165. Caeremoniale episcoporum

Regensburg, 1742
Papier-Handschrift, [14] + 231 altpaginierte + [7 leere] S., 200 × 160 mm. – Lavierte Schwarz-grau-Zeichnungen, rote Überschriften in Buchschrift, sonst Kursive. – Pergamenteinband, 18. Jh.

Abschrift des Druckes des Caeremoniale episcoporum von 1713. Mit abgezeichneten Kupferstichen, grau-braun laviert.

BZBR Proske-MSlg Ch 79   Abb. 60

166. Euchologium Ratisbonense. Sive ordo sacri ministerii servandus in processionibus cum ss. eucharistiae sacramento et in sacris officiis publicisque precibus coram eodem exposito peragendis.

Ratisbonae: Pustet 1869. 59 S. 4°

BZBR 2° SWS Lit. 157

167. Benedictionale Romanum. Sive sacrae benedictiones in rituali Romano et in approbata ejus appendice ac in Rom. Missali receptae. Accedunt aliae ex Pontificali Romano desumptae et sacerdotis delegati usui accomodatae.

Ratisbonae, Neo Eboraci, Cincinnatii: Pustet 1873. 216, 24, XII, 10 S. 8°

BZBR SWS Lit. 302

Abb. 58 (Kat.-Nr. 163)

CÆREMONIALE EPISCOPORUM CLEMENTIS VIII.

PRIMVM, DEIN
INNOCENTII X.
NVNC DENVO
BENEDICTI PP. XIII.

Auctoritate recognitum.
Pro omnibus Ecclesiis, præcipue autem Patriarchalibus,
Metropolitanis, Cathedralibus,
& Collegiatis.

ROMÆ MDCCXXIX.

Typis Caroli Giannini, & Hieronymi Mainardi Impressorum
Cameralium.)(*Superiorum permissu.*

Abb. 59 (Kat.-Nr. 164)

CAP. XXIV.

101.

ministris suis, accedit ad locum Evangelij cantandi, et posito libro Evan-
-geliorum super legili, quem Subdiaconus à tergo ambabus manibus
retinet: Duo ceroferarij stabunt hinc, inde à lateribus legilis, fa-
-ciebus ad Diaconum Cantantem versis: Tunc Diaconus dicit
cantando: DOMINUS VOBISCUM. Signat, incensat, et cantat
Evangelium more solito. quo finito, Subdiaconus portat librum Evan-
-geliorum apertum osculandum Episcopo, nullam ei reverentiam
faciens, nisi post Evangelium deosculatum.   Acolythi cerofe-
-rarij, factis debitis reverentiis, reportant tunc candelabra ad
abacum, et amovetur legile.   Diaconus capto Thuribulo
de manu Thuriferarij, incensat Episcopum stantem in sua sede
cum suis solitis Assistentibus hinc, inde triplici ductu: mox
recedit cum Subdiacono ad partem: Cantores tunc incipiunt
et prosequuntur Antiphonam Mandatum novum do vobis &c.
prout in Missali: Episcopus deponit pluviale, et accipit linteum
ex abaco allatum, quo praecingitur: Et retinens in Capite Mitram
simplicem, accedit ante primum pauperem, et genuflexus super pul-
-vino, afferentibus pelvim et urceum Ceutiferis clericali habitu
indutis, lavit illi pedem dextrum, quem lotum tergit, et osculatur.

Z.

Abb. 60 (Kat.-Nr. 165)

168. **Agenda seu Rituale Ratisbonense. Ad usum Romanum accommodatum authoritate et iussu, reverendissimi et illustrissimi capituli cathedralis ecclesiae Ratisbonensis.**

Salisburgi: Mayr 1662. 544 S. 8°

BZBR SWS Lit. 129

(nächste Auflage:)
Salisburgi: Mayr 1673. 544 S. 8°

BZBR SWS Lit. 136 Abb. 57

169. **Rituale Ratisbonense Romano accommodatum. Auctoritate et jussu ... Josephi Clementis ... archiepiscopi Coloniensis, S.R.I. Elect. episcopi Ratisbonensis ...**

Ratisbonae 1831: Rotermundt. 640 S. m. Kupferst. 8°

BZBR SWS Lit. 137

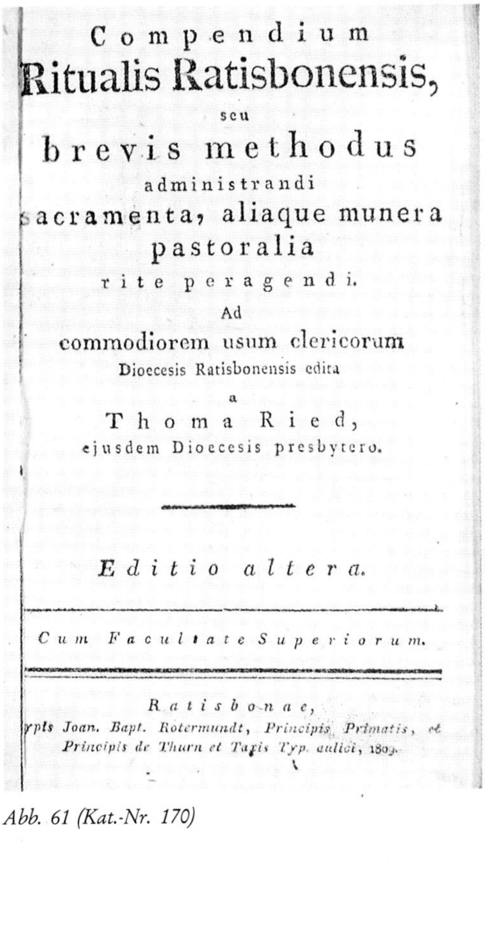

Compendium
Ritualis Ratisbonensis,
seu
brevis methodus
administrandi
sacramenta, aliaque munera
pastoralia
rite peragendi.
Ad
commodiorem usum clericorum
Dioecesis Ratisbonensis edita
a
Thoma Ried,
ejusdem Dioecesis presbytero.

Editio altera.

Cum Facultate Superiorum.

Ratisbonae,
typis Joan. Bapt. Rotermundt, Principis Primatis, et Principis de Thurn et Taxis Typ. aulici, 1809.

Abb. 61 (Kat.-Nr. 170)

170. **Compendium Ritualis Ratisbonensis, seu brevis methodus administrandi sacramenta, aliaque munera pastoralia rite peragendi. Ad commodiorem usum clericorum Dioecesis Ratisbonensis edita a Thoma Ried. Ed. altera.**

Ratisbonae 1809: Rotermundt. 209 S. 8°

BZBR SWS Lit. 207 Abb. 61

171. **Rituale Ratisbonense minus ad normam Ritualis Romani. Iussu et auctoritate ... Valentini Episcopi Ratisbonensis.**

Ratisbonae: In cancellaria episcopali 1853. VIII, 402 S. 8°

BZBR SWS Lit. 198

172. **Proprium Ratisbonense ad Rituale Romanum. A Sancta Sede Apostolica approbatum. Iussu et auctoritate ... Ignatii, episcopi Ratisbonensis.**

Ratisbonae: In cancellaria episcopali, Pustet 1895. 114 S. 4°

BZBR 2° SWS Lit. 176

173. **Manuale Rituum. Ad usum dioecesis Ratisbonensis, a Sancta Sede Apostolica approbatum. Iussu et auctoritate ... Ignatii, episcopi Ratisbonensis.**

Ratisbonae: In cancellaria episcopali, Pustet 1895. VIII, 292 S. m. Anh. 8°

BZBR SWS Lit. 162

174. **Collectio Rituum. In usum cleri dioecesis Ratisbonensis ad instar appendicis Ritualis Romani. Cum approbatione Sacrae Rituum Congregationis. Iussu et auctoritate ... Michaelis, episcopi Ratisbonensis, ed.**

Ratisbonae: Pustet 1930. 251, 64, 6 S. 8°

BZBR Gam F 269

175. **Ordo sacri ministerii pro confraternitatibus beatae Mariae virginis dolorosae in dioecesi Ratisbonensi.**

Ratisbonae 1863: Manz. 20 S. 8°

BZBR SWS Asc. 1757/15

176. **Firmungs-Ritus. Anleitung zur liturg. Vorbereitung auf d. Erteilung d. hl. Firmung.**

Stadtamhof 1915: Mayr. 45 S. 8°

BZBR Past. 537

177. Die Feier der Firmung in den katholischen Bistümern des Deutschen Sprachgebietes. Hrsg. im Auftr. d. Bischofskonferenzen Deutschlands, Österreichs u. d. Schweiz u. d. Bischöfe v. Bozen-Brixen u. v. Luxemburg.

Einsiedeln, Köln: Benziger 1971. 63 S. 8°

BZBR Gam F 176

178. Hochstiftskalender 1588

Kupferstich

Passau Ex Officina Typographica Matthaei Nenningeri (1587)

900 × 410 mm

Dieser Kalender des Hochstifts Regensburg erschien unter Philipp Wilhelm von Bayern, Bischof von Regensburg (1579–1598, ab 1596 Kardinal). Dieser Wandkalender enthält in Rotdruck neben den allgemeinen Sonn- und Feiertagen auch die Eigenfeste der Diözese Regensburg (z. B. 8. Januar Fest „Erhardi Episcopi Confessoris", 31. Oktober Fest „Wolfgangi Episcopi"). Das Blatt wird gerahmt von kleinen Kupferstichen: Die Kopfleiste zeigt (von links nach rechts) das Bischofswappen, halbfigurige Darstellungen des hl. Wolfgang, des hl. Petrus, Christi Salvatoris, des hl. Paulus, des hl. Erhard, sowie das Wappen des Herzogtums Bayern. Die Seitenleisten bringen Wappen und Namen der 24 Mitglieder des Regensburger Domkapitels.

BZAR Slg Alte Stiche s.n.

179. Hochstiftskalender 1773 (Fragment)

Kupferstich

Fragment ca. 630 × 420 cm

(1772)

Dieser Hochstiftskalender aus der Zeit des Regensburger Bischofs Anton Ignaz, Graf Fugger von Kirchberg und Weissenhorn, Propst zu Ellwangen (1769–1787), zeigt im Kopfteil eine Merian-Ansicht des Regensburger Doms mit den Assistenzfiguren S. RUPERTUS, S. WOLFGANGUS (links) und S. EMMERAMUS, S. ERHARDUS (rechts), darunter das Bischofswappen und die Wappen der Mitglieder des Domkapitels.

BZAR Akten Mettenbuch (P. Gebhardt)

V. Andachten

Andacht meint einerseits eine bestimmte *Frömmigkeitshaltung* (mhd. „andâht": denken an Gott), andererseits bestimmte *Frömmigkeitsformen*, die in Gemeinschaft oder vom Einzelnen öffentlich oder privat vollzogen werden. Andachten reichen von ihrer Wurzel her bis ins Mittelalter zurück; einen Höhepunkt erlangte diese Frömmigkeitsform im Bruderschaftswesen des Barock. In ihrer seit dem 19. Jahrhundert in den offiziellen Diözesan-Gesang- und Gebetbüchern festgelegten Ordnung stellen die Andachten eine Besonderheit des deutschen Sprachgebietes dar. Man unterscheidet einen Offiziumstyp, der sich unmittelbar aus dem Stundengebet (vor allem der Vesper) herleitet, und einen Meditationstyp, der vor allem von Bruderschafts-Andachten beeinflußt ist.

Das Zweite Vatikanische Konzil betont die Nähe der Andachten zur Liturgie (Liturgiekonstitution Art. 13); die Andachten der Diözesangebetbücher gelten nunmehr als „Bistums-Liturgie".

Das *Gotteslob* bietet 17 Andachten, die am Kirchenjahr orientiert sind. Sie dienen sowohl dem öffentlichen als auch dem privaten Gebet. Themen heutiger Andachtsfrömmigkeit im Ablauf des Kirchenjahres sind u. a. Christus- und Passionsfrömmigkeit (Herz-Jesu, Kreuzweg), Hl. Geist, die Eucharistie (Sakramentsandachten, Ewiges Gebet), Marienverehrung (Rosenkranz, Maiandachten, Salve-Andacht), Engel- und Heiligenverehrung, Kirche, Totengedenken, besondere Bitt- und Dankandachten (Ernte, Witterung, Jahresschluß, kirchliche und weltliche Belange).

Die Andachen stehen in Relation zur Eucharistiefeier, zum Stundengebet und zur Struktur des Kirchenjahres; diesen Größen gegenüber sind sie sekundär. Nachdrücklich gefordert ist die Übereinstimmung der Andacht mit der liturgischen Zeit.

In ihrer Vielfalt wirken die Andachten einer Verarmung des reichen gottesdienstlichen Lebens entgegen; sie ermöglichen eine Öffnung zu neuen gottesdienstlichen Formen und bieten Raum zu deren Erprobung.

180. Gebetbuch

Egglasgrün (?), 1704/1705
Papier-Handschrift, [3 leere] + 362 (fälschliche Zählung 262!) + [1 leere] S., 172 × 107 mm, Goldschnitt. – Zahlreiche Aquarellmalereien. Früchte- und Pflanzenbordüren, rote, blaue und grüne Überschriften in Buchschrift, sonst Kursive. – Rotes Maroquin auf Pappe, Blumen- und Rankenbordüre sowie rautenförmiges Mittelfeld-Blütenmotiv in Goldprägung, 18. Jh.

Ein farbenfrohes, von barocker Lebenslust übersprudelndes Gebetbuch mit vielen ganzseitigen Aquarellmalereien im Stil bäuerlich-naiver Volkskunst, etwa der Darstellung der hl. Dreifaltigkeit (S. 1), der Schmerzensmadonna unter dem Kreuz (S. 15), der Verkündigungsszene (S. 36), des Auferstehungschristus (S. 205), der Muttergottes mit Kind (S. 228), des Jesu-Kindleins (S. 259).
Die letzte beschriebene Seite (262) bringt unter einem bunten Vogel einen Besitzvermerk mit Ortshinweis: „Margaretha Bäuerin gebürtig aus Egglasgrimm 1705"; Egglasgrün gehört zur Pfarrei Wernersreuth (Dekanat Tirschenreuth), ehemals dem Zisterzienserkloster Waldsassen inkorporiert.
Auf die Morgen-, Abend-, Meß-, Vesper-, Beicht- und Kommuniongebete folgt eine Litanei vom Namen Jesu. Nach weiteren Gebeten zu Maria, den Heiligen und einer Litanei vom Leiden Jesu schließt sich eine „Andächtige Besuchung deß schmerzhaften Kreutz-Weegs Unsers Herrn und Heylands Jesu Christi MDCCIV" (S. 304–362) an.
Aus dem Nachlaß des Archivdirektors Msgr. Joh. B. Lehner

BZBR Hs s.n.   Abb. 128

181. Gebetbuch

Regensburg, 18. Jh.
Papier-Handschrift, [3] + 153 + [4 leere] Blätter, 180 × 140 mm, Goldschnitt. – Federgezeichnete Miniaturen in roten Initialen, 2 ganzseitige Federzeichnungen (Titelblatt und 139ᵛ). – Ledereinband, schwarz, genarbt, 2 Schließen, 20. Jh.

Dieses Gebetbuch in lateinischer Sprache mit dem Titel „Orationes selectae, et ad usum quotidianum comparatae" beginnt mit den Preces matutinae (Morgengebeten). Es folgen Gebete des Priesters vor und während der Messe, anschließend ein Kurz-Offizium von Mariä Empfängnis, fünf Psalmen zu Ehren des Namens Mariens, ein Offizium zum hl. Nepomuk, sieben Bußpsalmen mit entsprechenden Gebeten, die Allerheiligenlitanei, Lauretanische Litanei, Gebete zur Gottesmutter, Gebete vor und nach der Beichte, vor und nach der Kommunion. Am Schluß ein kleines Officium von den Sieben Schmerzen Mariens.

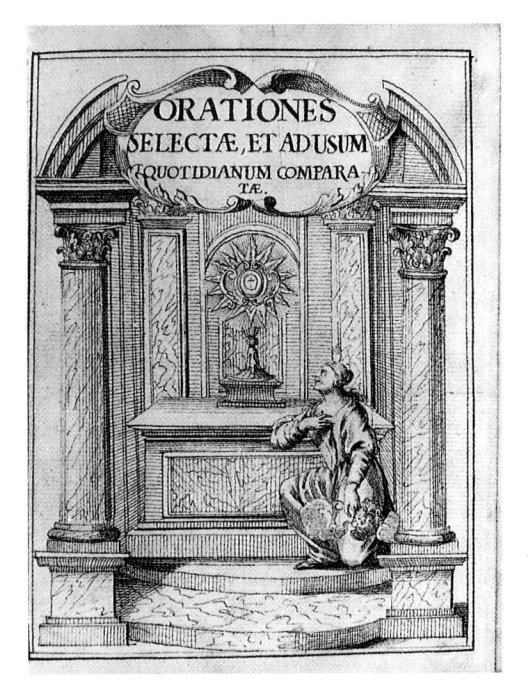

Abb. 62 (Kat.-Nr. 181)

Ein interessantes und reichhaltiges Gebetbuch, das eine Edition verdient.
Mit Besitzvermerken des Kanonikus der Alten Kapelle Michael Haller (1840–1915) und des Domkapellmeisters Theobald Schrems (1893–1963).

BZBR AKap Hs 12   Abb. 62

182. Gebetbuch

Regensburg (?), nach 1729
Papier-Handschrift, 162 S. (davon 1–8, 154–162 leer), 190 × 152 mm, Goldschnitt. – Zahlreiche ganzseitige Federzeichnungen, Seiten rot-gold-rot gerahmt, Überschriften, federgezeichnete Initialen und Vignetten teilweise in Rot, sorgfältige, saubere Buchschrift. – Ledereinband, rot, doppelreihige Arabeskenbordüre in Goldprägung, 18. Jh.

Das mit viel Sorgfalt geschriebene und ausgeschmückte Gebetbuch trägt den Titel: „GOTTgefälliges / Hertzens-Opffer, / Bestehend in unterschiedlichen auserlesenen / geist- und trostreichen / Andachten. / das ist: / Allerhand sehr kräftige Morgen- und Abend / Meß- Beicht- Buß- und Communion: neben andern/ sowohl zu dem Hochwürdigsten Sacrament des Altars, / bittern Leyden und Sterben JEsu Christi, zur Maria / der Mutter Gottes, zum H. Schutz-Engel, zu dem H. Jo- / seph und Anna, H. Nepomucen, und anderen Heiligen Gottes, / Dann auf die hohe Fest unsers Herrns, gerichte- / ten Seel und Hertzeindringenden Gebetern. / Worinnen ein Christliches Hertz sich täglich ihren / Gott zu einem gefälligen Opfer übergibt".

Die erste ganzseitige Federzeichnung (S. 9) ist signiert „Paricius fecit". Als Terminus post quem für die Datierung kann das Gebet zum hl. Nepomuk (S. 123–126) herangezogen werden, dessen Heiligsprechung 1729 erfolgte.

BZBR AKap Hs s. n.

183. Gebetbuch

Regensburg (?), 1732
Papier-Handschrift, [4] + 231 (alte Paginierung) + [8] + [10] S., 154 × 100 mm, Goldschnitt. – Kursive des 18. Jhs. mit hervorgehobenen Überschriften in Buchschrift. – Ledereinband, schwarz, auf Holzdeckeln, Mittelschließe fehlt, 1. Hälfte des 20. Jhs.

Das Büchlein trägt den Titel „Gebett Buch mit unterschidlichen gebettern verfasset". Zugleich beigefügt auf der Titelseite: „Ist gehörig Maria Walburga Ostermairin MDCCXXXII". Die letzte paginierte Seite (231) vor dem Register bringt einen Hinweis auf den Schreiber: „M" (mit Querstrich) „Theol: Mor: Stud: 1732". Am Schluß beigebunden von späterer Hand eine „Litaney von dem göttlichen Herzen Jesu" und andere Gebete.

BZBR Hs s. n.

184. Gebetbuch

Regensburg (?), 1766
Papier-Handschrift, 242 S. (mit alter Numerierung 1–206), 150 × 95 mm. – Federzeichnungen, blaue Initialen mit floraler, teilweise figuraler Verzierung; rote Überschriften, Buchschrift. – Ledereinband, dunkelbraun, auf Holzdeckeln (stark beschädigt), 18. Jh.

Titel „Der Kleine Baum-Garten, Darinnen die andächtigsten Gebetter und Litaneyen". Ein offensichtlich viel benütztes Gebetbuch mit starken Gebrauchsspuren. Einfache Federzeichnungen in Schwarz, so Christus am Kreuz (S. 25) und Mutter Gottes mit Kind (S. 153). Register (S. 207–210).

BZBR Hs s. n. Abb. 63

Abb. 63 Gebetbuch, 1766 (Kat.-Nr. 184)

Abb. 64 Gebetbuch, 1796 (Kat.-Nr. 185)

185. Gebetbuch

Bistum Regensburg (?), 1796
Papier-Handschrift, [4 leere] + 187 + [3 leere] S., 168 × 100 mm, Goldschnitt. – Federzeichnungen, teilweise koloriert, Überschriften in Buchschrift, sonst Kursive. – Ledereinband, dunkelgrün, Blumenbordüre und Vasenmotiv (Ecken) in Goldprägung, Initialen „A.F." (Vorderdeckel) und „N.H." auf Rückendeckel, Ende 18. Jh.

Das Gebetbüchlein trägt den Titel „Gott ist die reinste Liebe. Mein Gebeth und meine Betrachtung". Als Schreiber nennt das Titelblatt Nicolaus Huber mit der Jahreszahl 1796.
Auf Morgen- und Abendgebet folgen Gebete zur hl. Messe, Beicht- und Kommuniongebete, Psalmen, Litaneien, Gebete bei Gewitter, in Kriegszeiten und für Verstorbene.

BZBR AKap Hs s.n. Abb. 64

186. Gebetbuch

Hardeck, 1813
Papier-Handschrift, Titelblatt leer, 228 Seiten, Goldschnitt. – Zahlreiche Aquarellmalereien, Federzeichnungen, teilweise Buchschrift, teilweise Kursive. – Ledereinband, schwarzbraun, im Rokokostil Blattwerkbordüre und Weintraubenmotiv (Ecken) in Goldprägung, auf Vorderdeckel Name „Joseph Silvester Englbrecht" und Jahreszahl „MDCCCXIII" ebenfalls in Goldprägung, zugehöriger Lederschuber, 19. Jh.

Dieses mit zahlreichen farbenfrohen Aquarellmalereien und Früchtebordüren in naiv-bäuerlichem Stil geschmückte Gebetbuch (S. 1 Schutzengel mit Kind, S. 21 Kreuzigung, S. 73 Maria mit Kind, S. 119 Kind Jesu, S. 151 Schutzmantelmadonna) wurde für Joseph Silvester Englbrecht, Schneidermeisterssohn „zu Wernersreith" (bei Waldsassen) von Johann Joseph Thoma in „Hardeck" geschrieben. Hardeck gehört zur Pfarrei Neualbenreuth (Dekanat Tirschenreuth).
Das Büchlein atmet noch barocken Geist, ein außergewöhnlich schön und reich ausgestattetes Gebetbuch aus der nördlichen Oberpfalz, in Stil und Aufmachung dem etwa ein Jahrhundert älteren Gebetbuch Nr. 180 verblüffend ähnlich.

BZBR Hs s.n. Abb. 129

187. Gebetbuch

Schwarzenbach, Anfang 19. Jh.
Papier-Handschrift, [2] + 191 + [18] S., 147 × 94 mm. – Federgezeichneter Zierrahmen des Titelblatts und Überschriften in Rot-Grün, Kurrentschrift der 1. Hälfte des 19. Jhs. – Ledereinband, dunkelbraun, Girlandenbordüre in Blindprägung, 19. Jh.

Titel „Gebett-Buch. Worin Morgen und Abend, Meeß, Beicht, Communion, zu Gott und Andere Gebetter im Jahr".
Auf S. 191 Besitzvermerk „Zugehörig Barbara Schrödlin, Ledigen Stands zu Sailers-Hammer. Geschrieben durch Mich. Frantz Schwab, Schulmeister zu Schwartzenbach".

BZBR Hs s.n.

188. Gebetbuch

Bistum Regensburg (?), 1831
Papier-Handschrift, [4] + 218 + [4 „Inhalts-Anzeige"] + [2 leere] S., 168 × 105 mm, Goldschnitt. – Titelblatt und Zwischenüberschriften teilweise in blauer Buchschrift, sonst schwarze Kursive. – Ledereinband, schwarz, mit einfachem dünnen Rechteckrahmen in Goldprägung, auf Rücken Monogramm „M.G." goldgeprägt.

Dieses Gebetbuch des M. Grünwalder (Titelblatt) mit dem Titel „Geistliches Sonn-Wend-Blümlein" verdient als späte Abschrift eines Druckes – wahrscheinlich des

185

Heliotropium von Jeremias Drexel S.J., erstmals erschienen München 1627 – Erwähnung. Die Titelblattrückseite gibt eine „Censura ordinarii ... Constantiae, 9. Julii 1747" des Franc. Ignat. Inselins wieder.

BZBR Hs s.n.

189. Gebetbuch mit Kreuzweg

Neualbenreuth, 1786
Papier-Handschrift, [4 leere] + 231 + [11 leere] S., 160 × 96 mm, Goldschnitt. – Titelblatt und Überschriften in Buchschrift, sonst Kursive. – Ledereinband auf Pappe, dunkelbraun, Blattwerkbordüre in Blindprägung, gestrichene Wellenlinien, 18. Jh.

Das schlichte „Gebett-Büchel" ist besonders interessant wegen des auf den Seiten 159–231 enthaltenen Kreuzwegs: „Der Creutz-Weeg unsers Erlösers und Seeligmachers JESU Christi. Mit gnädigsten Ordinariats Consens in Der Pfarr-Kirchen Sanct Laurentii Martyrers in Neuen Albenreith". – Neualbenreuth gehört zum Dekanat Tirschenreuth.

BZBR Waldsassen 255

190. Kurtzer Underricht Von der Hochlöblichen Ertz-Bruderschafft des Allerheiligsten Sacraments Oder Fronleichnams Jesu Christi des Gecreutzigten Und Seiner HH.V. Wunden ...

Amberg: Burger 1672. 172 S. 8º
angeb. drei weitere Bruderschaftsbüchlein

BZBR s.n.

191. Ermessung der höchsten Liebe biß in die Tieffe Zu dem ewigen Liecht / Eine Gottseel: Bruderschafft aller Christglaubigen ... in der Alten Thumb-Pfarr Kirchen S. Udalrici zu Regenspurg ...

Regenspurg 1702: Raith. 174 S. 8º

BZBR SWS Asc. 1066

192. Andacht zum heiligsten Sakramente des Altars, wie sie von der Marianischen Congregation zu Regensburg während des vierzigstündigen Gebetes zu St. Blasius ... gehalten wird.

Stadtamhof 1888: Mayr. 12 S. 8º

BZBR SWS Lit. 683/8

193. Ewige Anbetung des Allerheiligsten Altars-Sakramentes im Bisthum Regensburg. Eingeführt bei d. Feier d. neunten Centenariums des heiligen Bischofes Wolfgang. Zugl. e. Gebetbüchlein f. gläubige Christen.

Regensburg: Pustet 1894. IV, 208 S. 8º

BZBR SWS Asc. 638   Abb. 65

194. Der Monat Junius, dem allerkostbarsten Blute Jesu Christi geweiht durch Betrachtungen und Gebete auf alle Tage dieses Monats. Aus d. Ital. übers. v. Michael Sintzel.

Stadtamhof: Mayr 1843. 168 S. m. 1 Abb. 8º

BZBR SWS Asc. 1194

195. Fromme und heilsame Uebung zur Anbetung und Verehrung des allerheiligsten Herzens Jesu. Aus d. Ital. übers. v. Michael Sintzel. M. e. Anh. Neue, verb. Aufl.

Paderborn: Junfermann 1850. 55 S. m. 1 Abb. 8º

BZBR SWS Asc. 1898/12   Abb. 131

Abb. 65 (Kat.-Nr. 193)

Abb. 66 (Kat.-Nr. 197)

196. Sintzel, Michael: Die Verehrung des heiligen Aloysius von Gonzaga, aus der Gesellschaft Jesu. Ein Gebetbüchlein für alle katholischen Christen. Neueste Ausg.

Regensburg: Pustet o. J. 216 S. 8°
Aus d. Bestand d. Bischöflichen Knabenseminars Metten.

BZBR SWS Asc. 1041

197. (Sintzel, Michael): Der lebendige Rosenkranz. Ein vor Gott besonders wohlgefälliges und wirksames gemeinschaftliches Gebet. Nebst e. Anh. v. Morgen-, Abend-, Meß-, Beicht-, Kommunion- und verschiedenen andern trostreichen u. nützlichen Gebeten. 12., verm. Aufl.

Stadtamhof: Mayr 1843. 190 S. m. 1 Kupferst. 8°
Aus d. Bibliothek Bischof Ignatius von Senestrey.

BZBR SWS Asc. Sen. 152   Abb. 66

198. Der Monat Mariä, Oder: Marianischer Dreißiger in Betrachtungen, Gebeten, Beispielen u. Uebungen auf jeden Tag des Monats zur Verehrung der allerseligsten Jungfrau und Mutter Gottes Maria ... Aus d. Franz. bearb. v. Michael Sintzel. M. e. Titelkupfer. 2., verb. u. verm. Aufl.

München: Weiß 1845. 452 S. 8°

BZBR SWS Asc. 1193   Abb. 67

199. Maienblüthen oder Betrachtungen, Gebete und Lieder der hohen Himmelskönigin Maria zur Feier der Mai-Andacht geweiht. Nebst e. Anh. ... v. e. Priester d. Diözese Regensburg.

Regensburg: Pustet 1853. 320 S. m. 1 Abb. 8°
Aus d. Bestand d. Klarissenklosters Regensburg.

BZBR SWS Asc. 2356   Abb. 132

Abb. 67 (Kat.-Nr. 198)

200. Die Geheimnisse des Rosenkranzes. Nebst nützlichen Betrachtungen und anderen frommen Uebungen.

Regensburg: Manz 1867. 17 gez. Bl. m. Abb. 8°

BZBR SWS Asc. 1308/2

201. Der ewige Rosenkranz oder Stunden-Bruderschaft zu Hilf und Trost der Sterbenden in Obermünster zur Regensburg.

Stadtamhof 1893: Mayr. 32 S. m. 1 Abb. 8°

BZBR SWS Asc. 1800/4   Abb. 68

202. Weinzierl, H[einrich]: So sollst Du den Rosenkranz beten! 3. Aufl.

Straubing: Ortolf u. Walther 1927. 20 S. 8°

BZBR Spir.A 2611

203. Der Monat Dezember, oder: Betrachtungen als Vorbereitung auf die gnadenreiche Geburt Jesu Christi, zunächst für Ordenspersonen und innerliche Seelen. M. e. Anh. v. Gebeten f. d. hl. Adventzeit. Bearb. v. e. Mitgliede aus d. Orden d. hl. Dominikus. M. e. Titelbilde.

Regensburg: Manz o. J. 376 S. 8°
(Die zwölf Monate des Jahres. Bdch. 12.)

BZBR Spir.A 3223-12   Abb. 69

204. Führich, Joseph von: Die geistige Rose. Enthaltend die fünfzehn Geheimnisse des Rosenkranzes. M. erkl. Text v. Joh. Eman. Veith.

Regensburg: Habbel o. J. 63 S. m. 15 Federzeichn. quer 8°

BZBR Art. 1190

205. Rosenkranz-Bruderschaft im Bistume Regensburg.

Regensburg: Bischöfl. Ordinariats-Kanzlei 1915. 47 S. 8°

BZBR Past. 1603

206. Rosenkranz-Bruderschaft im Bistum Regensburg.

Abensberg 1973: Kral. 19 S. 8°

BZBR s.n.

Abb. 68 (Kat.-Nr. 201)

Abb. 69 (Kat.-Nr. 203)

207. Tabernakel in St. Emmeram

„TABERNACVLVM PRO SS.mo SACRAMENTO ALTARIS SVMMI ECCLESIAE S. EMMERAMI RATISBONAE" (Hochaltar)
Kupferstich
Regensburg, 18. Jh.
182 × 140 mm

BZAR Coll. Im. IV 84   Abb. 70

208. St. Emmeram zu Regensburg

Gesamtansicht von Norden, mit Gebäudeerklärung, im oberen Bildteil die 3 Klosterpatrone Wolfgang, Emmeram, Dionysius
Kupferstich, unbekannter Künstler, Regensburg 1755
432 × 335 mm

Museum der Stadt Regensburg Inv.-Nr. G 1982/199

Abb. 70 (Kat.-Nr. 207)

209. Obermünster zu Regensburg

„Fürstl. Residenz des Kayserlich Freyen Reichs Stiffts Ober-Münster", Gesamtanlage aus der Vogelschau, um 1730/40
190 × 315 mm

Museum der Stadt Regensburg Inv.-Nr. G 1982/179
    Abb. 71

210. Kreuzwegstationen zum Mariahilfberg in Amberg

Kupferstich
17. Jh. (?)
167 × 132 mm
Mit Gesamtansicht der ummauerten Stadt Amberg.

BZAR Coll. Im. III 115   Abb. 72

Abb. 71 Stift Obermünster zu Regensburg, 1730/40 (Kat.-Nr. 209)

Abb. 72 (Kat.-Nr. 210)

211. Weinzierl, Franz Joseph: Das Gesangbuch der heiligen römisch-katholischen Kirche. Aus ihrer Sprache in gereimten Versen übers.

Augsburg: Doll in Komm. 1816. VIII, 180 S. m. 1 Stahlst. 8°

BZBR s.n. Abb. 73

212. Weigl, Johann Baptist: Melodien zum katholischen Gebet- und Gesangbuche.

Sulzbach: Seidel; Wien: Gerold 1817. 94 S. 4°
Aus der Bibliothek Dominicus Mettenleiter.

BZBR s.n. Abb. 133

213. Mohr, Joseph: Cantate. Katholisches Gesang- u. Gebetbüchlein. 8. Aufl.

Regensburg, New York, Cincinnati: Pustet 1878. 320 S. m. 1 Stahlst. 8°

BZBR SWS Lit. 1035

214. Mohr, Joseph: Cäcilia. Katholisches Gesang- und Gebetbuch. 12., umgearb. Aufl.

Regensburg, New York, Cincinnati: Pustet 1880. XVI, 608 S.
Aus der Bibliothek Michael Haller.

BZBR BMH 47

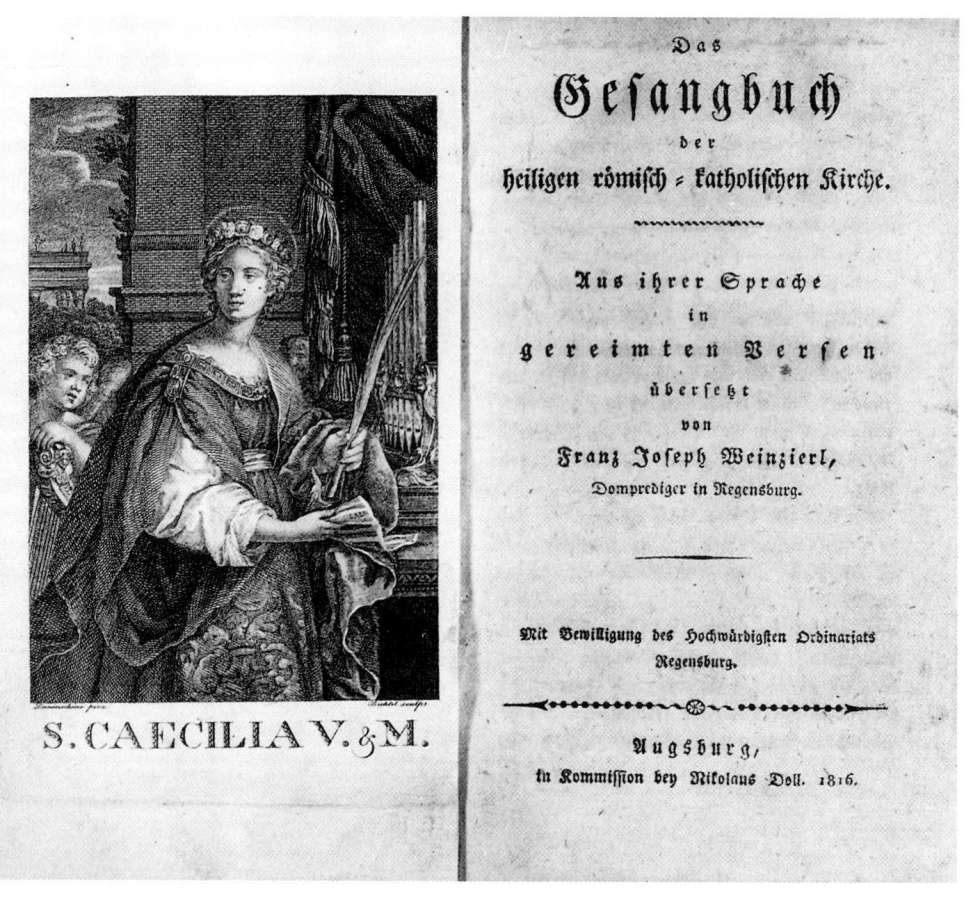

Abb. 73 (Kat.-Nr. 211)

Abb. 74 (Kat.-Nr. 215)

215. Psälterlein. Katholisches Gebet- u. Gesangbuch.

Regensburg, New York, Cincinnati: Pustet 1891. IV, 704 S. m. 1 Stahlst. 8°
Aus der Bibliothek Michael Haller.

BZBR BMH 44   Abb. 74

216. Lob Gottes. Diözesan-Gebet- und Gesangbuch. Besonders zum Gebrauche bei d. öffentl. Gottesdienste im Bistum Regensburg. M. e. Titelbilde.

Regensburg: Verl. d. Kanzlei d. Ordinariates 1908. X, 528 S. 8°

BZBR Proske-MSlg Kk51   Abb. 75

217. Lob Gottes. Diözesan-Gebet- u. Gesangbuch f. d. Bistum Regensburg.

Regensburg: Verl. d. Kanzlei d. Ordinariates 1932. XV, 496 S. m. 1 Abb. 8°

BZBR Lit.A 43   Abb. 76

218. Einheitslieder der deutschen Bistümer. Authent. Gesamtausg.

Freiburg i. Br.: Christophorus-Verl.; Mainz: Schott 1947, 67 S, 8°

BZBR Lit.A 457/3

219. Magnifikat. Gebet- u. Gesangbuch, Ausgabe f. d. Bistum Regensburg.

Regensburg: Pustet 1964. XXI, 1143 S. 8°

BZBR Lit.A 390

220. Gotteslob. Katholisches Gebet- u. Gesangbuch. Ausg. f. d. Bistum Regensburg.

Regensburg: Pustet 1975. 1017 S. 8°

BZBR Lit.A 402

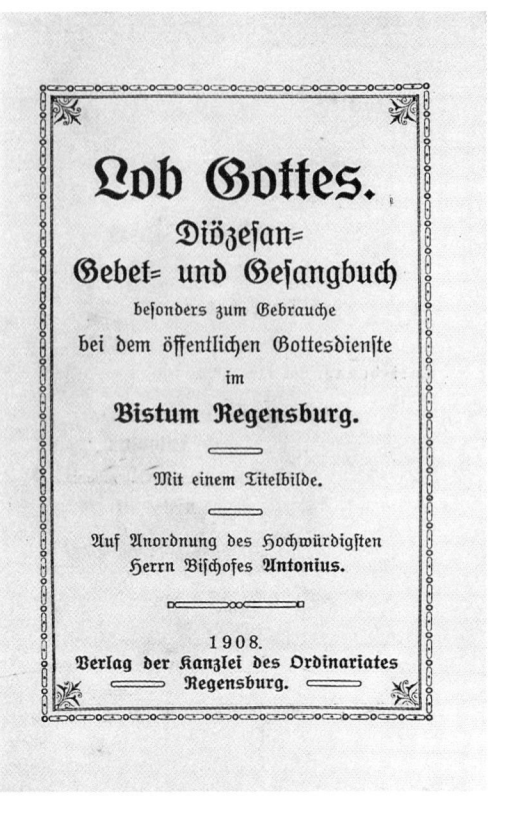

Abb. 75 (Kat.-Nr. 216)

221. Bubenik, Franz: Werkbuch zum Regensburger Gotteslob. Stichwortverzeichnis aller Gebete und Lieder. Hrsg.: Bischöfl. Seelsorgeamt Regensburg. 2. Aufl.

Regensburg 1979: Erhardi-Dr. 218 S. 8°

BZBR s.n.

222. Gotteslob. Katholisches Gebet- u. Gesangbuch. Ausgabe f. d. Bistum Regensburg, Diözesanteil II.

Regensburg: Pustet 1986. V S. 995–1093. 8°

BZBR Gam F 69a

Abb. 76 (Kat.-Nr. 217)

223. Monstranz

Vergoldet, mit Lilienkranz und doppeltem Strahlenkranz, dazwischen umlaufende Silbergirlande, Bekrönung durch ein mit Edelsteinen besetztes Kreuz, Gravuren mit floralen Motiven an Fuß und Nodus, erworben 1972 von der Firma Haber, Regensburg.
1726
Höhe: 420 mm; größte Breite: 205 mm

Hauskapelle Obermünsterzentrum

224. Meßkelch

Entwurf: Adolf Engl
Silber 925/000, vergoldet, Außenseite mit Feueremaille in Cloisonné-Technik (Darstellung der 12 Apostel) und 12 gefaßten kegelförmigen Bergkristall-Cabochons
1974
Höhe: 150 mm; Cuppa-Durchmesser: 99 mm

Regensburg, Firma Georg J. Haber

225. Meßkelch

Entwurf: Adolf Engl
In Silber 925/000, gehämmert, mit stilisierter Dornenkrone, Cuppa innen vergoldet und poliert
1976
Höhe: 168 mm; Cuppa-Durchmesser: 96 mm,

Regensburg, Firma Georg J. Haber

226. Taufgarnitur

Entwurf: Max Weiß
Kupfer, Tellerrand plastisch modelliert, versilbert, teils oxydiert
1984
Durchmesser: 380 mm; Kannenhöhe: 140 mm

Regensburg, Firma Georg J. Haber

227. Vortragskreuz
Entwurf: Georg J. Haber, Max Weiß
Kreuzkern Ebenholz; Metallverkleidung in Silber 925/000; an den vier Balkenenden Symbole der vier Evangelisten in Drahtbiegearbeit, verdeckt aufgesetzt und angebracht, in der Kreuzbalkenvierung als Nimbus eine symbolische Unendlichkeitsform; an der Frontseite ein geschnitzter Elfenbeincorpus mit INRI
(Unikat)
1988
411 × 222 mm

Regensburg, Firma Georg J. Haber

228. Kreuzweg (III. Station)
Entwurf: Josef Nalepa
Bronze, in Wachsausschmelzverfahren gegossen, handpatiniert, leicht überpoliert
1987
350 × 300 mm

Regensburg, Firma Georg J. Haber

229. Liegekreuz
Entwurf: Adolf Engl
In Bronze gegossen und handpatiniert, mit rotem Feueremaille.
1976
205 × 175 mm

Regensburg, Firma Georg J. Haber

230. Monstranz
Entwurf: Adolf Engl
In Bronze gegossen, vergoldet mit 16 um das Schaugefäß angeordneten Amethystspitzen
1974
Höhe: 573 mm

Regensburg, Firma Georg J. Haber

231. Meßkelch
Entwurf: Georg M. Haber, Max Weiß
Tombak, mit Silber beschmolzen, mit vier gefäßten Amethyst-Cabochons, vergoldet
1980
Höhe: 153 mm; Cuppa-Durchmesser: 102 mm

Regensburg, Firma Georg J. Haber

232. Meßkelch
Entwurf: Max Weiß
Kupfer, plastisch modelliert (Darstellung: Sonnengesang des hl. Franziskus), vergoldet, außen patiniert
1988
Höhe: 180 mm; Cuppa-Durchmesser: 108 mm

Regensburg, Firma Georg J. Haber

233. Meßkelch
Entwurf: Georg J. Haber, Max Weiß
Mantelkelch, Mantel und Innencuppa von Hand aufgezogen, Außenseite des Mantels mit Drahtbelötung (Vater unser), Verschraubungsplatte im Fuß mit eingefaßtem Turmalincabochon, alles in Silber 925/000, Cuppa innen feuervergoldet
(Unikat)
1988
Höhe: 171 mm; Cuppa-Durchmesser: 114 mm

Regensburg, Firma Georg J. Haber

234. Meßweingarnitur
Entwurf: Georg M. Haber, Max Weiß
Glaskännchen mit Metallbeschlag und einem rechteckigen Tablett, Metallteile in Messing strukturiert, alles vergoldet
1988
260 × 140 mm

Regensburg, Firma Georg J. Haber

235. Hostienschale
Entwurf: Georg J. Haber, Max Weiß
Schale von Hand aufgezogen; Griffe in Kastenarbeit montiert und angelötet; Schalenrand durch Profilmaterial verstärkt; Oberseite der Griffe mit Drahtbelötung; alles in Silber 925/000, Schaleninnenseite feuervergoldet
(Unikat)
1988
234 × 123 mm, Höhe: 42 mm

Regensburg, Firma Georg J. Haber

236. Altarkreuz
Entwurf: Adolf Engl
In Bronze gegossen und handpatiniert.
1975
Höhe: 480 mm

Regensburg, Firma Georg J. Haber

237. 2 Altarleuchter
Entwurf: Adolf Engl
In Bronze gegossen und handpatiniert.
1975
Höhe: 120 mm

Regensburg, Firma Georg J. Haber

Abb. 77 (Kat.-Nr. 2)

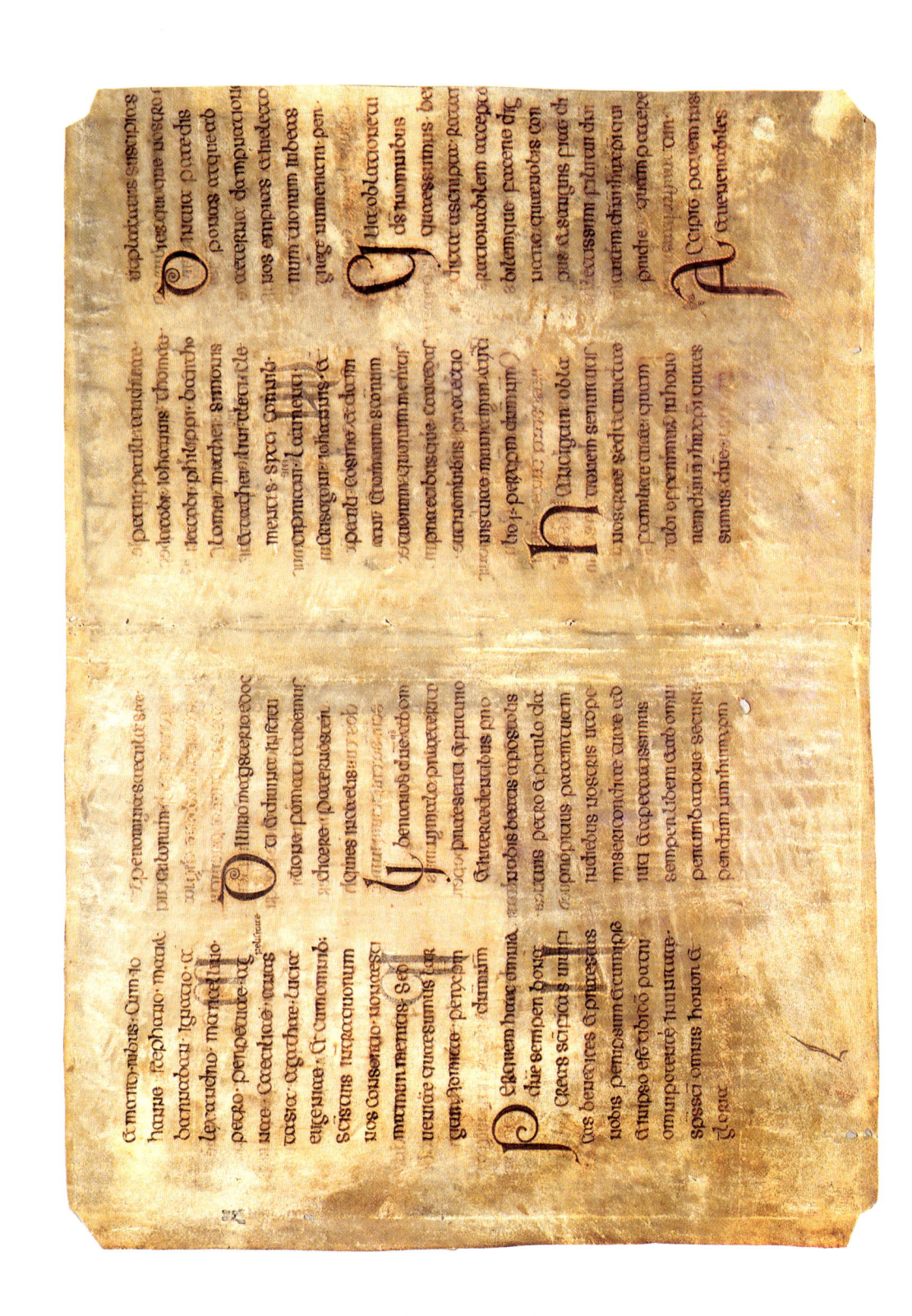

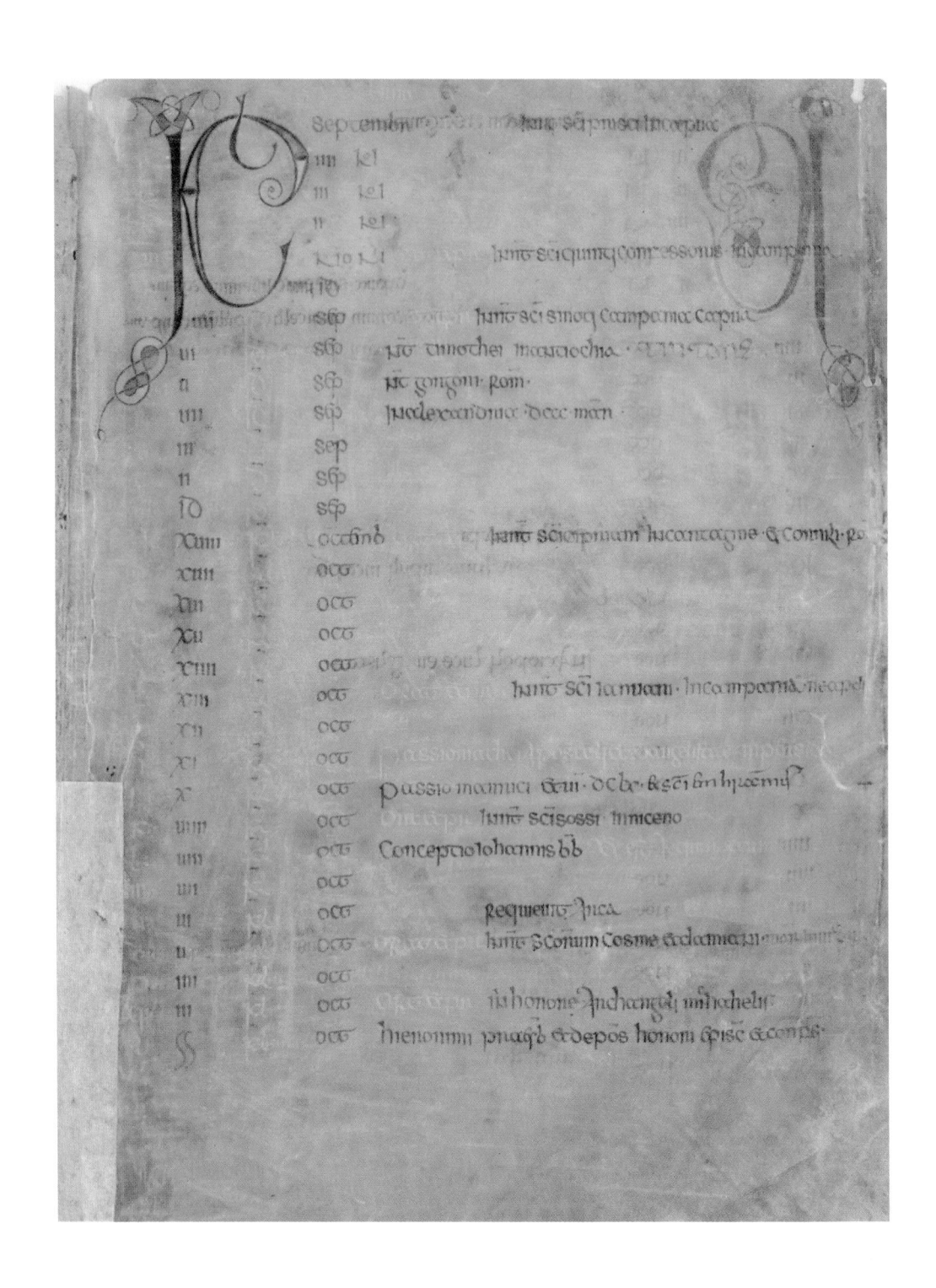

		Septembri... ...nat̄ sc̄i prisci in cœptus
III	kl	
III	kl	
II	kl	
kl		nat̄ sc̄i quinq̄ confessoris in campania
		nat̄ sc̄i simon̄ ē campania cœpit
III	sep	n̄t cimothei in antiochia
II	sep	n̄t gorgoni rom̄
IIII	sep	n̄ notem̄ condīa dccc man
III	sep	
II	sep	
id	sep	
xviii	oct̄nō	nat̄ sc̄i cipriani in cartagine & cornili ro
xvii	oct	
xvi	oct	
xv	oct	
xiiii	oct	
xiii	oct	n̄t sc̄i lanuarii in campania neapoli
xii	oct	
xi	oct	
x	oct	passio mauricii cū ·dcc ·lx· &c̄ī ī in hierusal̄
viiii	oct	n̄t scisossi tiniceno
viii	oct	Conceptio iohannis bb
vii	oct	
vi	oct	Requientī Inca
v	oct	n̄t s̄corum Cosme & damiani...
IIII	oct	
III	oct	in honore Archangeli michelis
II	oct	Hieronimi prb̄ & depos honori ēpīsc̄ & conf̄s

Abb. 78 (Kat.-Nr. 3)

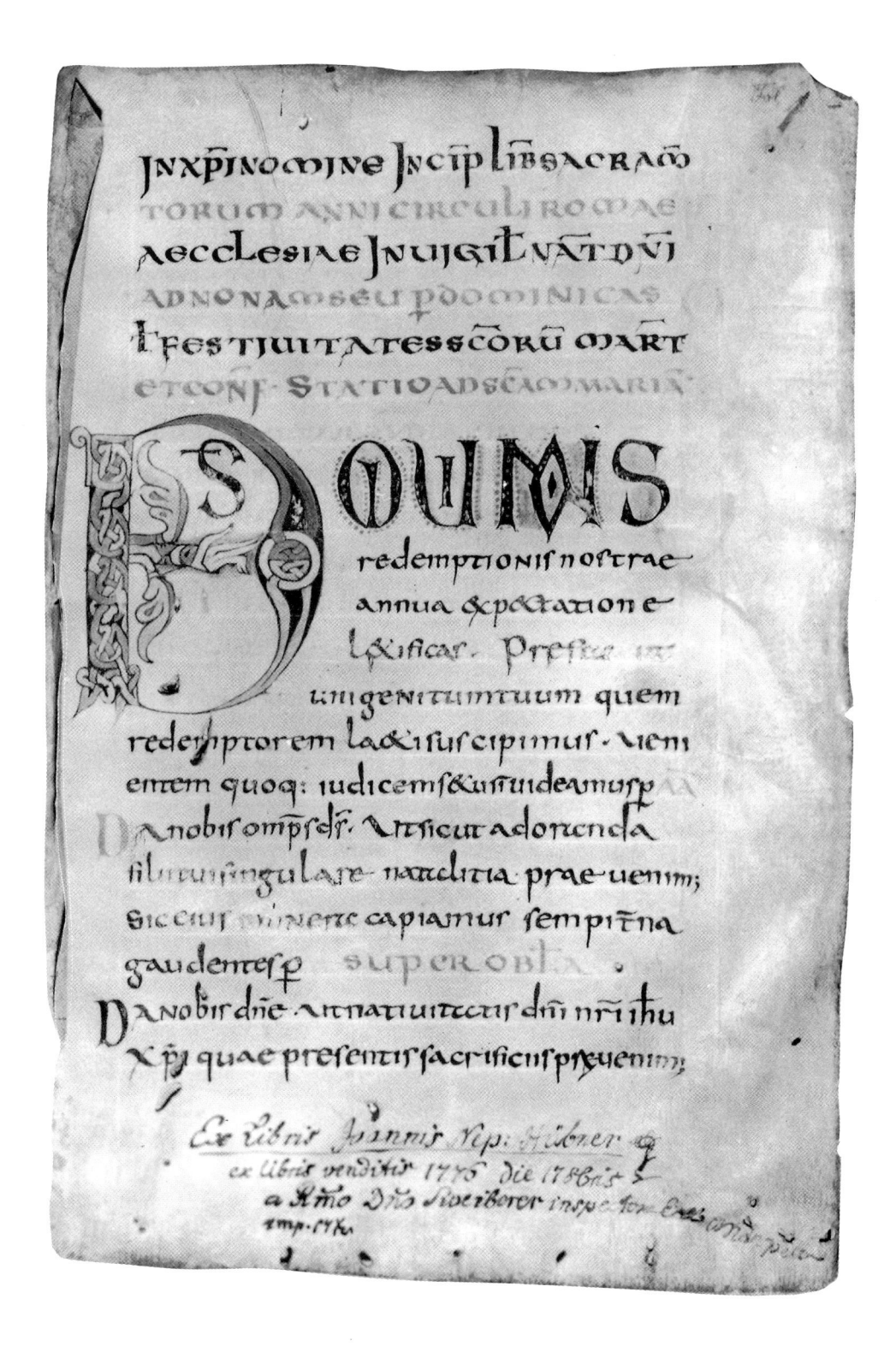

INXPINOMINE INCIPLIBSACRAM
TORUM ANNI CIRCULI ROMAE
AECCLESIAE INUIGITVATDNI
ADNONAM SEU PDOMINICAS
FESTIUITATESSCORUM ART
ETCONF· STATIOADSCAMMARIA

DOMIS
redemptionis nostrae
annua expectatione
l[a]etificas. Presta ut
unigenitum tuum quem
redemptorem laeti suscipimus. Veni
entem quoq: iudicem s&curi uideamus p

D a nobis omps ds. Ut sicut adoranda
filii tui singulare natalitia prae uenim;
sic eius munere capiamur sempit[er]na
gaudentes p SUPEROBLA ·

D a nobis die. Ut natiuitatis dni nri ihu
xpi quae presentis sacrificiis p[rae]uenim;

Ex libris Joannis Nep: Hübner
ex libris venditis 1775 die 17 8bris
a R[everendissi]mo D[omi]no Silverberer inspector Eccl.
emp. 1776

Abb. 79 (Kat.-Nr. 4)

INCIPIT PRAE
FATIO MARCI

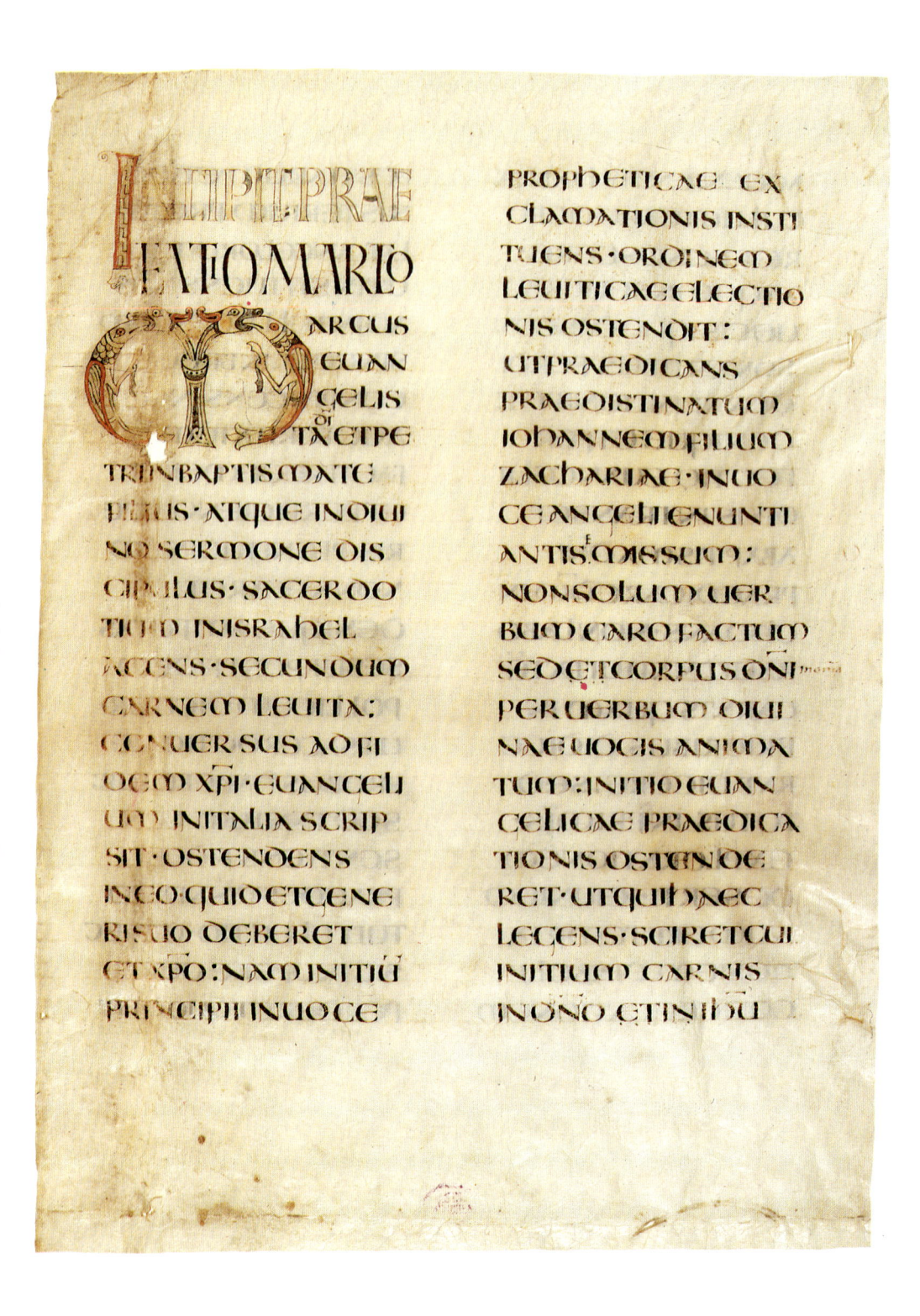

MARCUS
EUAN
GELIS
TA ET PE
TRI IN BAPTISMATE
FILIUS ATQUE INDIUI
NO SERMONE DIS
CIPULUS SACERDO
TIUM IN ISRAHEL
AGENS SECUNDUM
CARNEM LEUITA:
CONUERSUS AD FI
DEM XPI EUANGELI
UM IN ITALIA SCRIP
SIT OSTENDENS
IN EO QUID ET GENE
RI SUO DEBERET
ET XPO: NAM INITIUM
PRINCIPII IN UOCE

PROPHETICAE EX
CLAMATIONIS INSTI
TUENS ORDINEM
LEUITICAE ELECTIO
NIS OSTENDIT:
UT PRAEDICANS
PRAEDISTINATUM
IOHANNEM FILIUM
ZACHARIAE IN UO
CE ANGELI ENUNTI
ANTIS MISSUM:
NON SOLUM UER
BUM CARO FACTUM
SED ET CORPUS DNI
PER UERBUM DIUI
NAE UOCIS ANIMA
TUM: INITIO EUAN
GELICAE PRAEDICA
TIONIS OSTENDE
RET UT QUI HAEC
LEGENS SCIRET CUI
INITIUM CARNIS
IN DNO ET IN IDM

Abb. 80 (Kat.-Nr. 8)

Abb. 81 (Kat.-Nr. 12)

Abb. 82 (Kat.-Nr. 16)

Abb. 83 (Kat.-Nr. 19)

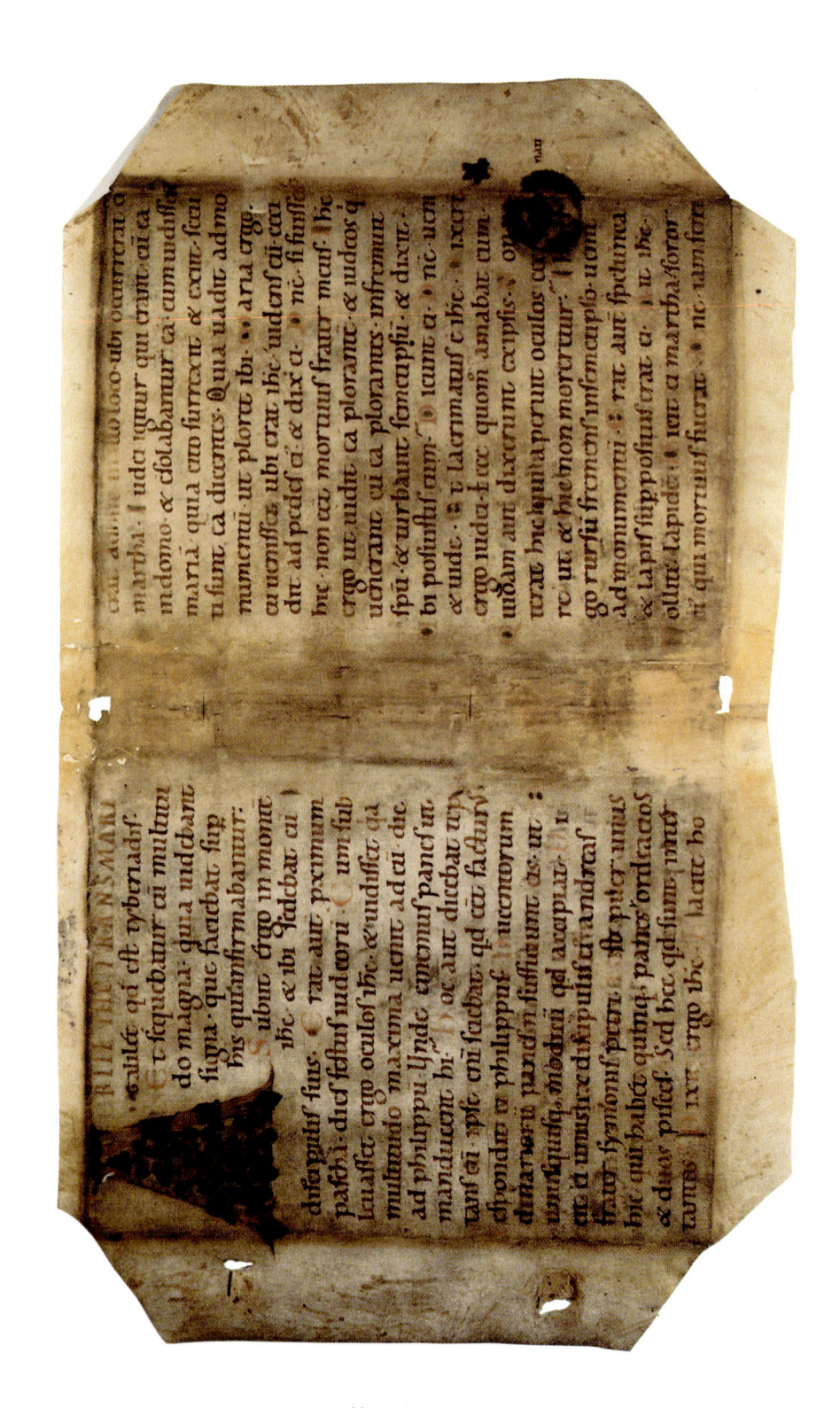

Abb. 84 (Kat.-Nr. 22)

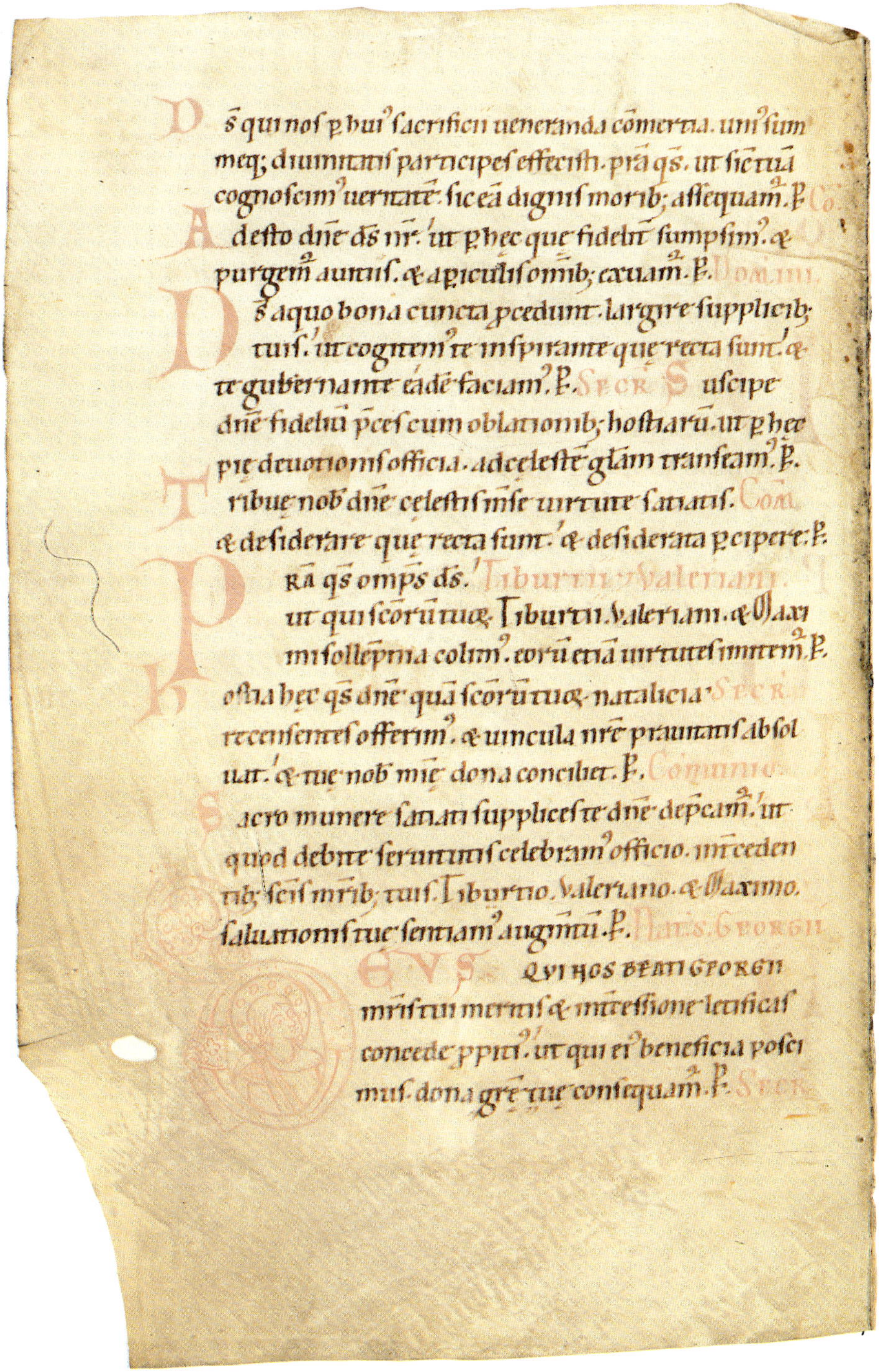

Ds qui nos p̄ huí sacrificii ueneranda cōmertia. uniˉ sūmmeq; diuinitatis participes efficisti. prā q̄s. ut sic tuā cognoscimˉ ueritatē. sic eā dignis morib; assequamˉ. P.

Adesto dn̄e dˉs nr̄. ut p̄ hec que fidelit sumpsimˉ. & purgemˉ auitiis. & a piculis omnib; exuamˉ. P.

Ds a quo bona cuncta pcedunt. largire supplicib; tuis. ut cogitemˉ te inspirante que recta sunt. & te gubernante eadē faciamˉ. P. Suscipe dn̄e fideliū p̄ces cum oblationib; hostiarū. ut p̄ hec pie deuotionis officia. ad celeste glām transeam̄. P.

Tribue nob dn̄e celestis mēse uirtute satiatis. & desiderare que recta sunt. & desiderata percipere. P.

PRa q̄s omps dˉs. ut qui sc̄orū tuoq; Tiburtii. Valeriani. & Maximi sollēpnia colimˉ. eorū etiā uirtutes imitemˉ. P. Ostia hec q̄s dn̄e quā sc̄orū tuoq; natalicia recensentes offerimˉ. & uincula nr̄e prauitatis absoluat. & tue nob mı̄e dona conciliet. P. Sacro munere satiati supplices te dn̄e depcamˉ. ut quod debite seruitutis celebramˉ officio. intercedentib; sc̄is mr̄ib; tuis. Tiburtio. Valeriano. & Maximo. salutionis tue sentiamˉ augmtū. P.

Ds QVI NOS BEATI GEORGII m̄ris tui meritis & intcessione letificas. concede ppiti. ut qui ei beneficia poscimus. dona gr̄e tue consequamˉ. P.

Abb. 85 (Kat.-Nr. 25)

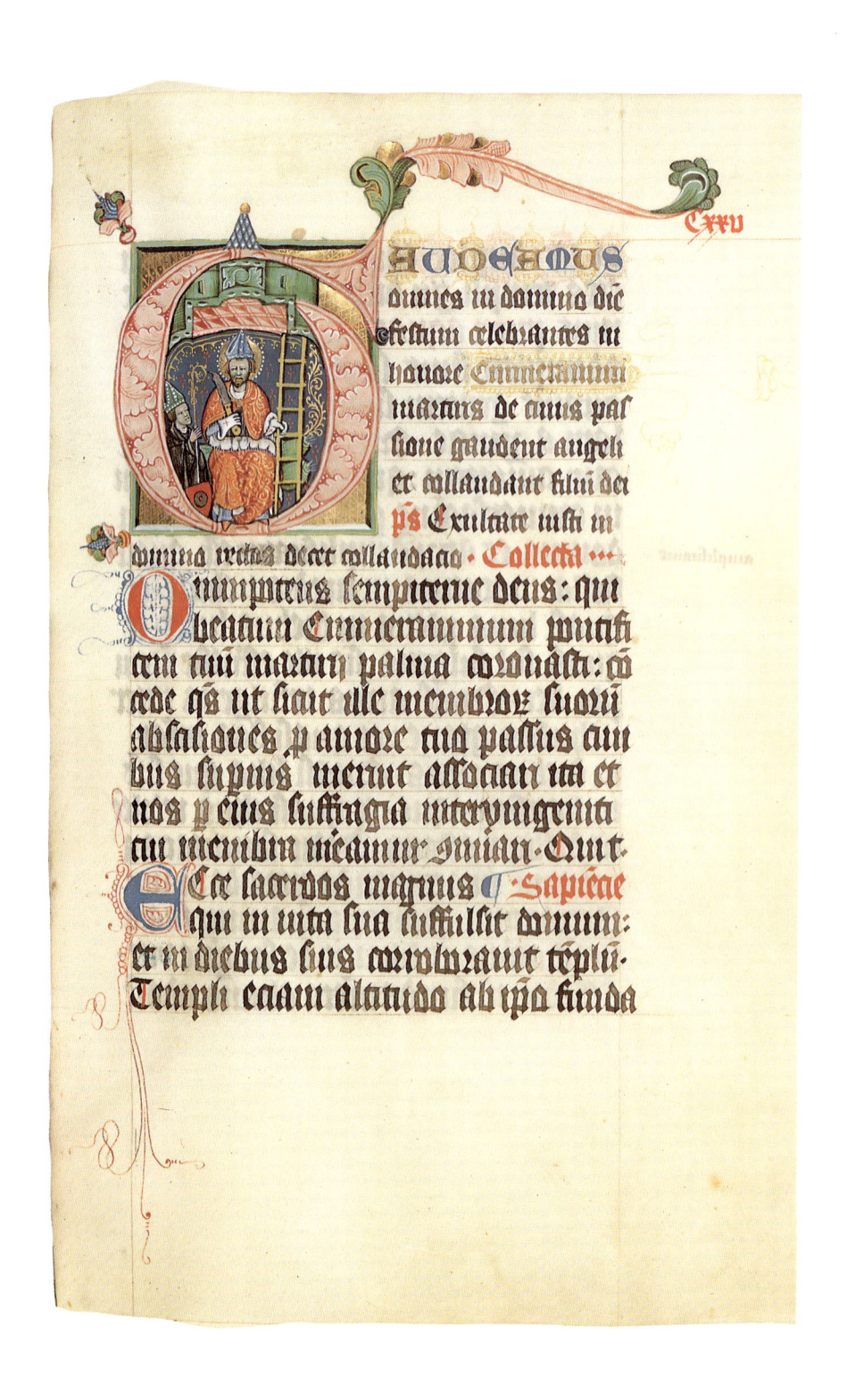

Gaudeamus omnes in domino diem festum celebrantes in honore Emmerammi martiris de cuius passione gaudent angeli et collaudant filium dei ps Exultate iusti in domino rectos decet collaudatio · Collecta ·

Omnipotens sempiterne deus: qui beatum Emmerammum pontificem tuum martirii palma coronasti: concede quesumus ut sicut ille membrorum suorum ablationes p amore tuo passus civibus supnis meruit associari ita et nos p eius suffragia intergentia tui membra mereamur inueniri. Qui t.

Ecce sacerdos magnus C · Sapientie qui in uita sua suffulsit domum: et in diebus suis corroborauit templum. Templi etiam altitudo ab ipso funda

Abb. 86 (Kat.-Nr. 30)

Incipit liber missalis secundum rubricam et breviarium Ratisponensem. Dominica prima in adventu domini. Introitus.

Ad te levavi animam meam deus meus in te confido non erubescam neque irrideant me inimici mei etenim universi qui te expectant non confundentur. Ps. Vias tuas domine demonstra michi et semitas tuas edoce me. Absque Gloria in excelsis. No ab hinc usque ad nativitatem domini excludi ve non dicit nisi in festis solemnibus. Oratio quesumus. Oratio. Domine potentiam tuam et veni: ut ab imminentibus peccatorum nostrorum periculis te mereamur protegente eripi, et te liberante salvari. G. ij de sancta maria. iij de omnibus sanctis.

Ad Romanos. Fratres: Hora est iam nos de somno surgere. Nunc enim prior est nostra salus: quam cum credidimus. Nox precessit: dies autem appropinquabit. Abiciamus ergo opera tenebrarum, et induamur arma lucis: sicut in die honeste ambulemus. Non in comessationibus et ebrietatibus, non in cubilibus et impudicitiis, non in contentione et emulatione: sed induimini dominum nostrum ihesum christum.

Universi qui te expectant. Versus. Non confundentur domine. V. Vias tuas domine notas fac michi et semitas tuas edoce me. Alleluia. V. Ostende nobis domine misericordiam tuam et salutare tuum da nobis.

Sequentia sancti evangelii secundum Matheum. In illo tempore: Cum appropinquasset ihesus iherosolimis: et venisset Bethphage ad montem oliveti: tunc misit duos discipulos: dicens eis. Ite in castellum quod contra vos est: et statim invenietis asinam alligatam: et pullum cum ea. Solvite et adducite michi. Et si quis vobis aliquid dixerit: dicite quia dominus his opus habet: et confestim dimittet eos. Hoc autem factum est ut adimpleretur quod dictum est per prophetam dicentem. Dicite filie syon. Ecce rex tuus venit ti

Abb. 87 (Kat.-Nr. 33)

Abb. 88 (Kat.-Nr. 31)

Abb. 89 (Kat.-Nr. 31)

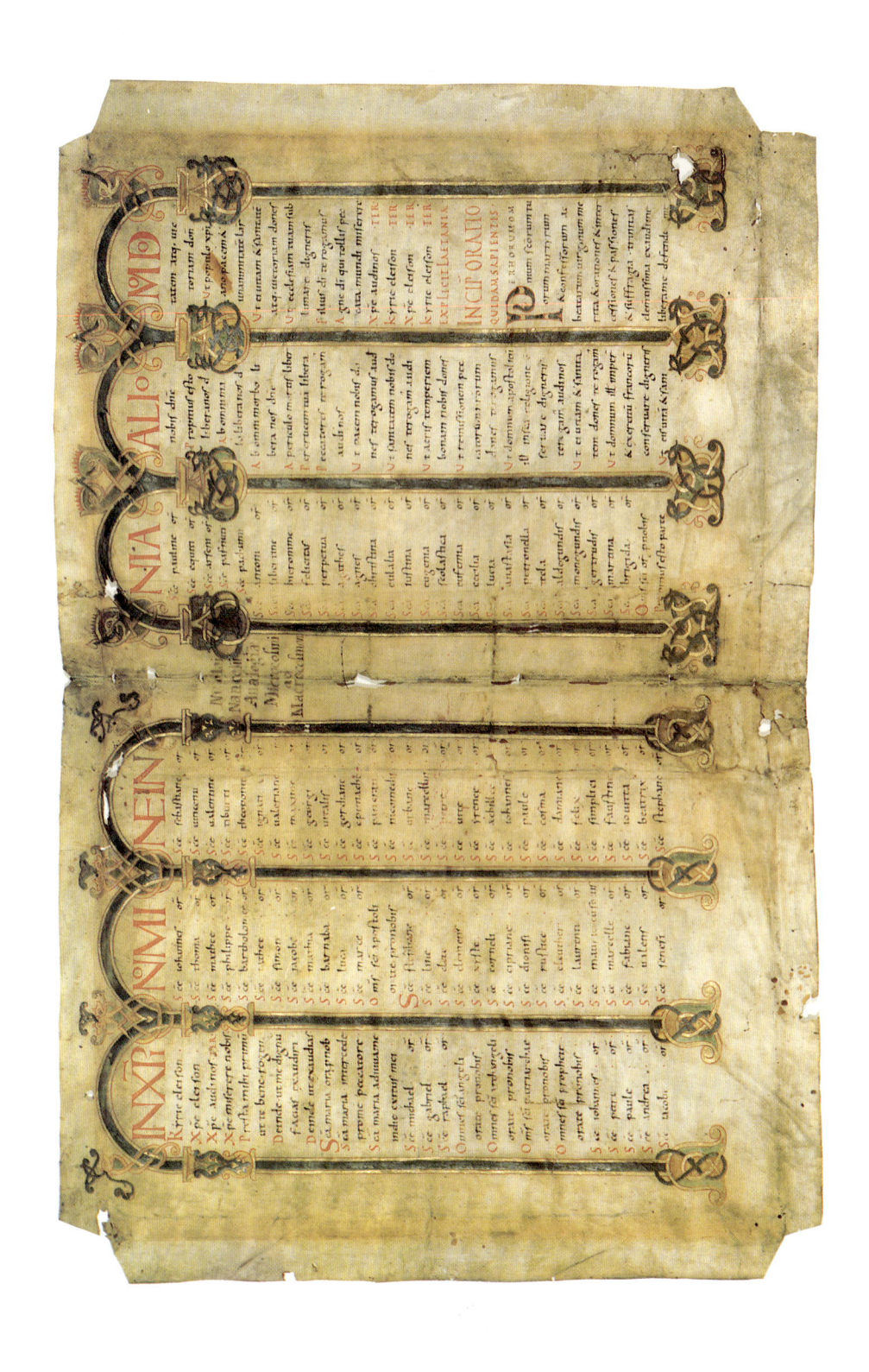

Abb. 90 (Kat.-Nr. 35)

Abb. 91 (Kat.-Nr. 36)

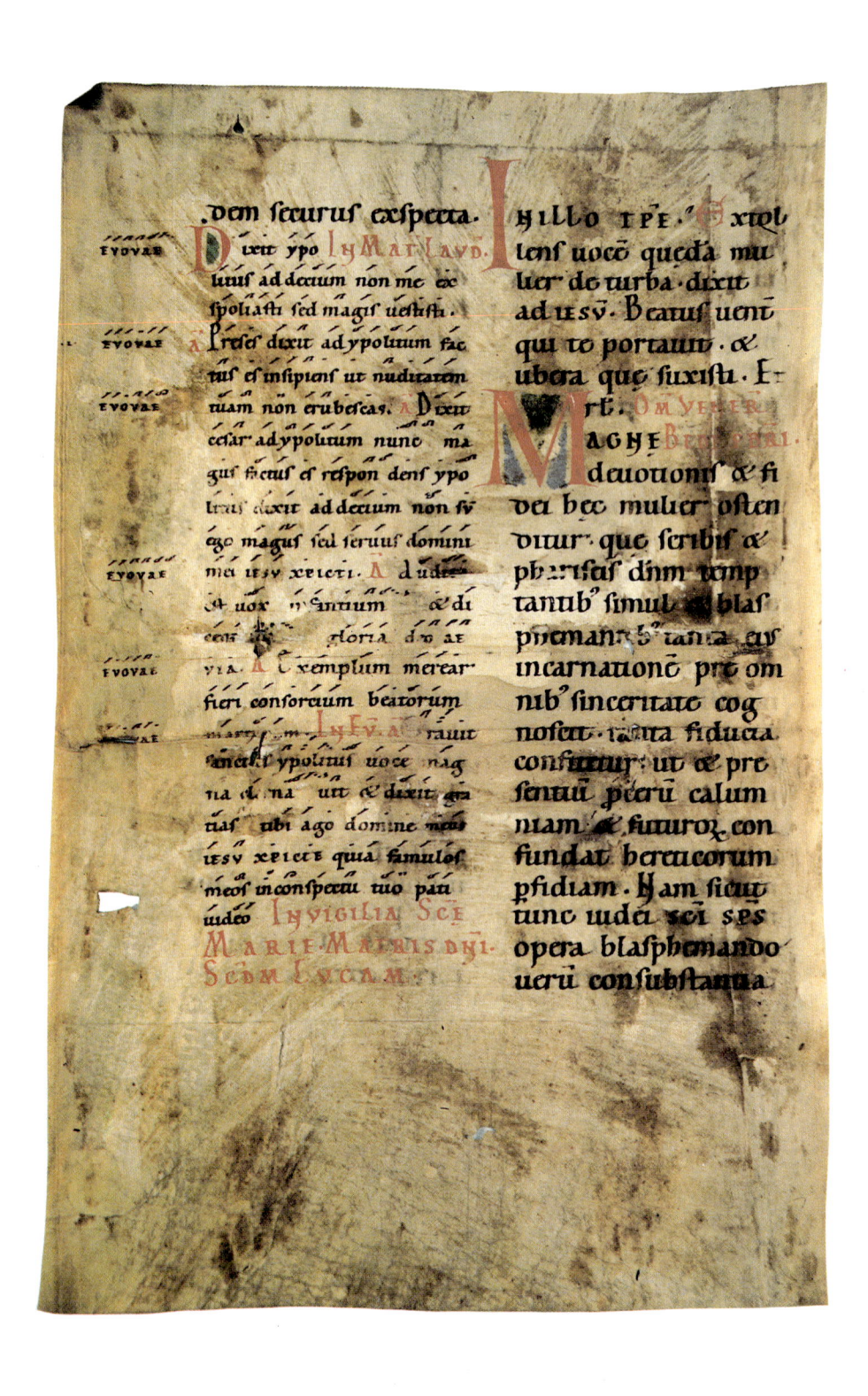

...dem securus exspecta. \
Dixit ypo**IN MAT. LAUD.** \
litus ad decium non me ex \
spoliasti sed magis uestisti. \
Prefes dixit ad ypolitum fac \
tus es insipiens ut nuditatem \
tuam non erubescas. Dixit \
cesar ad ypolitum nunc ma \
gus factus es respondens ypo \
litus dixit ad decium non su[m] \
ego magus sed seruus domini \
mei iesu xp[ist]i. A[udi]... \
... uox ...entium ... di \
... gloria d[omi]no ... \
...ia. Exemplum merear \
fieri consortium beatorum \
martyr[um] **IN EV. A**...rauit \
...ait ypolitus uoce mag \
na d[ice]n[s] ... ut[?] & dixit gra \
tias tibi ago domine m[eu]s \
iesu xp[ist]e q[u]ia famulos \
meos in conspectu tuo pati \
uideo **IN VIGILIA S[AN]C[T]E** \
MARIE MATRIS D[OMI]NI \
S[E]C[UNDU]M LUCAM ·:·

IN illo t[em]p[or]e · Extol \
lens uoce[m] queda[m] mu \
lier de turba · dixit \
ad iesu[m] · Beatus uent[er] \
qui te portauit · & \
ubera que suxisti · E[t] \
r[eliqua]. **OM[ELIA] VENE[RABILIS]** \
BEDE P[RES]B[YTERI] \
Magne \
deuotionis & fi \
dei hec mulier osten \
ditur · que scribis & \
pharisais d[omi]num temp \
tantib[us] simul & blas \
phemantib[us] tanta ei[us] \
incarnatione[m] pre om \
nib[us] sinceritate cog \
noscit · tanta fiducia \
confitetur · ut & pre \
sentiu[m] p[ro]ceru[m] calum \
niam & futuro[rum] con \
fundat hereticorum \
p[er]fidiam · Nam sicut \
tunc iudei s[an]c[t]i sp[iritu]s \
opera blasphemando \
ueru[m] consubstantia

Abb. 92 (Kat.-Nr. 37)

INDICATIO
NI ECCLSI·

DEUS·QUI
NOS AD ANIVERSARI
um dīem consecratio
nīs huius sc̄ę ęcc̄lę tribuis uenire
concede qs· ut quicquid inuio nom
ne ueāuerit precāmur· sc̄ōrum
orum p̄cibus inploremur· ALIA
Ds̄ qui nobīs p̄ singulos annos huius
sc̄i templi tui consecrationis reparas
dīem· et sacrīs semp̄ mysterīis rep̄sen
tas in colonds· exaudi p̄cēs p̄p̄li tui·
et pīa ut quisquis hoc templum be
nesicia ptaturus ingreditur· cuncta
se impetrasse lętetur· ALIA
Os̄ qui ęcc̄lesiam tuam sponsam uoca
re dignatus es· ut quę haberet grām̄
p̄fīdei deuotionem haberet etiam

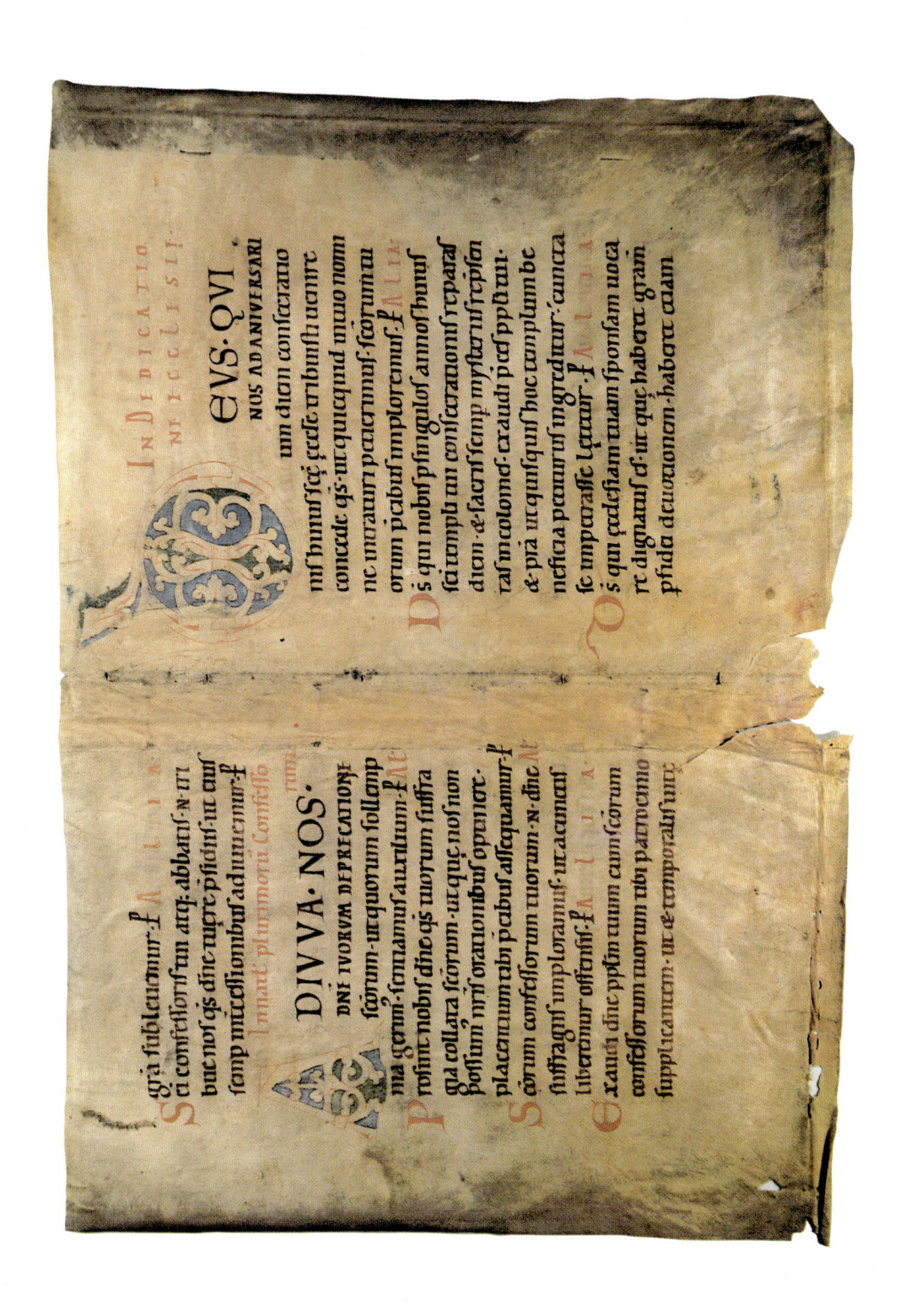

grām sublevamur· ALIA
Sc̄i confessoris tui atq̄· abbatis· N· ūi
huc nos qs dn̄e tuere p̄sīdiīs· ut eius
semp̄ intercessionibus adiuuemur· p̄
Innatat· plurimorū Confesso
rum

DIUA· NOS
DN̄I TUORUM DEPRECATIONE
sc̄ōrum· ut quorum sollamp̄
ma gerim̄· sentiamus auxilium· ALIA
Prosint nobīs dn̄e qs tuorum suffra
gia collata sc̄ōrum· ut qui ē nos non
possum̄ nr̄is orationibus opē ioce·
placationem tibi p̄cibus assequamur· p̄
Sc̄ōrum confessorum tuorum· N· dn̄e dc̄
suffragiis imploramus· ut a cunctis
liberemur offensīs· ALIA
Exaudi dn̄e p̄p̄lm tuum cum sc̄ōrum
confessorum tuorum ubi patrocinio
supp̄licamentem· ut et temporalis uite

Abb. 93 (Kat.-Nr. 38)

Dominica prima in Adventu Domini ad vesperas. An. Bethleem non es minima in principibus iuda, ex te enim exiet dux, qui regat populum meum israel, ipse enim saluum faciet populum suum a peccatis eorum. **Ps. Benedictus.**

Deus pacis sanctificet vos per omnia, ut integer spiritus vester et anima et corpus in aduentu domini nostri ihesu xpi sine querela seruetur. **R. Ecce** dies veniunt dicit dominus et suscitabo dauid germen iustum et regnabit rex et sapiens erit et faciet iudicium et iustitiam in terra. Et hoc est nomen quod vocabunt eum dominus iustus noster. **V. In diebus illis** saluabitur iuda et israel habitabit confidenter. Et hoc. **Ymnus. Veni redemptor gentium.** qui per adventum domini cantetur totum in sabbatis notandis ad vesperas. **Iste ver. Presepe iam.** est obmittendus totus in vigiliis vigilie natalis domini. **V. Rorate celi desuper et nubes pluant iustum. Aperiatur terra et germinet saluatorem. In euan. an. Ecce nomen domini venit de longinquo et claritas eius replet orbem terre. Kyrielei. x. kyr. xpe nr.**

Ver. Domine exaudi. Dominus vobiscum. Oratio. Excita quesumus domine potentiam tuam et veni, ut ab imminentibus peccatorum nostrorum periculis te mereamur protegente eripi et te liberante saluari. Per. **De Adventu de sancta maria. R. Missus est. vel an. Missus est gabriel angelus ad mariam uirginem desponsatam ioseph. V. Aue maria gratia plena. Oratio. Deus qui de beate marie uirginis utero uerbum tuum angelo annuntiante carnem suscipere uoluisti, pia supplicibus tuis, ut qui vere eam dei genitricem credimus eius apud te intercessionibus adiuuemur. Per eum. De omnibus sanctis. R. Ecce dominus ueniet. A. Ecce dominus veniet et omnes sancti eius cum eo et erit in die illa lux magna. Alleluia. V. Ex syon species decoris eius deus noster manifeste veniet. Oratio. Conscientias nostras quesumus domine visitando purifica, ut veniens filius tuus dominus noster ihesus xpistus cum omnibus sanctis suis paratam sibi in nobis inueniat mansionem. Qui tecum. Ad Complet. ymnus. Conditor alme. qui per adventum domini in omni completorio prime vespere cuiuslibet plene officii cantatur. Sed in ferialis Completor dominicalis**

Abb. 95 (Kat.-Nr. 45)

Abb. 96 (Kat.-Nr. 48)

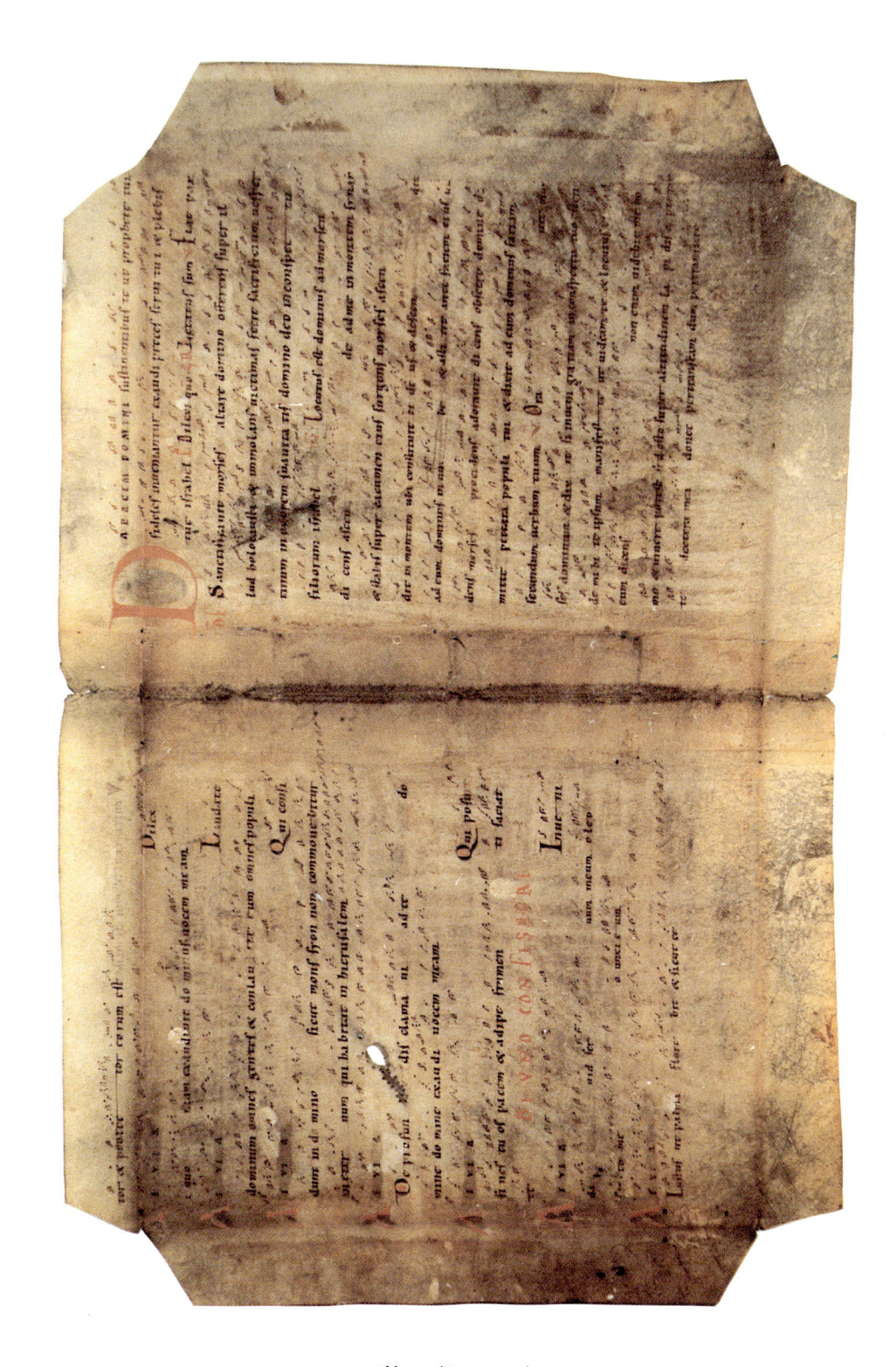

Abb. 97 (Kat.-Nr. 50)

Abb. 98 (Kat.-Nr. 53)

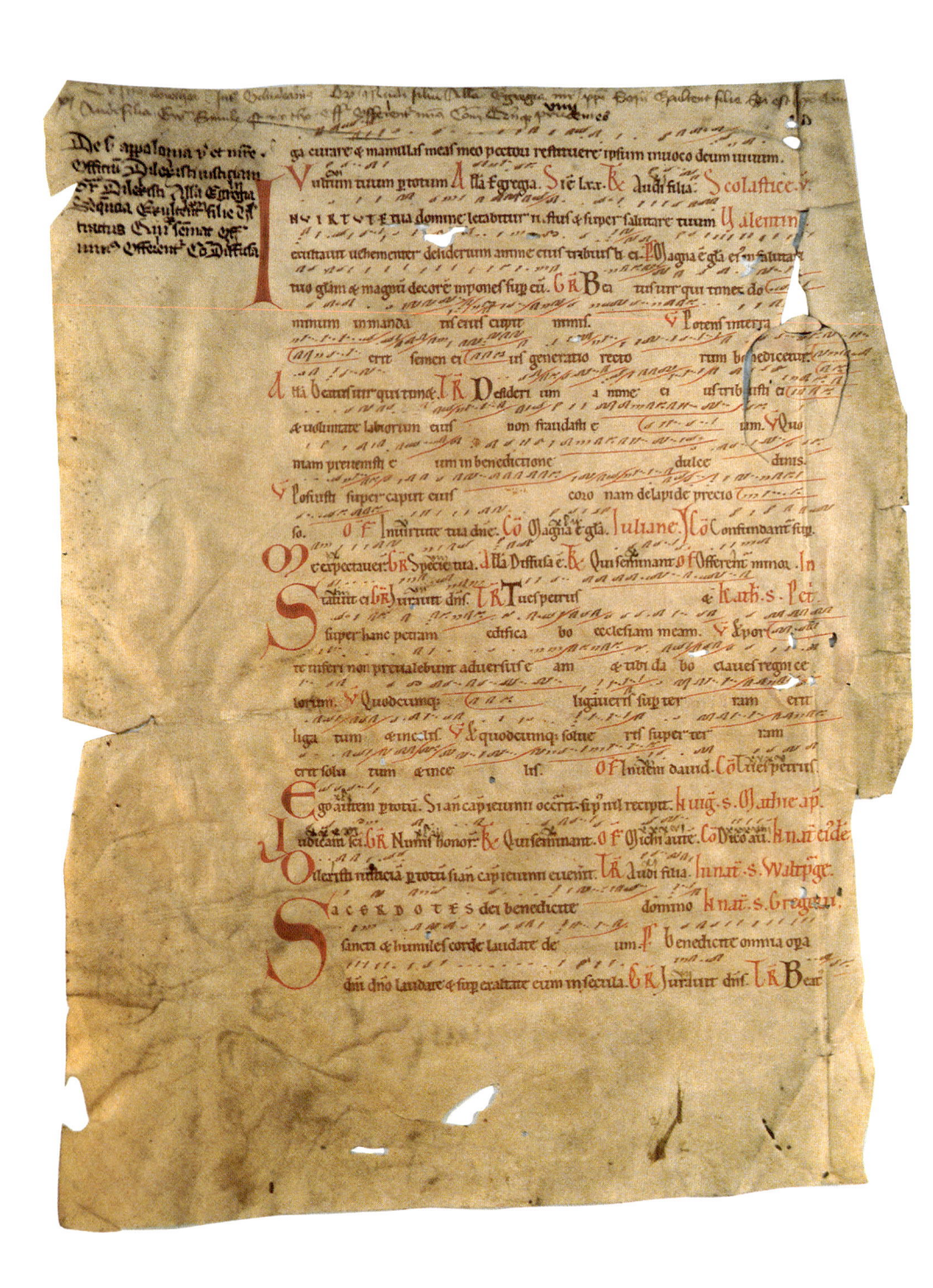

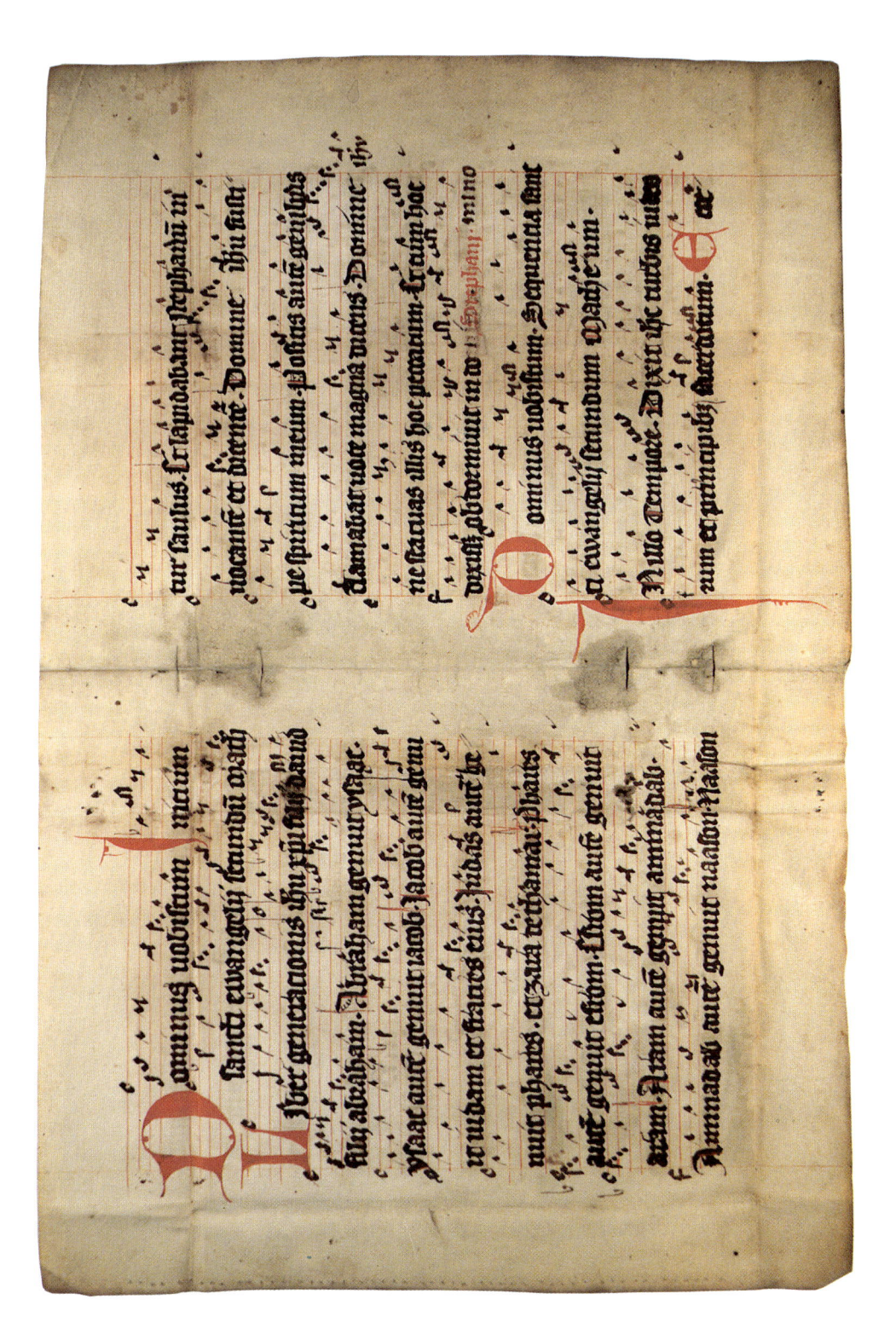

Abb. 99 (Kat.-Nr. 54)

Abb. 100 (Kat.-Nr. 55)

Abb. 101 (Kat.-Nr. 57)

Abb. 102 (Kat.-Nr. 61)

Abb. 103 (Kat.-Nr. 64)

Abb. 104 (Kat.-Nr. 64)

Abb. 105 (Kat.-Nr. 65)

Abb. 106 (Kat.-Nr. 65)

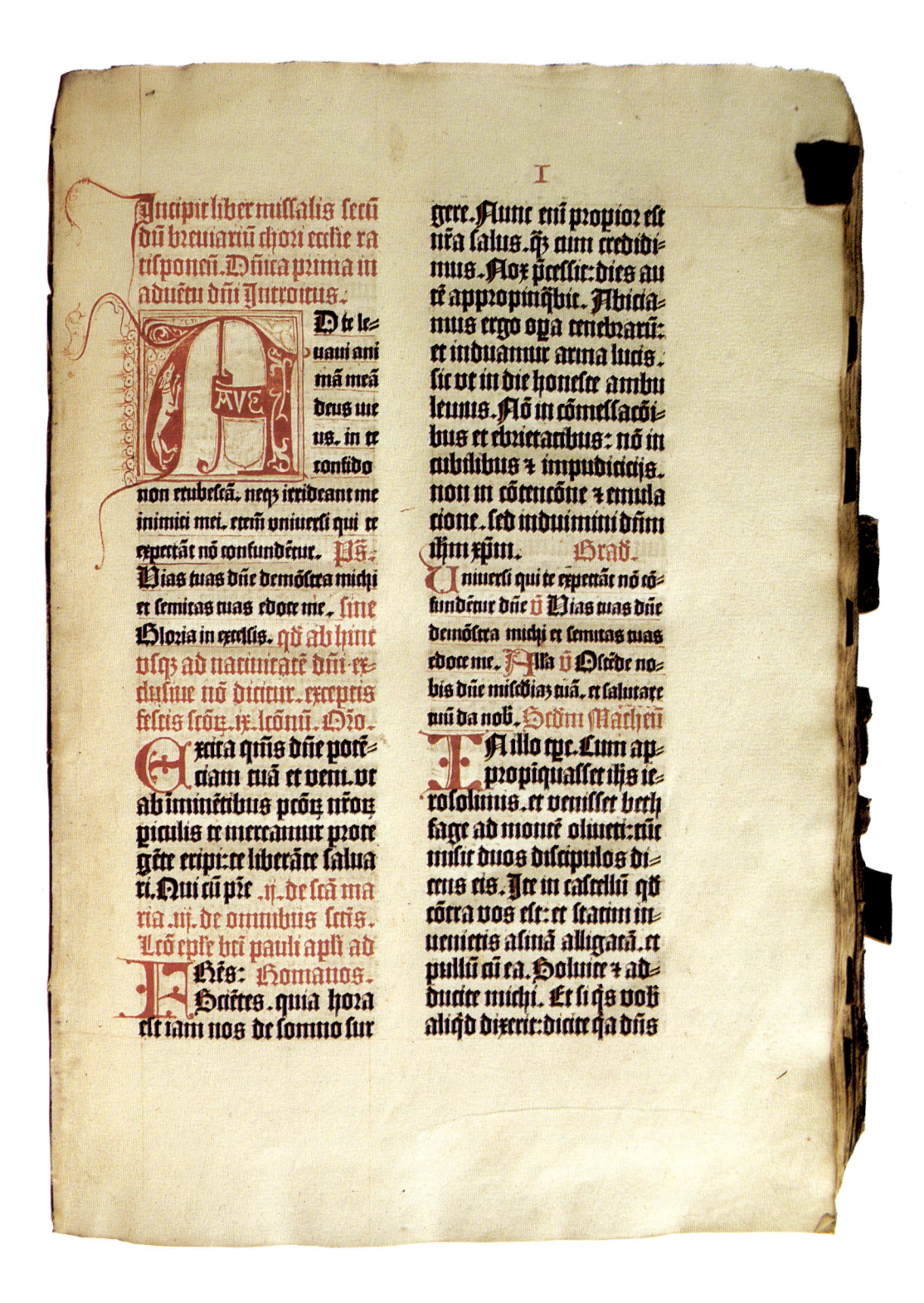

I

Incipit liber missalis secū-
dū breuiariū chori ecclie ratisponeñ. Dñica prima in
aduētu dñi Introitus.

AD te le-
uaui ani-
mã meã
deus me-
us. in te
confido
non erubescā. neqȝ irrideant me
inimici mei. etenī vniuersi qui te
expectāt nō confundētur. Ps.
Vias tuas dñe demōstra michi
et semitas tuas edoce me. Sine
Gloria in excelsis. qđ ab hinc
vsqȝ ad natiuitatē dñi ex-
clusiue nō dicitur. exceptis
festis sctōȝ. ix̄. lcōnū. Ōro.

Excita qs̄ūs dñe potē-
ciam tuā et veni. vt
ab imminētibus pctōȝ nr̄oȝ
piculis te merceamur prote-
gēte eripi: te liberāte saluari. Qui cū pr̄e. ij. de scā maria. iij. de omnibus sctīs.
Lcō epl̄e bt̄i pauli apl̄i ad

FRēs: Romanos.
Fratres. quia hora
est iam nos de somno sur-

gere. Nunc enī propior est
nr̄a salus. qȝ cum credidimus. Nox pcessit: dies autē appropinquabit. Abiciamus ergo opa tenebrarū:
et induamur arma lucis.
sic vt in die honeste ambulemus. Nō in cōmessacōi-
bus et ebrietatibus: nō in
cubilibus ⁊ impudiciciȷs.
non in cōtencōne ⁊ emula-
cione. sed induimini dñm
ih̄m xp̄m. Grad.

Vniuersi qui te expectāt nō cō-
fundētur dñe ū Vias tuas dñe
demōstra michi et semitas tuas
edoce me. Alla ū Ostēde nobis dñe misc̄diaz tuā. et salutare
tuū da nob. Secūdm Mathēū.

IN illo tp̄e. Cum ap-
propiquasset ih̄s ie-
rosolimis. et venisset bethfage ad montē oliueti: tūc
misit duos discipulos di-
cens eis. Ite in castellū qđ
cōtra vos est: et statim inuenietis asinā alligatā. et
pullū cū ea. Soluite ⁊ adducite michi. Et si qs̄ vob̄
aliqđ dixerit: dicite qa dñs

Abb. 107 (Kat.-Nr. 76)

Et famulos tuos Papam, Imperatorem Episcopum nostrum et omnes fideles tuos ab omni adversitate custodi, pacem Ecclesiæ tuæ nostris concede temporibus, et felicem statu nobis huius vitæ consummationem. Per dominum nostrum Iesum Christum filium

Abb. 108 (Kat.-Nr. 78)

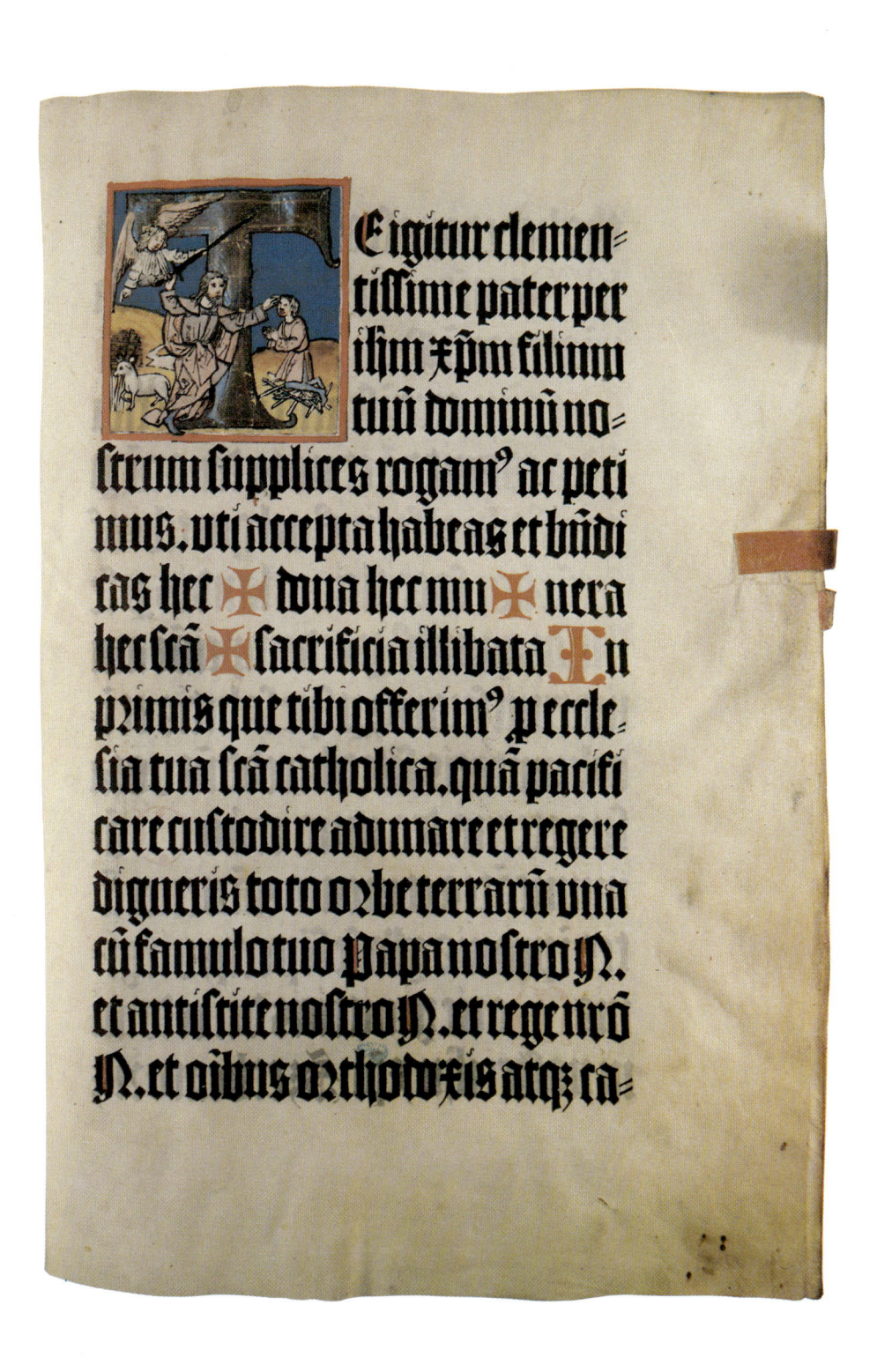

Te igitur clementissime pater per ihm xpm filium tuũ dominũ nostrum supplices rogam⁹ ac petimus. uti accepta habeas et bñdicas hec ✠ dona hec mu ✠ nera hec sctã ✠ sacrificia illibata In primis que tibi offerim⁹ p eccle sia tua sctã catholica. quã pacificare custodire adunare et regere digneris toto orbe terrarũ vna cũ famulo tuo Papa nostro N. et antistite nostro N. et rege nrõ N. et oĩbus orthodoxis atq̃ ca=

Abb. 109 (Kat.-Nr. 78)

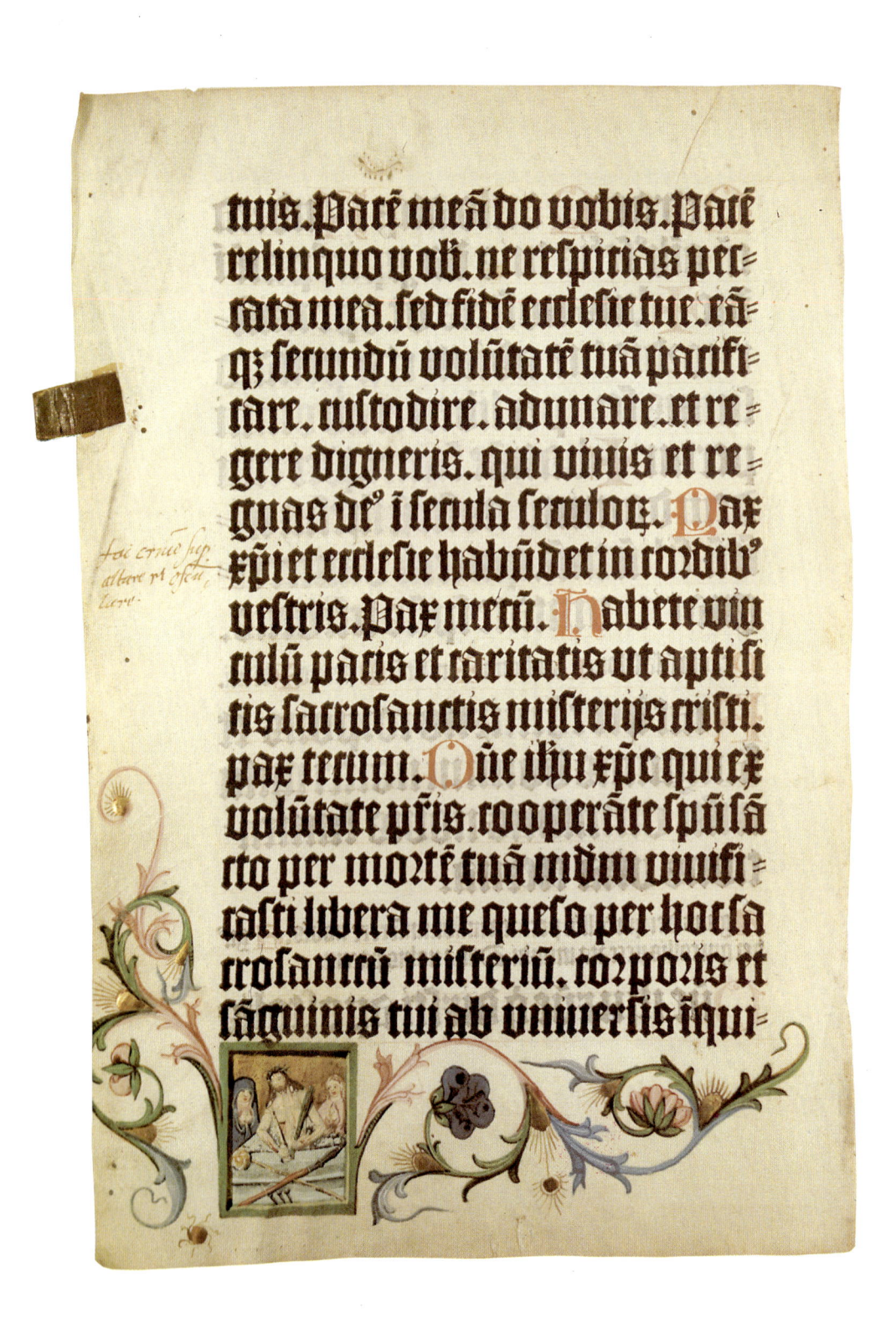

tuis. Pacē meā do vobis. Pacē
relinquo vob̄. ne respicias pec=
cata mea. sed fidē ecclesie tue. eā-
q; secundū volūtatē tuā pacifi=
care. custodire. adunare. et re=
gere digneris. qui vivis et re=
gnas de⁹ ī secula seculoȝ. Pax
xp̄i et ecclesie habūdet in cordib⁹
vestris. Pax mecū. Habete vin=
culū pacis et caritatis ut apti si=
tis sacrosanctis misterijs cristi.
pax tecum. D̄ne ih̄u xp̄e qui ex
volūtate p̄ris. cooperāte sp̄u sā
cto per mortē tuā m̄dm̄ vivifi=
casti libera me queso per hoc sa
crosanctū misteriū. corporis et
sāguinis tui ab universis iqui

Abb. 110 (Kat.-Nr. 83)

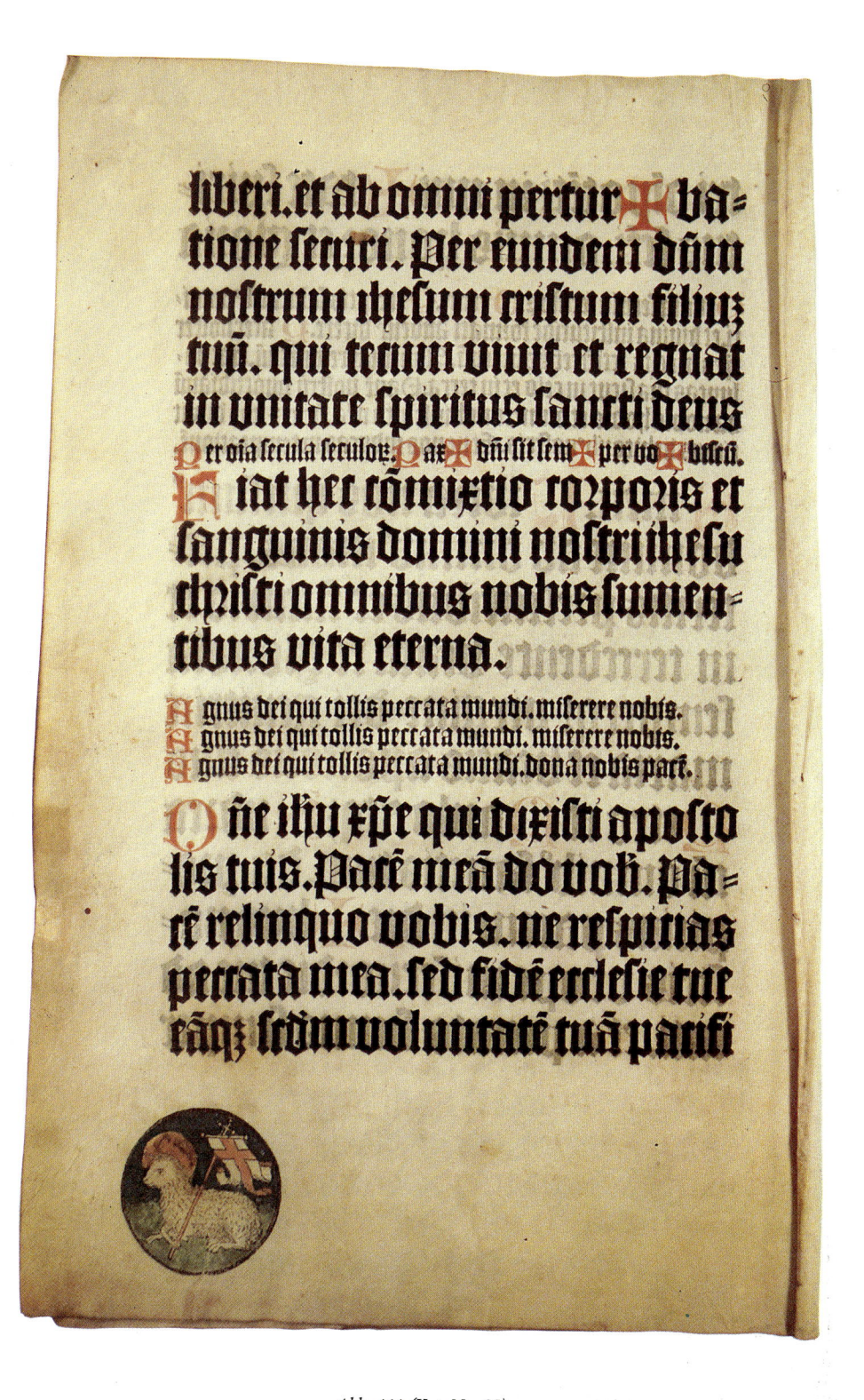

liberi. et ab omni pertur᛭ba-
tione seuiri. Per eundem dūm
nostrum ihesum cristum filiuz
tuū. qui tecum uiuit et regnat
in unitate spiritus sancti deus
per oia secula seculoz. Pax᛭ dūi sit sem᛭per vo᛭biscū.
Fiat hec cōmixtio corporis et
sanguinis domini nostri ihesu
christi omnibus nobis sumen-
tibus vita eterna.

Agnus dei qui tollis peccata mundi. miserere nobis.
Agnus dei qui tollis peccata mundi. miserere nobis.
Agnus dei qui tollis peccata mundi. dona nobis pacē.

Dñe ihū xp̄e qui dixisti aposto-
lis tuis. Pacē meā do vob. Pacē relinquo vobis. ne respicias
peccata mea. sed fidē ecclesie tue
eāq; secdm voluntatē tuā pacifi

E igitur clementissi-
me pater per ihm̄
xp̄m filiū tuū dn̄m
nostrum supplices
rogamus ac petim?.
uti accepta habeas et bn̄dicas
hec dona hec mu̇nera hec
sc̄a sacrificia illibata. ✠ In
primis que tibi offerim? pro e-
cclesia tua sc̄a catholica. qua pacificare custodire adunare et regere digneris toto orbe terraru̇
una cū famulo tuo papa nr̄o
N. et antistite nostro N. et rege
nr̄o N. et oib? orthodoxis atq̄
catholice et apostolice fidei cultoribus. M emento dn̄e famuloru̇

Abb. 113 (Kat.-Nr. 87)

I

Incipit liber Missalis ſm ordinem ſiue breuiariū chori eccleſie Ratiſponenſis. Dominica prima in aduentu domini ad miſſam. Introitus.

Ad te leuaui animam meaz deus meus i te cōfido nō erubeſcam: neqz irrideāt me inimici in ei: ete/ nim vniuerſi q̄ te expectāt nō cōfūdent͂. pſ. Uias tuas dn̄e demōſtra mihi: ⁊ ſemitas tuas edoce me ſine Glīa i ex q̄d ab hinc vſqz ad natitatē dn̄i excluſiue non dicit͂. exceptis feſtis ſanctoꝛ nouē lectionū. Oratio

Excita q̄ſs dn̄e potētiā tuā ⁊ veni: vt ab iminētibus pctōꝛ nr̄oꝛ piculis: te mereamur ꝓtegēte eripi: te liberante ſaluari. Qui cum pr̄e. ſcd̄a de ſcta maria. tertia de oībus ſanctis. Lcō epl̄e beati pauli apoſtoli. Ad Romanos. xiij

Fr̄es: Scientes q̄a hora eſt iā nos de ſomno ſurgere: Nūc em̄ propioꝛ eſt nr̄a ſalus q̄ cum credidimus: Nox pceſſit. dies autē appropinquit Abijciamꝰ ergo opa tenebraꝝ et induamur arma lucis. ſic vt in die honeſte ambulemus Nō in comeſationibus ⁊ ebrietatibꝰ: nō in cubilibꝰ ⁊ impudicicijs: nō in cōtentōe ⁊ emulatōe: ſed induimini dn̄m ieſum xp̄m. Grad.

Uniuerſi qui te expectāt nō pſundētur dn̄e. V. Uias tuas dn̄e demōſtra mihi. ⁊ ſemitas tuas edoce me. Alla. V. Oſtēde nobis dn̄e miſcōiam tuā. ⁊ ſalutare tuum da nobis. Scōm Mattheū. xxj.

In illo tp̄e Cū appropinq̄ſſet ieſus hieroſolimis ⁊ veniſſet bethfage ad montē oliueti: tunc miſit duos diſcipulos dicēs eis: Ite in caſtellum q̄d ꝯtra vos eſt: ⁊ ſtatim inuenietis aſinam alligatam: ⁊ pullū cum ea. Soluite ⁊ adducite mihi. Et ſi qs vob̄ aliquid dixerit: dicite quia dn̄s his opus habet: ⁊ ꝯfeſtim dimittet eos. Hoc aūt totum factū eſt: vt adimpleretur q̄d dictū eſt p̄ ꝓphetā dicentē. Dicite filie ſyon: ecce rex tuꝰ venit tibi māſuetus: ſedens ſup aſinā et pullū filium ſubiugalis. Euntes aūt diſcipuli fecerunt ſicut precepit illis ieſus.

a

Abb. 114 (Kat.-Nr. 88)

Missale Romanum.
ex Decreto Sacrosancti Concilij
Tridentini restitutum,
Pij V. Pont. Max.
iussu editum.

Cautú est priuilegijs S.D.N. Pij V. Pont. Max. necnó Seren. & Cath.
Regis PHILIPPI, & Illustr. Senatus VENETI.

ROMAE. Apud Heredes Bartholomæi
Faletti, Joannem Variscum, & Socios.

(1570)

Abb. 115 (Kat.-Nr. 89)

PROPRIVM
MISSARVM
DE TEMPORE.

DOMINICA PRIMA ADVENTVS.
Statio ad S. Mariam maiorem.

Ad Missam. Introitus.

AD te leuaui animam meã: Deus meus in te confido, nõ erubescam : neque irrideant me inimici mei: etenim vniuersi qui te expectant, non confundentur.

Psalmus. Vias tuas Domine, demonstra mihi: & semitas tuas édoce me. ℣. Gloria Patri, & Filio, & Spiritui sancto. Sicut erat in principio, & nunc, & semper: & in sæcula sæculorum, Amen.

Quo finito repetitur, Ad te leuaui. *vsque ad* Psalmum.

¶ Hic modus repetendi Introitum seruatur per totum annum.
Non dicitur, Gloria in excelsis. ab hac Dominica vsque ad Natiuitatẽ Domini, nisi in festis.
Oremus. **Oratio.**

EXcita, quæsumus Dómine, potẽtiam tuam, & veni: vt ab imminéntibus peccatórũ nostrórum periculis, te mereámur protegénte éripi, te liberánte saluári. Qui viuis & regnas cũ Deo Patre in vnitáte Spiritus sancti Deus: per ómnia sæcula sæculorũ. ℟. Amen.

¶ Ab hac die vsque ad Vigiliã Natiuitatis Domini post Orationẽ diei dicitur Oratio, Deus, qui de beatæ Mariæ. & Ecclé-

A

Abb. 116 (Kat.-Nr. 90)

Abb. 117 (Kat.-Nr. 108)

Abb. 118 (Kat.-Nr. 107)

CANON MISSÆ.

Sacerdos extendens, elevans et jungens manus, elevans ad cœlum oculos, et statim demittens, profunde inclinatus ante Altare, manibus super eo positis, dicit:

TE igitur, clementissime Pater, per Jesum Christum Filium tuum Dominum nostrum, supplices rogamus, *Osculatur Altare*, uti accepta habeas, et benedicas, *Jungit manus, deinde signat ter super oblata,* hæc † dona, hæc † munera, hæc † sancta sacrificia illibata, *Extensis manibus prosequitur:* in primis, quæ tibi offerimus pro Ecclesia tua sancta catholica: quam pacificare, custodire, adunare, et regere digneris toto orbe terrarum: una cum famulo tuo Papa nostro N. et Antistite nostro N. et omnibus orthodoxis, atque catholicæ, et Apostolicæ fidei cultoribus.

Commemoratio pro vivis.

MEmento, Domine, famulorum, famularumque tuarum N. *Jungit manus, et N. orat aliquantulum pro quibus orare intendit: deinde manibus extensis prosequitur:* Et omnium circumstantium, quorum tibi fides cognita est, et nota devotio, pro quibus tibi offerimus vel qui tibi offerunt hoc sacrificium laudis, pro se, suisque omnibus: pro redemptione animarum suarum, pro spe salutis, et incolumitatis suæ: tibique reddunt vota sua æterno Deo, vivo, et vero.

Abb. 119 (Kat.-Nr. 107)

Abb. 120 (Kat.-Nr. 115)

Rupertus dei et aplice sedis gra Epus Ratispon Palatinus Reni Dux Bauarie et Comes in Sponheim.

Litterā dōlem ad annū propositum scire si cupis in lr̄a C. rotule exteriozis circa crucez posita. Mcccc xc. Nūerare incipe pro ānis futuris dextrorsū et pteritis sinistrorsū. et occurret tibi ī loco anni tui ꝑpositi lr̄a dn̄icalis. Si v̄o due lr̄e tibi occurrerit ānus talis erit bisextilis. Cui° lr̄a ꝑme rotule ad festū mathie apl̄i. alia aūt lr̄a scd̄e rotule ī seqn̄ti pte āni ꝑ lr̄a dn̄icali cōputabit. Sic aureū numerū āni ꝑpositi ī tercia rotula iuenies ī nūero 9. ꝑꝑe lineā crucis Mcccc xc. Nūerare incipe et aure⁹ nūerus ī loco āni ꝑpositi tibi occurret. Cōseqn̄ter in qr̄ta rotula interiozi idicioez romanā āni ꝑpositi eode modo iuenies vt s̄ de alijs dictū e. Et finita rotula aliā numerando reicipiat qm̄ ꝑpetuo durabit.

Abb. 122 (Kat.-Nr. 119)

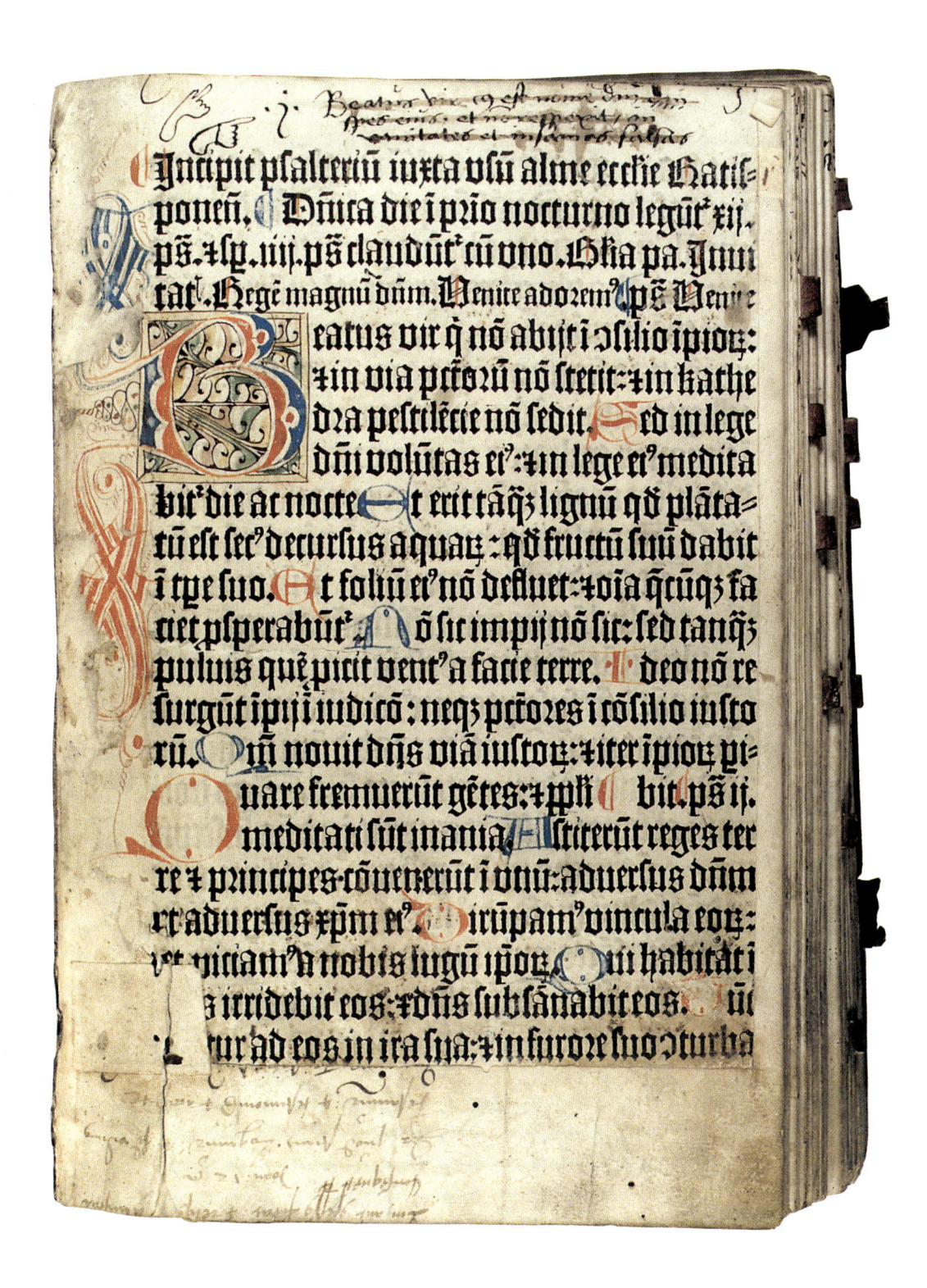

Beatus vir qui est nomine domini
speo ōis, et non respexit in
vanitates et insanias falsas

Incipit psalteriū iuxta vsū alme ecclie Ratis-
ponen̄. Dn̄ica die ī prio nocturno legūt̄ xij.
pr̄. xlj. iiij. pr̄ claudūt̄ cū vno. Gla pa. Inui-
tat. Regē magnū dn̄m. Venite adoremꝰ. pr̄ Venite

Beatus vir q̄ nō abijt ī ōsilio īpioꝝ:
4 in via pctōꝝ nō stetit: 4 in kathedra pestilē̄cie nō sedit. Sed in lege
dn̄i volūtas eiꝰ: 4 in lege eiꝰ medita-
bit̄ die ac nocte. Et erit tāq̄ lignū qd plāta-
tū est sec̄ decursus aquaꝝ: qd fructū suū dabit
ī tp̄e suo. Et foliū eiꝰ nō defluet: 4 oīa q̄cūq̄ faciet p̄sperabūt̄. Nō sic impij nō sic: sed tanq̄
puluis quē pīcit ventꝰ a facie terre. Ideo nō resurgūt īpij ī iudicō: neq̄ pctōres ī cōsilio iusto-
ꝝ. Q̄m nouit dn̄s viā iustoꝝ: 4 iter īpioꝝ pi-
bit. pr̄ ij. Quare fremuerūt gētes: 4 p̄l̄i
meditati sūt inania. Stiterūt reges terre 4 principes cōuenerūt ī vnū: aduersus dn̄m
et aduersus xp̄m eiꝰ. Dirūpamꝰ vincula eoꝝ:
et pictiamꝰ a nobis iugū ipsoꝝ. Qui habitat ī
ͥ s irridebit eos: 4 dn̄s subsān̄abit eos. Tū-
ͭ ur ad eos in ira sua: 4 in furore suo ͽturba-

Abb. 123 (Kat.-Nr. 120)

MANUALE BREVE
CANTIONUM AC PRECUM
LITURGICARUM
JUXTA RITUM S. ROMANÆ ECCLESIÆ.
IN COMMUNEM
DEVOTIONEM STUDIOSÆ JUVENTUTIS.

SELEGIT AC COMITANTE ORGANO EDIDIT

Joannes Georgius Mettenleiter.

JUSSU ET APPROBATIONE
ILLUSTRISSIMI ET REVERENDISSIMI DOMINI
VALENTINI
EPISCOPI RATISBONENSIS etc.

RATISBONÆ.
TYPIS ET COMMISSIONE FRIDERICI PUSTET.
MDCCCLIII.

Abb. 124 (Kat.-Nr. 153)

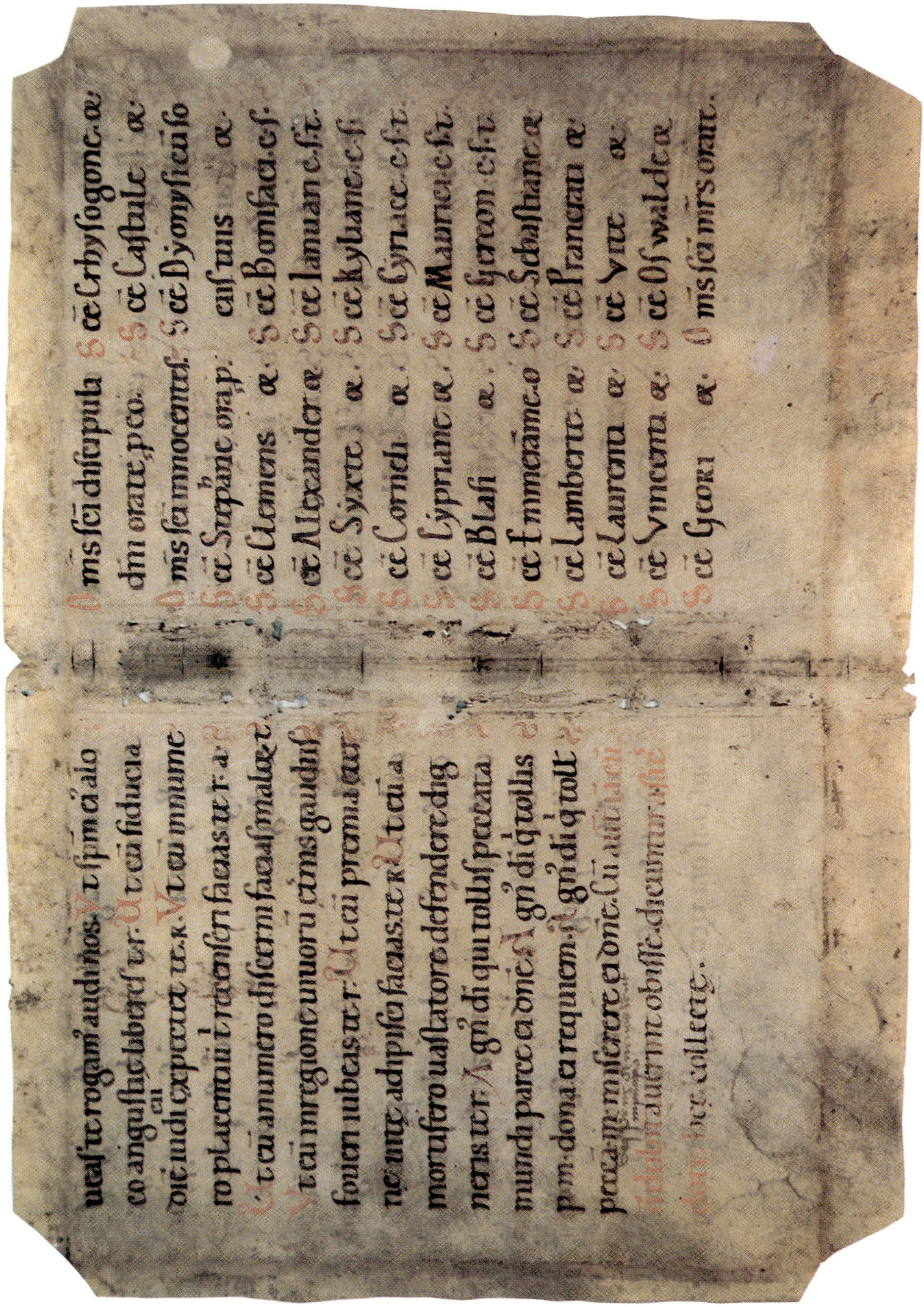

uras ꝫ rogam̄ audi nos. Ut sim̄ a͞o alio
co angustiae liberef·ꞇ·r Ut t͞ca fiducia
diē iudi expectat·ꞇ·ꞃ·ꝃ· Ut ā mnume
ro pᷓemiou̍ tᷓreconsēri faciās·ꞇ·ꞃ·a·?
Ut ā a numero discern fac ā f mal oc·ꞇ·
Ut t͞ca in regione uiuoru c̄ms gaudiis
fouen iubeas·ꞇ·ꝛ· Ut t͞ca pᷓmiā tuoꝝ
ne me adipsis facias·ꞇ·ꞃ· Ut t͞ca
morū suo uastatore defendere dig
neris·ꞇ·ꞃ· Agn͞i di qui tollis pecc̄a͞
mundi parcc̄e a͞ on͞e. Agn͞ di q͞ tollis
p̄m. dona a requiem·i·Agn͞ di q͞ tollꞇ
pecc̄e·m· misereꞃe q͞ d̄ne. Cu̍ ān t͞laciū
sub silencio dicit̄ nc obsisse dicuntur: sic.
dic̄reu̍· collectē·

O m͞s sc̄i discipuli
d̄ni orate ꝑ eo·
O m͞s sc̄i innocentes·
Sc̄ē Stepāne ora p·
Sc̄ē Clemens   α·
Sc̄ē Alexander α·
Sc̄ē Syxte   α·
Sc̄ē Corneli   α·
Sc̄ē Cypriane α·
Sc̄ē Blasi   α·
Sc̄e f n̄nocē āmeo
Sc̄ē Lamberte α·
Sc̄ē Laurenti α·
Sc̄ē Uincenti α·
Sc̄ē Geori   α·

Sc̄ē Crhysogone α·
Sc̄ē Castule α·
Sc̄ē Djonysi eu so
an̄tuis   α·
Sc̄ē Bonifaci·cī·ꞇ·
Sc̄ē Ianuari·cī·ꞇ·
Sc̄ē Kyliane·cī·
Sc̄ē Cyriace·cī·ꞇ·
Sc̄ē Maurici·cī·
Sc̄ē Gereon·cī·ꞇ·
Sc̄ē Sebastiane α·
Sc̄ē Pancrati α·
Sc̄ē Uite   α·
Sc̄ē Oswalde α·
O m͞s sc̄i m͞rs orāꞇ·

Abb. 125 (Kat.-Nr. 158)

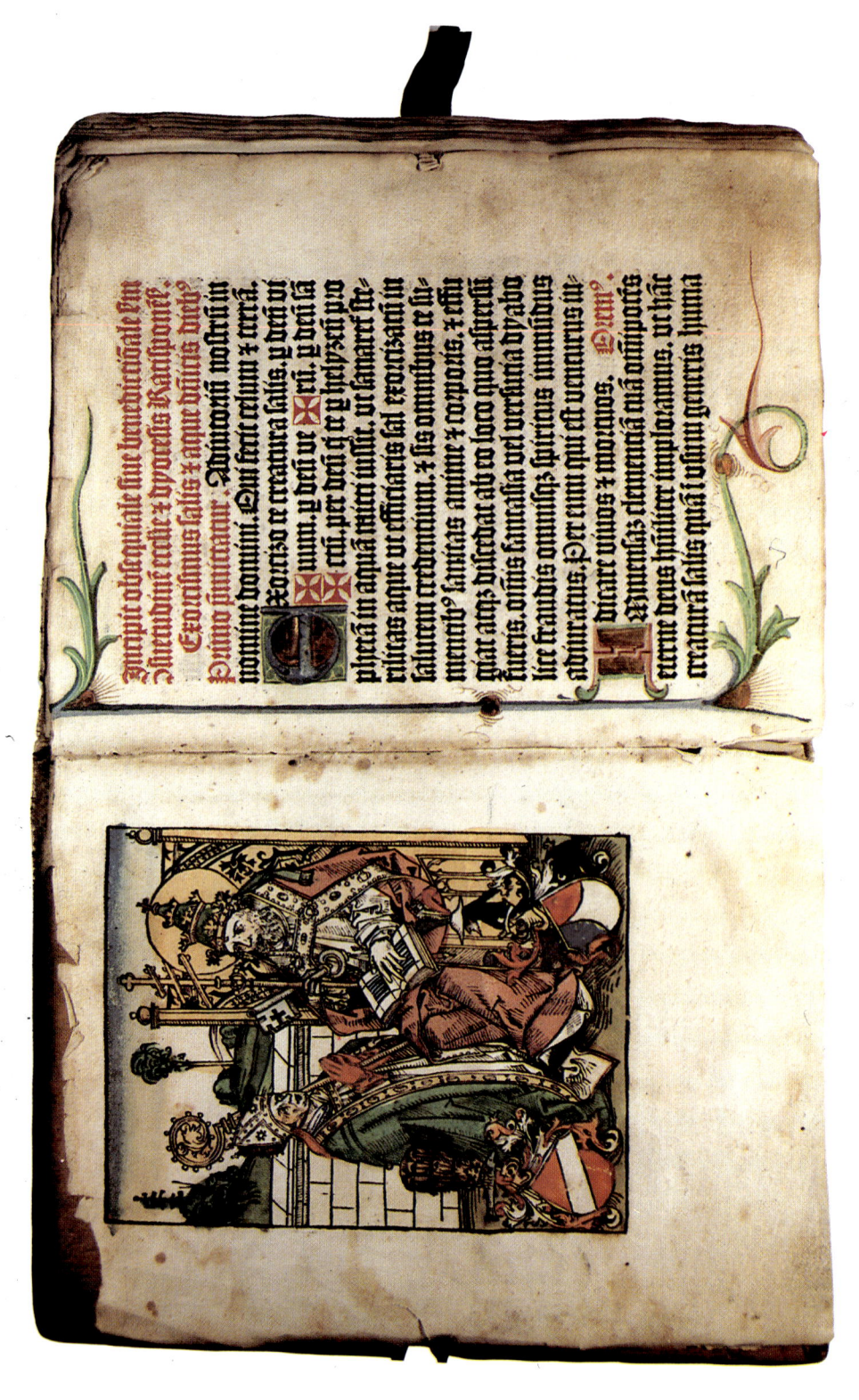

Abb. 126 (Kat.-Nr. 159)

LIBER CALENDARIVS
QVO
BAPTIZATORVM PARENTVM PA-
TRINORVM LOCORVMQVE NO-
MINA CONTINENTVR.
INCOEPTVS
A:R:F:P: GREGORIO KYRCHMAIR CE-
Ieberrimi Monast: Windberg: Professo,
Sacri & Cand: Ord: Præmonstrat: Canonico,
& Pastore in Hunderdorff, Neukirchen Meritissimo. &c.
Calendis Ianui: Anno M:DCLIV.

Abb. 127 (Kat.-Nr. 162)

Abb. 128 (Kat.-Nr. 180)

Abb. 129 (Kat.-Nr. 186)

Abb. 130 (Kat.-Nr. 155)

Abb. 131 (Kat.-Nr. 195)

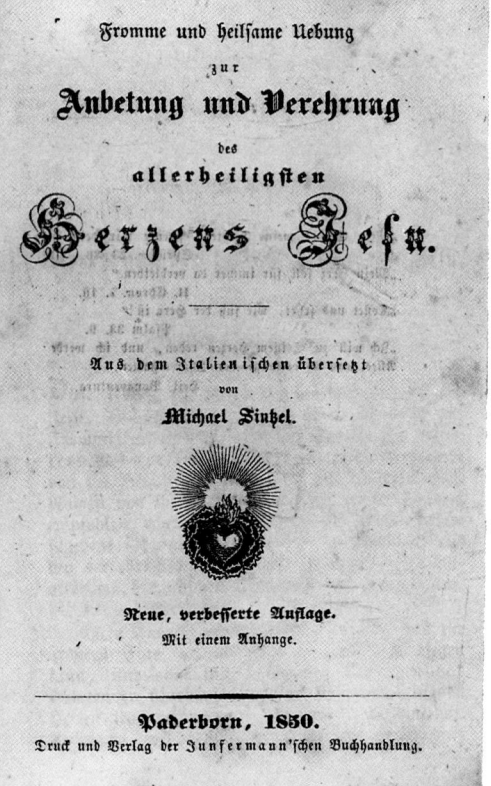

250

Abb. 132 (Kat.-Nr. 199)

Maienblüthen
oder
Betrachtungen, Gebete und Lieder
der hohen
Himmelskönigin Maria
zur
Feier der Mai-Andacht
geweiht.

Nebst einem Anhange,
die gewöhnlichen Andachtsübungen eines katholischen Christen und
fünf Novenen auf die vornehmsten Marienfeste enthaltend,
von
einem Priester der Diözese Regensburg.

Mit Approbation des bischöflichen Ordinariats Regensburg.

Regensburg.
Papier, Druck und Verlag von Friedrich Pustet.
1853.

Erhöhet ist die heil. Gottesgebärerin über die Chöre der Engel zu den himmlischen Reichen.

Melodien
zum
katholischen Gebet- und Gesangbuche
herausgegeben
von
Johann Baptist Weigl
königl. baierischem Professor der Moraltheologie
und Kirchengeschichte am Lyceum zu Amberg.

SULZBACH
im Regenkreise Baierns
in des Commerzienraths J. E. Seidel Kunst- u. Buchhandlung
1817.
Wien, bey Carl Gerold.

Abb. 133 (Kat.-Nr. 212)